हिन्दी साहित्येतिहास के कुछेक ज्वलन्त प्रश्न

हिन्दी साहित्येतिहास के कुछेक ज्वलन्त प्रश्न

प्रो. राजमणि शर्मा

वाणी प्रकाशन

वाणी प्रकाशन
4695, 21-ए, दरियागंज, नयी दिल्ली 110 002

शाखा
अशोक राजपथ, पटना 800 004

फ़ोन : +91 11 23273167 फ़ैक्स : +91 11 23275710

www.vaniprakashan.in
vaniprakashan@gmail.com
sales@vaniprakashan.in

HINDI SAHITYETIHAS KE KUCHHEK JWALANT PRASHN
by Prof. Rajmani Sharma

ISBN : 978-93-87648-46-3
Linguistics

प्रथम संस्करण

मूल्य : ₹ 495

सिटी प्रेस, दिल्ली-110 095 में मुद्रित

वाणी प्रकाशन का लोगो मक़बूल फ़िदा हुसेन की कूची से

समर्पण

यह पुस्तक उनके लिए–
'जो खोजते हैं ऐव मेरी खूबियों में'
और उनके लिए भी–
जो मेरे संघर्ष-चिन्तन-मनन के सहयोगी तथा प्रेरणा-स्रोत रहे।

–राजमणि शर्मा

अपनी बात

इस पुस्तक के सन्दर्भ में बात करने के लिए मेरे पास कुछ विशेष नहीं है। हाँ! भाषा के साथ-साथ मैं हिन्दी साहित्येतिहास और भारतीय इतिहास का भी विद्यार्थी रहा हूँ। अध्ययन-अध्यापन के क्रम में मैंने अनुभव किया कि हिन्दी साहित्येतिहास और भारतीय इतिहास के कतिपय प्रसंगों तथा साहित्य के ज्वलंत प्रश्नों की पुनः व्याख्या, या नये सिरे से व्याख्या-विवेचन-विश्लेषण अपेक्षित है। अस्तु! मैंने अपने चिन्तन-मनन, सोच और अनुभूत को वाणी देने का प्रयास किया। यह पुस्तक इसी प्रयास की परिणति है। इसमें पन्द्रह आलेख हैं—एक-दूसरे से भिन्न लेकिन कहीं-न-कहीं एक दूसरे जुड़े हुए भी।

यह चिन्तन-मनन, अनुभूत कितना सार्थक है, इसके सन्दर्भ में मेरा अपना कोई दावा नहीं। हाँ! यह अपेक्षा अवश्य है कि इससे साहित्येतिहास और इतिहास लेखन में भारतीयता से समन्वित दृटि का विकास हो; और, आभ्यंतर से सम्पृक्त वाह्य यथार्थ अर्थवत्ता से आपूर्ण यथार्थ, सत्य समन्वित तथा कालजयी युगीन मानवीय चेतना, रचना तथा रचनाकार एवं आलोचक की आलोचना का मानदण्ड बने।

और अन्त में! पुस्तक के अन्तिम दो आलेख प्रो. लालचन्द गुप्त 'मंगल' की डाट-डपट के परिणाम हैं। अस्तु, उनके प्रति आभार।

रक्षाबन्धन,

18 अगस्त, 2016

—राजमणि शर्मा

अनुक्रम

सिद्ध साहित्य : बौद्ध धर्म के विकास की चरम लोकग्राही परिणति

भारत की धरती अत्यन्त उर्वरा है। दर्शन चिन्तन की इस भूमि पर जब-जब सामाजिक रूढ़ियों, कर्मकाण्ड के आडम्बरों, साम्राज्यवादी दुश्चक्रों में बँधकर मनुष्य अपने मानवीय पथ से भटका तब-तब कोई-न-कोई महापुरुष नव-ज्ञान की मशाल लेकर अवतरित हुआ। वाल्मीकि, महावीर जैन एवं गौतम बुद्ध इनमें अद्वितीय और अप्रतिम हैं। ईसा पूर्व छठी शती में जन्मे गौतम (सिद्धार्थ) समूची समृद्धि, शान, विलासितापूर्ण जीवन तथा सांसारिक मोहमाया के जाल को छिन्न-भिन्न कर 'मनुष्य' के दुख के कारणों के निदान की खोज में एकाकी निकल पड़े। गौतम का यह कृत्य यदि इस बात का प्रमाण है कि समय-समय पर भारतीय धर्म, विश्वास, आस्था, चिन्तन और दर्शन, युगीन चेतना के अनुरूप अपना स्वरूप बदलता रहा है, तो इस बात का भी प्रमाण है कि सत्ता से उपेक्षित, पीड़ित जन-समुदाय या 'लोक' के कल्याण के लिए कोई-न-कोई महापुरुष अगुवायी करता रहा।

ऐसा नहीं कि गौतम बुद्ध के पूर्व इस दिशा में प्रयास न हुए हों, वैदिक-धर्म से आप्लावित महात्माओं की कमी नहीं थी। गौतमबुद्ध ने सबसे पहले वैदिक-धर्म पोषित आध्यात्म्य का अध्ययन किया, किन्तु ब्राह्मण पोषित यह धर्म उनको अन्तिम लक्ष्य-निर्वाण-तक नहीं पहुँचा सका। साधना-पथ पर अग्रसर बुद्ध उस समय वैदिक-धर्म-संस्कृति के श्रेष्ठतम दो आचार्यों—आलार कालाम और उद्रक रामपुत्त से भी मिले, उनके द्वारा निर्देशित साधना का भी सफल अभ्यास किया, किन्तु 'मुक्ति' का मार्ग अप्राप्य ही रहा। तद्‌युगीन प्रचलित 'शरीर-पीड़न-तप' भी सम्बोधि की प्राप्ति में सहायक न हुआ।

डॉ. गोविन्दचन्द्र पाण्डेय के अनुसार "ग्रामीण और आरण्यक वैदिक सभ्यता अब अनेक नगरवासिनी हो गयी थी। नागरिक जीवन का (यह) विविध विकास इस युग (बुद्ध युग) के सामाजिक दृश्य को पिछले युग से विभक्त करता है...बुद्ध के समय में ही भारतीय संस्कृति सर्वप्रथम 'द्रव्य के युग' में अवतीर्ण हो रही थी।... बड़े श्रेष्ठी प्रायः उस युग के सन्यास-परायण श्रमण सम्प्रदायों के पोषक थे।.... (किन्तु)

इन सम्प्रदायों का उद्‌भव अथवा विकास समाज के धनिक-वर्ग के तत्कालीन उद्‌भव तथा विकास के साथ अनिवार्य सम्बन्ध रखता था।"[1]

यह सत्य है कि बुद्ध पूर्व वेद आधारित वैदिक धर्म अपने चरम विकास पर था, किन्तु उनके काल में बदलाव की अपेक्षा भी रखता था। वस्तुतः नगर आधारित संस्कृति के विकास से सामाजिक रूढ़ियाँ और जटिल हुईं, वर्णाश्रम व्यवस्था की नींव और सुदृढ़ हुई। फलस्वरूप 'मनुष्य' से 'मनुष्य' की दूरी बढ़ी। समाज का एक तबका अत्यन्त धनी बन, सुख सुविधा की दृष्टि से समाज का आराध्य बन गया, जबकि बहुसंख्यक वर्ग छूत-अछूत के भेदभाव के साथ ही मनुष्य के स्वाभाविक सामाजिक अधिकार से वंचित हो गया। समाज की इस स्थिति का यथार्थ चित्र गौतम बुद्ध ने प्रायः अपने प्रवचनों में खींचा है—"बड़े चोर धनवानों और राजाओं का आश्रय प्राप्त कर लेते हैं।... भिक्षुओं इस विषय में महाचोर राजाओं या राजाओं के महामात्य का आश्रित होता है। उसके (चोर के) के मन में होता है कि यदि मुझे कोई कुछ कहेगा तो ये राजा या राजाओं के महामात्य मेरा बचाव करेंगे।" "...जिन चोरों को राजाओं, उनके मन्त्रियों और धनी व्यक्तियों का संरक्षण प्राप्त नहीं था उन्हें पकड़कर कठोर दण्ड दिया जाता था।"[2]

गौतम बुद्ध का समय इस देश में बार-बार आता रहा है। आज भी ठीक वही स्थिति है जो गौतम बुद्ध के समय में भारत में व्याप्त थी। डॉ. रामविलास शर्मा के शब्दों में इसका अवलोकन करें—"जो काम बुद्ध के समय में होता था, वह आज के भारत में भी होता है। राजनीति के अपराधीकरण की चर्चा हर तरफ सुनायी देती है। अवैध तरीकों से सम्पत्ति का संग्रह, अपराधियों को प्रश्रय, राजनीति में ऊपर चढ़ना आदि। परिणाम बदल गया है, लेकिन मूलतः पद्धति वही है। बुद्ध ने रास्ता घेरने, डाका डालने की बात कही है। इन अपराधों में हत्या, अपहरण, बलात्कार और जोड़ दें तो आधुनिक भारतीय समाज का भरा-पूरा चित्र सामने आ जायेगा।"[3]

बुद्ध सामाजिक विषमता से दुखी थे। उनकी दृष्टि में मनुष्य के दुख का कारण केवल बुढ़ापा, रोग या मृत्यु नहीं। मनुष्यों के जो सामाजिक सम्बन्ध हैं, उनमें रहकर भी मनुष्य कष्ट पाते हैं। दुख का कारण वे मनुष्य की भौतिकतावाद की ओर उन्मुखता को मानते हैं। स्पष्टतः गौतम बुद्ध भौतिकवाद के विरोधी थे। वे पहले चिन्तक थे, जिन्होंने श्रम आधृत अर्जित धन/अर्थ के बँटवारे की वकालत की। क्योंकि जो श्रम करते थे, उनके पास सोने के लिए न तो घर था, न पहनने के लिए वस्त्र, और न क्षुधापूर्ति के साधन थे। रोग, शोक, दुख के अथाह सागर में वे निरन्तर डूब उतरा रहे थे। इसके विपरीत शासक वर्ग या उसके द्वारा पोषित वर्ग इन्हीं के श्रम का दोहन कर विलासिता के सागर में डूब उतरा रहे थे।

समाज के इस नग्न यथार्थ से परिचित गौतम बुद्ध ने आध्यात्म्य के धरातल पर कदम बढ़ाया। तत्युगीन वैदिक धर्म-दर्शन द्वारा प्रतिपादित प्राणिमात्र में 'एक आत्मा'

के भाव को उन्होंने भ्रमपूर्ण माना। उनकी दृष्टि में समस्त जागतिक प्रपंचों की मूल प्रकृति आत्मा रहित या अनात्म है। यह वैदिक धर्म द्वारा प्रतिपादित आध्यात्म और दर्शन पर जबर्दस्त प्रहार था। इससे वे समस्त अवधारणाएँ छिन्न-भिन्न हो गयीं, जो मनुष्य को 'स्वर्ग' और 'नरक' से लुभाती या भयभीत करती थीं। इतना ही नहीं उन्होंने 'अतीत' (विगत) और 'भविष्य' की चिन्ता छोड़ 'वर्तमान' में जीने का उपदेश दिया। निश्चय ही 'वर्तमान' में जीना और केवल 'वर्तमान' (क्षण विशेष) का 'ध्यान' 'मनन', एक कठिन प्रक्रिया है।

यदि गौतम बुद्ध की साधना-यात्रा का स्मरण किया जाये तो स्पष्ट हो जाता है कि गौतम बुद्ध जाति या वर्ग-समर्थित व्यवस्था के विरोधी थे। अस्पृश्य जाति का निर्धन बालक 'स्वाति' उनकी साधना और साधना-प्रचार का प्रथम सहायक है। और मैला ढोने वाले अस्पृश्य सुनीत की मेधा को पहचान कर वे उसे एक श्रेष्ठ बुद्ध बनाते हैं। गौतम बुद्ध द्वारा अस्पृश्य को बुद्ध बनाने की प्रक्रिया का विरोध करने आए प्रसेनजित जैसे सम्राट भी उसकी उपदेश-देशना से प्रभावित हो उठते हैं। प्रसेनजित के विरोध के उत्तर में गौतमबुद्ध का कथन मनुष्य की समानता का पक्षधर है—"महामहिम आत्म—मुक्ति के मार्ग में जाति का कोई भेद नहीं।... चेतनावस्था प्राप्त करने वाले व्यक्ति के समक्ष सभी समान होते हैं। हर व्यक्ति का खून लाल होता है और हर व्यक्ति के आँसू खारे।"[4]

वस्तुतः अपने जीवन काल-पर्यन्त गौतम बुद्ध ने अपने को लोकोत्तर पुरुष होने का कोई दावा नहीं किया। अपनी पूजा के प्रति हर प्रकार से उन्होंने अपने शिष्यों को हतोत्साहित किया। किन्तु बुद्ध के पश्चात बौद्ध धर्म दो शाखाओं में विभक्त हुआ—हीनयान और महायान। और इन दोनों शाखाओं में तन्त्र-मन्त्र का प्रवेश तो हुआ ही, बुद्ध को लोकोत्तर मानकर इनकी पूजा भी प्रारम्भ हो गयी। हाँ! स्वयं बुद्ध पहले धर्म संस्थापक थे जिन्होंने भिक्षु संघ संगठित किया और शान्तिमय तरीके से जाति, वर्ण, धर्म, आर्थिक असमानता की दृष्टि से ऊँच-नीच के भेदभाव से परे जाकर समता, प्रेम और दया के सन्देश का प्रचार करके लोगों को अपने धर्म में दीक्षित किया। उन्होंने बुद्धिवाद को सर्वोपरि स्थान दिया; इस बात पर जोर दिया कि किसी भी बात को सत्य के रूप में स्वीकार न करें, जब तक वह तर्कसंगत न हो। प्रश्नों को विभाजित कर उत्तर देने वाले 'शाश्वतवाद' और 'उच्छेदवाद' दोनों को उन्होंने नाकारा; उनकी दृष्टि में अर्थ को धर्मोन्मुख होना चाहिए, ब्रह्मचर्य जीवन के साथ व्रतों का पालन करने से ही आध्यात्मिक प्रगति और चित्त की विकलता समाप्त होगी। धर्म पुरुषार्थ को उन्होंने निर्वाण का साधन स्वीकार किया।

2

कतिपय विद्वानों के अनुसार 'महायान' परवर्ती विकास है। इस सन्दर्भ में प्रो. राजमणि

शर्मा का मानना है कि "'हीनयान' या महायान दोनों नामकरण या बौद्धमत के विभाजन की प्रक्रिया गौतम बुद्ध–परवर्ती है। गौतम बुद्ध के समय में ही भिक्षुओं में साधना पद्धति को लेकर विवाद और मतभेद हुए। इन्हें दूर करने के प्रयास भी हुए। किन्तु बुद्ध-निर्वाण के पश्चात् विशेषकर तीसरी संगीति में ये दोनों बौद्ध सम्प्रदाय एक दूसरे से अलग हो गये। हाँ, नामकरण, भले बाद में हुआ हो, किन्तु इसके बीज गौतम बुद्ध के व्याख्यानों में विद्यमान रहे हैं।"

आध्यात्मिक प्रगति का साधन होने के कारण 'मार्ग' एवं 'यान' के रूप में धर्म की कल्पना प्राचीन है। प्रज्ञापारमिता, सद्धर्म पुण्डरीक आदि 'महायान' सूत्रों में सर्वप्रथम 'यान' के रूप में कल्पित धर्म का द्विविध भेद–'हीन' और 'महायान' प्रगट होता है तथा नागार्जुन, असंग आदि के रचित शास्त्रों में विस्तार से 'महायान' का प्रतिपादन मिलता है। इन ग्रन्थों के अनुसार भगवान बुद्ध ने अपने श्रोताओं के प्रवृत्ति–भेद को देखते हुए मुख्यतः दो प्रकार की धर्म साधना का उपदेश दिया है–हीनयान और महायान। गौतम बुद्ध ने हीनयान का उपदेश पाँच परिव्राजकों के समक्ष सर्वप्रथम सारनाथ के प्रसिद्ध धर्मचक्र प्रवर्तन के द्वारा किया था, किन्तु महायान का उपदेश इन्होंने राजगृह के गृध्रकूट पर्वत पर बोधिसत्वों की विपुल सभा में किया। महायान में असंख्य बुद्ध और बोधिसत्व माने गये, जिनके रूप एवं माहात्म्य की कल्पना नितान्त देवोपम है।

'हीनयान' के ग्रन्थ पाली भाषा में है और महायान के ग्रन्थ संस्कृत भाषा में। महायान के जनक के रूप में कतिपय विद्वान नागार्जुन (ईसवी सन् एक) को स्वीकार करते हैं, जिन्होंने अपनी पुस्तक की कुछ कारिकाओं में हीनयान के सिद्धान्तों का खण्डन किया है। कुछ विद्वान असंग को और आचार्य हजारीप्रसाद द्विवेदी असंग के गुरु मैत्रेयनाथ को महायान पंथ के आचार्य के रूप में स्वीकार करते हैं। द्विवेदी जी के अनुसार 'अभिसभ्यालंकार कारिका' या 'प्रज्ञापारमितोपदेश शास्त्र' इनकी रचना है।[5] किन्तु प्रो. राजमणि शर्मा के मत से महायान सम्प्रदाय के सूत्रों के प्रारम्भिक प्रणयनकर्ता नागार्जुन ही हैं; जिसके सूत्र गृध्रकूट पर्वत पर विपुल सभा में दिये गये गौतम के उपदेशों में विद्यमान है। मैत्रेयनाथ एवं उनके शिष्य असंग कालान्तर में इस मत के व्याख्याता विस्तारक हैं।[6]

हीनयानी 'निर्वाण' दुखाभाव रूप है, जबकि महायानी निर्वाण आनन्दवादी है। महायान पंथ ने सामाजिक उन्नति के लिए पारमिता की ओर गृहस्थों का ध्यान आकर्षित किया। सदाचार, उदारता, परोपकार तथा धर्माश्रित भाव के द्वारा संसार के निर्वाण की ओर महायानी प्रयत्नशील हुए। जगत के प्रत्येक प्राणी को क्लेश से मुक्त कराकर निर्वाण में प्रतिष्ठित करना इनका लक्ष्य था। इस लक्ष्य सिद्धि के लिए आवश्यक था–मनुष्य को महामैत्री और करुणा से आप्लावित करना। इसीलिए 'बोधिसत्व' को महामैत्री तथा करुणा से सम्पन्न किया गया। सच यह है कि 'महायान'

मत का अभ्युदय भक्ति को लेकर हुआ था। इनके मतानुसार बुद्ध साधारण मानव न होकर लोकोत्तर पुरुष थे। उनकी भक्ति करने से ही मानव इस दुख-बहुल संसार से पार हो सकता है—अर्थात् पुनर्जन्म से मुक्ति। भक्ति को आश्रय देने से ही महायान के समय में बुद्ध की प्रतिमा का निर्माण होने लगा। अतः महायान के कारण चित्र तथा मूर्ति कला (बौद्ध कला) की विशेष उन्नति हुई। ब्राह्मण पोषित वैदिक धर्म के सिद्धान्तों का प्रभाव ही बौद्ध धर्म (महायान) में भक्ति भावना के जन्म का कारक था। महायान सूत्रों में सबसे अधिक महत्त्वपूर्ण ग्रन्थ है—'सद्धर्म पुण्डरीक'। इस ग्रन्थ के शाक्य मुनि (बुद्ध) में मनुष्य का कोई भी चरित्र अवशिष्ट नहीं रह गया। महायानी आचार्यों में अश्वघोष, मातृचेट, आर्यसूर, नागार्जुन, आर्यदेव, मैत्रेयनाथ व सुबन्ध, असंग, शान्तिदेव, कुमारजीव आदि ऐसे लोकोत्तर प्रतिभा के आचार्य हैं जिनकी कीर्ति भारत वर्ष की सीमा लाँघकर सुदूर पूर्व में फैली।

कालान्तर में महायान की भी दो शाखाएँ चल निकली—1. पारमिता-नय और 2. मन्त्र-नय। मन्त्रनय ही आगे चलकर वज्रयान के रूप में विकसित हुआ। महायान की एक शाखा 'सहजयान' भी मानी जाती है, किन्तु सहजयान अलग शाखा न होकर वज्रयान की ही साधनात्मक परिणति है जिसमें साधक सहजावस्था प्राप्त कर परम सम्बोधि की स्थिति में पहुँच जाता है।

वज्रयान (मन्त्र-नय) बौद्ध धर्म का वह रूप है जो देवता, मन्त्र, गुरु, साधना और अभिचार आदि तान्त्रिक प्रवृत्तियों से युक्त है। दोहाकोष तथा चर्यापदों के लेखक सिद्धाचार्य इस मत के अनुयायी बने। बौद्धधर्म (महायान) में तन्त्र का समावेश हो जाने के कारण शिव की शक्ति की तरह बुद्ध की भी कई शक्तियों की कल्पना की गयी।

गौतम बुद्ध के पूर्व भी योग सिद्धान्त-आधृत आध्यात्म, धर्म, दर्शन का महत्त्व था, उनके बाद भी तन्त्र-मन्त्र, योग साधना ने तद्‌युगीन हर मतावलम्बियों को प्रभावित किया। इस योग साधना के मूल में चमत्कार सिद्धि अतिप्राकृतिक सिद्धियों का भाव था; और कुछ भिक्षुओं का झुकाव भी इन चमत्कारों की ओर था। यद्यपि गौतम बुद्ध ने स्पष्टतः और निरन्तर इस साधना-पद्धति का निषेध किया था, वे इसके विरोधी थे किन्तु परवर्ती जन-चेतना में योगाधृत साधना पद्धति लोकप्रिय हुई। इसके कारण भी थे। आध्यात्म और दर्शन, धर्म के चाहे जो मत या सिद्धान्त इस धरती पर पनपे-फूले उनके मूल में 'योग' का योगदान सदैव विद्यमान रहा, कभी यह साधना का केन्द्रीय तत्त्व बना, कभी सहायक तत्त्व।

3

आधुनिक इतिहासकारों की दृष्टि से आठवीं से तेरहवीं शती का काल पूर्व मध्य युग माना जाना चाहिए। दूसरी तरफ आचार्य हजारीप्रसाद द्विवेदी मध्ययुग को "पाँचवीं से सोलहवीं शताब्दी तक मानते हैं।"[7] द्विवेदी जी की दृष्टि में पाँचवी से आठवीं

शताब्दी के काल में हुई घटनाएँ अविस्मरणीय और आगे के काल को प्रभावित करने वाली हैं–"इस युग में गुप्त नरपतियों के उदय और उनके कार्य को भारतवर्ष में ही नहीं विश्व के धरातल पर भी अद्धितीय माना गया। ...धर्म और दर्शन आदि के जो ग्रन्थ परवर्ती डेढ़ हजार वर्षों के इतिहास को प्रभावित करते रहे हैं; उनका बीजारोपण इसी काल में कहीं हुआ।[8] इसी काल में सनातन वैदिक धर्म नया तेज और यौवन पाकर बड़ा शक्तिशाली हुआ।"...वेसे साहित्यिक उ[illegible] की दृष्टि से आठवीं शती को स्वर्णयुग की अन्तिम सीमा माना गया। विंटरनित्स की दृष्टि में भी "सन् ईसवी की आठवीं शताब्दी के आते-आते भवभूति के पश्चात् भारतीय साहित्य का स्वर्णयुग समाप्त हो जाता है।"[9]

यह तो सच है कि अश्वघोष, मातृचेट, आर्यसूर आदि जैसे महत्त्वपूर्ण बौद्ध कवियों को स्वयं बौद्ध रचनाकारों ने भी विस्मृत किया। फलस्वरूप इतिहासकारों की दृष्टि में आठवीं शती से ह्रासोन्मुखी मनोवृत्ति का प्राधान्य प्रारम्भ हुआ। और बौद्ध-सिद्धों के रचनात्मकता की शुरुआत का समय भी यही है।

इतिहासकारों की दृष्टि में सन् 760 से प्रारम्भ 'सिद्ध साहित्य' की परम्परा बौद्ध धर्म के सिद्धान्तों की एक विकृति ही माननी चाहिए। यह धारणा या मान्यता ठीक वैसी ही है, जैसे भक्तिकाल के पश्चात् आये हिन्दी रीति साहित्य के सन्दर्भ में अनेक आधुनिक समीक्षकों एवं आलोचकों की धारणाएँ सामने आयीं। पहली बात तो यह कि कोई भी, किसी भी काल चेतना का साहित्य ह्रासोन्मुखी नहीं होता। वह तो युगीन चेतना का संवाहक होता है और उसकी अन्तर्धारा अपने तत्काल पूववर्ती श्रेष्ठतम साहित्य के समकक्ष जन-मन में पहले से ही प्रवहमान रहती है, जो अवसर पाते ही अजस्र प्रवाह का स्वरूप धारण कर लेती है। अस्तु; सिद्ध साहित्य के सही मूल्यांकन के लिए तद्‌युगीन परिस्थितियों और चेतनाओं के बीच से गुजरना होगा; सही बात तो यह है कि एक युग की जन-चेतना से सम्पृक्त इस साहित्य की उपेक्षा नहीं की जा सकती। और तब तो बिल्कुल नहीं जब वर्तमान ह्रासमान युग में इसकी प्रासंगिकता और बढ़ गयी हो।

भारत की आध्यात्मिक प[illegible] अत्यन्त प्राचीन है। आत्मा से सम्बन्धित चिन्तन इस देश की अपनी खोज [illegible] उतना ही सहज तथा स्वाभाविक है जितना सूर्य का चमकना, वायु का चलना अथवा नदियों का बहना। वेदों के समय से आज तक यह चिन्तन अवाध रूप से चलता रहा है, कभी एक भावधारा को प्रमुखता मिली है तो कभी दूसरी को। आगे चलकर एकाधिक भाव-धाराओं ने आपस में मिलकर व्यापक भावधारा का रूप ग्रहण किया, जिससे अनेक सम्प्रदायों का निर्माण हुआ। आध्यात्मिक क्षेत्र में चिन्तन और तप का बहुत महत्त्व रहा है। परवर्ती वैदिक युग में भी कर्मकाण्ड की तुलना में इन दोनों प्रवृत्तियों का स्थान ऊँचा रहा है। इन दोनों के समन्वय से योग का मार्ग अस्तित्व में आया। शैवों, बौद्धों और नाथपन्थियों ने

मध्यकालीन आध्यात्मिक विचारधारा को सबसे अधिक प्रभावित किया है। इनमें भी, वैदिक धर्म के बाद बौद्ध विचारधारा ने भारतीय जीवन को बहुत अधिक प्रभावित किया। आज भले ही बौद्ध मतावलम्वियों की संख्या भारत में अधिक न हो किन्तु जन-जीवन पर उसका प्रभाव संस्कार बनकर आज भी छाया है। बुद्ध के परिनिर्वाण के अनन्तर बौद्ध धर्म के महायान सम्प्रदाय में व्यक्तिगत निर्वाण के स्थान पर साधक का लक्ष्य सभी प्राणियों का उद्धार करना हो गया। फलस्वरूप विभिन्न वर्गों और मतों के लोगों का महायान में तेजी से प्रवेश होने लगा; अनेक प्रकार के विश्वास और उपासना की विधियों का उसमें समावेश हो गया और वह एशिया का सबसे व्यापक धर्म बन गया।

4

कालक्रम से बौद्ध धर्म में तन्त्र का प्रवेश युगीन चेतना की आवश्यकता और अनिवार्यता बना। इसका एक मात्र भाव यह था कि साधक अपने लक्ष्य की प्राप्ति की ओर शीघ्रता से बढ़ सके। यह प्रवृत्ति, जन प्रवृत्ति थी, लोक प्रवृत्ति थी, यही कारण था कि यह प्रवृत्ति केवल बौद्ध धर्म-वज्रयान तक ही सीमित नहीं रही, अपितु हिन्दू और जैनधर्म में तन्त्र का प्रवेश हुआ। या यों कह सकते हैं कि हिन्दू और जैन धर्म से प्रभावित होकर बौद्ध धर्म में तान्त्रिक प्रवृत्तियों की ओर आकर्षण बढ़ा। बौद्धतान्त्रिक विधियों में समस्त सृष्टि-क्रम का संचालन प्रज्ञा और उपाय के रूप में दिखाई देता है, जो शैवों और शाक्तों की सृष्टि सम्बन्धी मान्यताओं से अधिक भिन्न नहीं, जो भिन्नता का अन्तर है, वह साधना-पद्धति की दृष्टि और क्रम की भिन्नता का अन्तर है। साधना-पद्धति की दृष्टि से बौद्ध सिद्ध और नाथ सिद्ध में योग की प्रधानता दिखाई देती है। वस्तुतः योग के द्वारा आत्मा को स्थिर करने में और इंद्रियों तथा मन के क्षेत्र से अलग कर उन्हें अपने वश में रखने में जो सहायता मिलती रही है, उसके कारण सभी सम्प्रदायों ने योग को अपनी साधना-पद्धति में स्थान दिया। महायान की दूसरी धारा मन्त्र-नय से क्रमशः वज्रयान, कालचक्रयान और सहजयान आविर्भूत हुए। वज्रयान की साधना में मन्त्र का प्राधान्य रहा। वज्रयानी अनुभूति—सम्पन्न आचार्य जहाँ सिद्ध कहलाए, वहीं नाथपंथी आचार्य भी सिद्ध कहे जाते हैं। बहुत से वज्रयानी (बौद्ध) सिद्धों और नाथपंथी सिद्धों के नाम एक ही हैं। ऐसा प्रतीत होता है कि या तो कभी ये बौद्ध थे फिर ये नाथ पंथी बने अथवा प्रारम्भ में नाथपंथी थे बाद में बौद्ध सिद्ध बने। दोनों धाराओं में 84 सिद्धों के नाम गिनाए गये हैं जिनमें पर्याप्त समानता है। किन्तु इतिहास के साक्ष्य पर यह बलपूर्वक कहा जा सकता है कि नाथपंथ, बौद्ध मत वज्रयान या कालचक्र यान का परवर्ती विकास या प्रतिक्रियात्मक परिणति है। सिद्धों की 84 संख्या भी विचित्र है। वात्स्यायन के कामसूत्र में चौरासी आसन की चर्चा है; किन्तु यह कहना कठिन

है कि इस संख्या का सम्बन्ध वात्स्यायन के कामसूत्र से है, क्योंकि कामसूत्र का वर्तमान स्वरूप नवीं शती का है।

डॉ. धर्मवीर भारती इस संख्या को काल्पनिक मानते हैं किन्तु डॉ. माताप्रसाद गुप्त के अनुसार–"तन्त्रों में 84 संख्या का एक विशेष महत्त्व है और उसके गूढतान्त्रिक अभिप्राय हैं। तन्त्रों में, योग में आसन भी 84 माने गये हैं। यहाँ भी सांकेतिक महत्त्व है।"[10] 'टूची' इसको "12 राशि तथा 7 ग्रहों का गुणनफल मानते हैं"। डॉ. मोहन सिंह के अनुसार 84 सिद्धों की परम्परा न केवल नेपाल, तिब्बत, कामरूप तथा उड़ीसा आदि में ही थी, वरन् दक्षिण भारत में भी 84 सिद्धों की परम्परा का पर्याप्त प्रचलन था। इस काल के सभी तान्त्रिक सम्प्रदायों में 84 की संख्या स्वीकृत थी। और यह विश्वास किया जाता था कि सम्प्रदाय में 84 सिद्धों का होना अनिवार्य है। निश्चय ही यह मान्यता अपने आप में कहीं-न-कहीं गूढ़ तान्त्रिक अभिप्राय छिपाए हुए हैं।[12] प्रो॰ राजमणि शर्मा का भी यही मत है।

सिद्धों की साधना में शून्य का पूरक तत्त्व वज्र था–दृढ़ता, उच्छेदता, अभेदता आदि वज्र के लक्षण शून्यता में हैं, अतः उसे वज्र नाम दिया गया। इसी शून्यता या नैरात्म्य दर्शन को वज्रयानियों ने वज्रयान की संज्ञा दी और उसी को प्राप्त कराने वाले मार्ग को वज्रयान कहा। किन्तु यह महायान या मन्त्रयान से अलग नहीं। केवल अनुत्तर सम्यक सम्बोधि को प्राप्त करने का वज्र प्रधान मार्ग था। यह वज्र पुरुष रूप में बोधिसत्व में जागृत होकर नैरात्म्य-ज्ञान में लीन होने के लिए अग्रसर होता है। इसके मणि, अश्म तथा अस्त्र आदि वैदिक अर्थों का परित्याग कर वज्रयानी सिद्धों ने इसे परमतत्त्व के रूप में स्वीकार किया। बौद्धों का वज्र मूल रूप से इन्द्र का आयुध वज्र ही है। बाद में शून्यता का दार्शनिक परिधान अवश्य पहना दिया गया। वस्तुतः पौराणिक काल में ब्राह्मणों द्वारा उपेक्षित इन्द्र को बौद्धों ने संगीतियों में भगवान बुद्ध के उपदेशों के श्रोता के रूप में उपस्थित दिखाया है। कालांतर में बौद्धों ने इन्हें अपनी मंडली में सम्मिलित किया। गुरुदक्षिणा-स्वरूप इन्द्र ने अपना अस्त्र 'वज्र' बोधिसत्व को सौंप दिया। बौद्धों ने इसे शून्यता का प्रतिरूप माना। एक वैदिक देवता को शिष्य बनाने की भावना, अपने विरोधियों से रक्षा के लिए अमोघ अस्त्र की प्राप्ति, मणि रूप में वैभव और सिद्धियों की उपलब्धि, अश्म रूप में अमर काया की प्राप्ति इन सबों ने वज्र की कल्पना को इतना सर्वाच्छादनकारी बना दिया कि पाँच ध्यानी बुद्धों के अधिष्ठाता परम दैवत के रूप में वज्रयानी और चिन्तकों ने वज्र सत्व नामक एक छठे बुद्ध की कल्पना की जो प्रज्ञा पारमितारूपी शक्ति के पति हैं, जिनका अस्त्र अमोघ वज्र है और जो युगनद्ध रूप में सदैव अपनी शक्ति से समन्वित रहते हैं। अथर्ववेद में वज्र के स्वामी इन्द्र का अर्थ–इन+द्रः–शत्रुओं का नाशक है। और, उससे प्रार्थना की गयी है कि वह वज्र से शत्रुओं का शिरच्छेद करे–इन्द्रः वज्रेण शीर्षाणि वृश्चतु। वह शची पति या शक्ति का पति है। वज्र का दूसरा अर्थ आदि मणि भी है। अथर्ववेद

में मणियों को सुख समृद्धि और रक्षा आदि का साधन बताया गया है। और अमीवर्त नामक मणि का उल्लेख भी मिलता है, जिसे धारण करने से इन्द्र दिग्विजयी हुआ। वज्र को अश्म भी कहते हैं और अथर्ववेद में अश्मतनु की कामना की गयी है। वज्रयान में वज्र के इन सभी धर्मों का उल्लेख मिलता है।[13] बाद में वज्र के साथ मुद्रा-मैथुन साधनाओं का जो विशेष सम्बन्ध रहा, उसके कारण शुद्धतावादी गोरखपंथियों ने इसको विशेष आदर नहीं दिया। किन्तु आगे चलकर 'वज्र' विशेषण का प्रयोग कपाट, अग्नि तथा चित्र के साथ सूफियों के यहाँ मिलता है। मलिक मुहम्मद जायसी के पदमावत् में एक स्थल पर आठ वज्रों का उल्लेख है। तात्पर्य यह कि पद्मावत के समय तक बौद्ध की 'वज्र' कल्पना किसी-न-किसी रूप में जीवित थी।

सातवीं से दसवीं शती तक वज्रयानी सिद्ध-साहित्य का स्वरूप निरन्तर विकसित होता रहा। इसी बीच वज्रयान का सम्पर्क चीन, जापान, गांधार आदि देशों से हुआ। और इस सम्पर्क के परिणामस्वरूप विभिन्न धर्मों से नये देवी-देवता स्वीकार हुए। बुद्ध के इस नये धर्म के कुलों का शृंखलाबद्ध परिचय दे पाना सरल नहीं। किन्तु यह स्पष्ट है कि चिन्तन, साधना, मन्त्र, देवता, तन्त्र, योग, आचार, भाषा-शैली आदि सभी दिशाओं में बौद्ध धर्म इतना सर्वग्राही कभी नहीं रहा, जितना इस काल में रहा। वस्तुतः क्षेत्र-विस्तार के साथ-साथ इस साधना-पद्धति का विस्तार तथा सरलीकरण भी हुआ। परिणामस्वरूप वज्रयान में कई आम्नाय मान लिए गये और साधक को स्वतन्त्रता दी गयी कि वह अपनी प्रवृत्ति के अनुसार उन आम्नायों (बाद में 'यान' कहा गया) की साधना करें।

अवधूतीपा ने 'कुद्दिष्ट निर्घात क्रम' में दो प्रकार के साधक बताए—1. शैक्ष और 2. अशैक्ष। 'शैक्ष' अविकसित मनवाले होते हैं, अतः उन्हें आचार के सभी नियम पालन करने पड़ते थे और उनके लिए क्रिया तथा चर्या का विधान है। 'अशैक्ष' विकसित मनवाले होते हैं और योग तथा अनुत्तर की साधना करते थे। उन्हें आचरणगत स्वतन्त्रता प्राप्त होती थी। इनका यह वैशिष्ट्य है कि वे अन्य पद्धतियों का तिरस्कार तो नहीं करते थे किन्तु सहज स्वभाव धारण करने पर अधिक बल देते थे।

5

सिद्धों की रचनाएँ मूलतः दो काव्य रूपों में उपलब्ध हैं—दोहा कोष और चर्यापद। दोहाकोष दोहों से युक्त चतुष्पद की कड़वक शैली में मिलते हैं। काण्हपा, तिलोपा तथा सरहपा के सम्पूर्ण दोहाकोष तथा सरहपा के दो खण्डित दोहाकोष मिलते हैं। कुछ दोहे टीकाओं में उद्धृत हैं और कुछ दोहा—गीतियाँ बौद्ध तन्त्रों और साधनाओं से मिली हैं। चर्यापद बौद्ध तान्त्रिक चर्या के समय गाए जाने वाले वे पद हैं जो विभिन्न सिद्धाचार्यों द्वारा लिखे होने के बावजूद एक साथ संकलित हैं। सन् 1916 में महामहोपाध्याय पं. हरप्रसाद शास्त्री ने 'बौद्ध गान औ दोहा' नाम से कुछ अपभ्रंश

की पुस्तकें प्रकाशित करायीं। इसकी भाषा को उन्होंने पुरानी बांग्ला कहा। वैसे उनके इस मत पर वाद-विवाद बहुत हुए। लगभग 20 वर्षों पश्चात् राहुल जी ने इन रचनाओं की भाषा को हिन्दी से जोड़ा और उन्होंने हिन्दी विद्वानों का ध्यान इस ओर आकृष्ट किया। आचार्य हजारीप्रसाद द्विवेदी की दृष्टि में "इस पुस्तक की भाषा में भारत वर्ष के पूर्वी प्रदेशों की भाषा के लक्षण मिल जाते हैं। उसकी इस भाषा को बंगला, मगही, मैथिली, भोजपुरी, उड़िया सभी का पूर्व रूप कहा जा सकता है। ध्यान देने की बात यह है कि इन पुस्तकों में जिन काव्य रूपों का परिचय मिलता है वे बंगला में अब लुप्त हो चुके हैं परन्तु अभी तक हिन्दी में जी रहे हैं। दोहों की प्रथा बंगाल के साहित्य में कभी रही ही नहीं और सही बात तो यह कि बंगला भाषा की एक ऐसी उच्चारणगत विशिष्टता है, जिसमें दोहा छंद जम नहीं पाता। बौद्ध गानों में भी जिस श्रेणी की पद रचना है, वह आगे चलकर कबीर आदि संतों की रचनाओं में अधिक मुखर हुई।

यह तो नहीं कहा जा सकता कि बंगला भाषा में उसका चिह्न ही नहीं मिलता, परन्तु वह अधिक लोकप्रिय बंगाल के बाहर हुई। बंगला की वैष्णव पदावली में उसका एक रूप प्राप्त अवश्य होता है। साधारण बांग्ला से फर्क करने के लिए इसे 'ब्रजबुलि' कहा जाता है।... जो हो इसमें कोई सन्देह नहीं कि दोहा और पदों की परम्परा अविच्छिन्न रूप से हिन्दी साहित्य में चली आयी है और काव्य रूपों तथा विचार-प्रवाह की दृष्टि से इन गानों और दोहों का सम्बन्ध परवर्ती हिन्दी साहित्य से अधिक है।"[14] यही मत डॉ. दीनदयाल गुप्त का भी है। "वे पूर्ववर्ती विद्वानों के मतों का समर्थन करते हुए इस भाषा को 'संध्धा भाषा' ही स्वीकार करते हैं। उनकी दृष्टि में शृंगार और शान्त रस इन सिद्धों की कविताओं में प्रधान रूप से उभरे हैं। सिद्धों की गीत शैली का प्रभाव वे राम और कृष्ण भक्तों के काव्य में स्वीकार करते हैं।"[15]

इस लम्बे उदाहरण को प्रस्तुत करने का अभिप्राय विशिष्ट है। प्रो. राजमणि शर्मा के अनुसार पहली बात यह है कि अपभ्रंश के 'दोहा' या 'दूहा' छन्द का प्रथम प्रयोग सिद्ध साहित्य में होता है, जो आगे चलकर जैन अपभ्रंश कवियों द्वारा तराशा जाता है। दूसरी बात! काव्य रूप की यह परम्परा कबीर, तुलसी, जायसी आदि से होती हुई हिन्दी काव्य में आज तक विद्यमान है। प्रेमाख्यानक कवियों द्वारा प्रयुक्त चौपाई और दोहे तथा कड़वक शैली का उत्कर्ष सिद्ध साहित्य में ही है। काव्य-शिल्प और काव्य रूप की यह देन सिद्ध साहित्य को अविस्मरणीय बना देती है। बंगाल, उड़ीसा, असम, नेपाल तथा दक्षिण भारत आदि क्षेत्रों में फैले इस साहित्य के साहित्यकारों के वर्ग में किसी जाति विशेष का वर्चस्व नहीं, इसमें तो सामान्य जनजीवन से उभरे लोग हैं, वयनजीवी जातियाँ हैं। शायद लोकमन को वाणी देने के कारण यह सम्प्रदाय पूरे भारत के साथ विश्व भर में एकायक फैल गया। तीसरी महत्त्वपूर्ण बात यह है कि इन कवियों ने लोकभाषा या जनभाषा में अपनी बात

रखी। वस्तुतः जन या लोक कल्याण की कामना से सम्पृक्त रचनाकार सबसे पहले उस भाषा का संधान करता है, जो 'जन' या 'लोक' में ग्राह्य हो। 19वीं शती के चिन्तक एंजेल्स का कथन यहाँ उल्लेख्य है—"मध्ययुग में समाजशास्त्र, दर्शन, न्याय सभी कुछ धर्मसाधना के अंग बन चुके थे। प्रत्येक सामाजिक और राजनीतिक जन आन्दोलन उस समय धर्मसाधना का रूप लेकर आता था और संसार के ऐसे धर्मों में, जो जन-आन्दोलन की अभिव्यक्ति बन कर आये हैं; उनमें बौद्ध धर्म का वज्रयान रूप प्रमुख है।"[16] इन्हीं अर्थों और सन्दर्भों में सिद्ध साहित्य सामन्तवर्ग के विरुद्ध एक सशक्त जन-आन्दोलन था।

किन्तु साम्यवादी विचारधारा के समर्थक राहुल सांस्कृत्यायन की दृष्टि में ये सिद्ध अपने प्रारम्भिक काल में तो सामन्त विरोधी दिखाई देते हैं, आगे चलकर वे भी किसी राजा या सामन्त, साहूकार के आश्रित होकर जन-विरोधी बन जाते हैं। पहली बात तो यह कि सभी सिद्ध यह पथ नहीं अपनाते, अनेक जनता में समादृत रहे, दूसरी बात-यह दृष्टि एकांगी है, सिद्ध उच्चवर्ग की शरण में नहीं जाते अपितु स्वयं उच्च वर्ग उनकी शरण में आता है। इसका उदाहरण स्वयं गौतम बुद्ध हैं, जिनकी शरण में उस काल के सशक्त सम्राट और धनी वर्ग स्वयं जाता है। यहाँ एंजेल्स का उपर्युक्त मत भी हमारे काम का है, क्योंकि जन-मन में धर्म प्रचार के लिए राजसत्ताओं या धनिकों की सहायता इस काल की एक अपरिहार्य आवश्यकता थी। तभी तो इस धर्म साधना का विकास पूर्वोत्तर भारत, तिब्बत, नेपाल आदि तथा पूर्व में गौड़ देश और पश्चिम में मालव तक हुआ।

इतिहास इस बात का गवाह है कि श्रीपर्वत के केन्द्र में बसे अधिकांश वज्रयानी सिद्ध-साधक वामाचार के सम्पर्क स्वरूप मद्य, मांस, मैथुन आदि पर जो बल दिया करते थे, राजवंशों का संरक्षण पाने और पाल शासकों द्वारा स्थापित विक्रमशिला बौद्ध विश्वविद्यालय के अधिकारी बनने के उपरान्त उससे सर्वथा विमुख होकर पूर्ववर्ती सदाचारी जीवन के प्रचारक बन गये; यद्यपि सांसरिक भोगों का उन्होंने विरोध नहीं किया, परन्तु उन्होंने स्वस्थ एवं सहज पारिवारिक जीवन की ही आवश्यकता बतायी। वैसे वे सहज जीवन की प्राप्ति के लिए काम प्रवृत्तियों के दमन के विपरीत मर्यादित ढंग से उसकी तुष्टि के समर्थक थे। उनकी मान्यता थी कि सांसारिक विष को विष-भोग के द्वारा मारकर चित्त को उच्चतर से उच्चतम ध्येय की ओर प्रवृत्त किया जाय। उनकी सम्मति में निर्वाण एक ही तत्त्व के क्रियात्मक और प्रतिक्रियात्मक रूप हैं, जिनमें से किसी की उपेक्षा उचित नहीं। सिद्धों की यह मर्यादित 'साधना' प्राणी में 'महासुख' की अनुभूति कराती है और यही निर्वाण है। सिद्धों की इस मैथुन परक साधना में नारी की अपरिहार्यता होती थी और यह प्रायः निम्न कुलोत्पन्न होती थी। ऐसी नारी के लिए डोम्बिनी (डोमनी) शब्द का प्रयोग हुआ। आचार्य हजारीप्रसाद द्विवेदी के मतानुसार, सांसारिक अर्थ के विपरीत सिद्धों द्वारा प्रयुक्त साधनात्मक

परिभाषिक शब्दों के प्रतीकात्मक अर्थ हैं—बौद्ध-सिद्धों की दृष्टि में मेरुदण्ड से निकलने वाली प्राणवायु की संचालक तीन नाड़ियों में बायीं प्रज्ञाचन्द तथा दाहिनी उपायसूर्य और इन दोनों के बीच की नाड़ी 'अवधूती' है। "अवधूती नाड़ी डोम्बिनी या डोमिन है और चंचल चित्त ही ब्राह्मण है। डोमिन से छू जाने के भय से यह अभागा ब्राह्मण भागा-भागा फिरता है। विषयों का जंजाल मानो एक नगर है और अवधूती रूपी डोमिन इस नगर से बाहर रहती है।"[17] जब, कृष्णपाद ने गाया कि—

नगरे बाहिरैं डोम्बि तोहारि कुड़िया।
छोइ छोइ जाइ सो ब्राह्म नाड़िया।।
आली डोम्बि ताए संग करिवे म सांग।
निध्धन कान्ह कापालि जोइ लांग।।
एक सो पद्मा चौषट्टी पाँखुड़ी।
तहि चड़ि नाचअ डोम्बि वापुड़ी।।[18]

हे डोमिन! तुम्हारी कुटिया नगर के बाहर है। छुआछूत के भय से ब्राह्मण भागा-भागा फिरता है, तो उनका तात्पर्य उसी अवधूती वृत्ति से है। वे कहते हैं कि हे डोमिन, तुम चाहे नगर के बाहर ही रहो पर निर्घृण कापालिक कान्ह (कान्हपा) तुम्हें छोड़ेगा नहीं, वह तुम्हारे साथ ही संग करेगा। जब वे कहते हैं कि चौषठ पंखुडियों के दल पर डोमिन नाच रही है तो इससे उनका मतलब उसी महामेरुगिरि के जालंधर नामक शिखर पर स्थित उष्णोष कमल से है, इसी प्रकार जब वे कहते हैं कि "मन्त्र-तन्त्र करना बेकार है, केवल अपनी घरनी को लेकर मौज करो" तो उनका मतलब इसी अवधूती के साथ विहार करने का होता है—

एक्क न किज्जइ मंत न तंत
णिअ घरणी लेइ केलि करन्त।
णिअ घर घरणी जाव ण मज्जइ
ताव कि पंचवण्ण विहरिज्जइ।।[19]

तात्पर्य यह कि सिद्धों के साहित्य पर असांप्रदायिकता और पथभ्रष्टता या अनैतिकता का आरोप वे ही विद्वान लगाते हैं जो इसके प्रतीकात्मक अर्थ को नहीं जानते हैं। यही साधना पद्धति नाथ-सिद्धों में प्रचलित हुई। हाँ, उन्होंने इनके नाम बदले। यथा—प्रज्ञाचन्द और सूर्यचन्द नाड़ी के लिए क्रमशः इड़ा और पिंगला।

राहुल जी के मतानुसार चौरासी सिद्धों में आदि सिद्ध के रूप में प्रसिद्ध सरहपा को नालन्दा में अपने समय के दर्शन और प्रमाणशास्त्र के महापंडित हरिभद्र का विद्यार्थी बनने का सौभाग्य भी प्राप्त हुआ है। इन्होंने ही सिद्ध परम्परा को प्रारम्भ किया। आज तिब्बत में प्रचलित धर्म बुद्ध से अधिक सरहपाद की शिक्षा मानता है। सरहपा का प्रारम्भिक नाम राहुल भद्र और सरोजवज्र भी था। सरहपा के शिष्य शबरपा हुए और शबरपा के शिष्य लुइपा।

सरहपाद एक क्रान्तिकारी, सिद्ध कवि और चिन्तक के रूप में मान्य हैं। फलस्वरूप सनातनी बौद्ध और सुधारक बौद्ध उनका विरोध करते रहे। किन्तु असमान्य विद्वत्ता और व्यक्तित्व के धनी सरहपा के विरोधियों की अपेक्षा उनके प्रति श्रद्धा भाव रखने वाले भक्तों की संख्या अधिक थी। इनकी, संस्कृत में सात तथा अपभ्रंश में सोलह रचनाएँ मिलती हैं।

सरहपाद के नेतृत्व में विकसित सिद्ध परम्परा वैदिक धर्मानुमोदित कर्मकाण्डों की विरोधी है—'आगम वेअ पुराणे (ही) पण्डित भाण वहन्ति। पक्व सीरीफले अलिअ जिम, बाहेरीअ भ्रमन्ति।' (काण्हपा)। सरहपाद के शब्दों में भी देखें—

एत्थु से सुरसरि जमुना, एत्थु से गंगा साअरु।
एत्थु पआग बणारसि, एत्थु से चन्द दिवा अरु।।

इन सिद्धों, विशेषकर सर्वप्रथम सरहपा, ने ध्यान और भावना के लिए यम-नियमों की उतनी आवश्यकता नहीं मानी, जितनी रूढ़ थी, इसके विपरीत गुरु के वचनों को सर्वोपरि माना। तिब्बती शब्द 'ला.मा' गुरु का ही पर्याय है। इन रचनाकारों द्वारा गुरु की महत्ता का बार-बार स्मरण, गुरु के महत्त्व का परिचायक है। सरहपा के मत से गुरु के उपदेश में अमृत रस भरा है, जो दौड़कर उसे नहीं पिया वह बहुशास्त्रार्थरूपी मरुस्थल में तृषित ही मरेगा—

गुरु उवएसे अमिअरसु, धाव ण पीअउ जेहि।
बहु-सत्थत्थ—मरुत्थलहिं, तिसिए मरिअउ तेहि।।

गुरु माहात्म्य की यह परम्परा यहीं समाप्त नहीं होती। नाथ सिद्धों ने भी इसे स्वीकार किया और आगे चलकर तो संत और भक्ति साहित्य में ही नहीं, आज भी साधना क्षेत्र में गुरु माहात्म्य विद्यमान है। कबीर की प्रसिद्ध पंक्ति है—

गुरु गोविन्द दोनों खड़े, काको लागै पाँय।
या बलिहारी गुरु आपनो, गोविन्द दियो मिलाय।।

चित्त का विस्फुरण इनकी साधना की चरम परिणति है। यहीं उन्हें सहज रस और समरसता का बोध होता है; उन्हें मुक्ति प्रदान करता है—

जत्त वि चित्तइ विप्फुरइ, तत्त वि णाह सरुअ।
अण्ण तरंग कि अण्ण जलु, भव-सम, ख-सम सरुअ।।

अर्थात् ''जहाँ चित्त का विष्फरण है, वहाँ (आत्म) स्वरूप नहीं है। क्या तरंग और जल अन्य? सब के समान ख (शून्य) का स्वरूप होता है। तात्पर्य यह है कि चित्त और आत्मस्वरूप में वही सम्बन्ध है जो तरंग और जल में तथा भव और शून्य में है। साधना में यह स्थिति समरस स्थिति है। सरहपाद यह भी कहते हैं कि ''तुम शून्य का संग मत करो। बस जहाँ तहाँ समरसता का चिन्तन करो। तिल और तुष (छिलका, भूसी) मात्र की शल्यता (घाव, चोट) भी वेदना (व्यथा, अनुभूति, ज्ञान) का बोध कराती है''—

सुण्णहि संग म करहि तुहु, जहिं तहिं सम चित्तस्स।
तिल-तुस मत्त वि सल्लता, वे अणु करइ अवस्स।
काण्हपा—सहजे णिच्चल जेण कि अ, समरसे णिय मण राअ।
सिद्धो सो पुण तक्खणे, णउ जरामरणइ भाअ।।

अर्थात् "समरस में अपना मन रागानुक्त कर। जिसने सहज में (ध्यान) विचार किया वह उसी क्षण सिद्ध बन गया और वह जरामरण के भय से मुक्त हो गया।" चित्त के विष्फुरण द्वारा समरसता की प्राप्ति, साधना की चरमावस्था है, जहाँ सिद्ध निर्वाण प्राप्त करता है और दूसरों के दुख को दूर करने की शक्ति का उसमें प्रवेश होता है। वस्तुतः यह वह मानवीय भाव है, जहाँ मनुष्य-मनुष्य का अन्तर मिट जाता है, ऊँच-नीच का भेद-भाव लुप्त हो उठता है। फलस्वरूप इनकी रचनाओं का मूल स्वर बना—समाज में व्याप्त छुआ-छूत भेदभाव तथा असमानता की भावना को मिटाना। सरहपा, काण्हपा, लुइपा, शबरपा आदि समस्त सिद्धों में यह स्वर अत्यन्त मुखर है—

ऊँचा ऊँचा पावत तहि वसत सबरी वाली।
मोरंगि पीच्छ परहित्ता, सबरी गावत गुंजरी माली।। (शबरपा)

इन सिद्धों ने विरूप तथा अप्रासंगिक हो चुकी सामाजिक प्रथाओं पर तीखा प्रहार किया है। दहेज की कुप्रथा पर भी प्रहार है। साथ ही तद्‌युगीन जीविकोपार्जन पद्धतियों, मनोरंजन के साधनों, मानवीय मनोवृत्तियों का सुन्दर चित्रण है। इन रचनाओं के गहरे अध्ययन द्वारा इस काल के समाज के स्वरूप एवं सांस्कृतिक स्थिति के रेखांकन द्वारा एक ऐसे यथार्थ इतिहास की निर्मिति की जा सकती है, जो आज की समस्याओं से जूझने की अटूट ताकत मनुष्य की दे सकती है।

कबीर की भाँति अपनी कथनात्मक निर्भीकता में भी ये सिद्ध अविस्मरणीय हैं। इनके कथन में ऐसी प्रखरता, तेज और शक्ति है, जो तीर की भाँति हृदय में घुसकर मनुष्य को तिलमिला देती है। चर्यापदों में रूपकों की सहायता से गीतात्मक भावाभिव्यक्ति है। ये रूपक जीव-जन्तुओं और वस्तुओं से सम्बद्ध हैं जो प्रेमपरक और रसमय हैं—

काआ तरुअर पञ्च विडाल।
चंचल चील पइठा काल।। (लुइपा)
हेरि से मेटि तइला बाड़ी खसमें समतूला।
सुकड़ एसेरे कपासु फटिला।।

साधना के लिए बन या एकांत स्थान की खोज, या वहाँ जाकर साधनारत होना आदि साधु-सम्बन्धी उस समय की अनेक मान्यताओं के भी ये सिद्ध; विशेषरूप से सरहपा, विरोधी हैं; वे परम ज्ञान की सत्ता हर जगह देखते हैं; बशर्ते इन्द्रिय संयम हो, विषयाशक्ति की भावना का लोप हो—

धरहि म थक्कु म जाहि बणे, जहि तहि मण परिआण।
सअल निरन्तर बोहि-ठिय, कहिं भव कहिं णिव्वाण।।
विष आसत्ति म बन्ध करु, अरे बढ़ सरहे बुत्त।
मीण-पअंगम करि भभर, पेक्खह हरिणह जुत्त।। (सरहपाद)

इसी सन्दर्भ में काण्हपा का एक रूपक ध्यातव्य है—

जिमि लोण विलिज्जइ पाणिएहि, तिम धरणी लइ चित्त।
समरस जाई तक्खणें, जइ पुणु, ते सम णित।।

यहाँ घरणी का तात्पर्य ज्ञानरूपी धनी (गृहणी) है।

तात्पर्य यह कि "जिस प्रकार पानी में लवण विलीन हो जाता है, उसी प्रकार यदि ज्ञानरूपी गृहिणी (घरणी) को लेकर चित्त को समरसता में ले जाया जाय तो वह उसी क्षण से नित्य समरस में अवस्थित हो जाता है। यही स्थिति 'निर्वाण' है।

बौद्ध सिद्ध चार प्रकार के आनन्द मानते थे—प्रथमानन्द, परमानन्द, विरमानन्द और सहजानन्द। अन्तिम और श्रेष्ठ आनन्द सहजानन्द है। यही सरहपा का 'महासुख' नामक सत् आनन्द है जिसके अनुयायी जालंधरपाद भी हैं। इस आनन्द भाव को किसी शब्द से नहीं समझाया जा सकता। यह अनुभववैक्यगम्य है। इसमें इन्द्रिय-बोध लुप्त हो जाता है। आत्मभाव या अस्मिता विलुप्त हो जाता है। 'कैवल्य' रूप में अवस्थित होती है। सरहपाद के ही के शब्दों में देखें—

इन्दिअ तत्थ विलउ गउ। णद्धि अ अप्प सहावा।
सो हले सहज न तनु फुड़ई। पुच्छहि गुरु पावा।।

इनकी दृष्टि में समरसता; सहज से उत्पन्न महासुख; ही सार है। यही शून्यावस्था है, क्योंकि न इसका आदि है, न अन्त है, न मध्य है, न इसमें अपने पराये का ज्ञान रहता है; न यह जन्म है, न मोक्ष, न भव, न निर्वाण—

आइ ण अंत ण मज्झ णउ, णउ भव णउ णिव्बाण।
एहु सो परम महासुह, णउ पर णउ अप्पाण।।[31]

सिद्ध साहित्य के प्रवर्तक सरहपाद योग और ध्यान के सम्बन्ध में नाथ-पन्थियों से अलग दिखाई पड़ते हैं। उन्होंने मूढ़ योगियों के योग को काष्ठ योग कहा। 'चित्त', 'मन' और 'विज्ञान' बौद्ध परिभाषा में एक ही चीज के नाम हैं। वे चित्त की अपार शक्ति को स्वीकार करते थे और उसके स्वरूप को समझाना ही परम पुरुषार्थ मानते थे। यही कारण है कि वे मन और चित्त को मुक्त करना योगी का परम कर्तव्य मानते थे। यहाँ मुक्ति का तात्पर्य बन्धन-विहीनता से है, उनके योग और आचार का रास्ता करुणा और शून्यता से होकर जाता है। सरहपाद अद्वैत-तत्त्व शून्यता के अभ्यासी थे। साथ ही सबके ऊपर अपार करुणा रखने वाले थे। निराला की भाँति वे दूसरों के दुख में सहायक बनना चाहते थे। सरहपाद सहजयोग के प्रवर्तक हैं। फलस्वरूप वे अपने कवित्व की भाषा और भाव में भी सहज हैं।

'सहजावस्था की प्राप्ति' की साधना सभी सिद्धों ने की। यह स्थिति अनभिव्यक्ति (गोप्य) की होती है। इसी कारण सरहपाद सहित उनके सभी परवर्ती सिद्धों को रहस्यवादी स्वीकार किया गया है। यही रहस्य भावना कबीर सहित समस्त हिन्दी सन्त एवं प्रेमाख्यानक कवियों में प्रवहमान है। प्रायः सभी विद्वान यह स्वीकार करते हैं कि सिद्ध साहित्य बौद्ध धर्म का ही विकसित रूप है और इस साहित्य में सामाजिक कुरूपताओं, विडम्बनाओं तथा असमानता पर प्रहार है, धार्मिक दुरूहता को दूर करने के उपाय हैं। पहली बार इस साधना में जन-मन, जीवन-जगत के प्रति स्वीकारात्मक दृष्टिकोण है। ये सिद्ध मानव देह, जीवन के समस्त महासुख, सहजानन्द को केन्द्र मानने और बनाने के पक्षधर थे। इस साहित्य का यह ऐसा रचनात्मक पक्ष है, जो जीवन को निराशा से उबारकर आशा की ओर प्रेरित करता है, साहित्य का लक्ष्य भी तो यही है। इसी कारण अधिकांश सिद्धों ने इसी के खंडन-मंडन में अपनी प्रतिभा का उपयोग किया।

अधिकांश साहित्येतिहासकार इनकी बानियों को कविता मानने के पक्षधर नहीं। यह सच है कि बौद्ध और नाथ सिद्धों की चर्या या बानियों का प्रमुख उद्देश्य अपने सैद्धान्तिक भावों की अभिव्यक्ति और अपनी विशिष्ट साधनाओं का वर्णन-मात्र ही था, काव्य कौशल का प्रदर्शन नहीं। किन्तु अपनी भावनाओं की अभिव्यक्ति के लिए तद्‌युगीन प्रचलित लोक-शैलियों तथा प्रतीकों का चुनाव और चित्रण अपेक्षित था, क्योंकि अपनी बातों, मतों, सिद्धान्तों का प्रचार इन्हें लोक में करना था। 'लोक' भी इनकी ओर आकर्षित हुआ। फलस्वरूप अपनी बानियों, चर्याओं के माध्यम से वे लोकहृदय के अंग बन गये। साधनामूलक उपदेश भी सरस तथा सहज ग्राह्य बन गये। काव्योत्कर्ष से दूर इन सिद्धों में अनेक प्रतीकों, शब्दालंकारों का सुन्दर रूप अनायास ही मिल जाता है, जो हिन्दी के आदिकाल की रचनाओं में महत्त्वपूर्ण स्थान रखता है। इनके काव्य में रसों एवं छन्दों का भी यथावसर प्रयोग हुआ है। शान्त, करुण और अद्‌भुत रस की छटा तो इनके काव्य में सर्वत्र दिखाई देती है। राहुल जी ने इसे पहचाना—"लाखों नर-नारियों को उनमें रस की तरह की आत्म-तृप्ति मिलती थी।" अस्तु इनकी बानियाँ कविता की सभी शर्तों को पूरी करतीं उस काल की कविता बन जाती हैं, ठीक वैसे ही जैसे विद्यापति, कबीर, रविदास आदि की रचनाएँ कविता हैं, शैली की दृष्टि से, इनकी रचनाएँ मुक्तक हैं, जिनमें मात्रिक-छंदों का विशेष प्रयोग हुआ है। दोहा (दोहा कोष में प्रधानता है), सोरठा, पादाकुलक (चौपाई), अडिल्ल वदनक (पद्धड़िया), गाथा, आर्या और रोला आदि छंदों का भी प्रयोग मिलता है। इनके काल से चलकर आज तक हिन्दी कविता में मुक्तक शैली लोकप्रिय बनी हुई है।

इनकी भाषा 'संध्या' (संधा) को बुनोर्फ गूढ़ार्थवादी, कर्न-रहस्यवादी तथा मैक्समूलर-गुप्त-वचन कहते हैं। तान्त्रिक ग्रन्थ बहुधा संध्याभाषा (साभिप्राय या

अभिप्रायात्मक भाषा) में लिखे जाते हैं जिसे गुप्त, अन्धकारपूर्ण, द्वयर्थक, भी कह सकते हैं। "ऐसी दशा में व्यक्त किया गया अनुभव शृंगारिक शब्द के माध्यम द्वारा प्रस्तुत किया जाता है। जिस कारण पौराणिक अथवा सृष्टि विषयक शब्दावली के भीतर भी हठयोग-परक या यौन-सम्बन्ध-परक अर्थ प्रकट होने लगना सम्भव बन जाता है।" (इलियड)।संध्या भाषा के प्रयोग का अभिप्राय यह है कि किसी साम्प्रदायिक विचारधारा को बिना दीक्षा ग्रहण किये व्यक्ति से गुप्त रखा जाए। इस तरह की भाषा का प्रयोग बौद्ध सिद्धों से भी पहले वेद मन्त्रों के रचयिताओं ने किया था। वस्तुतः यह एक प्रकार की प्रतीकात्मक शैली है; जिसका प्रयोग वेद मन्त्रों के रचयिताओं, बौद्ध सिद्धों, नाथपन्थी योगियों और आगे चलकर संत कवियों तक ने किया।

सिद्धों ने नीतिपरक काव्य की रचना की जो धर्म साधना की सहायिका के रूप में है। उनका स्वर अनुशासनात्मक था। विषयवस्तु की दृष्टि से नीतिपरक रचनाओं में तीन स्वर प्रधान हैं—1. विवेचनात्मक, 2. खण्डन एवं 3. चेतावनी। विवेचन के धरातल पर इनकी रचनाओं में जहाँ प्रतीक योजना उपस्थित है, वहाँ शैली का चमत्कार देखने लायक है। परिणामस्वरूप पाठक स्वयं उनकी ओर आकर्षित हो जाता है। प्रतीक-योजना इनके काव्य को रहस्यात्मक भी बनाती है। खण्डनात्मक अंशों में सिद्धों की शैली अधिक बलशाली प्रवाहमयी और ओजयुक्त है। आगे चलकर कबीर इस शैली के अनुयायी बनते हैं। इस शैली में कहीं-कहीं प्रच्छन्न व्यंग्य भी है। उसमें तर्क है किन्तु शुद्ध बौद्धिक विवेचना का नहीं। व्यंग्य के कारण यह अधिक मर्मस्पर्शी, सहज, ग्राह्य और रोचक है। यह खण्डन-मण्डन साम्प्रदायिक सीमाओं में बँधा अवश्य है। किन्तु यह लौकिक जीवन की सहज प्रवृत्ति के अधिक निकट है। और, अभिव्यक्ति के धरातल पर कतिपय शृंगारपरक पदों के बाद इस साहित्य का सबसे सफल अंश है। मजेदार बात यह है कि इन सिद्धों, विशेषकर सरहपा को अपने या दूसरे सम्प्रदायों के बाह्य अनुष्ठानों की निरर्थकता पर इतना अटूट विश्वास था कि वे उसके बल पर किसी भी अनुष्ठान का उपहास कर सकते थे। इनमें कबीर जैसी अक्खड़ता भी कूट-कूट कर भरी थी।

व्यंग्य शैली नीतिपरक रचनाओं की अनिवार्यता तो है ही, उसका प्रमुख अस्त्र-शस्त्र भी है। व्यंग्य, हास्य के उद्रेक का कारक है, ऐसा कारक जो रचना को रोचक बनाता है; उसे पठनीय बनाता है। साधकों को निरर्थक कर्मकाण्डों के आयोजन से रोक पाने में असफल होने पर वे व्यंग्य-बाण से चेतावनी देते थे। इन चेतावनियों में उनकी शैली कुछ तीखी हो जाती थी; यहाँ डॉट-फटकार की सहायता ली जाती थी।

सिद्धों की भाषा में मागधी अपभ्रंश के मूल तत्त्व उपस्थित हैं। 'डकार्णव' तन्त्र में शौरसेनी अपभ्रंश और चर्यागीतों में पूर्वी अपभ्रंश के तत्त्व विशेष सक्रिय हैं। यह अलग बात है कि आज उपलब्ध यह साहित्य भाषिक दृष्टि से पर्याप्त 'संकर' बन चुका है, जिसमें परवर्ती भाषा रूप-अवहट्ट और हिन्दी के तत्त्वों का घाल-मेल है। इस

पर पंजाबी, मराठी के साथ-साथ राजस्थानी, ब्रजभाषा, पुरानी बंगला और गुजराती का भी प्रभाव है। वस्तुतः सिद्धों के मूल ग्रन्थों के लिप्यांतरण में उनके अनुयायियों ने अपने युगीन भाषा की छौंक दी; किन्तु विषय-वस्तु तथा शिल्प के धरातल पर वे परिवर्तन करने में सफल नहीं हो पाये।

और! अन्त में मुझे यह कहने में कोई संकोच नही कि सिद्धों ने ऐसे साहित्य की सृष्टि की जो वस्तु, भाषा से लेकर शिल्प और शैली के धरातल पर सोलहवीं शती तक के साहित्यकारों को सीधे प्रभावित करती है। सच यह है कि इसी सिद्ध परम्परा की नींव पर पहले नाथ सिद्धों, फिर मध्यकालीन कवियों—कबीर, नानक, रैदास, दादू, सधना आदि संत कवियों—के साहित्य का भव्य महल खड़ा है। कबीर की उलटवासी, प्रतीक—योजना, परिभाषिक शब्दावली और वस्तु, शिल्प-शैली का उत्स सिद्ध साहित्य ही है। लगभग एक हजार वर्षों तक साहित्य-साधना तथा रचना को प्रभावित करने वाले सिद्ध साहित्य के समानान्तर किसी अन्य भाषा के साहित्य में ऐसा साहित्य, 'पंथ' या 'वाद' शायद दूर-दूर तक खोजने से मिले। प्रो. राजमणि शर्मा इसे ऐसा लोकपरक साहित्य मानते हैं जो मनुष्य को मनुष्य बनाने की प्रक्रिया में पुष्पित पल्लवित हुआ। वस्तुतः संसार के कोने-कोने में बौद्ध धर्म के विस्तार, प्रचार, अनुगमन का माध्यम है—सिद्ध साहित्य। शायद ही इतना प्रचार किसी अन्य धर्म और साधना का हुआ हो। सिद्ध साहित्य ही 'लोक' में बौद्ध धर्म की उपस्थिति का कारक आज भी बना हुआ है; यद्यपि इस साहित्य की प्रामाणिक खोज, पाठ-सम्पादन, टीका, व्याख्या की आज भी आवश्यकता है जिसे अपनाकर वर्तमान काल में पराजित थका—हारा मनुष्य अपनी अस्मिता की पहचान बनाए रख सकता है, अपने अस्तित्व को ऊपर उठा सकता है; वह पूँजीवाद से लड़ सकता है, आधुनिक, उत्तर-आधुनिकता के दावे को झुठला सकता है। नैतिकता, सामाजिक मूल्यों, मानदण्डों की पुनर्प्रतिष्ठा कर सकता है। और भौतिकवाद की आँधी में वह अडिग खड़ा रह सकता है।

वस्तुतः कालजयिता, प्रासंगिकता साहित्य के वे मानदण्ड हैं जिनके आधार पर किसी देश, भाषा तथा काल के साहित्य की परख की जाती है। यह अलग बात है कि हर युग अपनी नयी चेतना लेकर सामने आता है; इसलिए किसी भी काल में किसी अन्यकाल की समूची रचना प्रासंगिक नहीं होती; हाँ! शाश्वत जीवन मूल्य तथा मनुष्य के संघर्ष को वाणी देने वाला तथा विपरीत, विषम-स्थितियों में उसे अटट जिजीविषा प्रदान करने वाला साहित्य हमेशा प्रासंगिक बना रहता है। यथा—रामचरित मानस के बालकाण्ड का वह प्रसंग जो हमें सामाजिक तथा पारिवारिक मूल्यों की रक्षा के लिए प्रेरित करता है, आज भी प्रासंगिक है और तब तो और भी जब मनुष्य की मनुष्यता मर गयी हो। आज, तो वह बिकाऊ माल बन गया है। अस्तु, मनुष्य को मनुष्य बनाने के लिए जब हम अपने अतीत में झाँकते हैं तो एकमात्र सिद्ध साहित्य,

की लौ ही चमक कर हमें दिशा-निर्देश देती है। इस साहित्य में स्थापित मानवीय मूल्यों की सार्थकता एवं प्रासंगिकता आज भी सन्देह से परे है।

सन्दर्भ

1. डॉ. गोविन्दचन्द्र पाण्डेय—बौद्ध धर्म के विकास का इतिहास, पृ. 21-22
2. अंगुत्तर निकाय भाग 1, पृ. 157
3. डॉ. रामविलास शर्मा—भारतीय संस्कृति और हिन्दी प्रदेश, पृ. 56-61
4. विकन्यात हन्ह—वियतनामी बौद्धभिक्षु की पुस्तक पृ. 289
5. आचार्य हजारीप्रसाद द्विवेदी ग्रन्थावली-5, मध्यकालीन बोध का स्वरूप, पृ. 261
6. सिद्ध साहित्य, पृ. 119
7. आचार्य हजारीप्रसाद द्विवेदी ग्रन्थावली, भाग-5, पृ. 27
8. वही, पृ. 28
9. हिस्ट्री आफ इण्डियन लिट्रेचर भाग 3, पृ. 53
10. डॉ. माताप्रसाद गुप्त—जायसी ग्रन्थावली, पृ. 334
11. टुची, स्फुट टिप्पणियाँ—ज.ए.सो. वं. खण्ड-4, 1930, पृ. 133
12. मोहन सिंह—गोरखनाथ, प्राक्कथन, पृ. 1, 15 तथा 16
13. डॉ. धर्मवीर भारती—सिद्ध साहित्य, पृ. 118-19
14. आचार्य हजारीप्रसाद द्विवेदी ग्रन्थावली, खण्ड-3, पृ. 551-552
15. हिन्दी साहित्य का वृहत् इतिहास, भाग-3, पृ. 33, नागरी प्रचारिणी सभा, काशी
16. फ्रेंक एंजेल्स लुडविग फ्युएर बाख, पृ. 40
17. आचार्य हजारीप्रसाद द्विवेदी, ग्रन्थावली खण्ड-6, पृ. 313
18. चर्यापद 10, पृ. 9
19. बौद्ध गान और दोहा, पृ. 131

हजारीप्रसाद द्विवेदी की स्त्री-चेतना

पिछली सदी के अन्तिम दो दशकों में हिन्दी कथा-साहित्य अन्य साहित्यिक विधाओं को अपदस्थ कर साहित्य की केन्द्रीय बन बैठा। उसके अपने कारण थे जिनमें पूँजीवाद का प्रवाह और औद्योगिक क्रान्ति प्रधान था। फिर, हिन्दी कथाकारों ने अपनी आँखें और मन-मस्तिष्क के झरोखे खुले रखे। संसार के कोने-कोने में फैलने वाले आंदोलन और विचारधाराओं से इन रचनाकारों ने साक्षात्कार किया। पश्चिमी देशों में जन्मे 'फ्री वीमेन मूवमेंट' और 'दलित आंदोलन' से हिन्दी कथा साहित्य अप्रभावित नहीं रह पाया। ये दोनों आन्दोलन 'स्त्री-विमर्श' और 'दलित विमर्श' के रूप में पिछली सदी के अन्तिम दो दशकों में हिन्दी कथा-साहित्य के प्रधान स्वर बने। फलस्वरूप हिन्दी में कथा-लेखिकाओं और दलित लेखकों की बाढ़ आयी।

इन दोनों विमर्शों के अपने शास्त्र बने। स्त्री विमर्श के सन्दर्भ में कहा यह जाता है कि 'स्त्री' की पीड़ा, उसका दुख-दर्द जितना स्त्री-लेखिका समझ सकती है, अनुभूत कर सकती है और उसे जिस रूप में अभिव्यक्ति कर सकती है, उसे उस रूप में पुरुष वाणी नहीं दे सकता। इस तथ्य-सत्य की स्वीकृति से सहमति-असहमति का प्रश्न नहीं। किन्तु इतना सत्य है कि ये दोनों विमर्श हिन्दी साहित्य तथा आलोचना के क्षेत्र में बहुत पहले जन्म ले चुके थे। सन 1935 के आस-पास हिन्दी जगत में न तो इन आंदोलनों का प्रभाव था, न आज जैसी कथा-लेखिकाओं की बाढ़। किन्तु आलोचना के क्षेत्र में पदार्पण कर रहे एक नवयुवक आलोचक की आँखों से स्त्री-लेखिकाओं का महत्त्व ओझल नहीं हो पाया। हिन्दी की चार कहानी-लेखिकाओं—शिवरानी देवी, सुभद्रा कुमारी चौहान, कमला देवी और हेमवती देवी—की कहानियों की आलोचना के माध्यम से द्विवेदी जी उपर्युक्त तथ्य सत्य की तह तक जाकर रूढ़ मान्यताओं पर प्रहार करते हैं—"प्रचलित विश्वास यह है कि स्त्री को स्त्री ही ठीक-ठीक समझ सकती है। इसके साथ जो अनुमान अपने आप उपस्थित होता है उसे प्रायः भुला दिया जाता है। वह अनुमान यह है कि पुरुष को पुरुष ही समझ सकता है, और वही उसे व्यक्त भी कर सकता है। स्पष्ट ही यह अनुमान सत्य से बहुत दूर है और इसीलिए उसकी अनुमापक प्रतिज्ञा भी उतनी ही असत्य है। यह विचार कि स्त्री ही स्त्री को समझ सकती है और पुरुष स्त्री को नहीं समझ सकता, किसी बहके दिमाग

की कल्पना मात्र है।'' (ह.प्र. द्विवेदी ग्रन्थावली, भाग-10, महिलाओं की लिखी कहानियाँ, नामक निबन्ध, पृ. 186)।

द्विवेदी जी आज के इस प्रचलित 'विश्वास' के कारणों की खोज में उस सभ्यता और सामाजिक-व्यवस्था के प्रारम्भिक अवस्था तक की यात्रा करते हैं जिसका आरम्भ किया था स्त्री ने, पुरुष को बाँधने के लिए और उसी के सहयोग से। इसलिए द्विवेदी जी आज की इस भेदपरक, दुखपूर्ण नारी की स्थिति को समझने के लिए पुरुष और स्त्री के विकास की यथार्थ वस्तु—स्थिति के ज्ञान-प्राप्ति पर जोर देते हैं। यद्यपि स्त्री ने नीड़ का निर्माण किया, अग्नि-संरक्षण का आविष्कार किया, कृषि का शुभारम्भ किया किन्तु वह रहस्यमयी बनी रही, उसने अपना बहुत कुछ छिपा रखा। विपरीत इसके, पुरुष का सब कुछ प्रकट था। द्विवेदी जी स्त्री की इसी रहस्यमयी प्रकृति को उसके कष्टों का कारक मानते हैं; किन्तु इसे वे स्त्री की जीत का आधार भी स्वीकार करते हैं।

यह स्त्री तब और पीड़ित होती है जब उसकी व्यवस्थाएँ छिन्न-भिन्न होती हैं। आधुनिक काल में आई व्यावसायिक क्रान्ति के कारण स्त्री निर्मित कृषिमूलक सभ्यता के ह्रास, परिवार और वर्ग की भावना के पराभव को वे वैयक्तिक स्वाधीनता के विकास का कारक मानते हैं। द्विवेदी जी आधुनिक काल की व्याख्या में यह अनुभव करते हैं कि इस युग के स्त्री-पुरुष को यह स्वीकार्य नहीं था कि स्त्री रहस्य बनी रहे। उन्हीं के शब्दों में ''पुरुष ने स्त्री को समझने की कोशिश की और स्त्री ने इस कार्य में उसे सहायता पहुँचायी और साहित्य नये सुर में बजने लगा।'' (वही, पृ. 186)। निश्चय ही यह नया सुर 'स्त्री विमर्श' का था; उसके नये आख्यान का था।

इस नये आख्यान के पूर्व भी और बाद में भी अथक प्रयास के बावजूद पुरुष स्त्री को क्यों नहीं समझ पाया, इसका कारण वे उस 'कल्पना' को मानते हैं, जो उसके संस्कार की विवशता थी। ठीक यही स्थिति स्त्री की थी जो अपनी रहस्यमयी आदत से विवश थी। उसने अपने रहस्य को समझाने में गलती की। यहीं वे पुरुष और स्त्री द्वारा एक दूसरे के लिखे गये साहित्य का अन्तर भी स्पष्ट कर जाते हैं—''पुरुष का जब स्त्री चित्रण पढ़ा जाय तो उसकी कल्पनात्मक प्रवृत्ति से सदा सतर्क रहना चाहिए और स्त्री का जब स्त्री-चित्रण पढ़ा जाय तो उसकी रहस्यात्मक प्रवृत्ति से भी सावधान रहना चाहिए।'' (वही, पृ. 187)। यहीं वे यह भी कहते हैं कि यह मानना गलत बात है कि स्त्री वस्तुतः वैसी ही है, जैसी स्त्री के द्वारा चित्रित है या वैसी नहीं है जैसी पुरुष के द्वारा कल्पित है। स्पष्टतः अपने इस तर्क-वितर्क के द्वारा द्विवेदी जी साहित्य के बीच, पुरुष और स्त्री लेखन के विभाजन के विरोधी दिखाई देते हैं। और यह भी संकेत दे देते हैं कि दोनों द्वारा किया गया चित्रण 'सम्पूर्ण-स्त्री' का चित्रण नहीं बन पाता है।

द्विवेदी जी की दृष्टि में 'स्त्री लेखन' वस्तुतः इस धारणा का परिणाम है कि

पुरुष उसे गलत समझता है, "इसलिए साहित्य में उसका प्रयत्न स्त्री की वस्तुस्थिति स्पष्ट करने का होता है" (वही)। किन्तु "वह स्त्री को अनजान में कुछ 'अज्ञात' रखना चाहती है। इसलिए स्वभावतः ही स्त्री के प्रति होने वाले अविचारों के विषय में उसका रुख अधिकतर शिकायतों के रूप में प्रकट होता है।" (वही)। शब्द 'शिकायत' ध्यातव्य है; इसके प्रयोग के माध्यम से द्विवेदी जी स्त्री लेखन के हल्केपन पर प्रहार करते हैं। 'स्त्री-लेखन' को यदि हम गम्भीरता से देखें तो पाएँगे कि प्रारम्भ से यह प्रवृत्ति प्रधान रही है, ठीक यही स्थिति दलित लेखन की भी है। और, यह शिकायत या दोषारोपण है किसके प्रति, उसी समाज व्यवस्था के प्रति न, जिसकी सर्जक स्वयं ही स्त्री रही है।

सन्दर्भित आलेख में द्विवेदी जी के सामने तो केवल प्रारम्भिक कथा लेखिकाएँ ही थीं, किन्तु इस सन्दर्भ में उनका मत आज भी सटीक बैठता है—"स्त्री का चित्रित दुखी स्त्री पात्र शायद ही कभी अपने आन्तरिक विकास के कारण दुखी होता है। उसके दुखी होने का कारण भीतर नहीं, बाहर हुआ करता है।" (वही)।

इन बाह्य कारणों में वे प्रमुख कारण साहित्य में वैयक्तिक स्वाधीनता के प्रवेश को स्वीकार करते हैं, जिसका विकास आधुनिककालीन व्यावसायिक प्रवृत्ति की ही परिणति है—"अधिकांश स्त्री चरित्र का चित्रण दुखी के रूप में न होता यदि व्यक्तिवाद स्त्री लेखिकाओं का सर्वाधिक जबर्दस्त सुर न होता"। (वही)। हाँ, वे यह भी स्वीकार करते हैं कि यह भाव उसे समाज-व्यवस्था और पुरुष की स्वार्थांधता से टक्कर की शक्ति भी देता है। पुरुष इस भाव से अछूता न रहा किन्तु पुरुष की अपेक्षा उसकी यह शक्ति संयमित और सामाजिक भाव से पूर्ण होती है। वैयक्तिकता के भाव को सामाजिकता की ओर उन्मुख करने की प्रवृत्ति को द्विवेदी जी स्त्री साहित्य का सबसे बड़ा अवदान मानते हैं। अपने इस मत द्वारा द्विवेदी जी मानवता की रक्षा तथा विकास का सूत्र सामाजिक मर्यादा में ही खोजते हैं; किन्तु 'सामाजिक मर्यादा' ठीक वैसी ही नहीं, जैसी पहले से चली आ रही है; वे उस विशुद्ध सामाजिक मर्यादा की बात करते हैं, जिसमें पुरानी सड़ी-गली रूढ़ियों, मान्यताओं को कोई स्थान नहीं। हाँ! संयम और निष्ठा को वे मनुष्य के दीर्घ आयास से उपलब्ध गुण स्वीकार करते हैं और इनके विरोध को वे प्रगतिशीलता नहीं मानते। वे अपने एक निबन्ध ('मनुष्य ही साहित्य का लक्ष्य है') में लालसा को उत्तेजना देने वाले साहित्य-निर्मिति को मनुष्य की गलती स्वीकार करते हैं। अपनी इस मान्यता द्वारा वे आज के 'स्त्री-विमर्श' के नाम पर लिखे जा रहे साहित्य पर भी प्रहार कर जाते हैं। मुझे यह स्वीकार करने और कहने में संकोच नहीं कि आज का स्त्री-विमर्श लेखन कहीं-न-कहीं, किसी-न-किसी रूप में लालसा को उत्तेजना देने वाला ही साहित्य बन गया है जिसकी सम्भावना द्विवेदी जी ने बहुत पहले व्यक्त की थी।

हिन्दी आलोचना जगत में यदि द्विवेदी जी आलोचना के सिद्धान्तों का प्रतिपादन

करते हैं तो उन्हें व्यावहारिक आलोचना की कसौटी पर कसते भी हैं। 'महिलाओं की लिखी कहानियाँ' नामक आलेख में स्त्री-लेखिकाओं की आलोचना उनके 'व्यावहारिक आलोचना' की एक कड़ी है; यद्यपि इस दृष्टि से उनका श्रेष्ठतम ग्रन्थ 'कबीर' माना जाता है। किन्तु ऐसे आलेखों का महत्त्व कम नहीं अपितु वे व्यावहारिक समीक्षा के धरातल पर मानक सिद्ध होते हैं।

आचार्य द्विवेदी जी की दृष्टि से स्त्री और पुरुष कथा-लेखकों में विभेदकता के मूल तत्त्वों—सामाजिक और वैयक्तिक भावना तथा पुरुष लेखन में काव्यवादी प्रधानता एवं स्त्री-लेखन में रहस्यमयता की प्रधानता के कारण आने वाले दोषों की चर्चा ऊपर की जा चुकी है। वैयक्तिकता को वे पूँजीवादी या आधुनिक चेतना की देन तथा अनिवार्यता अवश्य स्वीकार करते हैं किन्तु उन्हें डर है कि वैयक्तिकता की भावना या चेतना से मनुष्य पशु न बन जाय। इसलिए उनकी दृष्टि में वैयक्तिक विकास तभी उपयोगी होगा जब उसका पर्यावसान सामाजिकता में हो।

इस आलेख में द्विवेदी जी की दृष्टि सबसे पहले 'चरित्र' निर्मिति पर जाती है। उनकी पहली मान्यता है कि 'कहानी' में केवल एक वर्ग-विशेष की उपस्थिति न हो अपितु इसमें पूरा मानव-समाज स्थापित हो, और शक्ति के पुंज (केन्द्र) पीड़ित दलित-उपेक्षित नर-नारी का चरित्र उसमें उभार पाया हो; किन्तु अपनी इस कसौटी पर शिवरानी देवी के संकलन 'कौमुदी' को छोड़कर अन्य संग्रहों को खरा उतरता नहीं पाते। उन्हीं के शब्दों में..."शेष पुस्तकों में से अधिकांश की कहानियों का मूल उपादान मध्यवर्ग के हिन्दू परिवार की अशांतिकर व्यवस्था है।" (वही, पृ. 188)। निश्चय ही द्विवेदी जी की यह चिन्ता कि चार में से केवल एक लेखिका मध्यवर्ग सहित सभी वर्गों के स्त्री-पुरुष की कथा को अपनी कहानी का केन्द्र बनाती है, आज के स्त्री-विमर्श या कथा-लेखन के यथार्थ की भी पोल खोलती है; जिसमें उच्च या मध्यम उच्च वर्ग ही केन्द्रीय धुरी बन बैठा है, आम जन या सर्वहारा गायब है।

सुभद्रा देवी, कमला देवी और होमवती देवी की कहानियों में वे सास, जेठानी और पति के अत्याचार, स्त्री की पराधीनता, उसे पढ़ने-लिखने या दूसरों से बात करने में बाधा इत्यादि बातों को ही विभिन्न भावों और रूपों में अभिव्यक्त पाते हैं जिनके केन्द्र में आधुनिकाएँ हैं। वस्तुतः कहानी का यह आधार एक काल विशेष में अपना औचित्य तो प्रमाणित कर सकता है, किन्तु यह तभी आधार बन पाएगा, जब नारी शिक्षित होकर आर्थिक रूप से सबल बन जाएगी? इसमें संदेह है। द्विवेदी जी की दृष्टि हर काल में अपनी अर्थवत्ता बनाए रखने वाली कहानियों पर है, इसलिए इन कहानी लेखिकाओं की कहानियों को कमजोर को सिद्ध करते हैं; बावजूद इसके वे इन कहानियों का वैशिष्ट्य भी निरूपित करते हैं—"उन्होंने अपने अनुभवों को ही, कहानियों में रूपांतरित किया है। निःसंदेह उनके स्त्री चरित्रों का चित्रण अत्यंत मार्मिक हुआ है।" (वही, पृ. 183)। अनुभवों के रूपांतरण तथा चरित्रों की मार्मिकता

के साथ आये दोषों की ओर भी वे संकेत करते हैं। द्विवेदी जी के अनुसार सुभद्रा जी की कहानियों में समाज-व्यवस्था के प्रति एक नकारात्मक घृणा ही व्यंजित होती है। द्विवेदी जी समाज सुधार या स्वरूप परिवर्तन की बात तो स्वीकार कर सकते हैं किन्तु 'समाज' को नकारने या उसके प्रति घृणात्मक प्रचार उनके गले नहीं उतरता। साहित्य का लक्ष्य भी घृणा का प्रचार नहीं है। ऊपर ही संकेत दिया जा चुका है कि द्विवेदी जी की पहली कसौटी है—चरित्र। और वे ऐसे चरित्र को कहानी की सफलता का आधार मानते हैं जिसमें भीतरी शक्ति और वर्तमान के प्रति विद्रोह का भाव हो ताकि वह समाज की इस निर्दयतापूर्ण व्यवस्था को अस्वीकार कर सके। सुभद्रा देवी के चरित्रों की मानसिक दृढ़ता की यह अक्षमता उन्हें समाज की बलिवेदी पर बलिदान करा देती है, द्विवेदी जी इस कमजोरी को स्वीकार करने के लिए तैयार नहीं, उन्हें तो 'निपुणिका', 'मैना' जैसे चरित्र चाहिए जो सामाजिक व्यवस्था की विरूपताओं के विरुद्ध खड़ी होकर दो-दो हाथ कर सकें। तभी तो वे वर्तमान के प्रति सार्थक विद्रोह को कहानी की आत्मा स्वीकार करते हैं। उन्हीं के शब्दों में पढ़ें—''सुभद्रा जी के पात्रों की सहज बुद्धि विहार की अपेक्षा परिहार की ओर, जमने की अपेक्षा भागने की ओर, क्रिया की अपेक्षा निष्क्रियता की ओर झुकी हुई।'' (वही, पृ. 189)। मनोविज्ञान की सहायता लेते हुए वे ऐसे चरित्रों को नकारात्मक (निगेटिव) चरित्र की संज्ञा से विभूषित करते हैं। ऐसे चरित्रों के निर्मिति के दो कारण मानते हैं—स्त्री शिक्षा का अभाव तथा स्त्री तथा पुरुष की दुनिया में अलगाव का भाव। अन्ततः सुभद्रा जी के सन्दर्भ में वे आज की दुनिया में लेखिका की वह असफलता मानते हैं जिसमें ''भारतीय स्त्री को यथार्थता के साथ वैयक्तिक स्वाधीनता के आदर्शों का सामंजस्य'' कर पाने की सामर्थ्य का अभाव है।

द्विवेदी का उपर्युक्त मंतव्य इस बात का प्रमाण है कि वे ऐसे 'भारतीय स्त्री' की चारित्रिक सृष्टि चाहते हैं, जो परिस्थितियों को नियति न मानकर अपने को 'होम' न करे अपितु वह उनसे जूझे, उसे बदलने का प्रयास कर अपनी वैचारिक स्वाधीनता को स्थापित करे। उनकी इस तुला पर शिवरानी देवी के 'कौमुदी' संग्रह की कहानियाँ ही खरी उतरती हैं। 'आँसू की दो बूँदें' नामक कहानी को एक टिपिकल उदाहरण के रूप में स्वीकार करते हुए उसके प्रमुख चरित्र कनक को श्रेष्ठतम सिद्ध करते हैं—''सुरेश की बेवफाई कनक के विनाश का कारण नहीं हो जाती। वह अपने लिए दूसरा रास्ता—सेवा का रास्ता खोज निकालती है। द्विवेदी जी 'भारतीय-स्त्री' के पक्षधर नहीं, वे तो समकाल की स्त्री के पक्षधर हैं। तभी तो वे 'कनक' को श्रेष्ठतम मानते हैं। कनक उस आधुनिक आदर्श की प्रतिनिधि जरूर है, जो व्यक्ति, स्वाधीनता और सामाजिक मंगल-बोध के सामंजस्य में अपना रास्ता निकालती है।'' (वही, पृ. 189)। द्विवेदी जी दोनों कथा-लेखिकाओं की तुलना करते हुए अपनी बेवाक टिप्पणी देते हैं—''सुभद्रा जी उन वस्तुओं की प्रतिनिधि हैं जो उनके कहानी

के उपादान हैं, शिवरानी जी आदर्श की प्रतिनिधि हैं जो इस जाति की कहानियों की जान है।'' (वही)। उनके इस मत में भी परम्परा पर प्रहार है।

यह तुलनात्मक आलोचना और सशक्त बन जाती है, जब वे घोषित करते है कि ''सुभ्रदा जी के चरित्रों का व्यक्तित्व समाज के कठोर नियमों के कारण दब जाता है और शिवरानी देवी के चरित्रों का व्यक्तित्व समाज के नियमों की कठोरता को प्रायः दबा देने में समर्थ हो जाता है।'' (वही, पृ. 191)। वे समाज के काँटेदार बेड़ों को रौंद कर अपना मार्ग बनाने वाले चरित्र-निर्मिति प्रस्तुति को कहानी की सफलता मानते हैं। इस दृष्टि से उस काल में शिवरानी देवी की ही कहानियाँ श्रेष्ठ सिद्ध होती हैं। द्विवेदी जी का कहानी आलोचना का यह मानदण्ड काल-विशेष की कहानियों की समीक्षा आलोचना का आधार नहीं, अपितु आज की कहानियों की आलोचना में भी यह कारगर, महत्त्वपूर्ण मानदण्ड सिद्ध होता है। चरित्र-चित्रण की इस कसौटी पर कमला देवी की 'पिकनिक' और होमवती देवी की 'निसर्ग' की कहानियों भी खरी उतरती हैं। हाँ, इन्हें वे सुभद्रा देवी और शिवरानी देवी के चरित्रों के बीच की चीज मानते हैं।

उपर्युक्त विवेचन इस धारणा का प्रमाण है कि द्विवेदी जी की दृष्टि, कफन, पूस की रात आदि जैसी प्रेमचन्द की कहानियों की कालजयिता पर भी थी। ये कहानियाँ अपने पात्रों/चरित्रों के कारण ही हर काल में प्रासंगिक बनी हुई हैं। वस्तुतः वे ऐसी कहानियों की सृष्टि चाहते हैं जिनके चरित्र 'इतिहास', मानव-सभ्यता संस्कृति के इतिहास बन जाएँ और चरित्र ही कथा का आधार होता है। यह तभी सम्भव होगा जब जीवन की विसंगतियों से मुठभेड़ हो, और उसका पर्दाफास किया गया हो। द्विवेदी जी जीवन के विविध रंगों के चितेरे के रूप में प्रेमचन्द का स्मरण करते हैं जिन्होंने अपने जीवन में, मानव जीवन को समझने के दृष्टिकोण भी बदले हैं, पर पुरानी दृष्टियों का खोखलापन दिखाकर। 'कफन' के सन्दर्भ में वे कहते हैं कि उसके पढ़ने से ''जीवन की कई व्याख्याओं की निःसारता प्रकट हो जाती है।'' (वही, पृ. 190)।

वे फ्रेंच दार्शनिक टेन के मत को भी उपस्थित करते हैं, और मानव सभ्यता की विपरीतता—वैषम्यता के कारण खोजते हैं; और निष्कर्ष देते हैं कि ''आर्थिक सुविधा और असुविधा ही सामाजिक, धार्मिक और मानसिक विधान—शृखंला के वास्तविक मत में है।'' (वही, पृ. 191)। इसका स्पष्ट निहितार्थ है कि वे सामाजिक विभेदकता को ईश्वरी निर्मिति नहीं मानते हैं, अपितु यह मानते हैं कि आर्थिक विकास समाज के निचले पायदान पर खड़े स्त्री-पुरुष को ऊपरी पायदान पर पहुँचा देता है।

इसीलिए उनकी अपेक्षा है कि कहानीकार धार्मिक और सामाजिक दृष्टिकोण के प्रति 'कफन' की भाँति कौशलपूर्ण प्रतिवाद करे। वे अभिभूत हैं, प्रेमचन्द के इस कौशल से जिसकी सहायता से इस कहानी में आर्थिक दृष्टिकोण की प्रधानता कुछ इस प्रकार उपस्थित की गयी है कि मध्यवर्ग के बहुविध घोषित प्रेम और करुणा की

कोमल भावनाओं का कोमलपन अत्यंत खोखला होकर प्रकट हुआ है। द्विवेदी जी की दृष्टि में आलोच्य कहानियों में सामाजिक दृष्टिकोण और मध्यवर्गीय कोमलता का भाव प्रबल तो जरूर है, किन्तु, अविश्वसनीय तथा अकथनीय जैसा प्रतीत होता है।

द्विवेदी जी के मत में महत्त्वपूर्ण कहानी केवल अवसर विनोदन की साधन नहीं होती। कोई कहानी तभी महत्त्वपूर्ण कही जा सकती है जब उसकी नींव उन वस्तुओं पर रखी गयी हो जो निरन्तर गम्भीर भाव से और निर्विवाद भाव से हमारी सामान्य मनुष्यता की कठिनाईयों और द्वन्द्वों को प्रभावित कर रही हो। आलोच्य कहानियों में यह आधार तो है और कहानीपन भी है किन्तु सामाजिक समस्याओं की कुछ ऐसी गुत्थियों को सुलझाने का मार्ग आसानी से नहीं मिलता। यह स्थिति इस बात का प्रमाण है कि इन कहानियों का उपजीव्य जहाँ द्वन्द्वात्मक समाज की कठिनाइयाँ हैं, वहीं उसका प्रतिपाद्य इन कठिनाईयों की गुत्थियों को सुलझाना भी है। यह सुलझाव तभी सम्भव है जब कहानी का चरित्र इनसे जूझता-संघर्ष करता विजयी भाव से बाहर आ जाय।

स्त्रियों की वर्तमान स्थिति का कारण वे उस व्यावसायिक युग तथा व्यक्ति स्वाधीनता को मानते हैं, जिससे आक्रांत पुरुष घर परिवार के प्रति निष्ठा भाव तथा नैतिक मूल्यों को भूल रहा है। नागरिक सभ्यता ने तो पुरुष-कोमलता को कुचल डाला है। फलस्वरूप सामाजिक-भावना की संज्ञा का दायित्व मात्र स्त्री के कंधों पर आ पड़ा। इसीलिए वे कहते हैं—''आधुनिक सभ्यता का कठोर वज्रपात स्त्री पर हुआ है।...उसने स्त्री को न केवल स्थान-च्युत किया है, उसको केन्द्र से दूर फेंक दिया है, बल्कि उसमें विकट मानसिक द्वन्द्व भी ला दिया है।'' (वही, पृ. 198)। अस्तु वे आलोच्य कहानियों के परीक्षण का एक आधार स्त्री की इस स्थिति को भी स्वीकार करते हैं। समाज-व्यवस्था की नियामक स्त्री की 'केन्द्र च्युति' उन्हें असहनीय है। द्विवेदी जी इस बात से व्यथित हैं कि आलोच्य कहानियों में 'केन्द्र च्युति' की ओर से कोई शिकायत नहीं की गयी है। हाँ, सन्तोष तो इसलिए कि ''रूढ़ि समर्थित आदर्श स्त्री और व्यक्ति स्वाधीनता से प्रभावित स्त्री का द्वन्द्व हमारी आलोच्य कहानियों में पदे-पदे दिखाई देता है।'' (वही, पृ. 193)।

आलोच्य कहानियों में एक ही साथ व्यक्ति, स्वाधीनता और समाज-निष्ठा की प्रस्तुति में वे 'अद्‌भुत विरोधाभास' देखते हैं। इसका समाधान भी वे स्त्री की वर्तमान परिस्थितियों के साथ सामंजस्य की चाह तथा सामाजिक स्वीकृति की भावना में खोजते हैं; जहाँ वैयक्तिकता को भी समाज-संगठन में पर्यवसित करने का उसका अपना संकल्प और भाव प्रधान बन जाता है।

आचार्य द्विवेदी कहानी को मानव जीवन की व्याख्या स्वीकार करते हैं। महिला कथा-लेखिकाओं से उनकी अपेक्षा है कि लालसा को उत्तेजना देने वाले साहित्य तथा वर्ग-विशेष की व्यथा-कथा के स्थान पर अपने स्वानुभूत तथा प्रामाणिक

सामाजिक-वास्तव को कहानी का स्वरूप दें, जो समाज के हर वर्ग, हर परिस्थिति-स्थिति का आख्यान बनकर काल विशेष के परे जाकर भी अपनी अर्थवत्ता को बनाए रखे। यह सम्भव है—ऐसे चरित्र की निर्मिति से जो इतिहास का हिस्सा बन जाय। ऐसा अपराजेय, निडर चरित्र विकट सामाजिक द्वन्द्वों से संघर्ष के बीच से ही निर्मित हो सकता हैं। अस्तु बदलती सामाजिक स्थितियों के घात-प्रतिघात की प्रस्तुति, तथा उससे संघर्ष करते चरित्र की प्रस्तुति कहानी में जितनी आवश्यक है, उतनी ही सामाजिक-निष्ठा भी अपेक्षित है। सामाजिक-निष्ठा की अपरिहार्यता द्विवेदी जी की रूढ़िवादिता नहीं, क्योंकि वे यथातथ्य रूप में समाज को स्वीकार करने के पक्षधर नहीं, वे तो उसमें बदलाव, परिस्थितियों के अनुसार परिवर्तन के आकांक्षी हैं। किन्तु वे उसी परिवर्तन को स्वीकार करने के लिए प्रस्तुत हैं जो मानवोपयोगी मूल्यों-सामाजिक निष्ठा-जैसे अर्जित संस्कारों का विरोधी न हो। अपनी इस मान्यता में आज वे उन लेखिकाओं, आलोचकों के साथ खड़े दिखाई देते हैं जो कुरूपता तथा अमानवीयता की ओर अग्रसर 'स्त्री विमर्श' के विरोधी हैं। निश्चय ही स्त्री लेखन की अर्थवत्ता अथक आयास से अर्जित मूल्यों को तोड़ने में नहीं अपितु उसकी संरक्षा में है। द्विवेदी जी साहित्य का लक्ष्य 'मनुष्य' को जब स्वीकार करते हैं तो उनकी दृष्टि विशिष्ट 'मनुष्य' से है, ऐसे मनुष्य से जो कबीर की भाँति समाज के लिए निरन्तर जागे और रोए।

दलित-चेतना और आचार्य हजारीप्रसाद द्विवेदी

पिछली सदी के आठवें दशक के अन्तिम दिनों में हिन्दी साहित्य में दलित विमर्श एवं स्त्री विमर्श जैसे दो महत्त्वपूर्ण आन्दोलन खड़े हुए। स्व-अनुभूति के अभिव्यक्ति को प्रधानता देने वाले ये आन्दोलन अन्तिम दशक तक हिन्दी साहित्य में अपनी सशक्त उपस्थिति तो दर्ज कराते ही हैं, साथ ही समीक्षकों को नये औजार की तलाश के लिए भी विवश करते हैं। वस्तुतः कर्म-प्रधान हिन्दी वर्ण-व्यवस्था ईसवी सन् के आसपास ही जन्मगत/वंशगत वर्ण-व्यवस्था में बदली। यह बताना तो कठिन है कि यह वर्ण-व्यवस्था, जाति-व्यवस्था में कब बदली, किन्तु सच यह है कि हिन्दू समाज जाति, उसमें भी जाति में बदलता-बँटता चला गया। चौथे वर्ण में भी अनेक जातियों ने जन्म ले लिया। धीरे-धीरे उच्च वर्ग ने इन्हें अछूत और निम्न मानकर पीछे ढकेलना प्रारम्भ किया। फलस्वरूप उच्च वर्ग और ऊँचा हुआ एवं निम्न वर्ग निरन्तर नीचे धँसता चला गया।

मेरा अनुमान है कि मानव समाज की निर्मिति के साथ-साथ उच्च और निम्न का भेदभाव जन्मा होगा। यह भेदभावमूलक धारणा क्रमशः विकसित होती रही और जाति के जन्म के साथ-साथ यह और प्रगाढ़ बनी। द्विवेदी जी के ही शब्दों में और आज! "एक जाति दूसरी को म्लेच्छ समझती है एक मनुष्य दूसरे को नीच समझता है।"[1] यह 'समझने' की भावना ही मनुष्य को टुकड़ों में बाँटती रही है, उसे अलगाती रही; एक दूसरे से दूर करती रही। किन्तु इतिहास इस बात का भी साक्षी है कि "आज जो जातियाँ समाज के सबसे निचले स्तर में विद्यमान हैं, वे सदा वहीं नहीं रहीं और न वे सभी सदा ऊँचे स्तर में ही रही हैं जो आज ऊँची है।"[2] अर्थात् जातियों का ऊँच-नीच होना या माना जाना युगीन परिस्थितियों का परिणाम रहा है।

द्विवेदी जी इसे प्रमाणित करते हुए कहते हैं—"मुसलमान आगमन के अव्यवहित पूर्वकाल में डोम-हाडी या हलखोर आदि जातियाँ काफी सम्पन्न और शक्तिशाली थीं।"[3] वे यह रहस्य भी खोलते हैं कि वेदों में जाति व्यवस्था का जो उल्लेख हुआ है, वह आधुनिक अर्थों में स्वीकार्य नहीं है। वेदों में "वर्ण और जाति को समानार्थक शब्द नहीं माना जा सकता।"[4] किन्तु एक ऐसा भी समय आया जब जाति व्यवस्था

रूढ़ बन चली, छूत और अछूत की भावना गहरे पैठी। वैसे आर्यों में आए इस विभेद-भाव का कारण द्विवेदी जी की दृष्टि में आर्येतर पड़ोसियों में पहले से विद्यमान यह भावना थी जिसे आर्यों ने आत्मसात किया।[5] प्रश्न उठता है कि वे कौन थे? हूण, मंगोल, किरात या नाग-यक्ष अथवा द्रविड़, कोल, भील आदि? द्विवेदी जी इसका स्पष्ट उत्तर तो नहीं देते किन्तु यह अवश्य बताते हैं कि दसवी शताब्दी में समाज में विभेद दृष्टि का प्रारम्भ तब हुआ जब मुसलमान इस देश में आए—"यह विचित्र-सी बात है कि जाति-पाँति को तोड़ने वाली संस्कृति के आक्रमण ने इस देश के समाज में जाति-पाँति का भेद-भाव और भी अधिक बढ़ा दिया।"[6]

उन्नीसवीं सदी में ब्रिटिश हुकूमत के शोषण से संत्रस्त, पीड़ित भारतीय सामान्य-जन की दशा बहुत भयावह थी। भारत भूखों, नंगों का देश बन गया था; किसान मजदूर बन रहे थे; ऊपर से सामन्त और उनके किरदारों के शोषण के शिकंजे और कसते जा रहे थे। सामाजिक व्याधियाँ उन्हें अलग से निगल जाने को मुँह बाए खड़ी थीं। इस बेबस जनता की रक्षा का भार समाज-सुधारकों ने उठाया। वे जानते थे कि शासन सत्ता के विरोध के लिए सामाजिक समानता आवश्यक है। अतः इस प्रयास की ओर लेखक-कवि आदि के साथ समाज-सुधारक, संत महात्मा सक्रिय हुए।

भारतीय जन-मानस के समक्ष यह स्थिति पहली बार नहीं आयी थी। इतिहास साक्षी है कि ऐसी ही सामाजिक विषमता, पर-दुःख-कातरता से कभी गौतम बुद्ध जूझे और कभी महावीर जैन और कभी नाथ और सिद्ध। वस्तुतः जाति-वर्ण के भेद से जर्जरीकृत इस देश में जो भी महासाधक आया है, उसे यह प्रथा खटकी है। ऐसे बहुत से प्राचीन ग्रन्थ और ग्रन्थकार हैं जिनमें जातिभेद को उड़ा देने पर जोर दिया गया है। ऐसा भी नहीं है कि केवल निम्न वर्ग का ही व्यक्ति ऐसे आन्दोलनों का अगुवा बना बल्कि उच्च वर्ग ने भी अगुवाई की। कालिदास के पूर्व जन्मे प्रख्यात कवि चिन्तक अश्वघोष (बज्रसूची) ब्राह्मण थे, जिन्होंने समाज में उपेक्षित-उत्पीड़ितों की आवाज उठाई। उन्होंने ब्राह्मणवाद की विसंगतियों तथा विरूपताओं पर जमकर प्रहार किया। सहजयानी सिद्ध सरोरुहपाद (सरहपा) भी जाति-व्यवस्था के भयंकर विरोधी थे। वे भी हर मनुष्य को समान सुविधा-व्यवस्था और शिक्षा देने के हिमायती थे। किन्तु इसी सामाजिक विषमता से जूझने के लिए आज दलित-विमर्श के नाम से हिन्दी साहित्य में एक समानांतर आन्दोलन खड़ा है जिसके द्वारा दलित अस्मिता को प्रतिस्थापित करने का प्रयास हो रहा है। और! "कभी हासिये पर रहा दलित चिन्तन आज के साहित्य के मुख-पृष्ठ का विषय बन गया है।"

दलित आन्दोलन या दलित-विमर्श जन्मा तो महाराष्ट्र से जहाँ ज्योतिबा फुले, बाबा साहब अम्बेडकर, नामदेव ढ़साल आदि ने दलित-उद्धार में सक्रिय साझेदारी निभाई, और यह माना कि वही साहित्य दलित साहित्य है जो स्वयं दलितों द्वारा दलितों के सम्बन्ध में लिखा जाय। परवर्ती विद्वानों में कुछ-एक ने गैर दलित लेखकों

द्वारा लिखे गये ऐसे साहित्य को भी दलित साहित्य माना जिसमें दलित संवेदना स्वरूप पाती हो। फिलहाल यह विवाद का विषय है। ऐसे विवाद से ऊपर उठकर सोचना ही नहीं होगा बल्कि स्वीकृति भी देनी होगी कि "जिस साहित्य में दलितों की पीड़ा, उनके सुख-दुःख, आस्था-विश्वास, संस्कृति व अनेकानेक समस्याओं का चित्रण किया गया हो, उसे दलित साहित्य माना जाना चाहिए। उसे फिर दलित लिखे या गैर दलित, कोई फर्क नहीं पड़ता।"[7]

दलित शब्द का अर्थ है—कुचला हुआ, दलन किया हुआ। अर्थात् समाज का वह तबका दलित है, जो अस्पृश्य है, जो वंचित है, जिसे समाज में सहभागिता का समान अधिकार नहीं। इनकी जातियाँ निर्धारित की गयीं, और यह माना गया कि इस वर्ग के स्त्री-पुरुष सभी दलित हैं उनकी पीड़ा-वेदना का आख्यान दलित साहित्य है। यद्यपि समाजवादी और मार्क्सवादी विचारक इसमें किसान और अन्य वर्ग तथा वर्ण की स्त्री को भी शामिल करते हैं, किन्तु कतिपय दलित चिन्तक यहाँ सहमत नहीं।

हिन्दी साहित्य में दलित आख्यान का अभाव नहीं। भक्तिकाल में यदि कबीर, रविदास, सधना, दादू, रज्जब आदि संत कवियों ने स्वयं की पीड़ा, त्रास, सामाजिक-वेदना विरूपता को अपनी रचनात्मकता का विषय बनाया, तो आधुनिक काल के प्रारम्भिक दौर में प्रेमचन्द, निराला, पाण्डेय बेचन शर्मा 'उग्र', नागार्जुन और हजारीप्रसाद द्विवेदी आदि ने दलित-चेतना को अपने साहित्य में महत्त्वपूर्ण स्थान दिया। फलस्वरूप समकाल में जनवादी चेतना से आपूरित साहित्य में जन या आम आदमी केन्द्र में है।

दलित साहित्य की दृष्टि से या उसके विधि-विधानों के अनुसार तो द्विवेदी जी दलित लेखक नहीं हैं किन्तु उनकी चेतना दलितोन्मुखी है, इस पर साहित्यिक सन्देह नहीं किया जा सकता। यह सच है कि "आचार्य हजारीप्रसाद द्विवेदी के साहित्य में सीधे-सीधे दलित-चेतना ढूँढ़ने का प्रयास करें तो हमें कुछ हाथ नहीं लगेगा। लेकिन उनके साहित्येतिहास व उपन्यासों पर गम्भीरता सें विचार करें तो एक नये सन्दर्भ और अर्थों में हमें दलित चेतना परिलक्षित होती है।"[8] यही चेतना आचार्य रामचन्द्र शुक्ल और हजारीप्रसाद द्विवेदी के साहित्येतिहास की दृष्टि का विभेदक तत्त्व भी है। शुक्ल जी की सोच परम्परावादी है और द्विवेदी जी की सोच प्रगतिशील और मानवतावादी है। जहाँ शुक्ल जी तुलसीदास को एक बड़ा कवि सिद्ध करते हैं और कबीर को नकारते हैं, वहीं द्विवेदी जी तुलसीदास के साथ-साथ कबीर को भी बड़ा कवि सिद्ध करते हैं। द्विवेदी जी हिन्दी साहित्य को लोक-चेतना की स्वाभाविक परिणति मानते हैं। ऐसा लोक जिनमें उच्च वर्ग की अपेक्षा निम्न वर्ग की महत्त्वपूर्ण भूमिका होती है। चन्द, कबीर और सूरदास को हिन्दी का आदि प्रवर्तक मानते हुए वे कहते हैं कि एक बात लक्ष्य करने की है कि ये महाकवि "सबके सब एक विचित्र प्रकार की पद-रचना करते रहे।"[9]

कबीर न हिन्दू थे, न मुसलमान, वे एक जुलाहा थे। आचार्य द्विवेदी ने कबीर सम्बन्धी पूर्व-प्रचलित मान्यताओं को खारिज करते हुए उन्हें मस्तमौला, निर्भीक जनकवि तथा वाणी का डिक्टेटर सिद्ध किया, जिन्होंने अपने समय के शासन, सत्ता और समूची व्यवस्था से टक्कर लेकर वर्णवाद का भरपूर विरोध किया तथा राजा-रंक, ब्राह्मण-शूद्र सभी के लिए भक्ति का द्वार खोलने की वकालत की। ब्राह्मणवादी, सामन्तवादी व्यवस्था को उन्होंने खुली चुनौती भी दी। दलित तबके के निम्न कुल में पालित-पोषित कबीर के बारे में द्विवेदी जी की स्थापनाओं में दलित-चेतना का ऐसा विस्तृत स्वरूप है जो व्यापक धरातल पर सर्वग्राही है। द्विवेदी जी कबीर पर ही नहीं रुके, उन्होंने कबीर की भाँति दलित समाज से आये रविदास, दादू, नानक आदि निर्गुण संत कवियों का तटस्थ विवेचन और उनके काव्यात्मक वैशिष्ट्य को रेखांकित कर मानवीय दृष्टिकोण का परिचय दिया। और, "सकारात्मक दृष्टिकोण अपनाकर सर्वप्रथम द्विवेदी जी ने उनके साहित्यिक, सामाजिक, सांस्कृतिक अवदान का भी सूक्ष्मता से चित्रण कर उन्हें हिन्दी साहित्येतिहास में सम्मानजनक स्थान दिलाया जो उनकी दलित चेतना का परिचायक है।"[10]

कबीर सम्बन्धी द्विवेदी जी की स्थापनाओं पर रवीन्द्रनाथ टैगोर के प्रसिद्ध निबन्ध—'भारतवर्ष में इतिहास की धारा' (1912) के आलोक और प्रभाव के परिप्रेक्ष्य में डॉ. नामवर सिंह द्वारा की गयी टिप्पणी उल्लेख्य है। इस निबन्ध में टैगोर ने कहा था—"कबीर की जीवनी और रचनाओं में यह देखा जा सकता है कि उन्होंने भारत की समस्त बाह्य आबर्जना का अतिक्रमण करते हुए उसके अन्तःकरण की श्रेष्ठ सामग्री को ही सत्य-साधना समझकर उपलब्ध किया था। लोकाचार, शास्त्रविधि और अभ्यास के रुद्धद्वार पर आघात करके उन्होंने भारत को जगाने का प्रयास किया।"..."द्विवेदी जी का कबीर सिर्फ इतना ही नहीं है, अपितु रवीन्द्रनाथ की यह प्रेरणा पूरे ग्रन्थ में अन्तर्ध्वनित है इसे कहने की जरूरत नहीं।"[11] डॉ. नामवर सिंह यह भी मानते हैं कि कबीर को क्रान्तिकारी सिद्ध करने के द्विवेदी जी के प्रयास पर भी टैगोर का प्रभाव है तथा "कबीर के माध्यम से जाति, धर्म निरपेक्ष मानव की प्रतिष्ठा को प्रतिष्ठित करने का श्रेय द्विवेदी जी को ही है।"[12] वे इसे एक प्रकार की दूसरी परम्परा स्वीकार करते हैं। डॉ. सिंह का मत इस दृष्टि से और महत्त्वपूर्ण हो जाता है कि द्विवेदी जी के 'कबीर' के साथ इतिहास की एक भिन्न परम्परा ही नहीं आती अपितु साहित्य को जाँचने परखने का एक प्रतिमान भी प्रस्तुत होता है। वस्तुतः द्विवेदी जी ने अपने इस प्रयत्न द्वारा साहित्य की लोकोन्मुख प्रगतिशील परम्परा को विकसित किया।

उपन्यासों के अतिरिक्त 'नाथ सम्प्रदाय', 'सिक्ख गुरुओं का पुण्य स्मरण', आदि ग्रन्थों एवं 'जातिभेद की कठोरता और उसकी प्रतिक्रिया', 'स्पृश्य-अस्पृश्य विचार', 'अंतरजातीय विवाह', 'वर्तमान जनसमूह' आदि निबन्धों में भी आचार्य द्विवेदी

जाति-व्यवस्था के कोढ़ पर पड़ी पपड़ी को उघाड़कर सामाजिक व्यवस्था के अमानवीय तत्त्वों को कुरेदते हैं। इस अमानवीयता ने मनुष्य को ऐसी घृणित जिन्दगी दी, जो सर्वथा निंद्य है। पशु से भी बदतर जिन्दगी जीने के लिए विवश ऐसे मनुष्यों का उद्धार तभी सम्भव था जब मानवीय गुणों, आदर्शों तथा आत्मगौरव के भाव से इन्हें समृद्ध किया जाय। द्विवेदी जी की दृष्टि इन पर पड़ी, वे मानवीय समानता का सिद्धान्त लेकर सामने आए। यही कारण है कि द्विवेदी जी की मूल चिन्ता है—मनुष्य की उर्जा एवं शक्ति को जागृत करने तथा उसे मनुष्य बनाने की।

फलस्वरूप रचनात्मक धरातल पर वे दलित तबके को केन्द्र में रखते हैं। ऐतिहासिक एवं पौराणिक आख्यानों के आधार पर उन्होंने आधुनिक परिप्रेक्ष्य में सामाजिक विडम्बना तथा विरूपता पर गहरा चिन्तन किया और भारतीय पुराणों तथा इतिहास के बिखरे पन्नों से अविस्मरणीय चरित्रों का निर्माण किया। इन उपन्यासों में जहाँ कहीं दलित पात्र आये हैं, वहाँ इनके प्रति, द्विवेदी जी की सहृदयता देखने लायक है। उनके शौर्य, पराक्रम, साहस, चातुर्य की प्रशंसा में उनका मन जितना रमा है, उतना ही, उनमें विद्यमान पुनीत तथा अलौकिक सौन्दर्यांकन में भी रमा।

'निपुणिका' (बाणभट्ट की आत्मकथा) "आजकल की उन जातियों में से एक की संतान है जो किसी समय अस्पृश्य समझी जाती थी।" किन्तु वह "स्त्री जाति का शृंगार, सतीत्व की मर्यादा तथा उन्मार्गगामिनी नारियों की मार्गदर्शिका है।"[13] वह अन्याय तथा अत्याचार की विरोधिनी है—"भट्ट, इस अपराध पर कान्यकुब्ज का लम्पट-शरण्य राजा मुझे फाँसी देना चाहता है? मेरे उसी अपराध के बल पर वह देवपुत्र तुवर मिलिन्द से मित्रता करना चाहता है?"[14] उसकी यही भावना और धारणा छोटे अन्तःपुर से भट्टिनी का उद्धार कराती है और अपनी स्वामिनी सखी के लिए स्वयं अपना बलिदान कर देती है।

वह विश्वसनीयता, अपूर्व-धैर्य, साहस तथा वीरता का समन्वित रूप है। द्विवेदी जी ने निपुणिका को आदर्श एवं पूज्य भारतीय नारी के रूप में प्रस्तुत किया; जिसमें है—उदात्तता, जातीय चेतना की अपराजेय भावना, दूसरों को सँबल देने की ललक और स्त्री-मुक्ति के लिए लड़ाई लड़ने का अटट संकल्प भाव। वस्तुतः उन्होंने निपुणिका के माध्यम से उस इतिहास और साहित्य को ललकारा है जिसमें दलित स्त्री पात्रों को मात्र-भोग्या, दासी, कुट्टनी आदि के रूप में देखा गया या प्रकट किया गया है। महामाया, चारुस्मिता, सुचरिता आदि समाज-उपेक्षित नारी चरित्र भी इस संघर्ष में समिधा देते दिखाई देते हैं।

'चारु चन्द्रलेख' इनका ऐसा उपन्यास है जिसकी नायिका 'चन्द्रलेखा' स्वयं अपने बारे में कहती है—"मेरी जाति-पाँति का कोई ठिकाना नहीं।"[15] अपने इस कथन द्वारा वह अपने को उपेक्षित, पीड़ित, दलित समाज का सिद्ध करती है। किन्तु उसके इस कथन में तनिक भी हीनता की गन्ध नहीं और ऐसी चन्द्रलेखा मनुष्य को रोग,

जरा तथा मृत्यु से मुक्त करने के लिए सिद्धयोगिनी बनकर कठिन साधना करती है जिसमें वह सफलता भी प्राप्त करती है।

इस उपन्यास का नायक राजा सातवाहन जब चर्मवती के ढूहों में तुर्की सेना से घिर जाता है तो उसकी तथा उसकी सेना की सहायता और रक्षा के लिए उच्च वर्ग आगे नहीं आता, आगे आती हैं—दलित जातियाँ; ''भैंस चराने वाले बालकों ने, अज्ञात कुलशील पत्थर तोड़ने वाले श्रमिकों ने, हल चलाने वाले खेतिहरों ने, भीख माँगने वाले निठल्लों ने, परान्नपुष्ट रुण्ड-मुण्ड साधुओं ने, नाच-गान से जीवन-यापन करने वाली नर्तकियों ने, रस्सों पर खेल दिखाने वाले नटों और नटनियों ने अद्‌भुत देशभक्ति का परिचय दिया है।''[16] द्विवेदी जी का यह कथन उच्च स्वर में घोषणा करता है कि दलित अपने कर्म से उन उच्च जातियों से बड़े सिद्ध होते हैं जो उच्चता के दम्भ से पराभूत होकर राष्ट्रीय भावना से विमुख हो चुके हैं। द्विवेदी जी द्वारा अन्वेषित यह सच्चाई रामचरित मानस की सच्चाई से मेल खाती है, जहाँ समाज के उपेक्षित तबके-बानर, भालू, गिद्ध आदि में आत्मबल का संचार कर उन्हीं की सहायता से राम, रावण जैसे अपराजेय योद्धा को पराजित करते हैं; और यह सच्चाई श्रीकृष्ण के कृत्य से भी मेल खाती हैं, जहाँ वे गोवर्द्धन के प्रतीक द्वारा सामन्तशाही के प्रतीक इन्द्र का दम्भ तोड़ते हैं; जिसमें साथी हैं-बाल-वृद्ध, नर-नारी-गोप।

वस्तुतः उपेक्षित पीड़ित जनता में कर्तव्य भावना, अजस्र साहस और वीरता का सोता होता है। आवश्यकता होती है, इस सोते की धार फोड़ने की; जिसके फूटते ही तमाम अवरोधक इसके प्रवाह में बह जाते हैं; दुर्गम-से-दुर्गम पथ सहज बन जाता है। 'चारुचन्द्रलेख' का दलित नट बालक-बालिका मैनसिंह (मदनावती) और उसकी माँ (नाटी माता) राजा सातवाहन और उनकी पत्नी चन्द्रलेखा तथा सैनिकों की अभूतपूर्व मदद करते हैं। कलिंजर की लड़ाई में चौहानों को दुम दबाकर भागने के लिए मजबूर करने वाले तथा राजा सातवाहन की विजय पताका फहराने वाले नट जवान ही थे। मैनसिंह अंत्यज परिवार में जन्मी लड़की है किन्तु उसके कार्य, बुद्धि-चातुर्य, पुरुषों तथा उच्चवर्गीय लोगों पर भारी पड़ते हैं। भील राजा सातवाहन से सीदी मौला का कथन इसका प्रमाण है—'महाराज! मैंने मैनसिंह जैसा तेजस्वी युवक नहीं देखा। व्याघ्र के मुँह में हाथ डालकर उसके पेट से किसी वस्तु को निकाल लेना सरल है। किन्तु दिल्ली के सुल्तान के विकट जठर से शाह के परिवार को निकाल लाना कठिन है। मैनसिंह ने यही दुष्कर कार्य किया है।''[17]

स्वयं मैनसिंह का उद्‌बोधन उसके चरित्र के अविस्मरणीय पक्षों का उद्‌घाटन करते हैं—''साहस में सिद्धि बसती है—महाराज!...हमारे रक्त से सनी धरती का प्रत्येक कण, उससे उत्पन्न प्रत्येक दाना भावी पीढ़ियों को साहस और निर्भीकता का सन्देश देगा। यह फूँक-फूँक कर पैर बढ़ाने की नीति वीरजनोचित नहीं। मेरे सहन की सीमा समाप्त हो चुकी है। उठो महाराज प्रचण्ड आँधी की भाँति बहो।...कायरों

और कमीनों को शरण देने वाले गढ़ पर धक्का मारो।''[18] निश्चय ही आचार्य द्विवेदी का लक्ष्य दलित पात्रों के ऊर्जा-स्रोत का संधान और उनके इतिहास को खंगालना है।

'नाटी माता' और कोई नहीं, पृथ्वीराज के प्रमुख मन्त्री कंदबबास की प्रेयसी करनाटी दासी है। 'पृथ्वीराज रासो' के विपरीत 'चारुचन्द्रलेख' में द्विवेदी जी नाटी माता के पुनीत, उज्ज्वल चरित्र से संपृक्त तथा मानवीयता से ओत-प्रोत देश के प्रति समर्पण भाव से आप्लावित व्यक्तित्त्व का रेखांकन करते हैं, जो ऐसे गरिमामय चरित्रों के प्रति पृथ्वीराज जैसे राजा तथा समाज की हीन मनोदशा की असलियत उजागर कर जाता है।

हिन्दू सामाजिक-व्यवस्था में विद्यमान भेदभाव से द्विवेदी जी का मन कितना पीड़ित था, इसका उदाहरण है—उनके द्वारा बार-बार इस्लाम की जातीय एकता, समन्वय की भावना पर जाकर टिकना; तभी तो वे हिन्दुओं के विद्यमान भेदभाव की निन्दा और इस्लाम के समानता-भाव की जी खोलकर प्रशंसा करते हैं—''भारतवर्ष का वर्तमान समाज पशुता का शिकार है।''[19] ''हमारा यह समाज लाखों करोड़ों को अपमानित करने में गर्व का अनुभव करता है।''[20] ''अपूर्व है उसका दलितोत्थान का संकल्प।...सहस्रों दलितों को उसने तलवार की नोक पर उठाकर ऊँचा आसन दे दिया, सैकड़ों जंगली जातियों को उसने एक झटके में रूढ़ियों और परम्पराओं के मलबे से दूर फेंक दिया।''[21]

इतिहास प्रसिद्ध संत सीदी मौला की भी कोई जाति नहीं। एक तरफ वे जाति धर्म से दूर मानवीयता के पोषक राजा सातवाहन के न्यायपूर्ण कार्यों तथा प्रजा-वत्सलता के पक्षधर हैं तो दूसरी ओर मानवीय स्वतन्त्रता के समर्थक भी। और, इस उपन्यास का दलित नवयुवक भभ्भल अपनी सहजता, सरलता के लिए याद रखा जाएगा।

'चारुचन्द्रलेख' में दलित एवं राजन्य वर्ग का सामंजस्य एक ओर राजा सातवाहन की जनतान्त्रिक दृष्टि का परिचायक है तो दूसरी ओर द्विवेदी जी की दलित चेतना सम्बन्धी अवधारणा का प्रकाशक भी। दलितों के अविस्मरणीय योगदान से द्विवेदी जी यह सिद्ध करते हैं कि मनुष्य जन्म से नहीं कर्म से छोटा-बड़ा होता है।

'चन्द्रा' (पुनर्नवा उपन्यास) एक दलित स्त्री है जो विवाहित होने के बावजूद भी गोपाल आर्यक को अपना जनम-जनम का साथी मानती है। चन्द्रा का पति नपुंसक भी है। उसका मानना है कि वह गोपाल आर्यक के लिए ही निर्मित हुई है। वह उससे पीछा छुड़ाने के लिए भागता-फिरता है और चन्द्रा उसका पीछा करती है वह सामान्य नारी नहीं अपितु वह धर्म और शास्त्र पर गहरी चोट करती है। उसी के कारण धर्म की आख्याओं पर पुनर्विचार होता है, वे बदलती भी हैं; तथापि लोक की दृष्टि में वह पुश्चली, कुलटा और आर्यक को अपभ्रष्ट करने वाली है, किन्तु एक लोक ऐसा भी है जो उसके गुणों को पहचानता है और गोपाल आर्यक के साथ उसके सम्बन्धों को पवित्रता की संज्ञा देता है। वस्तुतः चन्द्रा गोपाल आर्यक

को कमजोर नहीं उसे पुरुषार्थी बनाना चाहती है। यही तो नारी की सार्थकता है—"गोपाल आर्यक की विवाहिता मृणालमंजरी को वह अपनी छोटी बहन मानकर माँ-का-सा भरपूर वात्सल्य देती है। ऐसी नारी का स्वरूप द्विवेदी जी के ही शब्दों में देखें—"चन्द्रा का प्रेम अप्रतिम है। अग्निशिखा की तीव्र आँच को देखकर उसकी पवित्रता पर शंका नहीं करना चाहिए।... आर्यक से कह दे कि चन्द्रा ने उसके प्रेम के लिए जो त्याग किया है, वह संसार की शायद ही कोई कुलांगना कर सकी हो। वह अश्रद्धेय नहीं, नमस्य है।"[22]

इस उपन्यास की नायिका मृणालमंजरी स्वयमेव मंजुला नामक राजनृत्यांगना की ऐसी बालिका है, जिसके पिता का कोई पता ठिकाना नहीं, लेकिन वह एक आदर्श एवं पुनीत हिन्दू नारी के आदर्श के रूप में इस उपन्यास की नायिका है। चन्द्रा के ही शब्दों में मृणाल का स्वरूप देखें—'हाँ तू नारी नहीं है शायद देवी है। दे, जरा चरणों की धूल दे दे इन चरणों की धूल ही उन्मार्गगामिनी को रास्ता दिखा सकती है, मैना तू सचमुच सती है।"[23] बार-बार बिकने के लिए तथा दास्य कर्म में लिप्त होने के लिए विवश माँदी गोपाल आर्यक के भाई शार्विलक की प्रेयसी है और बाद में उसकी विवाहिता पत्नी भी बनती है।

वस्तुतः द्विवेदी जी ने इन दलित स्त्रियों या अधम-से-अधम पात्रों में भी चरित्र के उदात्त पक्ष को देखा और उन्होंने कुलीन नारी की अपेक्षा इनकी श्रेष्ठता सिद्ध की; जिनमें सतीत्व है, पातिव्रत्य है और है—पुरुषों को प्रेरित करने की अपूर्व शक्ति।

'अनामदास का पोथा' का नायक ऋषिकुमार रैक्व दीन-दुनिया के बारे में कुछ नहीं जानता। रैक्व औषस्ति ऋषि से व्यावहारिक ज्ञान प्राप्त कर दीन-दुखियों की सेवा में तत्पर दिखाई देता है। वस्तुतः रैक्व के माध्यम से द्विवेदी जी यह बताना नहीं भूलते कि तप की सार्थकता लोगों के दुःखों को दूर करने में है न कि सिद्धान्त प्रतिपादन में।

राजा जानश्रुति और उनकी बेटी जाबाला शूद्र हैं लेकिन उनमें उपदेश ग्रहण के प्रति ललक है इसलिए वे रैक्व के पास जाते हैं। पहले तो रैक्व इनकार कर देते हैं किन्तु जब राजा अपनी बेटी जाबाला को उपहार रूप में देता है तो रैक्व उन्हें तत्त्व-ज्ञान का उपदेश देने के लिए तैयार हो जाता है और उनकी जिज्ञासाओं को शान्त करता है। इस कथा द्वारा द्विवेदी जी भारतीय इतिहास के उस उपेक्षित पृष्ठ को अनावृत करते हैं जहाँ यह स्पष्ट है कि भारतीय वर्ण-व्यवस्था में भले ही कितनी कट्टरता या कटुता रही हो किन्तु यदि शूद्र कुलोत्पन्न व्यक्ति तत्त्व-ज्ञानी है तो वह ज्ञान प्राप्त करने का अधिकारी है। राजा जानश्रुति इसके प्रमाण हैं। जाबाला के प्रति रैक्व में प्रेम का बिरवा अंकुरित होता है और रैक्व शूद्र-बाला जाबाला से उद्वाह करते हैं। एक तरफ यह प्रेम सम्बन्ध वर्णवाद को खत्म करता प्रतीत होता है तो दूसरी ओर द्विवेदी जी की पुनर्नवता का भी द्योतक है—उद्वाह। द्विवेदी जी वर्ण और

जाति से बड़ा मनुष्य की संवेदना को मानते हैं और यह संवेदनशीलता 'अनामदास का पोथा' के प्रत्येक पात्र में उपस्थित है। मामा और ऋजुका ऐसे ही चरित्र हैं। मामा, किसका मामा, उत्तर नदारद है। वह तो जगत मामा है, उसका कोई पता ठिकाना नहीं, न कुल का न माता-पिता का और न ही स्थान का। किन्तु वे बच्चों को भूख से बिलबिलाते नहीं देख सकते। वे उनकी भूख मिटाने के लिए अपने को खतरे में भी डालने से नहीं चूकते। वस्तुतः मामा 'प्रतीक' है उस लोक—भाव और मानस का जहाँ ऐसा व्यक्तित्व सहृदय तो होता ही है, साथ ही मानवीय सेवा-भावना से भी समृद्ध होता है।

निराला की भाँति आचार्य द्विवेदी ने भी बंगाल के सांस्कृतिक जागरण से प्रेरणा तो ली किन्तु अपने लोक-जीवन से गहरे जुड़े रहे। यद्यपि शान्तिनिकेतन के परिवेश ने उन्हें संस्कार दिया, किन्तु मूल पूँजी तो उनका अपना लोक है, इस लोक को आधुनिक युग की वैज्ञानिक प्रगति से जोड़कर देखना और तदनुरूप भाव-निर्मिति करना एक सचाई है। यही कारण है कि उनके जीवन तथा साहित्य के बहुत से क्रान्तिकारी स्रोत बलिया जनपद के लोकजीवन से ही फूटे थे। उनके उपन्यास तथा निबन्ध इसके प्रमाण हैं। डॉ. नामवर सिंह की दृष्टि में "द्विवेदी जी में जहाँ उच्छल भावुकता है उसे बंगाल की देन समझना चाहिए और जहाँ तेजस्विता है वह उनके अपने जनपद की विभूति है"[24] और उनके जनपद की यह विभूति ही उन्हें दलितोन्मुखी बनाती है।

द्विवेदी जी के काल में जन्मना दलित और जन्मना गरीब-उच्च वर्ण में बहुत अन्तर नहीं था। अमीरों की अपेक्षा गरीबों की संख्या भी अधिक थी। ये गरीब हर जाति और तबके में थे। वे जाति के धरातल पर एक दूसरे से बहुत दूर नहीं थे। द्विवेदी जी इन्हीं गरीबों के साथ, जाति-वर्ण, सम्प्रदाय-धर्म से ऊपर उठकर खड़े दिखाई देते हैं।

20 जनवरी 1957 को 'संकीर्णताओं पर हथौड़े की चोट' शीर्षक निबन्ध में जातिप्रथा के सन्दर्भ में भारतीय संविधान की चर्चा करते हुए वे कहते हैं—"बालिग मताधिकार के कारण बहुत से उपेक्षित जन समूह राजनीतिक अधिकारों की चेतना से शताब्दियों बात उद्‌बुद्ध हुए हैं। वे अपनी शक्ति अनुभव करने लगे हैं। चुनाव का यह सुपरिणाम है। परन्तु स्वाभाविक रूप से यह चेतना भारत वर्ष की पुरानी और निंदित जातिप्रथा को उभाड़ने में और बल देने में समर्थ हुई है। संविधान में हम जाति भेद को समूल नष्ट करने का संकल्प कर चुके हैं। परन्तु उस संकल्प का आरम्भिक परिणाम उल्टा हुआ है।"[25] किन्तु यहीं वे यह भी स्वीकार करते हैं कि "अग्निशिखा के पहले धुआँ उठा करता है।"..."आगे चलकर यह आर्थिक और सामाजिक आधार के आगे अधिक देर तक टिक नहीं सकेगा।"[26]

द्विवेदी जी इस बहाने आज के शासन-सत्ता के सामने एक बहुत बड़ा प्रश्न खड़ा

कर देते हैं। आरक्षण की सीमा में आने वाले ऐसे लोगों को जो आज उच्च बन चुके हैं, क्या उन्हें आज भी आरक्षण दिया जाय? द्विवेदी जी के ये प्रश्न आज भारतीय समाज और शासन-सत्ता के समक्ष ज्वलंत रूप में उपस्थित हैं। सुविधा प्राप्त वर्ग, इसे छोड़ना नहीं चाहता और करोड़ों सुविधाहीन निरंतर पिछड़ रहे, अपनों से ही शोषित हो रहे लोग सुविधा प्राप्ति की आस में आसमान ताक रहे हैं। इस व्यवस्था में शायद ही इन्हें अवसर मिले। ऐसे अवसर पर द्विवेदी जी वैष्णव भक्ति आन्दोलन जैसे एक नये आन्दोलन की आवश्यकता महसूस करते हैं जहाँ न जाति का भेदभाव हो, न वर्ण का और न ही धर्म का। जहाँ हो केवल जातिवादी और सामन्तवादी व्यवस्था को ललकार और ऐसी व्यवस्थाओं को छिन्नभिन्न करने का प्रयास।

द्विवेदी जी परम्परा के विरोधी नहीं थे किन्तु वे परम्परा में कुछ नया खोजते थे। वस्तुतः उन्होंने परम्परागत वस्तु का नया और मौलिक विन्यास किया, जो उनकी अपनी विशेषता है। हर स्तर पर, विशेषकर दलित-चेतना के सन्दर्भ में उनकी सृसृक्षा निरन्तर सक्रिय है। यह सृसृक्षा और कुछ नहीं है अपितु सर्जन की इच्छा है। वे परम्परा से जुड़कर ही कुछ ऐसा कर जाते हैं जो अन्यत्र नहीं मिलता। वे वक्त के साँचे को बदल देते हैं, यह बदलाव ही उनकी पुनर्नवता है, जिसमें है—दलित-चेतना का राग-आलाप।

द्विवेदी जी व्यथित हैं देश से लोगों के मनोभावों और उनकी आदतों से—"इस देश के लोग पीढ़ियों से सिर्फ जाति देखते आ रहे हैं, व्यक्तित्त्व देखने की उन्हें न आदत है, न परवाह है। संत लोग चिल्ला-चिल्लाकर थक गये कि 'मोल करो तलवार का पड़ा रहने दो म्यान'; परन्तु तलवार बन्द ही रह गये, म्यान के मोल-भाव से बाजार गर्म है। व्यक्तित्त्व को यहाँ पूछता ही कौन है?" निश्चय ही द्विवेदी जी आजीवन व्यक्तित्त्व की खोज में लगे रहे; जाति-पाँति और पारम्परिक वर्ण-व्यवस्था को उन्होंने कोई महत्त्व नहीं दिया। वस्तुतः द्विवेदी जी की आत्मा तो निम्न-वर्गीय समाज-उपेक्षित चरित्रों के गौरवगान में ही बसती थी। द्विवेदी जी जातिगत भेदभाव, स्पृश्य-अस्पृश्य विचार के विरोधी थे। वे तो एक ऐसा समाज देखना चाहते थे, जहाँ सभी समान हों, सभी सम्पन्न हों, सभी शिक्षित हों, सभी को नागरिक के हर अधिकार प्राप्त हों। किन्तु क्या द्विवेदी जी के सपनों का भारत बन पाया?

निश्चय ही द्विवेदी जी के साहित्य से दलित-चेतना का जो स्वरूप प्रस्फुटित होता है वह एक ऐसी चेतना है जो सन्दर्भों को नया अर्थ देती है और द्विवेदी जी के साहित्य, विशेषकर उपन्यासों तथा निबन्धों का इस सन्दर्भ में पुनर्पाठ करने का संकेत भी देती दिखाई पड़ती है। यदि हम व्यापक दृष्टिकोण से देखें तो द्विवेदी जी दलित चेतना के बहुत बड़े हिमायती सिद्ध होते हैं।

सन्दर्भ

1. हजारीप्रसाद द्विवेदी ग्रन्थावली—भाग-1, पृ. 226 (बाणभट्ट की आत्मकथा से)
2. वही, ग्रं. भाग-5, पृ. 272
3. वही, पृ. 275
4. वही, पृ. 275
5. वही, पृ. 275 (अंतरजातीय विवाह-शीर्षक निबन्ध से)
6. वही, पृ. 355
7. डॉ. किशोरीलाल रैगर—आचार्य हजारीप्रसाद द्विवेदी के उपन्यासों में दलित चेतना 'साहित्य भारती'—अक्टूबर-दिसम्बर, 2007, पृ. 120
8. वही, पृ. 120-21
9. हजारीप्रसाद द्विवेदी ग्रन्थावली, भाग-3, पृ. 62
10. वही, पृ. 121
11. दूसरी परम्परा की खोज—नामवर सिंह, पृ. 14
12. वही, पृ. 15
13. हजारीप्रसाद द्विवेदी ग्रन्थावली, भाग 1, पृ. 251
14. वही, भाग-1, पृ. 207
15. वही, पृ. 284
16. वही, भाग 1, पृ. 358
17. वही, भाग 2, पृ. 573
18. वही, पृ. 437
19. वही, पृ. 514
20. वही
21. वही, पृ. 514
22. ग्रन्थावली, भाग 2, पृ. 258
23. वही, पृ. 177
24. नामवर सिंह—दूसरी परम्परा की खोज
25. हजारीप्रसाद द्विवेदी ग्रन्थावली, भाग 5, पृ. 417
26. वही, पृ. 417

आचार्य चतुरसेन शास्त्री और आचार्य हजारीप्रसाद द्विवेदी के उपन्यास : सांस्कृतिक और ऐतिहासिक चेतना की तुला पर

'ऐतिहासिक' संज्ञा से विभूषित उपन्यास या कविता का आधार इतिहासाश्रित चरित्र और घटनाएँ होती हैं। किन्तु इन रचनाओं में इतिहास की खोज निरर्थक होती है। हाँ! इनके चरित्रों, घटनाओं के सृजन में ऐतिहासिक सत्य और कल्पना का योगदान अवश्य होता है। इतिहास विवरण संग्रह है, तथ्य निरूपण है, और है—घटनाओं का संकलन; जबकि इतिहास-आधृत साहित्य में इतिहाश्रित कल्पना तथा सम्भावना का सृजन होता है जिससे एक आनन्द उत्सृजित होता है।

आचार्य चतुरसेन शास्त्री रवीन्द्रनाथ टैगोर की भाँति 'इतिहास रस' (वैशाली की नगरवधू) में विश्वास करते हैं। आचार्य द्विवेदी भी 'इतिहास रस' की बात स्वीकार करते हैं, परन्तु दोनों के 'इतिहास-रस' में अन्तर है। शास्त्री जी इतिहास के सत्य-तथ्य की अनदेखी कर इतिहास में तोड़-फोड़ करते हैं, इसके विपरीत आचार्य द्विवेदी इतिहास के सत्य-तथ्य को नजरअंदाज नहीं करते, अपितु वे उस काल के वास्तविक जीवन के कर्तव्य-द्वन्द्व, आत्मविरोध और आत्मप्रतिरोध और सामाजिक यथार्थ को कल्पना की सहायता से पुनर्सृजित करते हैं। आचार्य शास्त्री की रचनाओं से प्रसूत भाव उनकी अपनी दृष्टि के कारण कहीं अविश्वसनीय और कहीं सन्देहास्पद हो जाता है जबकि आचार्य द्विवेदी की कृतियाँ पाठक को उसी ऐतिहासिक भाव-भूमि में पहुँचा देती हैं जिस भावभूमि को वे अपनी रचना का आधार बनाते हैं। पाठक आश्वस्त हो उठता है—रचनात्मक कथ्य के प्रति।

आचार्य शास्त्री मूलतः प्रकृतिवादी उपन्यासकार हैं जिसमें स्त्री-पुरुष के प्राकृत स्वरूपों एवं सम्बन्धों की अश्लीलतम प्रस्तुति को लेखक अपनी सफलता मानता है। ऐसे कामशास्त्रीय उपन्यासों को पढ़ने के लिए पाठकों की भरमार तो हो सकती है, क्षण भर के लिए पाठक आनन्दित भी हो उठता है किन्तु यह आनन्द का भाव स्थायी नहीं रह पाता। ऐसी रचना को कोई साहित्य कहना चाहे तो मुझे आपत्ति नहीं। किन्तु मानवीय विकृतियों का चित्रण साहित्य नहीं होता। साहित्य का मूल लक्ष्य मनुष्य

को मनुष्य बनाना है जो इन उपन्यासों द्वारा सम्भव नहीं। उनके तेरह ऐतिहासिक उपन्यासों में से अधिकांश की रचना में यह प्रवृत्ति प्रमुख कारक बनी है—''वैशाली की नगरवधू' या 'वयं रक्षाम्:' अथवा 'सोमनाथ' या अन्य। इस संख्यापरक उपन्यासों की तुलना में आचार्य द्विवेदी ने शुद्ध रूप से केवल दो ऐतिहासिक उपन्यास लिखे हैं—(1) 'चारुचन्द्र लेख' एवं (2) 'पुनर्नवा'। उनकी औपन्यासिक संरचनात्मक—कीर्ति का स्तम्भ 'बाणभट्ट की आत्मकथा' में हर्षकालीन इतिहास के साथ वर्तमान तथा भविष्य का इतिहास भी प्रस्तुत है, ऐसा भविष्य जो 'बाणभट्ट की आत्मकथा' के संरचनाकाल में भी जीवंत था, आज भी है और कल भी जीवंत रहेगा। उनका चौथा उपन्यास 'अनामदास का पोथा' औपनिषदिककालीन इतिहास और तदनरूप कल्पना पर आधृत है जिसका आधार है—छांदोग्योपनिषद का रैक्व आख्यान। इस उपन्यास की कथा भी भले ही आज की न हो किन्तु इसमें, राजन्य-वर्ग की मानसिकता, इस मानसिकता की परिणति तथा विभिन्न विपदाओं से अभिशप्त आमजन की नियति रेखांकित है। 'चारुचन्द्रलेख' भारत में मुसलमानों के आगमन के समय का एक संश्लिष्ट मुकम्मल इतिहास तो है ही साथ ही इसमें उस काल के वास्तविक जीवन के कर्तव्य, द्वन्द्व तथा सामाजिक यथार्थ भी हैं। 'पुनर्नवा' में रचनाकार का इतिहास—बोध और उनकी इतिहास-दृष्टि तथा संश्लिष्ट औपन्यासिक संरचना सबसे महत्त्वपूर्ण पहलू है। वस्तुतः यही तो पुनर्नवता है।

ऐतहासिक उपन्यास के सन्दर्भ में शास्त्रीजी अपनी भूमिकाओं द्वारा पाठक को भ्रमित भी करते हैं। 'वैशाली की नगरवधू' में वे इतिहास-रस के निष्पन्नता की बात करते हैं तो 'वयं रक्षामः' में 'अतीत रस' में पाठकों को सराबोर करने की—''मैंने सब वेद, पुराण, दर्शन, ब्राह्मण और इतिहास के प्राप्तों की एक बड़ी गठरी बाँधकर इतिहास-रस में एक डुबकी दे दी है। सबको इतिहास-रस में रंग दिया। फिर भी यह इतिहास-रस का उपन्यास नहीं, 'अतीत-रस' का उपन्यास है। इतिहास-रस का तो इसमें केवल रंग है, स्वाद है—अतीत रस का।'' (वयं रक्षामः की भूमिका से)। यह सच है कि 'वैशाली की नगरवधू' में 'रस-स्थिति' की बात तो दूर शास्त्री जी अपेक्षित मात्रा में भाव-संपत्ति तक की रक्षा नहीं कर सके हैं। 'वयं रक्षामः' को वे वेद, पुराण, दर्शन और वैदेशिक इतिहास-ग्रन्थों का अध्ययन मानते हैं। फलस्वरूप यह कृति उपन्यास तो नहीं ही है। हाँ, 'अध्ययन' का विवरण बन जाता है। दक्ष संस्कृति उरेहण के नाम पर कामाचारों के उन्मुक्त चित्रण में रोचकता तो हो सकती है किन्तु औपन्याससिकता नहीं।

मनुष्य की प्रबलतम आदिम प्रवृत्ति-नग्नता-को इतिहास मानकर उसे यथातथ्य रूप में कल्पना के रंग में रंगकर व्याख्या विवरण की प्रवृत्ति को शास्त्रीजी ऐतिहासिक उपन्यास की कथावस्तु स्वीकार करते हैं। जबकि द्विवेदी जी इस प्रवृत्ति के विरोधी हैं। उनके अनुसार ''आदिम युग में मनुष्य की जो वृत्तियाँ प्रबल थीं, वे निश्चय ही

अब भी हैं, और प्रबल भी हैं, परन्तु मनुष्य ने अपनी तपस्या से उनको अपने वश में किया है और वश में करने के कारण वह उनको सुन्दर बना सका है।''...''मैं मानता हूँ कि न तो कभी ऐसा समय रहा है जब लालसा को उत्तेजना देने वाला साहित्य न लिखा गया हो और न कोई ऐसा देश है, जहाँ ऐसी बात न लिखी गयी हो।...किन्तु लालसा को उत्तेजना देने वाला साहित्य (मनुष्य की) गलती है। इतिहास मनुष्य की गलतियों का समूह है।'' (''मनुष्य ही साहित्य का लक्ष्य है', ग्रं. 109 पृ. 32)। वे यह भी स्वीकार करते हैं कि यदि कोई लेखक केवल परम्परागत रूढ़ियों को, सत् और असत् की निर्धारित सीमाओं को बिना विचारे ही, उपन्यास या कहानी लिखने बैठता है तो वह बड़ी कृति नहीं दे सकता।... लेखक से यह आशा करना बिल्कुल असंगत नहीं है कि वह दुःख, अवसाद और कष्टों के भीतर से उस मनुष्य की सृष्टि करे जो पशुओं से विशेष है, जो परिस्थितियों से जूझकर ही अपना रास्ता साफ करता आया है, जो सत्य और कर्तव्यनिष्ठा के लिए किसी की स्तुति या निन्दा की बिल्कुल परवाह नहीं करता। इन्हीं बातों से उपन्यास बड़ा होता है, काव्य महान होता है, कहानी सफल कही जाती है।'' ('साहित्य का साथी', ग्रं. 7, पृ. 232/237)

अपने इस बेवाक मत द्वारा द्विवेदी जी ऐतिहासिक उपन्यासकार के समक्ष 'चारित्रिक-सृष्टि' की चुनौती तो पेश करते ही हैं, कथा-चयन का आधार भी प्रस्तुत करते हैं। जब वे कहते हैं कि ''इतिहास मनुष्य की गलतियों का समूह है'', तब निश्चय ही रचनात्मक साहित्य में वे इतिहास प्रयोग की सीमा और स्वरूप को स्पष्ट कर जाते हैं।

शास्त्री जी के समूचे ऐतहासिक उपन्यासों में इने-गिने चरित्र ही इस कसौटी पर खरे उतरते हैं। इनमें 'वैशली की नगरवधू' के दो चरित्र प्रमुख है। अम्बपाली और सोमप्रभ। इनमें भी केवल सोमप्रभ का ही चरित्र प्रभावशाली बन पड़ा है। वह अप्रतिम साहसी, कर्तव्य-परायण, निर्भीक तो है ही, उत्कट प्रेमी, महान त्यागी, दीन-दुखियों का रक्षक है। शास्त्री जी के समस्त कौशल की यह पूर्णता है। हाँ! अपने अन्तिम अभियान में अम्बपाली भी प्रभावी दीखती है जब उसके प्रतिशोध की ज्वाला में वैशाली गणराज्य धधक उठता है। अम्बपाली के चारित्रिक रेखांकन में यथार्थ की अपेक्षा कल्पना एवं रोमांस की प्रधानता है। नगरवधू बनाये जाने पर वह राज्य के नारी शोषण एवं स्वातन्त्र्य विरोधी वैशाली गणतन्त्र के विधि-विधानों के विरोध में कटिबद्ध होती है। नारी स्वातन्त्र्य का यह स्वरूप आज भी अनुकरणीय है। अम्बपाली के बौद्ध धर्म की शरण में जाते ही सोमप्रभ द्वारा उस पथ के अनुसरण से उसका लालसा-विहीन प्रेम की उच्चता-पवित्रता प्रमाणित है। उसकी यह प्रतिक्रिया उसके चरित्र को शीर्ष पर पहुँचाता है।

'वयं रक्षामः' का आधार है—राम रावण की कथा। ऐतिहासिक यथार्थ के इस उपन्यास में राम की अपेक्षा रावण का चरित्र प्रधान है। 'रावण' समूचे उपन्यास में

व्याप्त है। वह स्वच्छंद, वीर, रणशास्त्र और नीतिशास्त्र के महापंडित के रूप में सामने आता है। यहाँ पौराणिक रावण से वह अधिक सजीव, स्वाभाविक, मनोवैज्ञानिक एवं पूर्ण है। वस्तुतः लेखकीय चिन्तन के नयेपन के लिए शास्त्रीजी लोक-चित्त या लोक-स्वीकृति के विरुद्ध जाकर रावण की महत्ता प्रतिपादित करते हैं, किन्तु उनके इस कार्य को लोक ने अभी तक स्वीकार नहीं किया। बिना लोक स्वीकृति के नया चिन्तन अपनी सार्थकता खो देता है।

शास्त्री जी के अधिकांश चरित्र उनकी कल्पना की निर्मिति हैं। औपन्यासिक कथा के अनुरूप वे उनकी संगति भी बैठाते हैं, किन्तु सफलता कम ही मिलती है। वस्तुतः औपन्यासिक विस्तार के लिए वे जिस प्रकार एक ही उपन्यास में विभिन्न कालों की कथाएँ ठूसते हैं (वैशाली की नगरवधू, वयंरक्षामः, सोमनाथ) ठीक उसी तरह वे चरित्रों की भी संगत-असंगत निर्मिति करते हैं। दूसरी बात यह है कि एकाध पात्र ही हमें ऐसे दिखाई देते हैं जो काल की सीमा के परे भी सगर्व खड़े हो पाते हैं। रावण का चरित्र तो भले ही उत्तम हो किन्तु विचारणीय यह है कि क्या वह लोक का आदर्श बन पायेगा। लोक की आकांक्षाओं को पूरा कर पाएगा। इस धरातल पर 'अम्बपाली' काल की सीमा पार कर भी अविस्मरणीय बनी रहेगी। वस्तुतः लोक उन्हीं चरित्रों की पूजा करता है, जो काल के परे जाकर भी जीवंत रहे और उसके कल्याण का मन्त्र फूँकते रहे।

द्विवेदी जी का 'बाणभट्ट' अपनी रक्षा या प्रतिष्ठा के लिए नहीं अपितु वह भट्टिनी, निपुणिका, सुचरिता आदि स्त्री चरित्रों तथा गरीबों, निर्धनों की रक्षा, देश की मर्यादा प्रतिष्ठा के लिए संघर्षरत है। अघोर भैरव और महामाया की सिद्धियों का लक्ष्य लोक-कल्याण है। ठीक यही स्थिति 'चारु चन्द्रलेख' के महारानी, राजा सातवाहन, मैना, बोधा, विद्याधर, सीदी मौला आदि चरित्रों की भी है। 'पुनर्नवा' के देवरात, गोपाल आर्यक, मंजुला, मृणाल, चन्दा, शार्विलक, काका आदि चरित्र भी इसी दिशा में सक्रिय हैं। 'अनामदास का पोथा' का मामा, रैक्व, माता, जाबाला, ऋजुका आदि चरित्र राजा जानश्रुति को जनकल्याण की ओर उन्मुख करते हैं।

शास्त्री जी की दृष्टि वैदिक काल से लेकर अब तक के इतिहास को प्रस्तुत करने की थी, उन्होंने इस लक्ष्य में किसी हद तक सफलता भी पायी, किन्तु वस्तुगत आधिक्य से औपन्यासिक कथावस्तु में विखराव आया। प्रायः उनके हर उपन्यासों में कथावस्तु का शैथिल्य दिखाई देता है, फलस्वरूप पाठकीयता और संप्रेषणीयता बाधित होती है। वहाँ तो बँटाधार ही हो जाता है जहाँ वे कथा के बीच अपने मत के पुष्टि के लिए इतिहासकारों के मतों का उल्लेख करने से अपना लोभ संवरण नहीं कर पाते हैं। वस्तुतः उनकी कथावस्तु पर 'अध्ययन' हावी है, इसलिए वह उपन्यास न बनकर एक विवरणात्मक, वर्णनात्मक इतिहास का रूप ले लेता है। तब भी शास्त्री जी की औपन्यासिक उपलब्धियों और अवदानों को नकारा नहीं जा सकता है।

कहीं वे हिन्दी पाठकों की जमात खड़ी करने में सफल हैं (वैशाली की नगरधू, वयं रक्षामः); और कहीं पाठकों को मनुष्य की प्राकृत अवस्था से परिचित कराकर उसे आह्लादित करते हैं। जासूसी, ऐय्यारी, रहस्य, रोमांच के आवरण में समूची कथा अविश्वसनीय बन जाती है। गौतम बुद्ध, महावीर जैन आदि की कथाओं की एक साथ प्रस्तुति सबसे बड़ा ऐतिहासिक दोष है। (वैशाली की नगर वधू)।

उनका उपन्यास 'सोना और खून' एक नया शिल्पगत प्रयोग है, जिसका आधार है—'राजनीति'। इसकी ऐतिहासिकता स्वयं सिद्ध है। किन्तु मनोरंजनपरकता इसे हल्का बना देती है। अंग्रेजों के भारत आने से लेकर भारत छोड़ने तक की दास्तान पर आधृत इस उपन्यास में मुगल साम्राज्य के पतन के कारणों और अंग्रेजों की कूटनीति तथा रणनीति का खुलासा है। इस उपन्यास के सन्दर्भ में वे अपने दृष्टिकोण का खुलासा करते हुए स्पष्ट कहते हैं कि उस समय राष्ट्र की संकल्पना के अभाव के कारण सन् 1857 के विद्रोह को वे राष्ट्र भक्तों का विद्रोह नहीं मानते। उनकी यह मान्यता पुनः लोक चित्त या मान्यता पर प्रहार करती है।

शास्त्री जी ने कहीं अपने अध्ययन और कहीं अपनी कल्पना की सहायता से उपन्यासों में वर्णित युगों का सरस और यथार्थ चित्र उपस्थित किया है। वे स्वयं गरीब एवं संघर्षशील व्यक्तित्त्व के प्रमाण हैं। यही कारण है कि शोषित वर्ग की व्यथा—पीड़ा, उनकी स्थिति-परिस्थिति, शोषण के विभिन्न तरीकों, शोषितों के संघर्ष का स्वरूप तथा शोषक—वर्ग की विलासिता, छलछद्म आदि का प्रामाणिक चित्रण उनका रचनात्मक अवदान बनता है। पात्रों के अन्तर्मन में घुसकर उसकी व्यथा-पीड़ा का आख्यान उनका दूसरा वैशिष्ट्य है। किन्तु इनके उपन्यासों में प्रायः 'मनुष्य' हारता नजर आता है, उसकी जिजीविषा क्षरित होती दिखाई देती है।

आचार्य द्विवेदी शास्त्री जी के विपरीत हजारों वर्षों से चली आती साहित्यिक यात्रा को अपराजेय मनुष्य की जयगाथा स्वीकार करते हैं। मनुष्य की यही जयगाथा उनके उपन्यासों की कथावस्तु के रूप में विन्यस्त है।

सांस्कृतिक-बोध और चेतना के धरातल पर भी दोनों रचनाकारों की दृष्टि अलग है। चतुरसेन शास्त्री जहाँ अधिकांशतः मानवीय जिजीविषा को खंडित होती देखते हैं, वहीं हजारीप्रसाद द्विवेदी उसे कभी थका-हारा नहीं मानते। वे तो भय-मुक्त समाज की संकल्पना करते हैं—"किसी से न डरना, गुरु से भी नहीं, मन्त्र से भी नहीं, लोक से भी नहीं, वेद से भी नहीं।" गुरु, लोक, वेद से न डरने वाले मनुष्य—समाज की यह संकल्पना निश्चय ही मनुष्यता की निर्मिति का एक नया आयाम है, जिसमें वह अपने कलुष को धोता-पखारता निरन्तर उत्तमता की ओर अग्रसर होता है। दोनों रचनाकार यद्यपि यह स्वीकार करते हैं कि भारत में विभिन्न संस्कृतियों, धर्मों के आगमन से भारतीय संस्कृति का विशुद्ध स्वरूप खोजना मुश्किल है, किन्तु यहीं अलग होकर द्विवेदी जी भारतीय संस्कृति के प्रमुख कारकों को खोज

निकालते हैं, जो आज तक निरन्तर सक्रिय हैं। इनमें उनके अपने लोक-मन द्वारा स्वीकृत मान्यताएँ हैं जिसमें जाति, धर्म, संस्कृति, सम्प्रदाय के परे जाकर नारी की अस्मिता की रक्षा, गरीबों-निर्धनों, पिछड़ों की वैयक्तिक तथा सामाजिक उत्थान में सहभागिता एवं उनकी रक्षा का भाव प्रधान है। जीवन के शाश्वत मूल्यों की रक्षा को भी वे प्रधानता देते हैं। तभी तो जन-विमुख हो रहे योग-तन्त्र-मन्त्र, पांडित्य पर द्विवेदी जी प्रहार करते हैं और वर्तमान सन्दर्भों में उनकी अनुपयोगिता सिद्ध करते हैं। क्या यह उनकी प्रतिशीलता का द्योतक नहीं? किन्तु यह प्रगतिशीलता कहीं भी अश्लीलता, नग्नता, हिंसा की समर्थक नहीं, अपितु उपेक्षित पीड़ितजन के गौरव का गान है। इसके उदाहरण हैं—उनके चारों उपन्यास। शास्त्रों को वे धोखा तथा सत्य को दबाने वाला मानते हैं, भाग्य को नकार कर कर्म-फल की महत्ता स्वीकार करते हैं। त्याग और तपस्या तथा नैतिकता द्वारा ज्ञानोन्मुख होना वे भारतीय संस्कृति का वैशिष्ट्य स्वीकार करते हैं।

द्विवेदी जी संस्कृति को सभ्यता का आन्तरिक प्रभाव स्वीकार करते हैं, इसलिए संस्कृति व्यक्ति के अन्तर का विकास है। वह बाह्य सौन्दर्य नहीं अपितु शरीर को जीवन्त बनाए रखने वाला वह रक्त है जो निरन्तर प्रवहमान है'। जिसकी दृष्टि भविष्य या अतीत के आदर्श पर रहती है। वे यह भी मानते हैं कि संस्कृति की दृष्टि में मनुष्य कानून के परे है। मनुष्य स्थायी है, कानून बदलते रहते हैं। द्विवेदी जी की दृष्टि में भारतीय संस्कृति का मूल तत्त्व है—उसके प्राण में एकत्त्व का भाव, धर्म, संस्कृति, जाति अविरोधी भाव। यही कारण है कि यहाँ आने वाली जातियाँ या धर्म, सब कुछ एक-दूसरे में घुल मिल गये।

शास्त्री जी आर्यसमाजी भी हैं और प्रगतिवादी भी, द्विवेदी जी प्रगति की वकालत तो करते हैं किन्तु प्रगतिवादी या प्रगतिशील नहीं बन पाते। वे शुद्ध वैदिक मतावलम्बी भी नहीं दीखते, जब स्पष्ट उद्‌घोषित करते हैं कि 'तेरे शास्त्र तुझे धोखा देते हैं। तू भी पाखंडी, तेरे शास्त्र भी पाखंडी।' द्विवेदी जी का रचनात्मक आधार भले अतीत हो किन्तु उनकी दृष्टि भविष्य पर है। वे अतीत की सहायता से भविष्य को सुन्दर बनाना चाहते हैं—अविकृत भविष्य जिसमें एकता का संकल्प हो, सत्य का मान हो, नैतिकता का आदर्श हो, हिंसा का अभाव हो, कर्म की प्रधानता हो, और हो सर्वजन-हिताय चिन्तन।

वस्तुतः वे एक काँख में शास्त्र को दूसरी काँख में लोक को दाबकर हमारे सामने उपस्थित होते हैं। शास्त्र गौड़ बन जाता है, लोक प्रधान हो जाता है। यही उनके चारों उपन्यासों का वैशिष्ट्य है और है उनकी सांस्कृतिक ऐतिहासिक चेतना का स्वरूप, जो मानव जीवन को नयी राह, नयी आस्था और विश्वास देता है, जिससे वह निडर, अडिग, अपराजेय बनता है। विपरीत इसके शास्त्री जी में लोक अप्रधान तथा शास्त्र या नियम प्रधान बनते हैं। और शास्त्री जी में अडिग, निर्भय, भाग्य

को धता बताकर कर्मफल को प्रधान मानने वाले चरित्रों का अभाव नजर आता है। आज के सन्दर्भ में देखें तो स्पष्ट हो जाता है कि कर्म के आधार पर नीची-से-नीची जातियाँ अकल्पित-उत्थान की ओर अग्रसर हैं। वैसे द्विवेदी जी का भी यह मानना रहा है कि आज जो नीची जातियाँ हैं, वह हमेशा समाज के नीचे पायदान पर नहीं रही हैं, और जो ऊँची हैं, वे भी हमेशा पहले पायदान पर नहीं रहीं। कर्म के आधार पर बढ़ने और पिछड़ने का क्रम चलता रहा है। सर्वाधिक प्रमुख बात यह है कि द्विवेदी जी पिछड़े या नीचे पायदान पर खिसके मनुष्य में अटूट शक्ति का संधान करते हैं, उसे मुख्य धारा से जोड़ते है और ऐसे मनुष्य में अविकल अपराजेय भाव की खोज कर उसे स्थापित करते हैं।

कृष्ण भक्तिकाव्य की प्रासंगिकता

भक्ति-भाव के विकास में मानव-समुदाय के विकास का इतिहास छिपा हुआ है। पुरातन काल से लेकर आज तक मनुष्य इसी भाव के विकास-परिष्कार की साधना-आराधना में लगा हुआ है। आदिम और कबीलाई संस्कृति से ऊपर उठते हुए मानवीय-सृष्टि सभ्यता की ओर बढ़ी। वह निरन्तर नये-नये मानवीय मूल्यों से सम्पृक्त होती रही, युग चेतना के अनुरूप वह उसमें परिवर्तन-परिवर्द्धन करती रही। दुर्दम मनुष्य की जययात्रा आगे बढ़ती रही। इस आगे बढ़ने की प्रक्रिया में उसके विधि-निषेधों में सामाजिक विसंगतियाँ और उसकी विरूपताएँ भी स्थान पाती रहीं, जो काल-विशेष में उसके पथ की अवरोधक बनीं।

भारत में भक्ति-धारा के सूत्र महाभारत में मिल जाते हैं। तब से यह धारा कभी वेगवान बनकर और कभी अंतःसलिला के रूप में भारतीय प्राणधारा, विशेषकर हिन्दू-जन में वर्तमान है; प्रवहमान है।

2

दसवीं शती के आसपास भारत में मुसलमानों का आगमन प्रारम्भ हुआ। धीरे-धीरे इनकी सत्ता समूचे देश में स्थापित हो गयी। पहले के आक्रान्ता धन-दौलत लूट कर वापिस चले जाते थे, किन्तु नये आगन्तुक आक्रमणकारियों का लक्ष्य केवल लूटपाट नहीं, अपितु अपने धर्म-संस्कृति का प्रचार-प्रसार था; उसकी स्थापना का प्रयत्न था। 'सीधे नहीं तो तलवार के सहारे।' धर्म एक माध्यम था, लक्ष्य तो था—साम्राज्य स्थापन। शासन-सत्ता का विस्तार।

इस लक्ष्य की पूर्ति हेतु पहली आवश्यकता थी, आक्रान्त देश और मानव की संस्कृति का विनाश। हिन्दू की आस्था के आधार मंदिर टूटे, मूर्तियाँ टूटीं; ज्ञान-विज्ञान-सभ्यता के आधारभूत संस्थान टूटे, संस्कृति/सभ्यता के आगार पुस्तकों की होलियाँ जलीं। अपनी सभ्यता-संस्कृति के क्रम में सम्भवतः पहली बार हिन्दू जन-मानस का सामना ऐसे आक्रान्तों से हुआ। इस 'सामने' के लिए वे तैयार भी नहीं थे। अतः अपना सब कुछ गवाँ-लुटाकर हिन्दू जन मानस पराधीनता को अपनी नियति मान बैठा।

यह तो सच है कि हिन्दू समुदाय जाति, वर्ग, वर्ण, ऊँच-नीच के भेदों में बँटा था। उसके धर्म-संस्कृति में जड़-प्रवृत्तियों ने स्थान पा लिया था। जातिगत भेदभाव, ऊँच-नीच की मान्यता, अस्पृश्य-अनास्पृश्य की धारणा उसमें गहरे पैठ बनाये हुई थी। इसके विपरीत मुस्लिम धर्म में ऊँच-नीच, छुआ-छूत, जातिगत, धर्मगत भेदभाव को कोई स्थान नहीं था। इस धर्म में एक ईश्वर है, एक प्रकार का आचरण था। किसी भी जाति, वर्ग धर्म के लोग इसमें शामिल होकर अपनी वैयक्तिकता का लोप कर केवल इस्लाम के 'बन्दे' रह जाते हैं। यह धर्म-साधना व्यक्तिगत नहीं, समूहगत है। भारतीय समाज जातिगत विशेषता रखते हुए व्यक्तिगत साधना का पक्षपाती था, जबकि इस्लाम जातिगत विशेषता का लोप करके समूहगत उपासना का प्रचारक था। पहले का केन्द्र-विंदु चरित्र था तो दूसरे का धर्म। वस्तुतः इस्लाम ने भारत के समस्त कुफ्र को तोड़ डालने की प्रतिज्ञा लेकर इस देश में पदार्पण किया।

मुस्लिम शासकों का पहला लक्ष्य था—जाति या अन्य भेदभावों के चलते उपेक्षित पड़े जन-समूह को इस्लाम में दीक्षित करना, नहीं सीधे तो टेढ़े। शोषण-अत्याचार से बचने के लिए हिन्दू जनता और मनीषा के सामने दो ही रास्ते थे (1) राजसत्ता से येन-केन प्रकारेण जुड़ना; और सुख भोगना। यह रास्ता सीधा-सरल था; इसने धर्म परिवर्तन को भी बढ़ावा दिया। (2) दूसरा रास्ता था—सामान्य जनता को एकत्रित कर पहले हिन्दू धर्म-समाज की विरूपताओं, विकृतियों, रूढ़ियों के विरुद्ध खड़ा करना; समस्त भेद-भावों को नष्ट कर समानता का सिद्धान्त स्थापित करना। एक जुट बनाना। और एकता-समानता से एकत्रित जन-समूह को इस्लामी सत्ता के शोषण के विरुद्ध मोड़ना। इस हेतु-सिद्धि के लिए भक्ति ही एक ठोस आधार और औजार बन सकता था।

3

ग्रियर्सन के शब्दों में यह आंदोलन (भक्ति-आन्दोलन) बिजली की चमक के समान गहन अन्धकार को चीर गया। यह बिजली की चमक न तो ईसाइयत की देन है, और न ही हिन्दू जनता की निराशा का परिणाम। सच तो यह है कि हिन्दू धर्म की प्रतिद्वन्द्विता में जब इस्लाम खड़ा हुआ तो जनता के हृदय में उपजी अशांति ने उसे क्रान्ति की ओर उन्मुख किया। इस क्रान्ति भाव में न जाति-भेद था, न धर्म भेद। यह आन्दोलन पहले हुए बौद्ध आन्दोलन से भी अधिक व्यापक और विशाल था। यहाँ धर्म ज्ञान का नहीं बल्कि भावावेश का विषय हो गया।

इस आन्दोलन का जन्म सातवीं शताब्दी में ही दक्षिण और पूर्वी भारत में हो चुका था। दक्षिण में धार्मिक रूढ़ियों के विरुद्ध जोरदार आवाज उठी, यह सशक्त आवाज आलवारों की थी, जिनमें न जातिगत भेदभाव था, न धर्मगत। ऊँच-नीच, छुआ-छूत की भावना भी नदारत थी। इसी परम्परा में प्रसिद्ध भक्त 'आण्डाल' का

जन्म हुआ। रामानुजाचार्य ने इस परम्परा से जुड़कर नीच कही जाने वाली जातियों की ऐकांतिक भक्ति को महत्त्व दिया। देशी भाषा में लिखित 'शठकोप', 'तिरुवल्लुवर' प्रभृति शास्त्रों को वैष्णवों के वेद का सम्मान दिया गया। इसी के समानांतर पूर्वी भारतीय प्रदेशों में सहजयानी और नाथपंथी साधकों की साधनात्मक रचनाएँ प्राप्त होती हैं। पश्चिमी प्रदेशों में नीति, शृंगार और कथानक साहित्य की रचनाएँ भी थोड़ा बाद से मिलने लगती हैं। एक में भावुकता, विद्रोह और रहस्यवादी मनोवृति का प्राधान्य है और दूसरों में नियम-निष्ठा, रूढ़ि-पालन और स्पष्टवादिता का स्वर है। एक में सहज सत्य को आध्यात्मिक वातावरण में सजाया गया है। दूसरे की ऐहलौकिता वायु-मण्डल में है। ये दोनों धाराएँ 14वीं शती में एक में सिमटीं। इस सम्मिलन में एक संशक्त भावी साहित्य की सूचना मिलने लगी जो समूचे भारतीय इतिहास में अपने ढंग का अकेला और निराला साहित्य है।

आलवार भक्तों ने जाति, धर्म आदि के भेदभाव को नकारा ही नहीं पुरुषों के साथ स्त्रियों को भक्ति का अधिकार देकर उन्हें घर की बन्द चहारदीवारी से बाहर निकलने का आमंत्रण दिया। आण्डाल, प्रसिद्ध भगतिन, कृष्ण को ही अपना पति मानती थी। मीरा की भाँति इनके बारे में भी प्रसिद्ध है कि वह कृष्ण के भीतर विलीन हो गयीं।

आश्चर्य तो यह है कि आरम्भ में भक्ति को प्रमुखता देने वाले रामानुज, मध्व, निम्बार्क और बल्लभाचार्य प्रायः सभी महात्मा दक्षिण में ही जन्मे।

4

रामानन्द ने रामभक्ति को स्वरूप दिया तो वल्लभाचार्य ने कृष्णभक्ति को। रामानन्द की रामभक्ति निर्गुण और सगुण मतवाद में प्रस्फुटित हुई जबकि कृष्ण भक्ति का स्वरूप सगुण ही रहा। सगुणधारा की भक्ति का आधार है—अवतार की परिकल्पना। राम और कृष्ण विष्णु के ही अवतारी रूप हैं। कृष्णावतार की कल्पना पुरानी है। भागवत पुराण के अनुसार भगवान के स्वयं, तदेकात्मरूप तथा आवेश रूप में से स्वयंरूप श्रीकृष्ण ही हैं। 'गीता' तक आते-आते श्रीकृष्ण पूर्णब्रह्म के अवतार के रूप में स्वीकृत होते हैं।

मध्यकाल तक आते-आते श्रीकृष्ण के अनेक नये रूप सामने आये। कहीं वे गोपाल हैं, गोपीजन वल्लभ हैं और कहीं राधाधर सुधा-पान-शलि बनमाली हैं।

जयदेव (गीत गोविन्द) से कृष्ण लीला गान की प्रथा का परिचय मिलता है। पहली बार इन्हीं के ग्रन्थ में राधा प्रमुख गोपी के रूप में उपस्थित हैं, जो भागवत में अपरिचित हैं। जयदेव के गीति पदों का विकास चंडीदास और विद्यापति में दिखाई देता है। महाप्रभु चैतन्य देव के अनुयायी भक्तों—रूप गोस्वामी, सनातन गोस्वामी तथा जीव गोस्वामी ने वृंदावन को अपना साधना-क्षेत्र बनाया। इन्हीं के एक और

शिष्य श्री नित्यानन्द प्रभु की पत्नी जाह्नवी देवी ने राधिका की मूर्ति बनाकर वृंदावन में श्रीकृष्ण के बगल में प्रतिष्ठित करायी। गौड़ीय वैष्णव सम्प्रदाय ने भक्ति-साहित्य की भावधारा और विचार दर्शन तथा उपासना पद्धति को गहरे प्रभावित किया।

5

शुद्धाद्वैत सिद्धान्त के प्रतिपादक वल्लभाचार्य का अवतरण कृष्ण भक्ति-साहित्य को एक नया रूप दे जाता है। उनकी मान्यता थी कि भगवान के अनुग्रह से ही प्रेम-प्रधान भक्ति की ओर जीव की प्रवृत्ति होती है। भगवान के इस अनुग्रह को ही पोषण कहते हैं। यही पुष्टि मार्ग है जहाँ शास्त्र-विहित विधि-निषेध का बन्धन नहीं। वल्लभाचार्य ने ही सूरदास को श्रीनाथ जी की सेवा में नियुक्त किया। और सूरदास के काव्य का स्वरूप बदला। कालान्तर में वल्लभाचार्य के पुत्र गोसाईं विठ्ठलनाथ ने आठ सर्वोत्तम कवियों को चुनकर 'अष्टछाप' की प्रतिष्ठा की। सूरदास, कुंभनदास, परमानन्ददास, कृष्णदास, छीत स्वामी, गोविंद स्वामी, चतुर्भज दास और नन्ददास।

6

वल्लभ अनुयायी अष्टछाप के कवियों के अतिरिक्त निम्वार्क संप्रदाय के श्रीभट्ट, हरिदेव व्यास, परशुराम, रूपरसिक देव, राधावल्लभ सम्प्रदाय के हित हरिवंश, दामोदरदास, हरिदेव व्यास; ध्रुवदास, हरिदासी सम्प्रदाय (सखी सम्प्रदाय) के स्वामी हरिदास, जगन्नाथ गोस्वामी, बीठल विपुल, बिहारिन दास, नागरीदास, सरसदास, बनी ठनी जी, भागवत रसिक, चैतन्य (गौड़ीय) सम्प्रदाय के रामराय, सूरदास, मदनमोहन, गदाधर भट्ट, चन्द्र गोपाल, भगवानदास, माधवदास 'माधुरी', तथा सम्प्रदाय निरपेक्ष कवियों में मीराबाई और रसखान उल्लेख्य हैं। वल्लभ सम्प्रदाय के अनुसार लीला का कोई प्रयोजन नहीं। स्वयं लीला ही उनका प्रयोजन है। इनके यहाँ लीला ही मुख्य है। कृष्ण के वामांग में सुशोभित राधा के साथ कृष्ण की उपासना का विधान निम्बार्क सम्प्रदाय में किया जाता है। राधावल्लभ सम्प्रदाय में कृष्ण के स्थान पर राधा प्रमुख हैं। राधा श्रीकृष्ण की पराप्रकृति हैं। हरिदासी सम्प्रदाय (सखी सम्प्रदाय) का स्वरूप भी लगभग यही है। ठकुराई से दूर रहकर निकुंज लीला में रत रहना ही कृष्ण का स्वभाव है। गौड़ी सम्प्रदाय में लीलाओं का आधार कांता भाव या मार्धुय भाव है। यहाँ राधा श्रीकृष्ण की अनंत शक्तियों में एक आह्लादिनी शक्ति हैं। इन सभी सम्प्रदायों में कृष्ण-लीला ही प्रधान वस्तु है। सभी में शृंगार रस की ही प्रधानता है। आचार्य शुक्ल के अनुसार यही कारण है कि कृष्ण भक्ति काव्य में न तो जीवन के अनेक गम्भीर पक्षों के मार्मिक रूप स्फुरित हुए, न अनेकरूपता है। राधाकृष्ण की ही प्रेमलीला सबने गायी। वस्तुतः माधुर्य उपासना ने कृष्ण भक्ति को पतन की ओर उन्मुख किया।

कृष्ण भक्ति काव्य किसी एक काल का काव्य नहीं है, वह हर काल में विद्यमान रहा है, और रहेगा। हाँ! उसके रूप बदलते रहेंगे। 'भक्ति' का भले लोप हो जाय किन्तु-कृष्ण चरित कभी भी लुप्त नहीं होगा। अस्तु भक्ति काल की भाँति ही वह आज भी प्रासंगिक है। प्रासंगिकता का आधार लोकप्रियता, माधुर्य तो है ही उसके साथ ही उसका वस्तु और शिल्प भी है, जो हर युग में मनुष्य मन को रंजित करेगा, हरयुग में वह साहित्य को शिल्पगत, वस्तुगत दिशा निर्देश देगा।

इस साहित्य की प्रासंगिकता की परीक्षा निम्नलिखित आधारों पर की जा सकती है—

1. लोक मंगल की भावना : इस काव्य का मूल स्वर है—लोकमंगल। कृष्ण भक्त कवि पूरी शक्ति से सामाजिक विसंगतियों पर प्रहार करते हैं। वे ऐसे समाज की संकल्पना करते हैं जहाँ सभी समान हैं, न कोई ऊँच है न नीच; सबको ईश्वर की आराधना का अधिकार है। ईश्वर की दृष्टि में सभी समान हैं। न कोई हिन्दू और न मुसलमान। लोक मंगल की यह भावना इन कवियों की लोक-संपृक्ति का परिणाम है।

2. लोक-संपृक्ति का काव्य : इस काव्य का लक्ष्य है—लोक-संवेदना को उभार कर लोक-चित्त की प्रस्तुति। सगुण धारा में कृष्ण-भक्ति पहली सीढ़ी है। उस काल में आमजन दुर्दशा-ग्रस्त था। शासन-सत्ता का आतंक था। जाति-पाँति, धर्म-सम्प्रदाय, ऊँच-नीच के भेदभाव से ग्रस्त तद्‌युगीन समाज की पीड़ा अवर्णनीय है। ऐसी स्थिति में वैष्णव भक्ति, विशेषकर कृष्ण भक्ति, जन-पीड़ा और उसकी चेतना से सम्पृक्त हुई। कृष्ण भक्त कवियों ने सामन्तों, शासकों के ठेकेदारी पर जमकर प्रहार किया और लोक धर्म की स्थापना की।

लोक-सम्पृक्ति की जीवन्तता के लिए अपेक्षित होता है—लौकिक काव्य रूपों की स्वीकृति। मंगल, सोहर आदि के गीतों में इन भक्त, कवियों के अनुभूति की गूँज देखी जा सकती है। रीति-रिवाजों, संस्कारों, व्रत और पर्वोत्सवों के वर्णन से यह काव्य लोक-संवेदना का काव्य बना। मनुष्य के जीवन में प्रथाओं का भी विशेष महत्त्व है। इन प्रथाओं को इन कवियों ने अनदेखा नहीं किया।

3. विद्रोह और साहस का काव्य : कृष्ण काव्य में विद्रोह का भाव अत्यन्त सघन है, और इसके लिए अपेक्षित 'साहस' का भी यथारूप समायोजन है। गोवर्द्धन धारण इसका उदाहरण है, जहाँ एक तरफ इंद्र की पूजा की परम्परा के प्रति विद्रोह है तो दूसरी तरफ जन-साधारण में अपूर्व शक्ति एहसास कराने के लिए कृष्ण सभी ग्वाल-बाल को एकत्रित करते हैं। कृष्ण की लीलाएँ स्वयं में विद्रोह और साहस की पराकाष्ठा हैं। और गोपियों का विद्रोह तथा साहस आज के स्त्री सशक्तीकरण की आधारशिला है—

मोको भजो एक चित्त ह्वै कै, निंदरि लोक कुलकानि।
सुत पति नेह तोरि तिनु कासे मोहीं निज करि जानि।...

काके पिता, मातु हैं काकी, काहू हम नहिं जानैं।
काके पति, सुत-मोहकौ, घर ही कहा पठावत।।...
हम जानै केवल तुमहीं कौ और वृथा संसार।।

4. पौराणिक चेतना का विकास : सगुण भक्ति, काव्य-आन्दोलन की काव्यात्मक अभिव्यक्ति का पहला प्रयास कृष्ण भक्ति-काव्य में हुआ और इसमें पौराणिक संस्कृति के पुनरुत्थान एवं पौराणिक मत की चेतना की पहली अभिव्यक्ति हुई। स्वयं श्रीकृष्ण पुराण पुरुष हैं, उनकी लीलाएँ ही उनके कार्य हैं जिनका पर्याप्त विकास भागवत पुराण में हो चुका है। वस्तुतः श्रीकृष्ण का बाल और किशोर-स्वरूप सबके रंजन का कारण है। अस्तु इन भक्तों ने इसी को अपने काव्य का आधार बनाया।

5. लोकचित्त की झाँकी : कृष्ण-काव्य में जितना गहरा भाव लोकचित्त की प्रस्तुति का है, शायद ही संसार के किसी काव्य में इसका उदाहरण मिले। लोक-चित्त अपने जीवन, रीतियों-रिवाजों, संस्कारों, व्रत-पर्वोत्सवों, उत्सवों, उद्योग धन्धों में स्फुरित होता है। कृष्ण भक्ति कवि इससे अनभिज्ञ नहीं। उन्हें तो अपनी भक्ति में लोक को सबसे अधिक महत्त्व देना ही था, ताकि लोक में कृष्ण भक्ति का प्रचार बढ़े। फलस्वरूप उन्हीं के बीच से ये भक्त-कवि उन्हीं के गान में तन्मय हो गये। व्यक्तिगत रीतिरिवाज, पारिवारिक रीति-रिवाजों, संस्कारों के रीति-नीति, और व्रत-पर्वोत्सवों, उत्सवों के वर्णन तो भरे पड़े ही हैं, उद्योग धन्धों से जुड़े रीति-रिवाज भी इनके कविता के अंग बने। सूरदास श्रीकृष्ण के जन्मोत्सव पर सधिया, सींक जगा, छठी का वर्णन करते हैं। नारछेद की ठनगन के समय के सूर के पाँच पद अविस्मरणीय हैं। पालना, नामकरण आदि संस्कारों का भी वर्णन मिलता है। मदनोत्सव पर भी सूरदास की वाणी प्रस्फुटित हुई। वसन्त लीला के अनेक पद इसके प्रमाण हैं। होली का सभी कवियों ने विस्तार से वर्णन किया। गोवर्द्धन महोत्सव के स्थान पर श्रीकृष्ण गिरियज्ञ महोत्सव प्रारम्भ करते हैं। कौमुदी महोत्सव का वर्णन भी नहीं छूटा है।

6. लौकिक काव्य रूपों की स्वीकृति : वस्तुतः कविता का साहित्य तभी कालजयी बन पाता है जब उसमें लोक-गृहीत काव्यरूपों को स्वीकृति मिलती है। कृष्णभक्ति काव्य में लोक में स्वीकृत-गृहीत काव्य-रूपों को ग्रहण कर उसे साहित्य का अंग बनाने का प्रयास है। मंगल, सोहर, अष्टयाम, हिंडोला, बारहमासा, फाग, हास, कहरवा, 'वसन्त', होरी आदि ऐसे काव्य रूप हैं जिनमें लोक की राग-चेतना तथा उसकी आत्मा की तस्वीर दिखाई देती है। सूरदास और नन्ददास इस ओर विशेष रूप से उन्मुख हैं। रुक्मिणी मंगल का एक उदाहरण द्रष्टव्य है–

जो यह मंगल गाय चित्त दै नैसु सुनावै।
सो सब मंगल पावै हरि रुक्मिनि मन भावै।। (नन्ददास)

एक सोहर देखिए–

धनि धनि नन्द जसोमति, धन जग पावन रे।
धनि हरि लियो अवतार, सुधनि दिन आवन रे।
दसएँ मास भयौ पूत, पुनीत सुहावन रे।
संख, चक्र, गदा पद्म, चतुरभुज भावन रे।। (सूरदास)

और! सूरदास का यह पद आज भी लोक की सम्पत्ति है।

7. श्रीकृष्ण की लोक रंजक छवि : गोपियों का प्रेम लोक-धर्म और कुलकानि के लिए चुनौती है। उनका कृष्ण से संयोग और वियोग दोनों मानव प्रेम का जयगीत है जो सामन्ती समाज के जाति-वर्ण और सम्पत्ति के बन्धन को तोड़ कर प्रवाहित हुआ। सूर शृंगार और वात्सल्य के कवि ही नहीं वह संसार में प्रेम के श्रेष्ठ गायकों में से हैं। इस प्रेम को कुल-कानि, लोक-धर्म, पाप-पुण्य की मर्यादा कुचलती है, उनका जयघोष सामन्ती व्यवस्था को ही एक चुनौती है। और इस प्रेम के आधार हैं—श्रीकृष्ण, जो समूचे लोक को आनन्द, उल्लास से सराबोर कर देते हैं। जड़-चेतन सभी तो रंजित हो उठते हैं, श्रीकृष्ण का दर्शन और स्पर्श पाकर। और हर जगह, हर कोने, हर कार्य में, व्रज के कण-कण में श्रीकृष्ण उपस्थित हैं—अपनी मनोहारी अदाओं के साथ।

8. व्यक्ति-स्वातंत्र्य : श्रीकृष्ण की वंशी केवल वंशी नहीं, मुरली नहीं, वह एक ऐसी परम ध्वनि की सर्जक है जिसे सुनकर ग्वाल-बाल, गोपी सभी अपनी सुध-बुध खो बैठते हैं। वह ऐसा अनहद नाद है जो सभी को परम आनन्द प्रदान करता है। इसे सुनकर व्यक्ति स्वातंत्र्य का जो भाव प्रस्फुटित होता है, वह समस्त मोह, दुखों, चिन्ताओं को तो दूर करता ही है साथ ही सामाजिक विधि-निषेधों से मुक्त करता है। वह तो कृष्णमय बन जाता है—

सुनि धुनि चलीं व्रजनारि। सुत देह गेह बिसारि।।...
मातु-पितु कौ डर न मानति सुनति नाहि न गारि।।

वंशी की ध्वनि के आगे लोक-वेद की मर्यादाएँ ध्वस्त हो जाती हैं। नन्ददास, सूरदास की रचनाओं में व्यक्ति-स्वातंत्र्य का यह रूप देखा जा सकता है। मीरा तो स्वयं एवं उनका काव्य व्यक्ति-स्वातंत्र्य का प्रतीक ही है।

9. स्फीतराग चेतना : कृष्ण काव्य परम्परा में विद्यापति, सूर, मीरा आदि ने परकीया प्रेम द्वारा जयदेव तथा चैतन्य की परम्परा को द्विगुणित करके लोकप्रिय कर दिया। इनकी स्फीत-राग चेतना, प्रेमा-भक्ति में परिणत हो गयी और वह मानवीय प्रेम सौन्दर्य (मुख्यतः विरह वेदना) जन-जन के मर्म में प्रवेश कर गया।

10. जाति-धर्म-निरेपक्षता : कृष्ण भक्ति काव्य में जाति, वर्ण, लिंग, क्षेत्र, भाषा आदि सीमाओं का अतिक्रमण है। जयदेव पुरी में, चैतन्य बंगाल में, वल्लभाचार्य दक्षिण से आकर इस काव्य धारा से जुड़े। इस काव्य धारा में यदि सूरदास, नन्ददास आदि हैं तो मीराबाई भी उपस्थित हैं। इतना ही नहीं रसखान जैसा मुसलमान व्रजभाषा और श्रीकृष्ण के चरित को अपनाकर अलौकिक कविता की रचना कर जाता है। कृष्णदास जैसे शूद्र भी अष्टछाप में स्थान पाते हैं।

11. संगीतात्मक प्रस्तुति : कविता को लोकप्रिय बनाने के लिए इन कवियों ने शास्त्रीय संगीत के साथ-साथ लोक-संगीत का सहारा लिया। पदों की रचना राग-रागनियों के सहारे की गयी। अष्टछाप या कृष्ण भक्त, अन्य कवियों विशेषकर मीरा ने इकतारा का सहारा लिया। स्वामी हरिदास की प्रेरणा से अष्टछाप के कवियों ने संकीर्तन की पद्धति को आधार बनाकर लोक-धुनों की गूँज से लोक मन को आकर्षित किया।

12. राज्याश्रय विमुखता : कृष्ण भक्त कवि राज्याश्रय से विमुख रहे। ऐसा नहीं कि उन्हें अवसर न मिला हो, मिला; किन्तु उनकी प्रवृत्ति तो केवल कृष्ण में रमी। 'आवत जात पनहियाँ टूटी बिसरि गयो हरिनाम' की अभिव्यक्ति उनके स्वातंत्र्य की अनुगूँज है।

13. शृंगार रस की प्रतिष्ठा : श्रीकृष्ण के चरित गान का अंगी रस है—शृंगार। कृष्ण भक्त कवियों में इसी रस के दोनों पक्षों—संयोग और विप्रलम्भ—का चरम उत्कर्ष है। वस्तुतः मानव प्रवृत्ति मूलतः शृंगारी है। इन कवियों का लक्ष्य था—मनुष्य की मूल प्रवृत्ति को उकसाना, जागृत करना; और इस माध्यम से उसे श्रीकृष्ण भक्ति की ओर उन्मुख करना। इन कवियों ने संयोग से अधिक वियोग के वर्णन में अपनी कुशलता प्रगट की है। यहाँ गोपियाँ की वाक्-विदग्धता देखते बनती है। 'भ्रमरगीत' अविस्मरणीय सृष्टि है।

14. वात्सल्य रस की प्रतिष्ठा : वात्सल्य भाव अत्यंत कोमल और शाश्वत भाव है। जब तक सृष्टि रहेगी, इस भाव की वर्तमानता भी रहेगी। कृष्ण भक्त कवि, विशेषकर सूरदास इसका कोना-कोना झाँक आए हैं। माँ की चिन्ता, पीड़ा, बालक की क्रीड़ाओं, प्रश्नों आदि में तथा उसके विकास में किस-किस रूप में प्रगट होती हैं, इसका सन्दर्भ ग्रन्थ है—कृष्ण भक्ति काव्य। ऐसा अनूठा अलौकिक वर्णन शायद ही देखने को कहीं और मिले।

15. लोक भाषा की प्रतिष्ठा : निश्चय ही कृष्ण भक्ति काव्य लोकचित्त, लोक धर्म और लोक भाषा का काव्य है। व्रजभाषा को लोक प्रचलित मुहावरों, लोकोक्तियों, कहावतों से समृद्ध कर इन कवियों ने भाषा के एक नये रूप का संधान किया, जो लोक की अपनी है, लोक की प्रेरणा है, लोक की प्रस्तुति है। शब्दों, पदों के चयन में भी लोक भाषा सक्रिय है।

अन्ततः यह कहा जा सकता है कि यह ऐसा काव्य है जिसमें सामाजिक अभ्युत्थान का उपक्रम है, सांस्कृतिक लोक-जागरण का उद्घोष है, व्यक्तिगत आत्म-निष्ठता के साथ सामूहिक मुक्ति का आह्वान है, लोकवाणी की अनूठी गूँज है; और है—सामाजिक जीवन की विडम्बनाओं, विसंगतियों, तत्कालीन शासक वर्ग के अत्याचारी स्वरूप का अंकन।

अस्तु जब तक मनुष्य है तब तक ऐसा कृष्ण भक्ति काव्य उसके लिए प्रासंगिक बना रहेगा।

रीतिकाल की प्रासंगिकता

हिन्दी साहित्य का 'रीतिकाल' साहित्येतिहास विकास-परम्परा की महत्त्वपूर्ण कड़ी है। एक तरफ यह भक्तिकाल' का क्रमिक उत्थान है तो दूसरी तरफ 'भक्तिकाव्य' के विरुद्ध जनता की मनोवृत्ति का सहज गान। रीतिकाल से पूर्व के कालों या युगों में काव्य-आदर्शों को प्रस्तुत करने का जैसे एक विधिवत व्यवस्थित आन्दोलन हुआ वैसा इस काल के कवियों के लिए कोई आन्दोलन, किसी महापुरुष या किसी अवतारी (आचार्य वल्लभाचार्य अग्नि के अवतार) ने नहीं किया। यह वह पौधा है जो बिना बोए, सीचें, खाद-पानी के उगा ही नहीं विकसित-पल्लवित-पुष्पित हुआ। बिना किसी आन्दोलन के, बिना किसी नेता के आदेश-निर्देश के जो वस्तु स्वयं उदित हो जाय, उसकी जड़ें गहरी होनी ही चाहिए। और! गहरी जड़ों वाला साहित्य मनुष्य की चित्तवृत्ति का पर्याय होता है; उसकी गति अबाध होती है। उसमें स्थायित्त्व होता है। स्थायित्व और अबाधता में प्रासंगिकता के बीज निहित होते हैं।

2

प्राचीन काल से लेकर निरन्तर प्रवहमान, अपनी उपस्थिति दर्ज कराती एक सशक्त रचनात्मक परम्परा को लेकर खड़ी रीतिकालीन कविता तद्‌युगीन जीवन की रिक्तता की पूर्ति है, जीवन-जगत का सच है, ऐसा सच जिसमें घर-परिवार, गाँव, समाज, गरीब-अमीर, राजा-रजवाड़ों, सामन्त, जागीरदारों, मनसबदारों का यथार्थ उजागर है। तत्कालीन परम्परा, सामाजिक कुरीतियों तथा स्त्री की दशा-दुर्दशा के प्रति विद्रोह का भाव है, और है हिन्दी कविता तथा हिन्दी कवियों के आस्तित्व का संघर्ष। यहाँ केवल शृंगार, नायक-नायिका भेद या काव्यशास्त्रीय सिद्धान्त पर आधृत दरबारी कविताई ही नहीं अपितु भक्तिकाल में पनपी विभिन्न भक्तिधाराओं की रचनाओं का वेग रीतिपरक रचनाओं की अपेक्षा तीव्र है। समाजशास्त्रीय आलोचनाशास्त्र के परिप्रेक्ष्य में लोक में समादृत समृद्ध नीतिकाव्य, ज्योतिष, दर्शन अपने को कविता घोषित कराने का ठोस आधार प्रदान करते हैं।

भक्तिकाल में लगभग उपेक्षित हो चुका वीरकाव्य इस युग में अपनी सशक्त झंकार द्वारा स्वतन्त्रता संघर्ष का बीज-वपन करता है।

व्रज, अवधी, राजस्थानी, दक्खिनी, खड़ी बोली भाषाओं एवं हिन्दी की उर्दू शैली का पद्यात्मक, गद्यात्मक तथा नाट्य, टीका साहित्य आदि तथा कथा साहित्य, निबन्ध, पत्रकारिता, व्याकरण, शब्दकोश इस काल में और समृद्ध होकर एक तरफ साहित्यिक हिन्दी भाषा का स्वरूप निर्धारित करते हैं, दूसरी तरफ नामकरण की दृष्टि से 'रीतिकाल' की संज्ञा को नकारते हैं।

हिन्दी काव्यशास्त्र की आधारशिला रखने वाली इस काल की रचनाएँ समीक्षकों, साहित्येतिहासकारों को नये सन्दर्भों में चिन्तन तथा नये रचनात्मक मानदण्ड निर्धारण हेतु पुनर्विचार की चुनौती देती दिखाई पड़ती हैं। दो सौ वर्षों तक ही इस साहित्य की उपस्थिति नहीं, यह तो आदिकाल के पहले भी है, आदिकाल और भक्तिकाल में भी। इस प्रकार इस साहित्य में हजारों वर्षों से साहित्य का अंग बनी भारतीय संवेदना और संस्कृति की धारा का अजस्र प्रवाह है। यह अजस्र प्रवाह ही उसे तब-तक प्रासंगिक बनाये रखेगा, जब-तक 'मनुष्य' है, और है 'मनुष्यों' के शासक।

3

आधुनिक युग विशेषकर समकालीन साहित्य में यह धारा भाषागत, चेतनागत बदलाव के साथ अपनी जोरदार उपस्थिति दर्ज कराती है। दुखद यह है कि जन-भाषा की इस काव्य धारा में आधुनिक कहलाने वाले हमारे समीक्षकों को भविष्य के साहित्य का कोई प्रादर्श नहीं मिलता। उन्होंने इस धारा के समानान्तर उसके विरोध में शक्तिशाली भक्तिकाव्य को खड़ा किया। भक्तिकाव्य से टक्कर कराकर रीतिकालीन साहित्य के अवदान को नकारने की यह सोची-समझी रणनीति का एक हिस्सा है। उनकी यह क्रिया आधुनिकता-बोध से सम्पृक्त क्रिया तो कदापि नहीं कही जा सकती; हाँ। रूढ़-परम्परा के अनुपालन का आग्रह ही यहाँ दिखाई देता है; और दिखाई देती है—शुद्धतावादी आन्दोलन की शुरुआत।

नामकरण

उत्तर मध्यकाल या रीतिकाल (सन् 1643 से 1843 तक) के नामकरण पर विद्वानों में पर्याप्त मतभेद है। मिश्रबन्धुओं ने इस काल को 'अलंकृत काल', आचार्य रामचन्द्र शुक्ल ने इसे 'रीतिकाल' और पंडित विश्वनाथ प्रसाद मिश्र ने इसे 'शृंगारकाल' तथा डॉ. रमाशंकर शुक्ल रसाल ने इसे 'कलाकाल', डॉ. भगीरथ मिश्र ने इसे 'रीति-शृंगार युग' की संज्ञा दी।

'क्त' प्रत्यय से युक्त 'अलंकृत' शब्द इस युग की कविता का ही विशेषण हो सकता है, लक्षण ग्रन्थों का नहीं। 'इस काल की कविता अलंकृत परिपाटी से ही लिखी गयी'—मिश्रबन्धुओं के इस मत के प्रतिरोध में देव, मतिराम, पद्माकर, घनआनन्द आदि की सरस शृंगारपरक काव्य-कीर्ति उनके काव्यात्मक सौन्दर्य पर खड़ी है न

कि अलंकार योजना पर। हिन्दी में 'अलंकार' शब्द काव्यांग विशेष के लिए रूढ़ है, समूचे काव्यशास्त्र के लिए ग्राह्य नहीं। डॉ. भगीरथ मिश्र का 'रीतिशृंगार' नामकरण दो प्रभावशाली मतों के समन्वय का प्रयास मात्र है। इस नामकरण से ढेर सारा श्रेष्ठ साहित्य फुटकल खाते में जा पड़ेगा। अस्तु 'अलंकृत काल' और 'रीतिशृंगार' में अव्याप्ति दोष है।

इस काल की 'शृंगारकाल' संज्ञा तो दी—पं. विश्वनाथप्रसाद मिश्र ने किन्तु आचार्य शुक्ल भी इस नाम से सहमत प्रतीत होते हैं—''वास्तव में शृंगार और वीर इन्हीं दो रसों की कविता इस काल में हुई। प्रधानता शृंगार की ही रही। इससे इस काल को कोई रस के विचार से शृंगारकाल कहे तो कह सकता है।'' (हिन्दी साहित्य का इतिहास, पृ. 133)। मिश्रजी आचार्य शुक्ल के 'रीति' नामकरण में अव्याप्ति दोष देखते हुए कहते हैं कि रीति की संकीर्ण सीमा में घनानन्द, ठाकुर, बोधा आदि अँट नहीं पाते। मिश्र जी की यह मान्यता सही है कि इस युग के कवियों की व्यापक प्रवृत्ति शृंगार वर्णन की थी; तथापि इनका प्रेरक-तत्त्व काम-वासना नहीं अपितु 'अर्थ' है। इस पद्धति की रचना करके ही विलासी आश्रयदाताओं से धन की उगाही और हिन्दी कविता की रक्षा सम्भव थी; किन्तु इसकी उन्हें गहरी पीड़ा भी थी। इन रचनाकारों की इस व्यथा-कथा के चित्र उनकी रचनाओं में चाहे अनचाहे आ ही गये हैं—

नृपति नैन कमलानि वृथा, चितवत वासर जाहि।
हृदय कमल में हेरि लै, कमलमुखी कमलाहि।। (मतिराम)

अस्तु 'शृंगारकाल' नामकरण रखने पर भी वीर, भक्ति आदि शृंगारेतर रसों के ग्रन्थों तथा काव्यांग विवेचन की दृष्टि से लिखे गये अनेक उपादेय और प्रख्यात ग्रन्थ इस परिसीमा में नहीं आ पाएँगे। और, घनानन्द आदि की स्वच्छन्दतावादी रचनाएँ फारसी की प्रेमाभक्ति का भारतीय रूप है, जो शुद्ध शृंगार की कोटि में स्थान की अधिकारिणी नहीं। ऐसी स्थिति में आचार्य शुक्ल का फुटकल खाता खुला रहेगा। भले ही कुछ कवि इधर से उधर हो जाएँ। स्पष्टतः इस नामकरण में भी अव्याप्ति दोष है।

शुक्ल जी से पूर्व 'रीति' शब्द का प्रयोग ग्रियर्सन ने भी इस काल की कविताओं के लिए किया था। और इस युग के रचनाकारों तथा उनकी रचनाओं में कभी 'कवि रीति' (देव), कभी 'रीति' (चिन्तामणि) और कभी 'रस रीति' (मतिराम) नाम मिलते हैं।

इसी कारण साहित्येतिहासकारों की दृष्टि में 'शृंगारकाल' की अपेक्षा 'रीतिकाल' अधिक उपयुक्त नाम है। कारण-इस काल में 'रीति' से बँधे ग्रन्थों की भरमार ही नहीं अपितु इस युग के कवियों की प्रवृत्ति ही ऐसी ग्रन्थ रचने की रही, किन्तु रीतिकाल के समूचे और विस्तृत रचनात्मक परिप्रेक्ष्य पर दृष्टि डालने से इस तर्क की आधारभित्ति भहरा जाती है और अट्ठारहवीं शती के अन्त तक चली सन्तों, सूफियों, भक्तों की काव्य-परम्पराओं के साथ भी यह नामकरण न्याय नहीं कर पाता।

आचार्य शुक्ल ने संभवतः विवेचन-विश्लेषण की सुविधा की दृष्टि से भक्तिकाल को निर्गुण, सगुण तथा फिर निर्गुण की ज्ञानाश्रयी, प्रेमाश्रयी तथा सगुण की कृष्णभक्ति, रामभक्ति शाखाएँ बनायी। इसी पद्धति पर उन्होंने रीतिकाल के भी दो वर्ग बनाये—(1) रीतिग्रन्थकार कवि एवं (2) रीतिकाल के अन्य कवि।

पं. विश्वनाथ प्रसाद मिश्र इसके रीतिबद्ध, रीतिसिद्ध और रीतिमुक्त भेद करते हैं। आगे चलकर डॉ. नगेन्द्र रीतिबद्ध कवियों को दो श्रेणी में विभाजित करते हैं—आचार्य कवि और काव्यकवि। आचार्य कवियों के और भी उपवर्ग है—सर्वांग निरूपक, रस निरूपक, अलंकार निरूपक तथा पिंगल निरूपक। डॉ. बच्चन सिंह 'रीतिबद्ध' और 'रीतिमुक्त' वर्गीकरण को वैज्ञानिक बनाने के लिए 'बद्धरीति' और 'मुक्तरीति' श्रेणियों में बाँटते हैं। बद्धरीति के भी दो वर्ग बनाते हैं—रीतिचेतस और काव्यचेतस, और मुक्त रीति के भी—क्लासिकल और स्वच्छन्द। यहाँ केवल शब्दों का उलट-फेर और मायाजाल है; नवीनता नदारत है।

इन भेदों—उपभेदों से गड़बड़ी यह हुई कि एक ही कवि को अलग-अलग वर्गों में रखना पड़ता है। और उस कवि के समवेत प्रभाव से पाठक वंचित रह जाता है। उपर्युक्त विवेचित सभी नामकरण अव्याप्ति दोष से ग्रस्त हैं। या तो इस काल के कवियों द्वारा प्रयुक्त 'रीति' संज्ञा स्वीकार की जाय अन्यथा इसके लिए सर्वाधिक उपयुक्त नाम है—'उत्तर मध्य काल'।

किसी भी काल के साहित्य की प्रासंगिकता पर विचार करना तब-तक सम्भव नहीं होता जब तक उस युग की परिस्थितियों, उस युग में विकसित धारा की परम्परा तथा उसके अन्तर्विरोधों से समीक्षक का साक्षात्कार न हो। वस्तुतः मनुष्य के विकास के साथ-साथ उसकी भाव एवं चिन्तनधाराएँ निरन्तर विकसित होती हुईं युगीन सन्दर्भों में नये-नये स्वरूप ग्रहण करती हैं। युग-विशेष की काव्यधारा में परिणत होने वाली ये भाव एवं चिन्तन धाराएँ अपनी जोरदार उपस्थिति से काव्यधारा का मुख मोड़ देती हैं। अतः यहाँ रीतिकालीन काव्य के प्रदेय को रेखांकित करने के पूर्व रीतिकालीन परिस्थितियों तथा रीतिकालीन काव्यधारा की परम्परा पर विचार आवश्यक हो जाता है।

4

रीतियुगीन परिस्थितियाँ: मध्यकाल मुगलों के शासन के वैभव के चरमोत्कर्ष और उसके बाद उत्तरोत्तर ह्रास, पतन तथा विनाश का युग कहा जा सकता है। अकबर, जहाँगीर एवं शाहजहाँ के शासनकाल में मुगल वैभव ने अपना प्रतिमान स्थापित किया। जहाँ यह शासन दक्षिण तक फैला, वहीं अपराजेय संघर्षप्रिय राजपूतों ने भी मुगलों की अधीनता स्वीकार की। यह काल शान्ति, समृद्धि का प्रतीक तो बना ही, कला के उत्कर्ष में हिन्दू और मुसलमान सहभागी बने। किन्तु सन् 1658 में

शाहजहाँ की मृत्यु, उसके बेटों में सत्ता संघर्ष, इस संघर्ष में औरंगजेब का भारी पड़ना तथा निष्कंटक राज्य हेतु अपने उदारमना भाइयों की औरंगजेब द्वारा की गयी हत्या से एकायक समूची राजनैतिक तथा सामाजिक स्थितियाँ बदल गयीं। अर्थात् उत्तर मध्यकाल (रीतिकाल) का राजनीतिक, सामाजिक और सांस्कृतिक परिदृश्य बदला। मुस्लिम कट्टरता के कारण सामाजिक सौहार्द्र में दरार आयी। इस नीति और औरंगजेब की कमजोरियों के कारण केन्द्रीय सत्ता के विरुद्ध विद्रोह का विगुल बज गया जो मुगल शासन के पतन का कारक बना। मराठों, बुन्देलों में स्वाधीनता की लालसा बढ़ी। शिवाजी, छत्रसाल जैसे लोक-नायक भी मिल गये। सशक्त केन्द्रीय सत्ता के अभाव में छोटे-छोटे हिन्दू राजा-रजवाड़ों, सामन्त, जागीरदार, नवाब मनसबदार आदि स्वतन्त्र होकर हर विधि अपनी समृद्धि और सैनिक शक्ति-वृद्धि में लग गये। परिणामस्वरूप राजनैतिक और सामाजिक व्यवस्था का पतन प्रारम्भ हुआ। सत्ता के सूत्रधारों में बढ़ती विलासिता से धनसंचय, कन्याओं का अपहरण और अपने हर्मों में उनकी बढ़ोत्तरी की प्रवृत्ति बढ़ी। इस प्रवृत्ति ने स्त्री को पुरुष की सम्पत्ति बना दिया। बहुपत्नी प्रथा बढ़ी। वस्तुतः इस युग में सामन्तशाही के जितने भी दोष हो सकते हैं उससे यह काल आक्रान्त है।

शासक और शासित दो वर्गों के इस समाज में शासक वर्ग में वे सभी पदाधिकारी आ जाते हैं जो शासन के सहयोगी हैं। शासित वर्ग में श्रमजीवी, कृषक, सेठ-साहूकार और व्यापारी आते हैं, जो शासन की आय के माध्यम थे। श्रमजीवी और कृषक वर्ग शासक द्वारा भी शोषित होता था और सेठ-साहूकारों द्वारा भी। इन्हें बेगारी करनी पड़ती, न करने पर उनके साथ अमानवीय व्यवहार होता था। जन-साधारण शासन से मिलने वाली सुविधाओं से पूर्णतया वंचित हो गया। इसका चित्र तुलसीदास भी कवितावली में दे चुके हैं।

किन्तु अब तो स्थिति और बदल गयी। ऐसी स्थिति में भाग्यवादी होना अथवा नैतिक मूल्यों में ह्रास आना अस्वाभाविक एवं आश्चर्यजनक घटना नहीं। ऐसे युग में जहाँ आम व्यक्ति पशुवत जीवन बिताने के लिए विवश हो, उसकी आँखों के सामने उसकी बेटी-स्त्री का अपहरण हो, उसकी मेहनत उसे रोटी न दे सके, जहाँ वह केवल दूसरों को समृद्ध करने और स्वयं अभाव में रहने के लिए विवश हो, वहाँ कोई तपस्या, साधना या भगवत-भजन में कैसे लिप्त हो सकता है? इतिहास में भी तो कोई प्रमाण नहीं मिलता कि एक साथ समस्त जनता धर्ममय होकर सक्रिय और यथार्थ जीवन से विरक्त हो उठी हो? भक्ति एवं धर्म के ठेकेदार भी कब चाहते हैं कि उसकी आय के ये साधन लुप्त हों?

यह सच है कि भक्तिकालीन साहित्य या उससे निकलने वाले संदेश तद्‌युगीन समाज और उसके इतिहास की सच्ची कथा बयाँ नहीं करते।

वस्तुतः भक्तिकाल के क्रोड से विकसित रीतिकाल भक्ति के विरुद्ध एक प्रतिक्रिया

है; और यह युग! लोकेषणा का असीमित एवं भव्य रूप; इस काल के यथार्थ धरातल का संकेतक है। इस काल की रचनाओं से हमें इस युग का यथार्थ-परक इतिहास अलगाना होगा, तभी रीतिकालीन साहित्य की प्रासंगिकता और उसका प्रदेय हमें प्राप्त हो पाएगा।

5

परम्परा : आभीरों के आगमन के कुछेक वर्षों उपरान्त ईसवी सन् की पहली शती में पूर्वी आर्यों की भावप्रवण, आध्यात्मिकतावादी रूढ़ि मुक्त काव्य-धाराओं तथा पश्चिमी आर्यों की अपेक्षाकृत रूढ़ि-रूढ़ि परम्परा के पक्षपाती, शास्त्र-प्रवण और स्वर्गवादी काव्यधाराओं के विपरीत; संस्कृत भाषा के समानान्तर लोक-व्यवहृत 'प्राकृत' भाषा में अंग्रेजी की 'सेक्युलर कविता' की तर्ज पर एक तीसरी धारा का विकास हुआ जिसमें ऐहिकतामूलक सरस कवित्त है। इनका उत्स ऋग्वेद, अथर्ववेद, पुराणों तथा बौद्धों की थेर-थेरी गाथा आदि में मिल जाता है। कालान्तर में संस्कृत के 'स्तोत्र' तथा 'शतक' साहित्य, शंकराचार्य के 'सौन्दर्य लहरी', भर्तृहरि के वैराग्य-शतक तथा स्वयंभू के छंदों में इनका विकास देखने को मिलता है। वात्स्यायन के 'कामसूत्र' से भी इन्हें प्रेरणा मिली। फलस्वरूप इन रचनाओं में शृंगार लीला-गान, सौन्दर्य निरूपण, नायक-नायिका-भेद-निरूपण अपने चरम पर है। ऐसी रचनाओं का विकास; और उनकी लोकप्रियता उद्घोष करती है कि मनुष्य-प्रकृति सदा आमुष्मिकता में उलझी रहना पसन्द नहीं करती।

प्रथम शती की रचना हाल की 'गाहा सतसयी' इस प्रकार की पहली रचना है। इसी क्रम में या इसी के प्रभाव के परिणामस्वरूप संस्कृत में लिखी गयी गोवर्धन की 'आर्या सप्तशती' उल्लेख्य है। कालान्तर में इसका प्रभाव बिहारी 'सतसयी' पर पड़ना प्रमाणित है।

हाल की सतसयी में जीवन की छोटी-मोटी घटनाओं के वर्णन के साथ-साथ प्रेम और करुणा के भाव, प्रेमिकों की रसमयी क्रीड़ाएँ और उनका घात-प्रतिघात अतिशय जीवन्त रूप में प्रस्फुटित हुआ है। अहीर और अहीरिनियों की प्रेम-गाथाएँ, ग्राम-बधूटियों की शृंगार चेष्टाएँ, दैनिक क्रिया-कलाप में संलग्न सुन्दरियों के मर्मस्पर्शी चित्र; विभिन्न ऋतुओं का भावोत्तेजन आदि बातें इतनी सरस और हृदय-स्पर्शी हैं कि पाठक इस काव्य की ओर बरबस आकृष्ट होता है। यहाँ पूर्ववर्ती या समकाल के साहित्य की आध्यात्मिकता का झमेला नहीं, कर्मकाण्ड की विवशता नहीं, स्वर्ग-अपवर्ग की परवाह नहीं, इतिहास-पुराण की दुहाई नहीं। अपने कथ्य में यह कविता जहाँ अपना नया वितान-तानती है, वहीं शिल्प के धरातल पर उसका अपना विधान था, किन्तु संस्कृत की शिल्पगत और भावगत सतर्कता से भी वह समन्वित है।

यह सतसई लोक-कहानियों का भण्डार है। ग्रामीण जनता के अवकाश के

समय, मनोरंजन के रूप में, पश्चिमी आर्यों में प्रचलित इन कहानियों में ऐतिहासिक संघर्षमय जीवन की झलक भी है। यह संघर्ष-कथा अपभ्रंश-काल में वीर-गाथा और भक्तिकाल में प्रेमगाथा के साहित्य-रूप तथा रामचरित मानस में, लोक चिन्ता के रूप में व्याप्त है; जो सरस, स्फूर्तिदायक और लोकजीवन को समझने में अधिक सहायक सिद्ध हुई।

भक्तिकाल में, विशेषकर तुलसीदास ने 'प्राकृत जन गुन गाना' कहकर लोक की एक समृद्ध परम्परा को नकारा। किन्तु साहित्येतिहास इस बात का साक्षी है कि युग-चेतना के अनुरूप स्वरूप पा रहा यह नया साहित्यिक आन्दोलन सदा बीती युगीन-चेतना या उसके समकाल पर पड़ रहे प्रभाव के विपरीत खड़ा होता है, वह उसे पूरी तरह नकार कर चलता है; किन्तु सम-काल (आधुनिकता) की स्थिरता के लिए परम्परा का आधार-ग्रहण अनिवार्य होता है; और तब यह और जरूरी हो जाता है जब परम्परा के क्रोड में ही वह काव्य धारा विकसित हो चुकी हो; शायद इसे ही ध्यान में रखकर रीतिकालीन कवियों ने भक्ति की काव्य-परम्परा को नकारा नहीं, वे उसके सातत्य में ही कवित्त्व प्रदर्शन करते हैं। भले ही वह 'राधिका कन्हाई सुमिरन को बहानो' हो (भिखारीदास)। यह घोषणा ठीक वैसी ही है जैसे—'भक्ति विवेक एक नहिं मोरे सत्य कहहुँ लिखि कागद कोरे' (तुलसीदास)।

वस्तुतः संस्कृत साहित्य का जो रूप हमें मिलता है, वही रूप अनादिकाल से चली आ रही काव्य की इस तीसरी परम्परा का, रीतिकाव्य-धारा में भी दिखाई देता है। अतः कहा जा सकता है कि पहली शताब्दी से प्रारम्भ यह धारा संस्कृत, अपभ्रंश से होती हुई हिन्दी की विभिन्न बोलियों—भाषाओं की सीमा पार करती हुई पूर्व मध्यकाल (भक्तिकाल) में ही रीतिकालीन काव्य के रूप में पुनः उभार पायी। यह धारा मूलरूप से रसधारा है, ऐसी रसधारा जो शास्त्रीय खाँचे में फिट होकर अलंकार, पिंगल और कोश की भूमि पर प्रवाहित हुई।

भक्तिकाल के पूर्वार्द्ध में ही (सन् 1485) कृपाराम ने नाट्य शास्त्र (भरतमुनि) के आधार पर 'हित तरंगिणी' रची जो पूर्णतः रीति-विषयक ग्रन्थ है। सन् 1550 में सूरदास की 'साहित्य लहरी' सामने आयी, जिसमें स्वकीया-परकीया के अन्तर्गत मुग्धा के दो भेद—ज्ञात और अज्ञात, यौवना नायिकाओं के उदाहरण, पुहकर (पुष्कर) के 'रसरतन' (सन् 1556), लक्ष्मीचन्द्र और मोहनलाल के 'श्रृंगार सागर' (सन् 1559), नन्ददास की 'रस मंजरी' (सन् 1563), अब्दुल रहीम खानखाना का 'बरवै नायिका भेद', 'नगर शोभा वर्णन' तथा 'अष्टयाम' (सन् 1592), कवि वृंद की 'भाव पंचासिका' (सन् 1593), और निधान कवि का 'जसवंत विलास' तथा नरेश कवि का नायिका भेद आदि रीतिपरक ग्रन्थों की रचनाएँ हो चुकी थीं।

6

भक्ति का रूपान्तरण रीतिः इस स्थिति को देखकर कतिपय समीक्षक रीतिकाल के विकास को भक्तिकाल की स्वाभाविक प्रक्रिया या उसके सातत्य में विकसित प्रक्रिया स्वीकार करते हैं, जहाँ जन-जीवन से अलग-थलग पड़ा 'प्रेम' भाव रीतिकाल में जीवन का अविभाज्य अंग बनता है।

यह 'प्रेम' भक्तिकाल के महान कवि 'रसखान' में अपनी उच्च और स्वच्छंद भाव भूमि का संकेतक है। "प्रेम के ऐसे सुन्दर उद्‌गार इनके सवैयों से निकले कि जनसाधारण प्रेम या शृंगार सम्बन्धी भक्ति सवैयों को ही 'रसखान' कहने लगे"। (रामचन्द्र शुक्ल—हिन्दी साहित्य का इतिहास, पृ. 105)।

रसखान (1513-1619 ई.) एक ऐसे कवि हैं जो दिल्ली के गदर में हुए भयंकर नरसंहार और विध्वंस के तांडव को देखकर विरक्त हो मथुरा पहुँचते हैं और बिट्ठलनाथ से दीक्षित होकर वल्लभ सम्प्रदाय में सम्मिलित हो जाते हैं। रसखान एक सहृदय और विदग्ध कवि थे। इनका प्रसिद्ध ग्रन्थ है—प्रेमवाटिका, दानलीला और अष्टयाम।

वे प्रेमपन्थ को—'कमल तंतु से छीन, कठिन खड्ग की धार' मानते हैं, जिस पर चलना आसान नहीं; यह तभी सम्भव होता है जब 'निजता' विलीन हो जाय और दो शरीर एक हो जाएँ।

वस्तुतः रसखान का काव्य वियोग-व्यथा की मजूरी है, यह पंथ विधि-निषेध से परे है, उनकी काव्य-यात्रा में न कहीं पड़ाव है, न विश्राम लेने को मन करता है क्योंकि प्रेम की विह्वलता एक क्षण के लिए भी कम नहीं होती।

'सुजान रसखान' में कृष्ण की रूप माधुरी, बंशी-लीला एवं कृष्ण-लीला सम्बन्धी सरस पद हैं। 'प्रेमवाटिका' में राधाकृष्ण को मालिन-माली के रूप में उपस्थित कर प्रेम के गूढ़ तत्त्वों का सूक्ष्म निरूपण किया गया है। 'दान लीला' (11 छंद) में प्रसिद्ध पौराणिक प्रसंग को राधा-कृष्ण के संवाद के रूप में चित्रित किया गया है। जागरण से लेकर रात्रि-शयन तक कृष्ण की दिनचर्या एवं विभिन्न क्रीड़ाओं का वर्णन-'अष्टयाम' में है।

रसखान का प्रेम वर्णन अत्यन्त विशद, धर्म-सम्प्रदाय की सीमाओं से परे है। वे सच्चे अर्थों में भारतीय संस्कृति के प्रतिनिधि हैं, तभी वे प्रेम और भक्ति में समन्वयवादी भाव भर सके। उनके प्रेम-निरूपण में विभिन्न लाक्षणिक प्रयोगों के कारण जो चुटीलापन आ गया है, उससे इसकी अर्थवत्ता और बढ़ी। शायद इसे ही लक्ष्यकर भारतेंदु ने इनके सम्बन्ध में बड़ी गम्भीर टिप्पणी की है 'इन मुसलमान हरिजनन पर कोटिन हिन्दू वारिए।'

उनकी भक्ति हृदय की मुक्त-साधना है और उनका शृंगार-वर्णन भावुक हृदय की उन्मुक्त अभिव्यक्ति है। इनके काव्य में उनके स्वच्छन्द मन के सहज उद्‌गार हैं।

इसलिए उन्हें स्वच्छंद काव्य धारा का प्रवर्त्तक कहा जाता है। घनानन्द, आलम, बोधा की 'प्रेम पीर' तथा अभिव्यक्ति की सहजता-सरसता यहाँ अनुभव की जा सकती है।

भावगत माधुर्य, रसमयी पद-संघटना और सानुप्रासिकता रसखान का ऐसा वैशिष्ट्य है जो उन्हें कालजयी कवि बनाता है।

भक्तिकाल में लिखे गये रीति-निरूपक-ग्रन्थकारों में कृपाराम, नन्ददास, रहीम, पुहकार, सूरदास आदि उल्लेखनीय हैं, किन्तु रीतिकाल के रीतिनिरूपण ग्रन्थों को सीधे तौर पर केशवदास के पश्चात रहीम ही सर्वाधिक प्रभावित करते हैं। ठीक उसी तरह जिस तरह रसखान ने रीतिकाल की स्वच्छन्दतावादी धारा की पृष्ठभूमि तैयार की।

रहीम की रचनाएँ धर्म-सम्प्रदाय निरपेक्ष हैं। वे न तो सूफी थे और न ही रसखान की भाँति वैष्णव सम्प्रदाय में दीक्षित थे। मुसलमान होते हुए भी हिन्दू देवी-देवताओं का श्रद्धापूर्वक स्मरण तथा पौराणिक गाथाओं का गान इस देश की गौरवपूर्ण संस्कृति के प्रति उनके गहरे लगाव और आस्था का परिचायक है। देवी-देवताओं एवं महान पुरुषों आदि के अनेक सन्दर्भों को वे अनुभूत जीवन से जोड़कर नये भारतीय मूल्यों की सृष्टि करते हैं। इन मूल्यों के प्रति आकर्षण का कारण उनका अपना छद्म भरा वह समाज था जहाँ ये मूल्य 'बेदाम' थे। आचार्य शुक्ल भी रहीम के व्यक्तित्व एवं कृतित्व से अभिभूत थे—''रहीम का हृदय द्रवीभूत होने के लिए कल्पना की उड़ान की अपेक्षा नहीं रखता था। वह संसार के सच्चे और प्रत्यक्ष व्यवहारों में ही द्रवीभूत होने के लिए पर्याप्त स्वरूप पा जाता है।'' (हिन्दी साहित्य का इतिहास, पृ. 120)। वे जीवन की सच्ची परिस्थितियों, मार्मिकता को ग्रहण करने में समर्थ और सिद्धहस्त थे।

ऐसा अनेखा व्यक्तित्व, एक बहादुर पिता का पुत्र, अकबर दरबार का नवरत्न, अनेक युद्धों का विजेता तो होगा ही। किन्तु यहीं उसके वैशिष्ट्य का दूसरा पक्ष भी सामने आता है। दरबार से गहरे जुड़े रहकर भी दरबारी नहीं बन पाए। अकबर, शाहजहाँ, जहाँगीर की प्रशंसा में इन्होंने एक भी छंद नहीं लिखे। उनकी रचनाओं में साधारण जीवन के प्रभावशाली चित्र तो हैं पर राजकीय वैभव-विलास का चित्रण नदारत है। हाँ! 'नगर शोभा' में व्यवसाय-जगत से जुड़ी निम्नवर्गीय स्त्रियों का मनोहारी चित्रण है; सम्भवतः इस रचना पर अकबर के 'मीना बाजार' का प्रभाव है। बहत्तर वर्ष की लम्बी जिन्दगी में रहीम (1556-1625 ई.) को नियति के कसाघातों को भी सहना पड़ा; विद्वेष, युद्ध और अपने क्रियाकलापों के चलते क्रमशः उनके बेटे उन्हीं के सामने मृत्यु का आलिंगन करते रहे, और असहाय पिता कुछ न कर पाया। गरलपायी रहीम आघातों-प्रत्याघातों के इस दौर में भी अडिग और शान्त रहे। सत्ता छिनी, घन-दौलत, मान-सम्मान गया, उन्हें सबने छोड़ा, किन्तु हिन्दी कवियों और हिन्दी कविताई ने उन्हें नहीं छोड़ा। फलस्वरूप उन्हें यहीं दीनों की हीन, विवश स्थिति का यथार्थ बोध होता है—'दीन सबको लखत है, दीनै लखै न कोय।' यहाँ वे रविदास के समानांतर खड़े दिखायी देते हैं। 'निरधन के घर सरधन जाई, निरधन

उठि सिरहाने बैठाई;' और जब निर्धन धनी यहाँ जाता है तो वह आँखें फेर लेता है।

वृद्धावस्था में दान प्रिय, अपराजेय रहीम की 'दुख ही जीवन की कथा रही'। मित्रों ने भी साथ छोड़ा—'विपति कसौटी जे कसै, तेही साँचे मीत'।

रहीम, गंग यहाँ तक कि तुलसीदास की उक्तियों से पता चलता है कि भूखा रहना और अत्यन्त सुखी रहना, दोनों उस युग की समानांतर स्थितियाँ थीं, जो आज भी हैं। यह एक सामाजिक अन्तर्विरोध था, जो रीतिकालीन कविता में प्रतिक्रियात्मक शक्ति के रूप में उपस्थित है।

रहीम की प्रसिद्ध रचनाएँ हैं—दोहावली, नगर शोभा, बरवै नायिका भेद, खेट कौतुक जातकम एवं मदनाष्टक। भानुदत्त की 'रस मंजरी' को आधार बनाकर लिखा गया 'बरवै नायिका भेद' काव्य शास्त्र में विभिन्न प्रकार की नायिकाओं का कोश ग्रन्थ है। रहीम ने नायिकाओं के लक्षण तो नहीं दिये किन्तु उदाहरण पाठक को भाव-विभोर कर देता है। छंद, रस और सौन्दर्य की दृष्टि से रीतिकाव्य परम्परा में यह ग्रन्थ अद्वितीय स्थान का अधिकारी है। और, अवधी भाषा में रीतिनिरूपण सम्बन्धी ग्रन्थों में सम्भवतः यह पहला ग्रन्थ है, जो अतुलनीय है। 'नगर शोभा' में नायिकाओं का जाति-भेद से वर्णन है और विद्वानों का अनुमान है कि देव ने अपने 'जातिविलास' के रचना की प्रेरणा इसी ग्रन्थ से प्राप्त की। 'मदनाष्टक' में कृष्ण लीला सम्बन्धी आठ सुन्दर पद्यों में गोपियों की प्रेम विह्वलता, मुरली-लीला तथा गोपी विरह का शृंगार रसात्मक वर्णन है। फारसी मिश्रित संस्कृत भाषा में लिखा गया 'खेट कौतुक जातकम' ज्योतिष ग्रन्थ है।

केशवदास के पश्चात् रीतिकाल को सबसे अधिक प्रभावित करने वाले रहीम के 'बरवै नायिका भेद' और 'नगर शोभा' का प्रभाव सीधे रीतिकालीन देव, बिहारी आदि कवियों पर देखा जा सकता है। उनका प्रेम बैठे-ठाले का प्रेम नहीं, वह गार्हस्थिक प्रेम है, और है—"ज्यों चौरासी लख में मानुष देह।/त्यों ही दुर्लभ जग में सहज सनेह।"

रहीम बहु-भाषी भी थे और बहुज्ञ भी। शब्दों का उनका व्यापक प्रयोग, एक व्यापक कला-माध्यम और भाषा-माध्यम की सम्भावना उत्पन्न करता है। भक्ति और नीति जैसे शुष्क विषयों को भी इन्होंने कांता-सम्मित उपदेश का सरस रूप दे दिया है।

वे जनता की जबान के कवि हैं, रहीम संकट में उपस्थित होने वाले जनता के कवि है; वे सत्ता और जनता के बीच मध्यस्थ थे। वे एक संस्थान थे जहाँ से हिन्दी कविता और कवि निरन्तर सम्मानित-प्रोत्साहित होते थे, गाढ़े-समय में वे उनका साथ देते थे, तभी तो बीसियों कवियों ने उनकी प्रशंसा के गीत गाये।

7

रीतिकाल—आदि प्रवर्त्तक: किसी धारा की अखण्ड परम्परा का चल निकलना और किसी धारा का प्रवर्तन दोनों दो बातें हैं। केशवदास के पूर्व के रीति-ग्रन्थकारों में

कृपाराम का नाम लिया जाता है, किन्तु उनका क्षेत्र संकुचित है और व्यक्तित्त्व भी अत्यन्त साधारण। चिन्तामणि को भी यह गौरव देना, केशवदास के साथ अन्याय है। हिन्दी के परवर्त्ती कवियों-देव, भिखारीदास आदि सभी धुरन्धर कवियों, रीति निरूपकों ने केशवदास को ही आचार्य के रूप में श्रद्धांजलि दी है। चिन्तामणि का नाम तो किसी ने लिया ही नहीं।

एक बात और। बकौल डॉ. इन्द्रनाथ चौधरी एवं डॉ. भगीरथ मिश्र चिन्तामणि का सर्वाधिक महत्त्वपूर्ण ग्रन्थ—'शृंगार मंजरी' इसी नाम से संस्कृत और तेलगू लिपि में लिखित एक प्राचीन गद्य-ग्रन्थ का अंशतः पद्यमय अनुवाद मात्र है। और 'कविकुल कल्पतरु' 'मम्मट के काव्य प्रकाश', भानुदत्त की 'रस मंजरी', विश्वनाथ के 'साहित्य दर्पण' धनंजय के 'दशरूपक' आदि पर समाश्रित है। अस्तु चिन्तामणि की मौलिकता एवं उन्हें रीतिकाल का प्रवर्त्तक माने जाने पर प्रश्नचिह्न खड़ा हो जाता है।

वस्तुतः हिन्दी के इस व्यापक काव्य युग के प्रवर्त्तन का श्रेय न तो केशवदास के किसी पूर्ववर्त्ती को दिया जा सकता है; और न ही किसी परवर्त्ती को। वे ही एक मात्र प्रथम आचार्य और रीतिकाल के प्रवर्त्तक हैं। उन्होंने विभिन्न काव्यांगों का विस्तृत निरूपण-विवेचन कर हिन्दी काव्यशास्त्र और रीतिकाल की पुख्ता नींव रखी।

8

प्रासंगिकता के आधार : रीतिकालीन साहित्य की प्रासंगिकता का रेखांकन काव्यशास्त्र और रीतिकाव्य के निम्नलिखित प्रदेयों के आधार पर किया जाना चाहिए।

1. परम्परा का अवतरण : हिन्दी के रीति-आचार्यों ने भारतीय काव्यशास्त्र की परम्परा को हिन्दी में सरस रूप में पुनर्व्याख्यायित किया। इससे हिन्दी काव्यशास्त्र चिन्तन को प्रौढ़ता मिली। यह चिन्तन संस्कृत आलोचना से हिन्दी आलोचना का अंतः सूत्र भी जोड़ता। मराठी में भी यह अंतः सूत्र विद्यमान है, जबकि अन्य भारतीय भाषाओं में यह सूत्र टूटा है। रीति कवियों ने अपने इस कार्य से वर्तमान आलोचना को समृद्ध किया।

2. रसवाद की प्रतिष्ठा : संस्कृत काव्यशास्त्र तथा परवर्त्ती भारतीय काव्यशास्त्र में रस के स्थान पर ध्वनि को महत्ता मिली। 'रस' महत्ता तो स्वीकृत हुई, किन्तु उसे ध्वनि का ही एक अंग—'असंलक्ष्य क्रम व्यंग्य ध्वनि' मानकर विवेचन किया जाता रहा। पहली बार इन आचार्यों ने रस को ध्वनि के प्रभाव से मुक्तकर रसवाद की प्रतिष्ठा की। दो शताब्दियों तक रसराज 'शृंगार' की ऐसी अविच्छिन्न धारा प्रवाहित हुई कि 'शृंगारवाद' एक स्वतन्त्र सिद्धान्त के रूप में मान्य हुआ। "मधुरा भाव से सम्प्रेरित शृंगार भाव में जीवन के समस्त कटु भावों को निमग्न कर इन आचार्यों ने भारतीय काव्यशास्त्र के प्राणतत्त्व आनन्द की पुनः प्रतिष्ठा का अभूतपूर्व प्रयास किया।" ध्वनि की उपेक्षा और नायिका भेद के प्रति उत्कट आग्रह, आचार्यों की

इसी प्रवृत्ति का द्योतक है। देव ने अत्यन्त प्रबल शब्दों में रस कुटिल, अधम व्यंजना पर आश्रित ध्वनि का तिरस्कार कर रसवाद का पोषण किया। रामसिंह ने रस आधृत काव्य को उत्तम, मध्यम और अधम वर्गों में विभक्त करते हुए रस सिद्धान्त के सार्वभौम प्रभुत्त्व का प्रतिपादन किया। 'संयोग', 'शास्त्र का अपरिपक्व ज्ञान', 'युग की दूषित प्रवृत्ति', 'अमौलिकता तथा अनुकरण की प्रवृत्ति' आदि कहकर इन स्थापनाओं की उपेक्षा नहीं की जा सकती। वस्तुतः इन स्थापनाओं के पीछे गहरी आस्था का बल था।

3. एकीकरण : रीतिकालीन आचार्यों ने पूर्ववर्ती-साहित्य में प्रवहमान संस्कृत काव्यशास्त्र के सातत्य में और इसी के आदर्श पर काव्यांगों का निरूपण कर हिन्दी की एक ठोस काव्य-शास्त्रीय परम्परा की नींव रखी, जहाँ हिन्दी और संस्कृत के काव्यशास्त्रीय सिद्धान्तों के एकीकरण का प्रयास दिखाई देता है।

4. आचार्य और कवि का समन्वय : रीतिकालीन आचार्यों ने पहले काव्यांगों के लक्षण दिये, फिर उसके उदाहरण। उनके उदाहरण स्व-निर्मित हैं। अर्थात् पहली पंक्ति में आचार्य हैं, और दूसरी पंक्ति में कवि। आचार्य और कवि के एकीकरण की यह प्रक्रिया नयी नहीं है। संस्कृत में दण्डी, उद्भट, विद्याधर, पंडितराज जगन्नाथ आदि ने अपने सिद्धान्त प्रतिपादन के क्रम में स्वनिर्मित उदाहरणों को शामिल किया था। हिन्दी के केशवदास, चिन्तामणि, देव, कुलपति, भिखारीदास, तोस, पद्माकर मतिराम आदि काव्यांग-निरूपकों ने इसी पद्धति का अनुगमन किया। हाँ, यह तथ्य अवश्य उभरता है कि रीतिशास्त्र निरूपक ये आचार्य पहले 'कवि' हैं, फिर आचार्य। आचार्य और कवि का यह समन्वय रीतिकाल की महत्त्वपूर्ण उपलब्धि है; साथ ही यह एक नये पथ का संधान है, वह पथ जिसे थोड़ा बहुत परिष्कृत कर आधुनिक हिन्दी समीक्षकों ने भी अपनाया।

5. कवि शिक्षा : सिद्धान्त निरूपण का लक्ष्य था—सामान्य पाठकों को काव्यशास्त्र का ज्ञान कराना। अपने प्रतिपाद्य के साथ न्याय करते हुए इसमें संस्कृत काव्यशास्त्र में प्रचलित उन्हीं शैलियों तथा ग्रन्थों का अनुकरण, पुनर्प्रस्तुति है जो अत्यन्त लोकप्रिय, सुबोध, सुकण्ठ और सरस होने के कारण एक प्रकार से पाठ्य ग्रन्थ बन चुकी थीं। हिन्दी के आचार्यों ने उसमें और रस घोलकर अविस्मरणीय शैली में प्रस्तुत किया।

6. अस्तित्त्व का संघर्ष : विचारणीय पहलू यह है कि यदि भक्तिकाव्य जनता के मनोवृत्ति का सूचक था तो उसके विपरीत रीतिकाव्य का प्रादुर्भाव क्यों, कैसे हो गया? और इन कवियों में कुछेक को राजाश्रय की चाह क्यों हुई? क्या वह सब बदलती युग-चेतना और जनता की चित्तवृत्ति का सूचक तो नहीं?

6.1 इस काव्यधारा के विकास के साथ ही निर्गुण सन्तों में सर्वाधिक पढ़े-लिखे सन्त सुन्दरदास ने रीति शैली को अपनाया। इसी शैली में उन्होंने कविता का लक्षण दिया—"नख शिख शुद्ध कवित्त पढ़त अति नीको लग्गै। अंग हीन जो पढ़ै सुनत कविजन

उठि भग्गै।'' यह चिन्ता रीतिकाव्य के प्रभाव का परिणाम है। रीतिकवियों के आधार पर उन्होंने चित्रकाव्य भी लिखे। किन्तु श्रृंगारिक होने के कारण केशवदास के 'रसिक प्रिया' की जी भर निन्दा की। वस्तुतः यह प्रवृत्ति परस्पर प्रतिद्वंद्विता की संकेतक है।

सुन्दरदास ने विरोध की जो चिनगारी फेंकी थी वह आगे चलकर भयानक रूप ग्रहण करती है। आधुनिक काल में आचार्य महावीरप्रसाद द्विवेदी से लेकर छायावादी, प्रगतिवादी आदि सभी समीक्षकों ने इस धारा पर विभिन्न आरोप लगाते हुए 200 वर्षों के साहित्य को खारिज करने का प्रयास किया।

6.2 यह सच, आंशिक है कि रीतिकवियों में राजाश्रय प्राप्ति की चाह थी, जिसे मिला उसकी वाह-वाही, जिसे नहीं मिला वह उपेक्षित ही रह गया। रीतिकवियों के अपने कथन जहाँ उनकी विवशता को प्रकाशित करते हैं, वहीं 'युगीन चेतना' को भी रूपायित करते हैं। देव ने 'सुकवि' को कविता का सौदागर कहा है। पद्माकर डंके की चोट पर कहते हैं—'आखर लगाय लेत लाखन की सामा है।' राजाश्रय प्राप्त न कर पाने वाले कवि का दुख और नैराश्य भी देखें—''नर को बखान करै तऊ न अरथ सरै ऐसी कविताई को बहाय दीजै पानी में।'' इस कवि की निराशा, पीड़ा का बोध हमें तब और व्यथित करता है जब हमारी दृष्टि बीसवीं शती के सातवें दशक के बहुचर्चित कवि धूमिल के 'कविता' सम्बन्धी कथन पर जाती है—''जब इससे न चोली बन सकती है/न चोंगा;/तब आपै कहौ—''इस ससुरी कविता को/जंगल से जनता तक। ढोने से क्या होगा? (संसद से सड़क तक, पृ. 62)।

6.3 लगभग डेढ़-सौ वर्षों के अन्तराल के बावजूद भी बोध-चिन्तन और उपभोक्तावादी दृष्टि के धरातल पर वह समानता स्वयंमेव रीतिकाव्य के जीवन-दृष्टि की महानता, अवदान को उजागर कर देती है। यहाँ प्रश्न उठता है कि क्या मार्क्सवादी लेखक धूमिल भी कविता के सौदागर थे? यदि अमिधा के स्थान पर लक्षणा और व्यंजना का सहारा लेना है तो दोनों के सन्दर्भ में समान दृष्टि अपेक्षित है।

6.4 राजसभा का कवि होने तथा होने की चाहत की परम्परा बहुत पुरानी है। संस्कृत के श्रेष्ठ-साहित्य की निर्मिति राजाश्रय में हुई। कालिदास, बाण, राजशेखर, अश्वघोष, भर्तृहरि, वामन, आनन्द वर्धन, राजशेखर, केशव मिश्र, पंडित राज जगन्नाथ आदि कवि और उनका कवित्त्व इसका साक्षी है।

6.5 यह तो माना जाता है कि राजसभा का गौरव अलग ही था। 'ठाकुर सो कवि भावत मोहिं जो राजसभा में बड़प्पन पावै', यह गौरव लाभ कवियों को ही नहीं राजसभा को भी होता था—''भूप से लसत कवि, कवि से लसत भूप; भूप और कवि से लसत सभा की गरु आनो है।''

6.6 किन्तु इस काल की कविता को प्रोत्साहन देने वाला है कौन? शाहंशाह तो दिखाई नहीं देता। छोटे-मोटे राजा हैं जो अपने को खुदसर बनाने में लगे हैं। ये राजा भी कहने के लिए आश्रयदाता है। इनके यहाँ रहने वाले कवि उनके दरबार की

सम्पत्ति हैं, प्रतिष्ठा हैं। कवि ही नहीं वे कलावंत भी हैं। छोटे से राजा संसारचन्द ने कांगड़ा की कलम को प्रोत्साहित किया। कवि और चित्रकार गढ़वाल के भोलाराय ने छोटी-सी रियासत में कवियों को सम्मान दिया। इसी प्रकार पन्ना, अजयगढ़, दतिया, चरखारी, ओरछा, छतरपुर, रींवा के नाम कवियों के कारण उजागर हुए। हाँ! बदले में कवि भी सम्मानित हुए। अनेक ऐसे भी कवि थे जिन्हें सम्मान की अपेक्षा नहीं थी। घनानन्द, रसखान आदि और कुछ ऐसे भी कवि थे जो स्वयं बड़े जमींदार या ठिकानेदार थे। पृथ्वी सिंह, रसनिधि, जसवन्त सिंह, छत्रशाल आदि कई नाम गिनाए जा सकते हैं।

6.7 इस काव्य के कवियों के सामने एक संकट एक और था—उर्दू-फारसी के काव्य की होड़ में बने रहने के लिए, क्षण-भर के लिए मन को चमत्कार, आह्लाद, वैदुष्य तथा रस से सराबोर कर देने के लिए काव्यवस्तु में बदलाव की आवश्यकता।

विलासिता में लिप्त सामन्तों/शासक वर्गों को भक्तिकाव्य में न रुचि थी, न ही हित सधता था। चाटुकारिता भरी उक्तियाँ, शृंगार-परक रचनाएँ ही उनके मनोभाव को तुष्ट करने का माध्यम हो सकती थीं। पहले से तो हिन्दी कवियों ने किनारा कसा, लेकिन दूसरे का सहारा लिया।

6.8 तब न छापाखाने थे, न कविता सुनाने के मंच। राज दरबार ही वह मंच था, जहाँ कविता का प्रचार-प्रसार होता था, कवियों को अर्थ और यश की प्राप्ति होती थी। उनकी रचनाओं की प्रतियाँ भी तैयार होती थी। राजाश्रय-विहीन रचनाकारों को इन्हीं बातों का दुख था। उनकी कविताएँ लुप्त हुईं, उनके नाम भी लुप्त हुए। काव्य-सुरक्षा के भाव ने उन्हें राजाश्रय की ओर मोड़ा। यद्यपि यह आवश्यक नहीं था राजसभा में उन्हें सम्मान ही मिले, उन्हें अपमान से भी रूबरू होना पड़ता था, जीवन से हाथ धोना पड़ता था।

6.9 अतः यह कहना कि इस युग के कवि दरबारी थे, चारण थे, सौदागर थे, आदि सरलीकरण की प्रक्रिया से गुजरना है। दरबार में रहते हुए भी वे संघर्षरत थे, दरबार से बाहर रहकर भी वे संघर्षरत थे—अपने अस्तित्त्व के लिए, हिन्दी कविता और हिन्दी भाषा की प्रतिष्ठा के लिए, मनुष्य-मात्र के लिए। इसका प्रमाण उनकी कविताएँ हैं, जिसमें दुनियादारी है, गरीबी-अमीरी की दास्तान, स्त्री की पीड़ा है। दुनियादारी में भरपूर रस लेते हुए भी वे लोकोत्तर प्यार और लोकोत्तर सौन्दर्य से आविष्ट कवि थे। गाँव से जुड़े इन कवियों द्वारा वर्णित परिवेश खुले आकाश का है।

7. कला की प्रतिष्ठा : रीतिकाल के कवि प्रायः वे व्यक्ति थे जिनको साहित्यिक अभिरुचि प्रायः पैतृक परम्परा के रूप में मिली थी। काव्य का परिशीलन और सृजन इनका शगल नहीं था, स्थायी कर्त्तव्य और कर्म था। ये लोग प्रायः निम्नवर्ग के सामाजिक होते थे। अतएव इनका सम्पूर्ण गौरव इनकी काव्य-कला पर ही निर्भर रहता था; इसी कारण कविता इनके लिए एक ललित कला थी जिसके बल पर ये

अपनी प्रतिभा प्रदर्शन करते हुए गोष्ठी के शृंगार बन पाते थे। हिन्दी साहित्य के इतिहास में यही युग ऐसा था जब कला को शुद्ध कला के रूप में ग्रहण किया गया। शुद्ध रूप से इसमें काव्यत्त्व का अपना स्वतन्त्र महत्त्व था। उसकी साधना उसी के निमित्त की जाती थी। वह अपना साध्य आप थी।

8. सम्प्रदाय का विरोध : रीतिकाल सम्प्रदाय-विरोध का काल है। भक्तिकाल में जिन सम्प्रदायों की प्रतिष्ठा हुई, विशेषकर—धार्मिक, रीतिकाल में ये सम्प्रदाय टूटे, मठ टूटे, धार्मिक आस्थान टूटे। राम कृष्ण के साथ गणेश शिव की भी स्थापना हुई, और 'शक्ति' के विविध रूपों में भी वैसी ही श्रद्धा दिखाई गयी।

9. अनुभूति की गहनता : प्रायः यह कहकर रीतिकाल को खारिज कर दिया जाता है कि न यहाँ अनुभूति की सच्चाई है और न गहराई। किन्तु स्वच्छन्दतावादी कवियों को छोड़ भी दें तो भी रीतिबद्ध और रीतिमुक्त रचनाओं में सच्ची और गहरी अनुभूति कविता का हिस्सा बनती दिखायी देती है—''अवलोकनि में पलकैं न लगैं, पलकौं अवलोकि बिना ललकैं।/पति के परिपूरन प्रेम पगी, मन औ सुभाव लगै न लकैं।'' (चिन्तामणि)। यहाँ प्रेममयी नायिका की अनुभूति कवि अनुभूति बनकर नायिका की विवशताओं और मजबूरियों को उजागर कर जाती है। ऐसी ही मजबूरी में जानकी भी अपनी सुध-बुध खो बैठती हैं—''राम को रूप निहारति जानकी, कंगन के नग की परछायीं।/याते सबै सुधि भूलि गईं, कर टेकि रहीं पल टारति नाहीं।।'' (तुलसीदास)। यह समान स्थितियाँ और उन स्थितियों का वर्णन रीतिकाव्य में अनुभूति की संश्लिष्ट अभिव्यक्ति सामर्थ्य को उजागर कर जाता है।

10. लोक नायक की प्रतिष्ठा : साहित्येतिहास में वह साहित्य या साहित्यकार कालजयी होता है, जो युग-बोध और चेतना को समग्रता में आत्मसात कर जनता की मनोवृत्ति के अनुरूप साहित्य का सृजन करता है; वस्तुतः यह साहित्य सर्जित नहीं अपितु स्वतः प्रस्फुटित होता है।

पूर्व मध्यकाल की भक्ति धाराओं की ओर जनता की उन्मुखता जग-जाहिर है; कुछ निर्गुण बने, कुछ ने सगुण की शरण ली, कोई कृष्ण में अपना स्वरूप-तुष्टि-हित खोजता है तो कोई राम में। किन्तु गहरे पैठकर इस 'उन्मुखता' (लोकप्रियता) के आधार की जाँच पड़ताल करें, तो, जो महत्त्वपूर्ण तथ्य उभरता है, वह है—लोकनायकत्त्व की प्रतिष्ठा। भारत लोकनायकों का देश रहा है। लोकनायक को वह देवत्त्व के रूप में प्रतिष्ठित करता रहा है। और! यहाँ का जन उसी देवता में अपने लिए आदर्श की खोज करता है, उन्हीं के कृत्यों में अपनी समस्याओं का समाधान पाता रहा है। और लोकनायक वही हो सकता है जो अद्वितीय व्यक्तित्त्व का धनी हो, मानवता की रक्षा और उसकी प्रतिष्ठा में अपना सर्वस्व निछावर कर दे। और, ऊँच-नीच, छोटे-बड़े, धनी-गरीब, जातिगत भेदभाव की भावनाओं से ऊपर हो, जो समदर्शी हो, जो धर्मगत सम्प्रदायगत भावनाओं का आदर करे।

मध्यकाल, विशेषकर उत्तर मध्यकाल संकट-संत्रास-बेबसी का काल था। मानवता अभिशप्त हो उठी थी, उसमें त्राहि-त्राहि मची थी; शोषण-अत्याचार सहना उसकी नियति था। स्वयं औरंगजेब एवं उनके मुसाहिब, सेना आदि; कंस, रावण, दुर्योधन की भूमिका में उपस्थित थे। न तो किसी का जीवन सुरक्षित था, न किसी की आस्था, धर्म और आत्म गौरव। नारी की अस्मिता पर लुटेरों की गिद्ध दृष्टि लगी थी। हमें जीवन-घुट्टी के रूप में पिलाया गया है—"जब-जब होहि धरम की हानी बाढ़ैं असुर महा अभिमानी..." तब-तब लोकनायक का अवतार होता है। मन्दिरों में स्थापित देवताओं की मूर्तियों पर ही नहीं हमारी अपनी आस्थाओं पर घन की चोट पड़ रही थी। ऐसे समय इन अत्याचारियों के प्रवाह को कोई वीर, साहसी, मानवता की सेवा में समर्पित व्यक्तित्त्व ही मोड़ सकता था।

रीतिकाल के लगभग सभी कवि और आश्रयदाता जनता की पीड़ा-वेदना से मुँह मोड़े रहे। वे लोकनायक की खोज में भटके भी नहीं। भटके तो केवल भूषण। वे भी औरंगजेब से उपकृत हो सकते थे; किन्तु शायद वे किसी और माटी के बने थे। उन्हें तो खोज थी राष्ट्रीय स्वाभिमान के रक्षा की, मानवता के निर्मूल्य सेवक की, शोषित-पीड़ित जनता के सहायक की—उद्धारक की, स्त्री का सम्मान करने वाले की, हर धर्मों-मतों का समादर करने वाले की और थी खोज-जातीय चेतना के उन्नायक की। निश्चय ही ऐसा व्यक्तित्त्व महान आदर्शों का पुंज होगा, वह वीर होगा, साहस और धैर्य उसके दाएँ-बाएँ हाँथ होंगे, आगे बढ़े पैर हिमालय की भाँति अडिग होंगे। उनका खोजी चित्त शिवाजी को पाकर स्थिर हुआ। और भूषण का भटकाव समाप्त हुआ। निश्चय ही शिवाजी में इन्होंने लोकनायक के गुणों को देखा होगा, इनकी प्रशस्ति-गान में भूषण को अपनी वाणी की सार्थकता दिखाई दी होगी।

भूषण का यह भटकाव और उनकी खोजी मनोवृत्ति हिन्दी साहित्य के इतिहास में उन्हें 'अनपैरलल' व्यक्तित्त्व सिद्ध करती है। इतना ही नहीं; रीतिकाल की प्रमुख और प्रभुत्त्व—प्राप्त धाराओं के विरुद्ध वे एकाकी संघर्षरत दिखाई देते हैं, कुछ दूर तक सहायता करते हैं—लाल कवि।

शिवाजी के यहाँ किसी जाति-धर्म-सम्प्रदाय के प्रति न तो भेदभाव था न ही घृणा और वैमनस्य का वातावरण। केवल हिन्दुओं पर हो रहा अत्याचार ही उनके विद्रोह-विरोध का कारक नहीं था; अपितु वे तो हर-धर्म, जाति, सम्प्रदाय के उस कर्म के विरोधी थे जिसके द्वारा दूसरे धर्म, जाति, सम्प्रदाय के समूल नाश का प्रयास किया जा रहा था। वस्तुतः वे शुद्ध राष्ट्रीय-भावना से सम्पृक्त 'व्यक्ति' थे। वे राष्ट्रीय चेतना के जनक हैं, ऐसी चेतना जो यहीं से पुनर्जागरण की पृष्ठभूमि तैयार करती है।

भूषण ने शृंगार, नायक-नायिका भेद या भक्ति का मुख वीर रस की ओर मोड़ा। वस्तुतः वे पहले कवि हैं जिन्होंने युग-चेतना से आप्लावित हो इतिहास की उस प्राणवान धारा को पहचाना जो औरंगजेब के विरुद्ध बह रही थी। उन्होंने इस धारा

को गतिशील बनाया। उनकी प्रशस्तियाँ जातीय जीवन की पक्षधर हैं जो अत्याचार के विरुद्ध सक्रिय थीं। उनकी वीर दर्पोक्तियाँ जनता की जबान बनी।

भूषण का काव्यादर्श भी अपने समकालीनों से भिन्न था। भूषण के वर्णन की प्रणाली पारम्परिक वीर-गाथाओं के मेल में नहीं आती; थोड़ा-बहुत चन्दवरदायी से मेल खातीं हैं, अस्तु इस प्रणाली के वे स्वयं जनक हैं जो युग की आवश्यकता थी। उन्होंने वीर रस के साथ रौद्र-वीभत्स और भयानक रसों का भी उपयोग किया। उनका वस्तुवर्णन; युद्ध और युद्ध की सामग्री तथा उसके प्रभाव; पर केन्द्रित है। इन वर्णनों में यथार्थ की अनुभूति इसलिए होती है कि वे स्वयं अपराजेय योद्धा थे, कई लड़ाइयों में भाग ले चुके थे।

11. वीर काव्य धारा : रीतिकाव्य-धारा में मुख्य धारा के विपरीत वीर काव्य-धारा की प्रतिष्ठा की--लाल कवि, भूषण, पद्‌माकर भट्‌ट, सूदन, खुमान, जोधराज तथा बाँकीदास ने। भूषण और बाँकीदास के अतिरिक्त अन्यों ने अच्छे प्रबन्धकाव्य लिखे। भूषण और बाँकीदास ने मुक्तक की सहायता से ओजपूर्ण काव्य लिखे। भूषण आचार्य कर्म में जितने असफल रहे, कवि कर्म में उतने ही सफल हुए।

रीति निरूपण में श्रृंगारिक उदाहरण देने की रीतिकवियों की प्रमुख प्रवृत्ति का भी भूषण ने तिरस्कार किया। केवल वीर रसात्मक राजप्रशस्तियों का ही उदाहरण देने वाले युग आचार्यों में भूषण का नाम सबसे पहले लिया जाएगा। शिवराज भूषण में इन्होंने 105 अलंकारों का निरूपण किया, जिसमें अर्थालंकारों की ही संख्या 99 थी।

भाषा के धरातल पर भूषण का योगदान नकारा नहीं जा सकता; जिस भाषा का गुण कोमलता तथा मधुरता हो, उसको उन्होंने सफलता के साथ ओजस्विता और पौरुषता प्रदान की। इनकी भाषा में भविष्य का भाषारूप लक्षित होता है। अवधी, बुँदेली तथा फारसी का मिश्रण तो हुआ ही, कहीं-कहीं पूरा का पूरा छंद ही खड़ी में है। इनकी वाणी के ओज से सहृदय पाठक भाव-विभोर होकर वीर रस जनित स्फूर्ति का अनुभव करता है–

इन्द्रजिमिजंभ पर, बाड़व सुअंभ पर। रावण संभ पर रघुकुल राज है।...
...तेज तम अंस पर कान्ह जिमि कंस पर। त्यों मलिच्छ बंश पर सेर सिवराज हैं।

12. राष्ट्रीय चेतना का विकास : आदिकाल की वीरगाथा प्रवृत्ति में जहाँ आश्रयदाता राजाओं के प्रति चाटुकारिता पूर्ण रचना की प्रवृत्ति थी, वहीं समाज, धर्म तथा राष्ट्र की भावना से उसका लगाव कम था। इसके विपरीत रीतिकालीन काव्य के रचनाकार पहले कवि थे, आश्रित बाद में। उन्होंने स्वराष्ट्र तथा धर्म की रक्षा में संलग्न वीर-धीर पुरुषों को उनके कर्त्तव्य की ओर प्रेरित करने के लिए वीरकाव्य लिखे। देश-भक्ति तथा हिन्दुत्व के सन्देश को सामान्य जन तक सम्प्रेषित किया। वस्तुतः पृथ्वीराज में जिस देश-भक्ति का स्वरूप दिखाई देता है उसी को पल्लवित

करते हैं—इस काल के कवि—भूषण, लाल, सूदन आदि। इनके काव्य तथा स्वयं इनका अंतर्मन सच्ची वीरता और देश-भक्ति तथा राष्ट्रीय चेतना से आप्लावित है।

13. भक्ति धारा का बदलता रूप : एक तरफ इस काल में निर्गुण धारा, प्रेमाख्यानक धारा के काव्य लिखे गये तो दूसरी तरफ राम भक्ति, कृष्ण भक्ति की सगुण शाखा का भी विकास अवरुद्ध नहीं हुआ। यारी साहब, दरिया साहब, जगजीवनदास, पलटू साहब, चरनदास, तुलसी साहब, गुरुतेग बहादुर, अक्षर अनन्य आदि ने रचनात्मक योगदान के साथ पंथ की भी स्थापना की। प्रेमाख्यान का काव्य दो धाराओं में विभक्त होकर आध्यात्मिक भावना तथा लौकिक प्रेम के प्रचार में लग गया। कासिम शाह, नूर मुहम्मद आध्यात्मिकता का प्रचार-प्रसार करते रहे। बोधा ने अपने विरह वारीश के माध्यम से लौकिक प्रेमाख्यानकों की धारा को नया मोड़ दिया। इस धारा में 'काम' (इश्क) जीवित अवस्था में मुक्ति प्रदान करने वाला है। प्रेम की पीर का उदात्त रूप लौकिक प्रेमाख्यानकों में देखा जा सकता है। इनकी अभिव्यंजना शैली नयी है।

भक्तिकालीन राम भक्ति-काव्य सामाजिक मर्यादा रक्षण का साहित्य था और उसमें वैधी भक्ति की प्रधानता थी। रागानुगा भक्ति से अनुप्राणित कृष्ण काव्य के प्रभाव से रामकाव्य में भी माधुर्य भाव की उपासना का प्रवेश हुआ। इसके प्रवर्तक थे-रामचरणदास। रीति कवियों की भाँति राम काव्य में भी कलात्मकता और चमत्कार का प्रभाव बढ़ा।

कृष्ण भक्तिधारा भी इससे अछूती न रही, यद्यपि इस काव्य के अधिकांश स्रष्टा संस्कारों से भक्त-हृदय थे, वे सम्प्रदायों में दीक्षित भी थे। इस धारा में प्रबन्धकाव्य भी हैं, और मुक्तक भक्ति गीत भी।

14. स्वच्छन्दता की ओर बढ़ता कदम : अनुभूति की गहनता कवि की वह सम्पत्ति है, जिसके द्वारा वह बन्धनों, सीमाओं को छिन्न-भिन्न कर रचना का एक ऐसा मार्ग प्रशस्त करता है जिसमें न कोई आडम्बर है, न कोई विधान है। वह तो पूरी तरह उन्मुक्त है। उसके भाव ही कविता बन जाते हैं और उसकी कविता उसके व्यक्तित्त्व का भी निर्माण करती है—'लोग लागि हैं कवित्त बनावत, मोहि तो मेरे कवित्त बनावत।' इस बनने-बनाने का दायित्व निभाती है—अनुभूति की तरलता। इस तरलता ने स्वच्छन्दतावादी कवियों को रीतिकाव्य का सिरमौर बना दिया। यह श्रेष्ठता हर क्षेत्र में विद्यमान है। चाहे विषयवस्तु का वैविध्य हो, प्रस्तुति की कला हो अथवा भाषा का संधान हो।

स्वच्छन्दतावादी कवियों का मूल विषय है—प्रेम की वेदना। ऐसी वेदना जिसे इन्होंने पूरी तरह जिया है, अर्थात् 'प्रेम की पीर' उनका भोगा हुआ यथार्थ है। जबकि उनके प्रेम का पथ अत्यन्त सीधा और सहज है—'अति सूधो सनेह को मारग'; उसमें छल-कपट नहीं, चतुराई नहीं, टेढ़ापन नहीं।

किन्तु यह सीधा-सहज प्रेम ऐसा है जो किसी प्रकार के सामाजिक बन्धन की

परवाह नहीं करता। रूढ़ि-बद्ध नैतिक मान्यताओं को छिन्न भिन्न कर वह और ताजा मूल्य की सृष्टि करता है। और! अपनी कविता को ये कवि गहरी रागात्मिका वृत्ति, व्रजभाषा की प्रवीणता, सौन्दर्य भेद की अभिज्ञता, भावना भेद की पहचान, स्वच्छन्द जीवन की अभिरुचि से सम्पृक्त करते हैं।

15. सामाजिक असन्तोष : रीतिकालीन कवि, विशेषकर स्वच्छन्दतावादी कवि आत्म-विभोर हो कविता में तल्लीन होते हैं। इनकी प्रेमानुभूति के अन्तरतम में तद्‌युगीन सामाजिक असन्तोष की प्रमुख भूमिका रही है। सामन्ती समाज में प्रेम को नहीं विलास को प्राथमिकता थी। नारी की मनोभावनाओं का कोई स्थान नहीं था। अस्तु मूल रीतिकाव्य में प्रेम को वह महत्त्व मिला ही नहीं, जो मिलना चाहिए। इसके अपवाद भी हैं—पर कम।

16. परम्परा से विमुखता : प्राचीन काव्य-परम्परा के औजारों को त्याग कर मुहावरों एवं लक्षणा द्वारा शैली में सामर्थ्य, चमत्कार आदि लाने का जो नया मार्ग घनानन्द, आलम, बोधा और ठाकुर ने खोला वह विशिष्ट शैली का परिचायक है, जिसमें अलंकार की अपेक्षा नहीं। वस्तुतः उदार भावना, त्याग और विश्वास से पूर्ण इनकी प्रेमाभिव्यक्ति, अलंकार का कार्य सम्पन्न कर देती है। प्रेम की विषम भावना इनकी प्रस्तुति को मनोहारी बना देती है। वियोग-व्यथा सहकर भी प्रिय की कुशल-कामना का भाव एक अलग भाव सम्प्रेषित कर जाता है।

17. वस्तुगत वैविध्य : इस कविता में वैविध्य संचारियों की अभिव्यक्ति में है। फाग, झूला, बाग-बगीचे, व्रत-पर्व-त्योहार, षड्ऋतु, बारहमासा स्नान आदि सभी उपस्थित हैं। यहाँ लोक व्यवहार की कविताई भी है; सामूहिक शक्ति का भी विवेचन है—"चारि जने चारिहू दिसा ते चारि कोने गहि/मेरु को हलाइ कै उखारें तो उखरि जाइ।" कवि की दृष्टि चारों ओर है। कभी वह बीती घटनाओं के प्रभावों का रेखांकन करने में मग्न है—बारात विदा हो गयी है, किन्तु आतिशबाजी के दाग बने रह गये हैं जो कुछ और ही कहानी बया कर रहे हैं—"देव दिखैयन दाग बने रहे, बाग बने ते बरोठहिं लूटे।" तो कभी उसका मन प्रकृति की ओर घूम जाता है—चन्द्रमा अपनी ही चाँदनी का भार नहीं सँभाल पाता! "चैत की चाँदनी-चाँदनी के भारन सौं दिखात उनयो सैं। चन्द्र गन्ध के भारन सौ बहत मन्द-मन्द पौन।"

18. गार्हस्थिक प्रेम : 18.1 रीतिकालीन स्त्री का एक पक्षः रीतिकाल में स्वकीया नायिकाओं का सर्वाधिक चित्रण किया गया। स्वकीया अर्थात् पत्नी। उसकी सौते हैं; उसे उनकी प्रतिस्पर्धा में खड़ा रहना है, सजना-सँवरना है, पति को आकर्षित करना है। किन्तु उसे कोई पीड़ा नहीं। अपितु शुभेच्छा है, मंगल कामना है—"तुम नीके रहो उनही के रहो, हम हाँथ में चाहति हैं चारि चूरी।" इनके गार्हस्थिक चित्रण में गुण भी है, दोष भी हैं; किन्तु है—ऐसी ताजगी जो साधारण पाठक को एक क्षण के लिए आत्मविभोर कर सकती है।

18.2 यह एक पक्ष है, दूसरा पक्ष एक अलग कहानी कहता है। संयुक्त परिवार में नव-विवाहिता यौवना के संत्रास की कथा ही अलग है। वे घर परिवार में शारीरिक और मानसिक रूप से शोषित-प्रताड़ित हैं। उनका दुख सुनने वाला कोई नहीं। वे अपनी सासु से भी पीड़ित, ननद से भी और जेठानी से भी। और देवर का क्या कहना?—बिहारी द्वारा नव-विवाहित यौवना के अंतर्द्वन्द्व का चित्र देखिए—

कहत न देवर की कुवत; कुल तिय कलह डराति।
पंजरगत मंजार ढिग सुक लौं सूकत जाति।।

इस नायिका की स्थिति पिंजड़े में पड़े उस तोते की तरह है जो भीतर ही भीतर जर्जर होती चली जा रही है जो पिंजरे के पास बैठे बिलाव के डर से न तो बाहर निकल पाता है और न भीतर बैठकर जी पाता है। देवर के कुदृष्टि की चर्चा न वह सास, ननद, जेठानी से कर सकती है, न पति से। पति से कहने में उसे डर है—परिवार में कलह का। ऐसी दुःसह वेदना का यथार्थ चित्रण शायद ही कहीं मिले।

18.3 दूसरी स्थिति—वह संतप्त है—पति के समस्त दोषों, जबर्दस्ती थोपे गये आरोप को स्वयं ढोने के लिए। पति नपुंसक है, किन्तु वह किसी से कह नहीं सकती; बाँझ होने का दोष उसे स्वयं ढोना पड़ता है। ऐसा गार्हस्थिक सुख किस काम का। किन्तु वह तो उसमें से निकल भी नहीं सकती। शायद इसी को ध्यान में रखकर भिखारीदास ने कहा है—

लाज को अँचै कै, कुल धरम पचै कै वृथा,
बन्धन सचै कै भई मगन गोपाल में।।

ऐसी संतप्त नारी की स्थिति रीतिकाल में ही स्त्री-विमर्श की आधार भूमि तैयार करती है। और सामाजिक सन्दर्भों से गहरे जुड़ा रचनाकार ही इन स्थितियों का चित्र खींच सकता है।

19. प्रबन्धात्मकता : रीतिकाल अपनी मुक्तक रचनाओं के लिए विख्यात है—'सतसैया के दोहरे ज्यो नावक के तीर'...; किन्तु कवि के कवित्त्व की कसौटी तो प्रबन्ध काव्य ही होते हैं। रीतिकाल में मौलिक और अनूदित प्रबन्ध काव्य अच्छी संख्या में प्राप्त होते हैं, जिसमें वस्तुगत वैविध्य देखने को मिलता है।

सबल सिंह का 'महाभारत', गुरुगोविन्द सिंह का 'चण्डी चरित्र', जोधराज का 'हम्मीर रासो', चन्द्रशेखर का 'हम्मीर हठ', गोकुलनाथ, गोपीनाथ, मणिदेव कृत 'महाभारत' (अनुवाद), मँचित का 'कृष्णायन', मधुसूदनदास का 'रामाश्वमेधा', श्रीधर या मुरलीधर का 'जंगनामा', लाल कवि का 'छत्रप्रकाश', सूदन का सुजान चरित आदि रसात्मक तथा साहित्यिक रचनाएँ हैं। 'महाभारत' (गोकुलनाथ) अपनी विशालता में तो अद्वितीय है ही, कथा-प्रवाह की तीव्रता, रोचकता और काव्यगुणों की दृष्टि से भी अतुलनीय रचना है। 'कृष्णायन' में रामचरित मानस की शैली का सफल परिपालन है। 'सुजान चरित' एक ऐतिहासिक महत्त्व की रचना है, जिसमें

सच्चे वीर-चरित नायक की प्रतिष्ठा है। ऐसा ही काव्य 'जंगनामा' है। लाल कवि के 'छत्रप्रकाश' में छत्रसाल के जीवन-चरित का अत्यन्त यथार्थ और प्रभावशाली चित्रण है। सच्ची घटनाओं पर आधृत यह ग्रन्थ शिल्प, शैली और वस्तु के धरातल पर नवीन परिपाटी का जनक है। इसमें सम्बन्ध-निर्वाह भी अच्छा है और वर्णनात्मक विस्तार के लिए मार्मिक स्थलों का चयन भी प्रशंसनीय है। काव्य और इतिहास की दृष्टि से यह अनूठा ग्रन्थ है।

दैनिक क्रियाओं, दान-मान लीला, विहार, मृगया आदि को आधार बनाकर भी इस काल में वर्णनात्मक प्रबन्ध ग्रन्थ लिखे गये, इन्हीं की रीति पर कथा-प्रबन्धों के अंग निकल-निकल कर स्वतन्त्र पुस्तक के रूप में सामने आये। नख शिख, षड्ऋतु, बारहमासा आदि का विस्तृत वर्णन इन रचनाओं में देखने को मिलता है।

20. नीतिकाव्य : वैयक्तिक अनुभूति बनाम सामाजिक अनुभूति : नीतिकाव्य की परम्परा पुरानी है। भक्तिकाल में 'रहीम' इसके सशक्त हस्ताक्षर के रूप में उपस्थित होकर इसे रस से सराबोर कर 'काव्य' के भीतर समाविष्ट करने का जबर्दस्त दबाव बनाते हैं। वस्तुतः वे पहले रचनाकार हैं जो इसे 'उपदेश परकता' की संज्ञा से हटाकर जीवन के यथार्थ की अभिव्यक्ति को सरस काव्य का रूप देते हैं। रहीम की यह परम्परा रीतिकाल में आगे बढ़ी।

भक्ति, यदि रीतिकालीन कवियों के आकुल मन के लिए शरणभूमि थी, तो नीति संघर्षमय दरबारी जीवन एवं लोक व्यवहार के घात-प्रतिघातों से उत्पन्न मानसिक द्वन्द्व के विरेचन के परिणामस्वरूप शान्ति का आधार थी। आत्मोपदेश और अन्येक्ति-परक छंदों में इनकी अनुभूति की छाप दिखाई देती है। अलंकार तथा संचारियों के उदाहरण के रूप में प्रस्तुत ये रचनाएँ एक सशक्त प्रवृत्ति का परिचायक हैं जिनमें व्यक्तिगत अनुभवों से उत्पन्न विवेक को मुख्य स्थान मिला है।

रीतिकाल में नीति-विषयक काव्य के रचनाकारों में वृंद, गिरिधर कविराय, वैताल सम्मन, रामसहाय दास, दीनदयाल गिरि आदि के नाम उल्लेख्य हैं। लोकप्रियता के धरातल पर कोई एक दूसरे से कम नहीं, फिर भी पहले नम्बर पर गिरिघर कविराय हैं, तो दूसरे नम्बर पर दीनदयाल गिरि आते हैं। वृंद अलंकार-विधान प्रेमी सूक्तिकार हैं।

इनमें गाँव, जाति, परिवार, घर-बार, राजा और उनके दरबारों का यथातथ्य वर्णन है, जिसमें समाज के कल्याण तथा सांसारिक व्यावहारिकता-विषयक शिक्षाएँ हैं। कुछेक रचनाकारों में भावुकता और प्रतिभा का दर्शन होता है। ऐसे कवियों ने अन्योक्ति की सहायता से भगवत प्रेम, संसार के प्रति विरक्ति, करुणा आदि से समन्वित उच्चकोटि की कवित्त्वमय रचनाएँ की हैं। इनमें छंदों का वैविध्य भी है। वृंद ने दोहा का सहारा लिया तो गिरिधर और दीनदयाल ने कुण्डलिया तथा बैताल ने छप्पय का। सादगी से भरी गिरिधर कविराय की कुण्डलियाँ ढाई-सौ-वर्षों की सीमा पार करती हुई आज भी अपढ़-पढ़े लिखे लोगों के मुँह से गाँव-गिराँव में सुनी जाती हैं।

21. भाषा विकास बनाम गद्य भाषा : भक्तिकाल में कविता के साथ-साथ गद्य की भाषा की ओर भी महात्मा, संत और रचनाकार मुखातिब हुए। इसी कड़ी में आगे बढ़ते हुए इस काल में सशक्त गद्यात्मक रचनाएँ सामने आईं। वार्ता-टीका की परम्परा को अपनाते हुए, नयी विधाओं का विकास करते हुए कथात्मक साहित्य की रचना करते हुए व्रजभाषा, राजस्थानी, अवधी के साथ ही खड़ी बोली को समृद्ध किया गया। व्रजभाषा गद्यकारों में प्रमुख हैं—हरिहर राय, गिरिधर दास, लल्लू लाल, आलम आदि। व्रजभाषा का टीका साहित्य भी इस काल की प्रमुख उपलब्धि है। जो गद्य में हैं। खड़ी बोली गद्य भी इसी काल में स्वरूप पा रहा था।

22. नाट्य-साहित्य : रीवाँ के राजा विश्वनाथ सिंह ने हिन्दी का प्रथम नाटक 'आनन्द रघुनन्दन' लिखकर हिन्दी साहित्य के विधात्मक विकास का संकेत किया। 'प्रद्युम्न विजय' पद्यवद्ध नाटक है। नाट्य रचनाओं से भी गद्य-भाषा में निखार आया।

23. अनुवाद की परम्परा : अनुवाद की परम्परा तो पुरानी रही, किन्तु रीति-कालीन अनुवादकों ने इसे नया भाषिक रूप दिया और आधुनिक काव्य के लिए दिशा-निर्देश भी निर्धारित किया। सबल सिंह चौहान ने 'महाभारत' में दोहे-चौपाइयों का सहारा लिया। गोकुलनाथ, गोपीनाथ और मणिदेव के संयुक्त प्रयास की परिणति 'महाभारत' अनुवाद परम्परा की श्रेष्ठ, और महत्त्वपूर्ण कड़ी है। अनूदित रचनाएँ इस काल में अनेक हैं। इस परम्परा ने शिल्प एवं भाषा के धरातल पर भारतेन्दु और द्विवेदी युग के अनुवाद-कर्म तथा रचनात्मकता को प्रभावित किया। फलस्वरूप इन दोनों युगों में विभिन्न भाषाओं के श्रेष्ठ साहित्यानुवाद से हिन्दी साहित्य की श्रीवृद्धि हुई।

24. लोक कथाएँ : लोकविश्रुत कथाओं को लेकर अेनक ग्रन्थों की रचना इस काल के कवियों की लोकोन्मुख-दृष्टि की परिचायक है। न उन्हें अपना घर-गाँव परिवेश भूला, न ही लोक। ऐसा ही उदाहरण है—सीत वसंत की कथा का प्रबन्धात्मक स्वरूप। चन्दन कवि ने विमाता के अत्याचार से पीड़ित सीत-वसंत नामक दो राजकुमार की अत्यन्त मार्मिक कथा प्रस्तुत की है। यहाँ स्त्री की क्रूरता और सौतिया डाह जैसी नारी की अंतः भावना तो प्रकाशित होती ही है साथ ही आधुनिक काल के लिए 'कथा-साहित्य' का पट भी खुलता है।

25. नया काव्य रूप : इस काल में मुक्तक, प्रबन्ध, गद्य आदि तमाम काव्य-रूपों की माला में वंदीजन एक और काव्य रूप 'भड़उवा' की मनका जोड़ देते हैं। हास्य रस से पूर्ण यह उपहास काव्य पूर्वी क्षेत्रों में अत्यन्त लोकप्रिय है जिसमें कंजूस अमीर या आश्रयदाता के रूप में घोड़े की हँसी प्रस्तुत की गयी है। ऐसा ही हास्य काव्य है—अलीमुहिब खाँ का 'प्रीतम खटमल बाई सी'। यहाँ क्षुद्र और महान के अभेद की भावना है; शिष्ट हास्य का एक विस्तृत सुघर मैदान है।

26. हिन्दी की उर्दू शैली का काव्य : इस शैली के रचनाकारों में मीर, नजीर अकबरावादी और मिर्जा गालिब का नाम विशेष उल्लेख्य है। दर्द, सौदा और मीर

ने उर्दू गजल को विशिष्ट ऊँचाई पर पहुँचाया। मीर और गालिब दरवारी थे। नजीर अकबरावादी हर तरह से स्वतन्त्र थे। वे अपने जमाने के आगे थे। वे कविता के भविष्य थे। गालिब तक उर्दू कविता अपनी चरम ऊँचाई पर पहुँच गयी। 'मीर' अत्यन्त असाम्प्रदायिक थे। मीर ने इस्लाम के घेरे को तोड़ा। वे इस काल के 'कबीर' थे।

27. विभाषाओं का विकास : विभाषाओं के विकास की प्रक्रिया लम्बी है। हर युग में साहित्यिक भाषा के समानान्तर एकाधिक भाषा सक्रिय रही है। भक्तिकाल में व्रजभाषा के समानान्तर खड़ी बोली, अवधी अपने स्वतन्त्र अस्तित्त्व की माँग करती है। रीतिकाल में अवधी के साथ ही राजस्थानी, भोजपुरी और खड़ी बोली विभाषा के रूप में सामने आती हैं। खड़ी बोली के लिए तो रीतिकाल 'नर्सरी' है। लल्लूलाल, सदल मिश्र, मुंशी इंशा अल्ला खाँ जैसे गद्यकार हैं और नर्सरी भी है—फोर्ट विलियम कालेज।

इसी काल में दक्खिनी हिन्दी, उर्दू, रेखता, रेखती के रूप में विभाषाओं के विकास में बढ़ोत्तरी हुई।

28. स्त्री रचनाकारों का अलग स्वर : स्त्रियों में काव्य प्रतिभा का अभाव नहीं होता है। भक्तिकाल में यदि मीरा का स्वर अन्य कवियों से अलग है, तो रीतिकालीन स्त्री रचनाकारों ने भी अपनी काव्य-रचना के माध्यम से अलग स्वर झंकृत किया। ये संख्या एक दो नहीं अपितु अर्द्धशतक से ऊपर है। इनमें प्रमुख है—राय प्रवीन, सुजान, शेख, छत्र कुँवरि, कंकावती, सुन्दर कुँवरि, प्रतापि कुँवरि, चन्द्रकलाबाई, युगल प्रिया, रानी रस प्रिया आदि।

निर्गुण धारा की अलख जगाती हैं—दयाबाई, सहजो बाई। जिनका अवदान-विशेष उल्लेख्य है। कृष्णभक्ति में लीन सुन्दरि कुँवरि, रत्न कुँवरि-और प्रेमसखी ने कवित्त्वशक्ति और संशिलष्ट अनुभूति की अभिव्यक्ति में महत्त्वपूर्ण स्थान बनाया। राय प्रवीन, सुजान और शेख तो केशव, घनानन्द और आलम की कवित्व-प्रेरणा ही नहीं, उनकी सहयोगिनी भी हैं।

29. टकसाली भाषा : भक्तिकाल में अष्टछाप के कवियों का करावलम्ब पाकर व्रजभाषा अपने चरम उत्कर्ष पर पहुँच चुकी थी। नन्ददास उसमें नगीने जड़ चुके थे। अब बारी थी रीतिकवियों की। रीतिकवियों ने उसे निखार दिया, लचीलापन दिया, प्रवाहमयता दी। लोकोक्तियों और मुहावरों के प्रयोग से भाषा की शक्ति बढ़ायी और लाक्षणिकता के प्रयोग से अभिव्यंजना शिल्प को नये आयाम दिये। वस्तुतः विषय वैविध्य के कारण यह भाषा और समृद्ध हुई। एक-से-एक टटके, कोरे बिम्ब-संयोजन से भाषा की संप्रेषणीयता भी बढ़ी और वह चित्रात्मक बन बैठी। विषय-वैविध्य, भावों की अकृत्रिमता, सहज प्रस्तुति से रीतिकाव्य की भाषा सरस हो उठी। वह प्रसाद गुण से भी सम्पन्न हुई। उसका माधुर्य मनमोहक है। वस्तुतः कलात्मक प्रवृत्ति की प्रधानता के कारण कवियों ने अपनी भाषा को खरादा। एक कमी थी! भूषण

ने इसे ओजपूर्ण बनाया। अर्थात् भाषा के जितने स्वरूप हो सकते हैं, इस काल की कविता में उसके उदाहरण मिल जाएँगे। अस्तु! भाषा का ऐसा स्वरूप सामने आया, जिसमें एक-एक शब्द, पद अपनी महनीयता की घोषणा करते हैं, वे ऐसे सिक्के हैं जिनका मूल्य आँकना सम्भव नहीं।

भाषा की इस ऊँचाई को छू पाना आगे के कवियों के लिए सम्भव नहीं था, शायद इसलिए उन्होंने खड़ी बोली की राह ली।

9

रीतिकाव्य–शुद्धतावादी आन्दोलन का शिकार : रीतिकाव्य को अपने जन्म से ही विरोध का सामना करना पड़ा। इसके जन्म लेते ही संत सुन्दरदास ने केशव की निन्दा की।

आधुनिक काल में भाषा और साहित्य को शुद्धता की तुला पर तौलने वाले आचार्य महावीरप्रसाद द्विवेदी ने इसे पूर्णतया नकारा। ''इन किताबों में क्या लिखा जाता है? नायिकाओं के घिनौने कामों का वर्णन होता है। निर्लज्ज और विलासिनी औरतों के प्रलाप हैं जो आदमी को भ्रष्ट कर सकते हैं। ...क्या इससे बढ़कर कोई और आदमी की नैतिकता को नष्ट करने का औजार हो सकती है? मैं ऐसी रचनाओं के लेखन को तुरन्त लिखने को रोक देने की माँग करता हूँ और जो उपलब्ध है, उसे प्रतिबन्धित करने की माँग करता हूँ।'' (इस अंश को वसुधा डालमिया ने चारु गुप्ता के 'द नेशनलिज्म ऑफ हिन्दू ट्रेडीशन्स' : भारतेन्दु हरिश्चन्द एण्ड नाईटीन्थ सेंचुरी, बनारस पृ. 44; से उद्‌घृत किया है)।

वस्तुतः मिश्र बन्धुओं ने एक पुस्तक लिखी–'हिन्दी के नवरत्न'। इसमें तीन त्रयी हैं–वृहतत्रयी–तुलसी, सूर, देव; मध्यत्रयी–बिहारी, भूषण और केशव; लघुत्रयी–मतिराम, चन्द और हरिश्चन्द्र। द्विवेदी जी को यह समानता किसी भी मूल्य पर स्वीकार्य नहीं, हरिश्चन्द्र को मतिराम और चन्द से भी नीचे रखना उन्हें और असह्य था। इसी समय 'हिन्दुस्तानी रिव्यू' में चकबस्त ने उर्दू कवियों के साथ रीति कवियों और उनके काव्य की प्रशंसा की। इसकी निन्दा में एच एल सी नामक किसी सज्जन ने लेख प्रकाशित किया।

'हिन्दी के नवरत्नों' की समीक्षा में उपर्युक्त एच एल सी के लेख के काफी अंश का उपयोग द्विवेदी जी ने किया। उनकी यह समीक्षा 'सरस्वती' के जनवरी और फरवरी 1912 के अंकों में छपी। रीतिकाव्य की अस्वीकृति और निन्दा की प्रवृत्ति यहीं नहीं रुकती, आचार्य शुक्ल, हजारीप्रसाद द्विवेदी, भागीरथ मिश्र तथा विश्वनाथ मिश्र तक यह प्रवृत्ति विद्यमान है। कमोवेश डॉ. नगेन्द्र भी इससे आक्रान्त हैं।

महावीरप्रसाद द्विवेदी समालोचना के लिए यह देखना जरूरी मानते हैं कि–''कवि की कविता किस समय की है, उस समय देश की क्या दशा थी; तत्कालीन लोगों के आचार-विचार और व्यवहार कैसे थे–इन बातों को जाने बिना समालोचक कृति

के साथ ठीक ढंग से न्याय नहीं कर सकता।'' (महावीरप्रसाद द्विवेदी रचनावली, भारत यायावार, पृ. 12)।

द्विवेदी जी ने सम्भवतः 'देशकाल' और परिवेश की कसौटी पर रीतिकाव्य को कसने की आवश्यकता नहीं समझी। यह द्विवेदी जी का विरोधाभास है। द्विवेदी की दृष्टि में भक्तिकाल की गोपियाँ 'रियल' हैं, उनका देश रियल है। ऐसी स्थिति में यह प्रश्न सामने आता है कि रीतिकालीन नायिकाएँ क्यों 'रीयल' नहीं हैं? जबकि वे समाज, परिवेश और देशकाल की ही देन हैं।

साहित्य 'उपदेशक' का काम नहीं करता। वह तो यथार्थ को प्रकाश में लाने का दायित्व निभाता है। यथार्थ की सूक्ष्मातिसूक्ष्म स्थितियों के रेखांकन से मनुष्य अपनी कमजोरियों, दुर्गुणों और प्रतिबन्धों से मुक्ति पाकर स्वतन्त्र और स्वाभाविक पथ पर चल पड़ता है। कविता अमानवीयता पर पड़े आवरण को हटाकर ''मनुष्य को मनुष्य बनाती है।''

रीति कवियों ने तो यही किया। अन्तःपुरिकाओं को उनके समस्त गुण-दोषों और उन पर लादे गये सामाजिक रूढ़ि-प्रतिबन्धों के परिप्रेक्ष्य में उनका असली और अकृत्रिम चित्रण किया। उनकी पीड़ाजनक स्थिति के चित्र उकेर कर नारी चेतना के उन्नायकों से उनकी मुक्ति की माँग की। यह माँग आज औरत की उत्तर आधुनिक कथा, स्त्री-विमर्श तथा स्त्री-लेखन में जोरदार रूप में उपस्थित है। दूसरी तरफ हर परम्परावादी जो शुद्धता का समर्थक है, इस माँग को खारिज करने के हजारों बहाने ढूँढ़ता फिर रहा है।

स्त्री और स्त्री-आधृत साहित्य रीतिकाव्य का 'पाप' नहीं। वह स्त्रियों के संघर्ष का, अस्तित्व की रक्षा का काव्य है।

'पाठ' बदलता रहता है। आज रीतिकाल का 'पाठ' बदला है। अश्लीलता की परिभाषा भी बदली। और खोजी लोगों को रीतिकालीन कविता में प्रगति की प्रेरणा देने वाले तत्त्व भी मिले हैं।

अस्तु! आवश्यकता है उसके पुनर्मूल्यांकन हेतु आधुनिक सन्दर्भों में प्रासंगिक मानदण्डों के निर्धारण की। उसे समकाल के नैरंतर्य में खड़ा कर निरखने परखने की, तभी रीतिकाल का सही स्वरूप हमारे सामने आ पाएगा।

10

आवश्यकताएँ और भी हैं–

पहले तो यह प्रयास होना चाहिए–हजारों की संख्या में गाँव-गिराव के घरों के कोने-अँतरे में उपेक्षित पड़ी पांडुलिपियों को खोजकर एकत्रित किया जाय। इनका पाठ संशोधन और प्रकाशन हो।

अनेक पाण्डुलिपियाँ म्युजियम, पुस्तकालयों, सम्मेलनों 'समाजों' में भी उपेक्षित पड़ी हैं। इन्हें संपादित कर प्रकाश में लाया जाय।

अभी तक प्रकाश में आये ग्रन्थों के पाठ-संशोधन और निर्धारण की आवश्यकता है।

उपर्युक्त अपेक्षाएँ पूरी होने पर ही रीतिकाल का मुकम्मल साहित्येतिहास लिखा जा सकता और इसकी दृष्टि होगी-समाजशास्त्रीय आलोचना। तभी रीतिकाल का प्रदेय पूरी तरह रेखांकित किया जा सकता है। वैसे जब तक मनुष्य है—रीतिकाल प्रासंगिक रहेगा।

हिन्दी उपन्यास आलोचना के दो आदि पुरुष

आज, समस्त विधाओं को अपदस्थ कर 'कथा-साहित्य' साहित्य की केन्द्रीय विधा बन बैठा है। आधुनिक काल के प्रारम्भ से पूँजीवादी-सभ्यता और छपाई मशीनों के विकास के कारण यह विधा अधिक लोकप्रिय हुई। माना तो यह जाता है कि पूँजीवादी सभ्यता की देन है—'कथा साहित्य'; और उसमें भी उपन्यास तो इस समाज की अनिवार्य उपज है। तभी तो राल्फ फाक्स स्वीकार करते हैं कि पूँजीवादी सभ्यता ने संसार की कल्पना-प्रधान संस्कृति को जो भेटें दी है, उनमें सर्वाधिक महत्त्वपूर्ण है—उपन्यास। शायद इसी महत्त्व का परिणाम है कि आज उपन्यास को आधुनिक युग का महाकाव्य माना जाता है। ठीक उसी तरह, जिस तरह महाकाव्य में जीवन-जगत की विराटता अपने समस्त वैचित्र्य, गहरे भाव-वोध, विशिष्ट-दर्शन, मानव मूल्य और प्रश्नों के साथ अंकित होती है, उसी प्रकार उपन्यास में भी। महाकाव्य (पद्यात्मक) और उपन्यास (गद्यात्मक) के अन्तर को राल्फ फाक्स ने अपने उपर्युक्त मत द्वारा स्पष्ट कर दिया है। 'महाकाव्य' में कल्पना-प्रधान संस्कृति की प्रधानता थी जबकि उपन्यास में कल्पना के स्थान पर यथार्थ की प्रधानता होती है। वस्तुतः पूँजीवादी सभ्यता में उभरे यथार्थ के नये स्तर, नये आयाम और भौतिकवादी चिन्तन, मूल्य तथा प्रश्नों की अभिव्यक्ति पारम्परिक विधा—महाकाव्य—में सम्भव ही नहीं थी। इतना ही नहीं जीवन की समस्त जटिलता, यथार्थ के विविध सूक्ष्म आयाम, दैनिक जीवन के सामान्य-से-सामान्य दीखने वाले महत्त्वपूर्ण व्यापार, चरित्रों के विविध पार्श्व, संवादों की अनंत भंगिमाएँ, नये परिवेश आदि को महाकाव्यों में जीवंत रूप में अभिव्यक्त कर पाना कठिन है। 'महाकाव्य' जहाँ विशिष्ट-वर्ग के पाठकों के ही काम का होता है, वहीं उपन्यास को एक अदना पाठक, कम शिक्षित पाठक भी पढ़कर आनन्द उठा सकता है। इसका कारण है—उपन्यास की भाषा; जो गद्यात्मक तथा नाटकीय होने के कारण सीधे पाठक तक सम्प्रेषित होती है। किन्तु यह तभी सम्भव है जब उपन्यासकार के पास जीवन-दृष्टि हो, जीवन के यथार्थ का गहरा अनुभव हो, सर्जनात्मक कल्पना की अपार शक्ति हो, विचार की गहनता हो और हो जीवन का विवेचन। अस्तु, उपन्यास मनोरंजन का साधन-मात्र नहीं।

आधुनिक काल की इस विधा के भविष्य से तथा उसकी ताकत से भारतेंदु

हरिश्चन्द्र परिचित थे। उन्होंने इसकी शुरुआत भी की किन्तु नियति के सामने उन्हें हार माननी पड़ी। अपने एक प्रशंसक को लिखे पत्र में उन्होंने कहा है—"जैसे भाषा में अब कुछ नाटक बन गये हैं अब तक उपन्यास नहीं बने हैं। हिन्दी की यह कितनी बड़ी सेवा हो, यदि आपकी पत्रिका के कुछ सहायक सम्पादक, जैसे राधाचरण गोस्वामी अथवा बाबू काशीनाथ, हिन्दी में कुछ उपन्यास लिख सकें। यदि आप मंजूर करें तो 'दीप निर्वात' का अनुवाद किया जा सकता है। यह रचना उपन्यास से बड़ी चीज है, क्योंकि इस देश के भाग्य के साथ गहरायी से जुड़ी हुई है।" 'मुक्ति' या 'दीप निर्वात्' रवीन्द्रनाथ टैगोर की बड़ी बहन स्वर्ण कुमारी का लिखा उपन्यास है, जिसमें नवजागरण-चेतना तथा देश-प्रेम का भाव स्पष्ट झलकता है। पृथ्वीराज चौहान तथा मुहम्मद-गोरी के युद्ध को केन्द्र में रख कर लिखे गये इस उपन्यास से भारतेन्दु बाबू बहुत प्रभावित थे। उपर्युक्त पत्र में एक तो उपन्यास लेखन के विकास की चिन्ता और प्रेरणा है और इससे भी अधिक महत्त्वपूर्ण बात यह है कि उनका अन्तिम वाक्य उपन्यास के माध्यम से 'राष्ट्रीय-भावना' के प्रसार तथा देश की दशा-दुर्दशा के यथार्थ चित्रण की प्रेरणा देता है। भारतेन्दुजी जानते थे कि यह न तो निबन्धों के माध्यम से सम्भव है, और न ही कविता या अन्य गद्य-विधाओं द्वारा। इसी वाक्य द्वारा प्रकारांतर से वे उस विधा को उपन्यास मानने के पक्षधर दिखाई देते हैं जिसमें समस्त देशवासी अपनी आकांक्षा को पूरा होते तथा पीड़ा का चित्र देखें।

सितम्बर 1988 में भारत मित्र के संपादक को पत्र लिखते हुए वे कविता के शिल्प पर विचार-विमर्श करते दिखाई देते हैं—"प्रचलित साधु भाषा में कुछ कविता भेजी है। देखिएगा इसमें क्या कसर है और किस उपाय के अवलम्बन करने से इस भाषा में काव्य सुन्दर बन सकता है। इस विषय में सर्वसाधारण की अनुमति ज्ञात होने पर आगे वैसा परिश्रम किया जायेगा।"

भारतेन्दु का अवसान सन् 1885 में हुआ। किन्तु इसके पूर्व ही हिन्दी का पहला उपन्यास लाला श्रीनिवास दास का 'परीक्षा गुरु' (1882) लिखा जा चुका था। इसके भी पहले श्रद्धाराम फुल्लौरी का लघु उपन्यास 'भाग्यवती' (1877) भी आ चुका था। बालकृष्ण भट्ट भी 'रहस्यकथा' (1879) लिख चुके थे। ये सभी रचनाकार भारतेन्दु काल के ही हैं। आश्चर्य है कि भारतेन्दु बाबू की दृष्टि इन रचनाओं पर क्यों नहीं गयी? उनके काल में ही देवकीनन्दन खत्री के उपन्यासों की भी धूम रही। आज हम मानना चाहें तो मान लें कि ये उपन्यास, उपन्यास की तुला पर खरे नहीं उतरते। किन्तु पाश्चात्य देशों में भी उपन्यासों का विकास इसी रूप में हुआ है। वहाँ के आलोचकों ने अनुभव किया कि पारम्परिक आलोचना पद्धति के आधार पर उपन्यास की आलोचना सम्भव नहीं। अस्तु इस विधा की आलोचना के लिए नये शास्त्र के गठन की आवश्यकता महसूस की। 'मादाम द स्ताल' (स्तेल) (1766-1811) पहली आलोचक हैं, जिन्होंने सबसे पहले इस विधा की आलोचना हेतु-'समाजशास्त्रीय

आलोचना' की नींव रखी। किन्तु भारतीय आलोचक खत्रीजी के उपन्यासों को केवल ऐय्यारी मनोरंजन-प्रधान मानकर खारिज करते रहे। जबकि साहित्य के समाजशास्त्र की दृष्टि से खत्री जी के उपन्यास खारिज करने योग्य नहीं। इस समीक्षा पद्धति के केन्द्र में रचना और पाठक होता है और इसका मानदण्ड है—रचना की लोकप्रियता तथा उसकी बिक्री। प्रेमचन्द के पूर्व का कोई भी उपन्यासकार खत्री के समक्ष इस तुला पर खरा नहीं उतरता।

उपन्यास आलोचक के रूप में हिन्दी आलोचना-जगत में पं. महावीरप्रसाद द्विवेदी का नाम प्रथम स्थान का अधिकारी है। उपन्यास मूलतः सामन्ती मूल्यों के विरुद्ध 'व्यक्ति' की प्रतिष्ठा का साहित्य है। स्वभावतः द्विवेदी जी जैसे प्रगतिशील आलोचकों ने हिन्दी में आगे बढ़कर इस नवीन विधा का स्वागत किया और इसे सही ढंग से अधिक-से-अधिक समृद्ध करने पर बल दिया। 1917 ई. में उन्होंने कहा था—''उपन्यासों का अधिक प्रकाशित होना हिन्दी के उत्थान का शुभ-लक्षण है।'' और ''योग्य लेखकों को चाहिए कि उपन्यास-रचना को ओछा काम न समझकर अच्छे उपन्यासों से समाज और साहित्य दोनों का कल्याण-साधन करें।'' उनका यह कथन उस काल तक 'उपन्यास' रचना को सस्ती लोकप्रियता प्राप्त करने का साधन माने जाने का विरोधी है; साथ ही उसके महत्त्व का प्रतिपादक भी। आगे चलकर 1922 ई. में उन्होंने 'उपन्यास रहस्य' नामक लेख लिखा जिसमें उन्होंने स्वीकार किया कि 'प्रकृत उपन्यास' का जन्म पश्चिमी देशों में हुआ। वे इसके उन्नयन तथा प्रचलन का श्रेय भी पश्चिमी देशों के लेखकों को देते हैं जिन्होंने इसे कला की चरमावस्था तक पहुँचाया। द्विवेदी जी के अनुसार काव्य और नाटक भी जहाँ नहीं पहुँच सकते वहाँ यह बेधड़क पहुँच जाता है। द्विवेदी जी मनोरंजन को लक्ष्य में रखकर लिखे गये उपन्यासों को पूरी तरह खारिज नहीं करते, वे तो इन उपन्यासों के बीच से सामाजिक यथार्थ का चित्रण करने वाले उपन्यासों की धारा को निकलते देखते हैं। हिन्दी ही नहीं अपितु अंग्रेजी के जासूसी ऐय्यारी तथा मनोरंजन प्रधान उपन्यासों के सन्दर्भ में वे स्पष्ट कहते हैं—''वह समय गया जब उपन्यास दो घण्टे दिल बहलाव-मात्र का साधन समझा जाता था। निकम्मे बैठे हुए हैं, लाओ कुछ पढ़ें। वक्त नहीं कटता, लाओ 'चपला' या 'चंचला' ही देख जाएँ।''

द्विवेदी जी ने उपन्यास की कसौटी पर संस्कृत कथा-आख्यायिका, कथा सरित सागर, कादम्बरी, वासवदत्ता, दशकुमार चरित आदि की भी परीक्षा की, किन्तु उन्हें इनमें न कोई शिक्षा मिली न ही चरित्र चित्रण की स्वाभाविकता और न ही चरित्र और कथावस्तु का पारस्परिक सम्बन्ध। किन्तु वे इस बात के भी समर्थक रहे हैं कि संस्कृत कथा-आख्यायिका की परम्परा के प्रदेय को आधुनिक हिन्दी उपन्यास के विकास में अस्वीकार नहीं किया जा सकता।

द्विवेदी जी अपने उपर्युक्त मत द्वारा आधुनिक हिन्दी उपन्यास के लिए जिन

तीन—(1) सामाजिक शिक्षा, (2) स्वाभाविक चरित्र चित्रण तथा (3) चरित्र और कथावस्तु का पारस्परिक सम्बन्ध—मानदण्डों की निर्मिति करते हैं, उसे आगे के आलोचक भी स्वीकार करते हैं। वस्तुतः इन तीनों की समन्विति से निर्मित उपन्यास से ही मानवीय मूल्यों का सृजन होता है। औपन्यासिक कथावस्तु को चरित्र से जोड़ने पर विशेष बल तो वे देते हैं, किन्तु यह भी स्वीकार करते हैं कि यह तभी सम्भव है जब उपन्यासकार को मनोविज्ञान का ज्ञान हो। मनुष्यों के ही चरित्र और मनुष्यों के ही कार्यों तथा उनसे सम्बन्ध रखने वाली घटनाओं का वर्णन उपन्यास का प्रतिपाद्य है। यह प्रतिपाद्य तभी सम्भव है, जब मनोविज्ञान रचनात्मक प्रक्रिया का अंग बने। अस्तु, चित्रण की स्वाभाविकता के लिए द्विवेदी जी मनोविज्ञान का समावेश आवश्यक तो मानते हैं परन्तु प्रच्छन्न रूप में, औपन्यासिक चित्रण को स्वाभाविक और सुन्दर बनाने के लिए।

हिन्दी के प्रारम्भिक उपन्यासों से असन्तुष्ट द्विवेदी जी स्पष्ट कहते हैं—"पंचान्वे फीसदी पुस्तकें उपन्यास कदापि नहीं और चाहे जो कुछ हों।" (साहित्य विचार-भारत यायावार, 'उपन्यास रहस्य' निबन्ध से, पृ. 91)। इन उपन्यासों को दृष्टि में रखकर ही उन्होंने उपन्यास में कल्पना के प्रयोग तथा महत्त्व पर जोर दिया। उनकी मान्यता तो यह भी थी कि कल्पना के प्रयोग के बिना उपन्यास लिखा ही नहीं जा सकता; किन्तु इस सन्दर्भ में वे आगाह भी करते हैं कि "कल्पना की भित्ति सत्य के आधार पर होनी चाहिए। घटना-निवेश और चरित्र-चित्रण में अमानुषिकता और अतिरंजना नहीं होनी चाहिए।" यही तभी सम्भव है जब लेखक मनःशास्त्र के नियमों का ज्ञाता हो। मनोविज्ञान तथा भौतिक परिस्थिति को परस्पर सम्बद्ध मानने वाले द्विवेदी जी का मत है कि "किसी भी चरित्र का चित्रण उसके परिवेश और व्यवहार से उसे अलग करके नहीं करना चाहिए" क्योंकि "परिस्थिति और बहिर्दर्शन के द्वारा अनुभव की सहायता से दूसरे के मन का भाव जाना जा सकता है।" वे उपन्यास में सामाजिक दोषों के चित्रण के समर्थक तो हैं, किन्तु नग्न-प्रस्तुति के विरोधी हैं। अस्तु वे केवल उसका संकेत मात्र चाहते हैं। इसीलिए प्रकृतवादी यथार्थ के स्थान पर द्विवेदी जी आलोचनात्मक यथार्थ अपनाने के पक्षधर हैं। द्विवेदी जी ने 'सेवाश्रम' का मूल पाठ तो पढ़ा नहीं था, किन्तु उसकी आलोचनाएँ अवश्य पढ़ी थीं। इसे पढ़कर ही द्विवेदीजी ने उपन्यास आलोचना के मानदण्ड तैयार किये। प्रो. राजमणि शर्मा की मान्यता है कि द्विवेदी जी द्वारा निर्धारित मानदण्डों का अनुपालन आगे चलकर प्रेमचन्द के उपन्यासों में हुआ है।

हिन्दी आलोचना-जगत में द्विवेदी जी की परम्परा को आचार्य रामचन्द्र शुक्ल आगे बढ़ाते हैं। शुक्ल जी ने भौतिकवादी परम्परा प्रस्तुत करते हुए कहा है—"सुन्दर, मधुर, भीषण या क्रूर लगने वाले रूप या व्यापारों से भिन्न सौन्दर्य, माधुर्य, भीषणता या क्रूरता कोई पदार्थ नहीं।" तात्पर्य यह है कि भौतिक रूपों से स्वतन्त्र भावना

का अस्तित्त्व सम्भव नहीं है। द्विवेदी जी भी भावना को परिस्थिति और व्यवहार से सम्बद्ध मानते हैं।

द्विवेदी जी की ही तर्ज पर चरित्र-चित्रण एवं जीवन की समग्र प्रस्तुति को शुक्ल जी उपन्यास की अनिवार्यता मानते हैं। देवकीनन्दन खत्री के उपन्यासों पर टिप्पणी करते हुए उन्होंने कहा—"इन उपन्यासों का लक्ष्य केवल घटना वैचित्र्य, रस संचार, भाव-विभूति या चरित्र चित्रण नहीं। ये वास्तव में घटना-प्रधान कथानक या किस्से हैं, जिनमें जीवन के विविध पक्षों के चित्रण का कोई प्रयत्न नहीं, इससे ये साहित्य-कोटि में नहीं आते।" आचार्य शुक्ल एक कदम और आगे बढ़ते हैं। उपन्यास के लिए वे भाषा का एक ठोस धरातल स्वीकार करते हैं। उनकी दृष्टि में इस तुला पर भी खत्री जी के उपन्यास खरे नहीं उतरते। उन्हीं के शब्दों में देखें—"उन्होंने साहित्यिक हिन्दी न लिखकर 'हिन्दुस्तानी' लिखी जो केवल इसी प्रकार की हलकी रचनाओं में काम दे सकती है।" (हिन्दी साहित्य का इतिहास, पृ. 263)। खत्री जी की अपेक्षा वे किशोरीलाल गोस्वामी को साहित्यिक उपन्यासकार मानने के पक्षधर हैं। यद्यपि इनके ऐतिहासिक उपन्यासों के सन्दर्भ में उनकी मान्यता अनुकूल नहीं है—"गोस्वामी जी के ऐतिहासिक उपन्यासों से भिन्न-भिन्न समयों की सामाजिक और राजनीतिक अवस्था का अध्ययन और संस्कृति के स्वरूप का अनुसंधान सूचित नहीं होता। कहीं तो काल दोष तुरन्त ध्यान में आते हैं।" (वही, पृ. 243-64)। ब्रजनन्दन सहाय के उपन्यासों की समीक्षा करते हुए उनमें वे भाव या मनोविकारों की प्रगल्भ और वेगवती व्यंजना की प्रधानता पाते हैं; जिससे शुक्ल जी सहमत नहीं। द्विवेदी जी की तरह शुक्ल जी को भी उपन्यास में चरित्र-चित्रण या घटना वैचित्र्य की खोज है; और ब्रजनन्दन सहाय के उपन्यास में इन तत्त्वों की खोज में वे असफल सिद्ध होते हैं।

संस्कृत तथा हिन्दी कथा आख्यायिका की परम्परा की चर्चा करते हुए वे उनके दो भेद—घटना प्रधान तथा मार्मिक—स्वीकार करते हैं। पहले भेद में इतिवृत्त का प्रवाह अपेक्षित मानते हैं, पर दूसरी कोटि की रचनाओं में भिन्न-भिन्न स्थितियों का चित्रण। पर प्रत्यक्षीकरण की प्रक्रिया को भी वे सक्रिय देखते हैं। आधुनिक हिन्दी उपन्यास के विकास में वे इसी दूसरे भेद का अवदान स्वीकार करते हैं। इस स्वरूप के विकास के लिए वे नाटकों का अवदान भी स्वीकार करते हैं।

नाटकों की बातें लेकर कथोपकथन, घटना का विन्यास-वैचित्र्य, वाह्य और आभ्यंतर परिस्थिति का चित्रण तथा उसके अनुरूप भाव-व्यंजना की प्रस्तुति शुक्ल जी की दृष्टि में उपन्यास की अनिवार्यता है। जबकि इतिवृत्त के प्रवाह को वे उसका वह मूल रूप मानते हैं, जो पहले भी था कालान्तर में भी बना रहेगा। 'नावेल' को वे भारतीय उपन्यास परम्परा से थोड़ा अलग स्वीकार करते हैं। उन्हीं की दृष्टि में 'नावेल' के स्वरूप में अन्तर केवल यह आया कि घटनाओं की शृंखला सीधे न

जाकर इधर-उधर गुंफित होती चलती है और अंत में जाकर सबका समाहार हो जाता है। घटनाओं के विन्यास की यह वक्रता या वैचित्र्य उपन्यासों और आधुनिक कहानियों की प्रत्यक्ष विशेषता है, जो उन्हें पुराने ढंग के उपन्यासों से अलगाती है।

आचार्य शुक्ल प्रेमचन्द जैसे उपन्यासकार के आलोचकों/निन्दकों को जब आड़े हाथों लेते हैं तो यह बात साफ हो जाती है कि वे अपने काल तक उपन्यास के क्षेत्र में प्रेमचन्द को बेजोड़ बादशाह मानते हैं। उन्हीं के शब्दों में ''नूतन विकास लेकर आने वाले प्रेमचन्द जी जो कर गये वह तो हमारे साहित्य की निधि है।'' (वही, पृ. 292)। वे योरप के साम्यवादी सिद्धान्त पर भी प्रहार करते हैं। राजनीतिक प्रचारात्मकता को भी वे साहित्य से दूर रखने के पक्षधर हैं। वस्तुस्थिति की अभिव्यक्ति को वे उपन्यास का आवश्यक अंग मानते हैं, ''हमारे उपन्यासकारों को देश के वर्तमान जीवन के भीतर-अपनी दृष्टि गड़ाकर देखना चाहिए, केवल राजनीतिक दलों की बातों को ही लेकर न चलना चाहिए। साहित्य को राजनीति के ऊपर रहना चाहिए, सदा उसके इशारों पर ही न नाचना चाहिए।'' (वहीं, पृ. 293)

पं. महावीरप्रसाद द्विवेदी की भाँति ही शुक्लजी भी उपन्यासों की महनीय शक्ति से साक्षात्कार करते हैं—''समाज जो रूप पकड़ रहा है, उसके भिन्न वर्गों में जो प्रवृत्तियाँ उत्पन्न हो रही हैं, उपन्यास उनका विस्तृत प्रत्यक्षीकरण ही नहीं करते, आवश्यकतानुसार उनके ठीक विन्यास, सुधार अथवा निराकरण की प्रवृत्ति भी उत्पन्न कर सकते हैं।'' (वही, पृ. 293)।

उपन्यास से काव्यत्त्व के अवयव को पश्चिमी उपन्यासकारों के अनुकरण पर हटाने के वे विरोधी दिखाई देते हैं। पश्चिमी देशों में इस प्रवृत्ति के कारणों की खोज करते हुए वे भारतीय परिस्थिति को अलगाते हैं। और पाते हैं कि भारत की स्थिति उससे भिन्न है। इसलिए वे इस मत के हैं कि ''उपन्यासों को काव्य के निकट रखने वाला पुराना ढाँचा एक बारगी छोड़ नहीं दिया गया है। छोड़ा क्यों जाय? उसके भीतर हमारे भारतीय कथात्मक गद्य प्रबन्धों (जैसे-कादम्बरी, हर्ष चरित) के स्वरूप की परम्परा छिपी हुई है। योरप उसे छोड़ रहा है, छोड़ दे। यह कुछ आवश्यक नहीं कि हम हर एक कदम उसी के पीछे-पीछे रखें। ...जगत और जीवन के नाना पक्षों को लेकर प्रकृत काव्य भी बराबर चलेगा और उपन्यास भी। एक चित्रण और भाव व्यंजना को प्रधान रखेगा, दूसरा घटनाओं के संचरण द्वारा विविध परिस्थितियों की उद्भावना को। उपन्यास न जाने कितनी ऐसी परिस्थितियाँ सामने लाते हैं जो काव्य धारा को लिए प्रकृत मार्ग खोलती है।'' (वही, पृ. 295)।

आचार्य शुक्ल पहले व्यावहारिक आलोचक हैं जिन्होंने अपने इतिहास लेखन के काल तक के हिन्दी उपन्यासों को पढ़ा, पाश्चात्य सिद्धान्तों पर चिन्तन-मनन किया। प्रेमचन्द, कौशिक, प्रतापनारायण श्रीवास्तव, प्रसाद, जैनेन्द्र, वृन्दावन लाल वर्मा, पाण्डेय बेचन शर्मा उग्र, चंडीप्रसाद हृदयेश आदि उपन्यासकारों की रचनाओं के आधार पर

उन्होंने उपन्यासों का वर्ग-विभाजन भी किया। ऐतिहासिक तथा सामाजिक उपन्यासों के भेदक तत्त्वों का निरूपण किया। आचार्य शुक्ल हिन्दी उपन्यास के विकासात्मक भविष्य के प्रति आश्वस्त रहे हैं; किन्तु उनके आदर्श तो हैं–प्रेमचन्द (सामाजिक उपन्यास के क्षेत्र में); जिनकी भाषा तथा प्रस्तुति आदि के भी वे प्रशंसक हैं। हाँ, वे पाश्चात्य देशों के अनुकरण के विरोधी हैं। अतः यह कहा जा सकता है कि आचार्य शुक्ल निर्विवाद रूप में हिन्दी उपन्यास के पहले व्यावहारिक आलोचक हैं।

भूमण्डलीकरण और प्रथम दशक का हिन्दी साहित्य

सैद्धान्तिक रूप से 'भूमण्डलीकरण' नयी बोतल में पुरानी शराब है, जो नये रूप-रंग, लुभावने आकार-प्रकार में शासनाधीशों, राजनीतिज्ञों, नौकरशाहों, धन-लोलुपों, पूँजीपतियों तथा उच्च-वर्ग का हितचिन्तक है। और! उच्च वर्ग की जमात में अपना नाम दर्ज कराने तथा इस प्रक्रिया का अंग बनने के लिए आतुर है—मध्यवर्ग। मध्यवर्गीय मानसिकता भी नयी नहीं है। वस्तुतः यही मानसिकता उसकी पहचान है। रही बात; किसान, शोषित-जनों, मजदूर वर्गों, स्त्रियों की तथा अन्य छोटे-मोटे पेशों, कार्यों द्वारा अपना तथा अपने परिवार की जीविका चलाने वाले निम्न-उपेक्षित वर्ग की, उसका न कोई पहले पुछत्तर था और न आज है। साहित्य को भी इस वर्ग से परहेज रहा है। दूर न जाकर, समकाल के हिन्दी साहित्य में ही झाँके; कुछेक रचनाकारों को छोड़कर सदियों से उपेक्षित इस 'जन' का कोई नाम लेवा नहीं है। यहाँ तक कि 'दलित' और 'स्त्री विमर्श' के पुरोधाओं में भी केवल 'अपनी डफली अपना राग' की भावना मूर्त्त हो रही है, जो साहित्य में वर्जित है, उन्हीं 'वर्जनाओं' को केन्द्र में रखकर प्रगतिशीलता की घुड़-दौड़ में सब शामिल हैं, और साहित्य की ऐसी-तैसी करने में जुटे हैं।

भूमण्डलीकरण का यह दौर तो पिछली सदी के अन्तिम दिनों/वर्षों में ही भारत और हिन्दी साहित्य में घुस आया था (देखें—काशीनाथ सिंह की 'कौन ठगवा नगरिया लूटल हो रामा' एवं संजीव की कहानी 'लिटरेचर') या यह कहना अधिक सही है कि पश्चिम की नकल पर भारत में इसका आयात कर लिया गया था। और मनुष्य का मूल्यांकन बाजार को केन्द्र में रखकर किया जाने लगा। ऐसा बाजार जहाँ सब कुछ विकाऊ है।

हमारे, कतिपय प्रगतिशील चिन्तकों ने स्त्री को देह मात्र माना, जिसे स्त्री-मुक्ति के नाम पर 'बिकाऊ माल' बना डाला। वैसे तो भूमण्डलीकरण के दौर में न कोई स्त्री है, न कोई दलित और उपेक्षित; वशर्त्ते वह बिकाऊ माल बन जाये। इस सन्दर्भ में सुधा अरोड़ा की राजेन्द्र यादव के सम्पादकीय 'एक और स्त्री विमर्श' (हंस, जून-2002) पर टिप्पणी मेरी धारणाओं की पोषक है—"आज बाजार ने तो स्त्री को देह तक रिड्यूस कर ही दिया है। स्त्री की अहमियत क्या है? महज एक देह।"...

स्त्री की देह, सबसे बड़ी बिकाऊ कमोडिटी बनकर हमारे घर में घुस आयी है'' ।... ''स्त्री विमर्श को लेकर न पश्चिम में कहीं कोई धुंध है, न भारत में। भारत में इस धुंध के प्रणेता आप बन रहे हैं और इस मुगालते में जी रहे हैं कि सदियों से दबी कुचली स्त्री-देह को आजाद करेंगे तो एकमात्र आप ही। जो काम फिल्मों में महेश भट्ट, मीडिया में स्त्री के साथ बाजार कर रहा है और जिसे स्त्रियों की एक खास जमात स्वयं सहमति देकर अपने आपको परोस रही है, वही काम साहित्य में एक जिम्मेदार कथा-मासिक का सम्पादक कर रहा है—लोलुपता और लंपटता को बौद्धिक शब्द जाल में लपेटकर सामाजिक मान्यता प्रदान करना।'' (कथादेश, अगस्त 2008, पृ. 31)

'नयी बोतल में पुरानी शराब' से मेरा मतलब यह है कि बदले युग के अनुसार आज का बहुप्रचारित 'भूमण्डलीकरण' वस्तुतः पूँजीवाद या यों कहें साम्राज्यवादी भावना और सिद्धान्त का पुनर्विकास है। 'साम्राज्यवाद' तभी पनपे-फूले-फलेगा जब उसके उपनिवेश बढ़ेंगे। 'उपनिवेश' वह क्षेत्र होता है जिसके दोहन से साम्राज्यवादी देश का आर्थिक विकास तो होता ही है, साथ ही 'दास' के रूप में प्राप्त जनशक्ति का भी मनमाना उपयोग किया जा सकता है। उपनिवेशों के निर्मिति में पहले व्यापार एक बहाना होता है, फिर धीरे-धीरे सेना का उपयोग करके उसे अपनी अधीनता स्वीकार करने के लिए विवश किया जाता है। हम अतीत के स्मरण को पुनरुत्थानवादी चेतना करार देते हैं, किन्तु आज हमें याद करना होगा व्यापार के लिए ईस्ट इंडिया कम्पनी का भारत आगमन, फिर इंग्लैंड के सैनिक शासन तथा भारतीय पराधीनता को; जिससे हमें किस प्रकार, कितनी कठिनाई और कितनी कुर्बानियों के बाद स्वाधीनता मिली? और यह भी याद करना होगा, जब अंग्रेजी नीति ने हमारे सारे कारोबार नष्ट किये, और भारत को अपने माल की खपत का 'बाजार' बनाया। शोषण के नये-नये शिकंजे का इस्तेमाल किया। परिणाम हुआ—मजदूर, श्रमिक, किसान, कारीगर सभी बेरोजगार हुए, भूख से बिलबिलाए, अनचाही मौत को गले लगाया। स्त्रियों का दैहिक शोषण हुआ।

'भूमण्डलीकरण' विकसित देशों, विशेषकर अमेरिका का एक नया हथकण्डा है, जिसके माध्यम से वह समस्त विश्व को अपने उत्पाद (प्रोडक्ट्स) की खपत का बाजार बनाकर, समूचे विश्व की पूँजी को अपनी बनाने की जुगत में है।

द्वितीय विश्वयुद्ध की समाप्ति के बाद अमेरिका अपने धन एवं सैनिक ताकत के कारण समस्त विश्व में एक शक्तिशाली राष्ट्र के रूप में उभरा और साम्राज्यवाद के सिद्धान्तों पर आधृत नीतियों के कारण उसे पूरे विश्व में अपनी सैन्य-शक्ति तथा अर्थ-व्यवस्था का डंका पिटवाने की चाहत हुई। यह तभी सम्भव था जब समस्त प्राकृतिक संसाधनों पर उसका कब्जा हो। इस कब्जे के लिए तथा आर्थिक वर्चस्व की रक्षा के लिए अमेरिका ने 1955 में 'विश्व बैंक' तथा 'अन्तरराष्ट्रीय मुद्रा कोष

की स्थापना करायी। इसके सदस्य तो और देश बने किन्तु पूँजीगत हिस्सेदारी के अनुसार ही उन्हें वोट देने का अधिकार मिला। सर्वाधिक वोटों तथा स्वहित रक्षार्थ 'वीटों' के साथ अमेरिका इस संगठन का संस्थापक सदस्य है। उसी की इच्छानुसार इन संस्थाओं के अध्यक्ष-पद का मनोनयन होता है। 'विश्व बैंक' और 'अन्तरराष्ट्रीय मुद्रा कोष' इस प्रकार अमेरिकी हित को ध्यान में रखकर 'तीसरी दुनिया' के देशों को विकास के लिए, गरीबी, भुखमरी से निपटने के लिए आर्थिक सहायता के रूप में कर्ज देते हैं। ये देश इन कर्जों को तो पाट नहीं पाए, हाँ! प्रच्छन्न रूप से वे अमेरिकी उपनिवेश में ही परिवर्तित हुए; उनकी नीतियों-निर्णयों का नियामक अमेरिका बना। और, आर्थिक दृष्टि से सबल अमेरिकी 'डालर' संसार की मुद्राओं के मूल्यांकन का प्रतिमान बना। इन संस्थाओं ने, या यह कह लें, अमेरिका ने समस्त विश्व के आर्थिक दोहन के लिए सार्वजनिक निगमों के स्थान पर कुछेक घरानों तथा निजी क्षेत्रों की कम्पनियों को प्रश्रय देना प्रारम्भ किया। इसका कारण था—श्रमिक संगठनों का वर्चस्व। सार्वजनिक निगमों के कर्मचारियों के संगठनों ने अपने श्रम का उचित मूल्य दिये जाने का दबाव बनाया, वे उचित श्रम-मूल्य वसूलने में सक्षम भी हुए। इससे एकमुश्त लाभ में कमी आयी। यह स्थिति सातवें दशक तक भारत में भी थी, जब ट्रेड-यूनियनों का डंका पिटता था; किन्तु अमेरिका तथा अन्य उन्नत राष्ट्रों की पूँजी-परक नीतियों तथा अपने हित-सिद्धि के लिए निजी कम्पनियों को प्रश्रय देने की प्रवृत्ति के कारण समूचे विश्व में श्रमिक संगठन कमजोर हुए। और रूस के राजनीतिक पराभव, विघटन तथा सैद्धांतिक पराजय से इन संगठनों को तगड़ा झटका लगा। रही-सही कसर पूरी कर दी, चीन की पूँजीवाद की ओर बढ़ने की प्रवृत्ति तथा अपने उत्पाद की बिक्री के लिए 'बाजारों' की खोज ने। साम्यवाद और समाजवाद के पराभव की शुरुआत ने अमेरिका को और शक्तिशाली बनाया। अमेरिकी छल-छद्म से लड़ने वाला कोई न रहा, अपितु अन्य देश उसके अनुगामी बने।

खुली छूट पाकर अमेरिका और ताकतवर तथा प्रभावशाली हुआ। विश्व पर शासन की उसकी आकांक्षाएँ और बलवती हुईं। उसके साथी देश भी उत्साहित हुए। और अपने माल की खपत हेतु समूचे संसार को 'बाजार' बनाने, पूँजी के दोहन में जुट गये। विश्व के और कई देशों को शामिल करते हुए अमेरिका तथा उसके साथ के देशों ने सन् 1995 में 'विश्व व्यापार संगठन' नामक संस्था की स्थापना की। इस संस्था के लक्ष्य थे—राष्ट्रीय सीमाओं को छिन्न-भिन्न कर मुक्त, नियंत्रणहीन व्यापार, मुद्रा तथा पूँजी बाजारों पर से सब नियंत्रणों की समाप्ति, करों में खास कर प्रत्यक्ष करों में कटौती, राज्य के खर्च में कमी तथा राज्यों द्वारा लागू किये गये आर्थिक नियन्त्रणों की समाप्ति, सार्वजनिक उद्योगों का निजीकरण, बहु-उद्देश्यीय कम्पनियों तथा निजी उद्यम की विश्व अर्थव्यवस्था के मंच पर राष्ट्रीय-राजकीय नियंत्रणों से मुक्ति, इनके साथ ही अरसे से चले आ रहे श्रमिक तथा मध्यवर्ग के कल्याण हेतु

आंशिक समतामूलक रुझानों की समाप्ति। इसके मुख्य अंगों को विचार के स्तर पर 'वाशिंगटन राय' कहा गया। तकनीकी स्तर पर इन नीतिगत परिवर्तनों का कारण कीमतों का सही निर्धारण तथा बाजार की कीमतों में होने वाले परिवर्तनों के आधार पर आर्थिक निर्णय की प्रतिबद्धता को बताया गया, ताकि वे अनुकूलता और विवेक-सम्मत हों। इन निर्णयों से किसी भी देश की पूँजी, दूसरे देश में जाने के लिए स्वतन्त्र बनी—अर्थात् पूँजी आवारा बनी जिसमें सहयोगी बनी टेक्नोलॉजी। अस्तु भूमण्डलीकरण के दो एक्सिस बने—पूँजीवाद और टेक्नॉलोजी। टेक्नोलॉजी अर्थात् मीडिया। मीडिया की मदद ने सट्टेबाजी को जन्म दिया; इससे एक स्थान की पूँजी दूसरे स्थान पर पहुँचने के लिए स्वतन्त्र हुई।

समूचे विश्व के राष्ट्रों की समानता के सिद्धान्त पर बनायी गयी उपर्युक्त संस्था की निर्मिति में प्रभावी भूमिका अदा करने वाली दुनिया की, विशेषकर अमेरिकी घरानों की या अमेरिकी समर्थन प्राप्त व्यापारिक कम्पनियों एवं उनके आर्थिक हितों ने इस समझौते की प्रक्रिया और प्रावधानों पर अपनी पकड़ बनाए रखी। भारत भी अमेरिकी आर्थिक हित और उसकी नीतियों की राह पर, समाजवाद को भुलाकर, चल पड़ा है। वह हेनरी किसिंजर जैसे मूलभूत प्रतिपादकों की घोषणाओं को भूल गया, जिसमें स्पष्ट रूप से कहा गया है कि भूमण्डलीकरण का असली स्वरूप अमेरिका का विश्वव्यापी वर्चस्व है। और इसके सहायक हैं—वे बहुराष्ट्रीय कम्पनियाँ जिनके नियन्त्रण में दुनियाँ की सारी पूँजी, औद्योगिक क्षमता, निर्यात के अधिकार तथा तकनीक ज्ञान-विज्ञान का बहुत बड़ा भाग है। अन्तिम दशक में उदारवादी सिद्धान्तों की आड़ में भारत ने भी अमेरिका की शरण ली; इन देशी-विदेशी कम्पनियों के लिए अपने द्वार ही नहीं खोले, अपितु नियमों को ताक पर रखकर उन्हें हर सुविधाएँ मुहैया करायीं। वैसे तो इतिहास यह बताता है कि हर युग में ऐसे घराने, निजी कम्पनियाँ/कारोबारी रहे हैं जो शासन-सत्ता की नीतियों को प्रभावित किया करते थे; किन्तु, आज! इन कम्पनियों की बाढ़ ने तो राजनीति का पूरा परिदृश्य ही बदल दिया है। सरकारों की जिन्दगी उनकी इच्छा पर निर्भर है। और, आज संसार के आर्थिक-वित्तीय कारोबार के बहुत बड़े भाग पर नियन्त्रण रखने वाली इन कम्पनियों के बीच ही समस्त कारोबार होता है, उसके लाभांश के हकदार राष्ट्र नहीं, इनके मालिक हैं।

अस्तु, भूमण्डलीकरण की नींव समाजवाद के मूल-मन्त्र समानता तथा हर एक की सहभागिता के सिद्धान्त को खारिजकर, व्यक्तिवाद के सिद्धान्त के धरातल पर खड़ी है।

इतिहास गवाह है कि सभ्यता के दौर में जब भी 'देश' या 'राष्ट्र' की संकल्पना आई होगी, तभी से एक देश द्वारा दूसरे देश को कब्ज़ाने, उसकी संस्कृति-सभ्यता को नष्ट कर अपनी संस्कृति थोपने, लूट-खसोट द्वारा उसके आर्थिक तथा प्राकृतिक संसाधनों पर कब्जा करने की प्रवृत्ति जन्मी होगी। वस्तुतः देशी-संस्कृति का विनाश

कर अपनी संस्कृति थोपने का प्रयत्न भूमण्डलीकरण या साम्राज्यवादी प्रवृत्ति की पहली शर्त है; और यह तभी सम्भव है जब राष्ट्रीय संस्कृति की संवाहक भाषा का विनाश हो। हम भूले नहीं होंगे जब अंग्रेजों ने भारत में स्थानीय भाषाओं की उपेक्षा कर अपनी भाषा—अंग्रेजी लादी। और अंग्रेजी के माध्यम से एक नयी शिक्षा नीति-पद्धति लागू कर भारतीयों को अपनी संस्कृति विसराने के लिए विवश किया। आज, वही अंग्रेजी, शिकागो या न्यूयार्क में अस्वीकृत हो चुकी संस्कृति लेकर आई है जो हमारे युवा-मन, विशेषकर नवयुवतियों को भटका कर अपनी गौरवपूर्ण संस्कृति से विलग कर, नयी संस्कृति-अमानवीयता से आप्लावित संस्कृति को अपनाने के लिए प्रलोभन दे रही है; जहाँ शरीर बिकाऊ है, आत्मा बिकाऊ है, बिकाऊ है—समूचा मानव अस्तित्त्व। संस्कृति के साथ ही मर रही हैं—भारतीय भाषाएँ। किन्तु भारत में स्थापित कम्पनियाँ, शासक-वर्ग, साहित्यकारों का कुनवा भूमण्डलीकरण के इस गुप्त एजेण्डे को लागू करने के लिए कृत-संकल्प है। इस गुप्त एजेण्डे से विकसित हो रही संस्कृति, जन-संस्कृति नहीं है, लोक संस्कृति नहीं और भारतीय संस्कृति तो बिलकुल ही नहीं। यह एक खास वर्ग-उच्च वर्ग-की संस्कृति है, जिसमें मानवता मर रही है, रागात्मक सम्बन्ध छिन्न-भिन्न हो रहे हैं; एकता और परस्पर सद्भाव पर हथौड़े के प्रहार हो रहे हैं। अंग्रेजों के प्रारम्भिक काल में अपनी संस्कृति तथा भाषा के पराभव के परिणाम को भारतेन्दु और प्रेमचन्द ने जाना-समझा, तभी तो वे सबसे पहले अपनी भाषा, संस्कृति और जातीय-देशी अभियान के जागरण का सन्देश देते हैं; तभी तो उन्होंने कहा था कि—(साहित्य) "वह देशभक्ति और राजनीति के पीछे चलने वाली सचाई भी नहीं, बल्कि उसके आगे मशाल दिखाती हुई सचाई है।" किन्तु आज के हिन्दी रचनाकार सिनेमा मीडिया का अनुसरण करते हुए राष्ट्रीय स्वतन्त्रता-अस्मिता के मूल्य पर प्रायोजित ढंग से आयातित संस्कृति और अंग्रेजी वाक्य-शब्द-पद हमें परोस रहे हैं; और आधुनिकता तथा उत्तर आधुनिकता का ढोल पीट रहे हैं।

भाषा और संस्कृति ऐसे तत्त्व हैं जो भूमण्डलीकरण-मार्ग के बड़े अवरोधक बन कर खड़े हैं; स्थानीय सहयोग से उनके पार जाया जा सकता है। और; इस स्तर पर सहयोग कर रहे हैं—साहित्यकार और उनका साहित्य। इस स्तर भी, वे प्रेमचन्द से आगे बढ़ने का दावा करते हुए भी, उनके मूल मन्त्र—"जनता कला का स्रोत है और उससे अलग रहकर महान साहित्य की रचना नहीं की जा सकती" (प्रेमचन्द)—को भूल गये हैं। सच तो यह है कि जनता की वकालत करने वाला जनवाद तथा उसके प्रति समर्पित लेखक 'जन' और 'आम' को भूलकर एक विशिष्ट मनुष्य जाति के सृजन में तल्लीन हैं—जो भूमण्डलीकरण के मूल सिद्धान्तों की पोषक है। उन्हें कतिपय अपवादों को छोड़कर इस दौर में आत्महत्या के लिए विवश किसान, भूख से बिलबिलाते, मरते मजदूर, स्त्री की तार्किक यथार्थ स्थिति, बेरोजगारों की भीड़ मरते छोटे शिल्प-उद्योग नहीं दिखाई दे रहे हैं, और नहीं दिखाई दे रही है भारतीय

भाषाओं की दुर्दशा, छोटे-छोटे समुदाओं की पहचान की कारक संस्कृति। इसे ही लक्ष्य कर प्रख्यात मार्क्सवादी चिन्तक और लेखक के. सच्चिदानन्द ने अपनी पीड़ा व्यक्त की है—"अब शायद कम्युनिस्ट पार्टी भी उस तरह का विकल्प नहीं रहा, क्योंकि वहाँ भी भ्रष्टाचार है, फंडामेंटलिस्ट फोर्सेस वाली पार्टियों से वे भी जुड़े हैं, पोजीशन बनाने के लिए-बिना किसी सिद्धान्त के नये-नये काट्रैक्ट्स को देखें, ग्लोबलाइजेशन और उपभोक्ता संस्कृति से लेकर पूँजीवादियों से भी बहुत तरह के समझौते कर रहे हैं। यह जो वामपंथियों का अपचय है, यह मेरे जैसे लोगों के लिए बाकी पार्टियों के अपचय से भी दुखद है।" (हंस, मई, 2003, पृ. 19)। सच्चिदानन्द जी की धारणा का नग्न रूप है—नन्दीग्राम और सिंगूर की घटनाएँ। वैसे यह अपवाद नहीं, पूरे देश में ऐसी घटनाओं की पुनरावृत्ति हो रही है। वामपन्थियों के अपचय को केन्द्र में रखकर नवें दशक के अन्त में सृंजय ने साहस किया था—'कामरेड कोट' 'कहानी के माध्यम से; किन्तु साहित्यकार अपरिचित नहीं होंगे—सृंजय पर प्रहार-तथा हस्र से। आज 'भूमण्डलीकरण' में 'लोक' या 'आम लोगों' को छोड़कर साहित्य की धारा को विशेष लोगों से जोड़ने का ऐसा प्रयास हो रहा है जहाँ हमारी निजी पहचान और विशिष्टता ही खत्म हो रही है—याद करें इक्कीसवीं सदी की देहरी पर लिखी गयी डॉ. रमाकान्त श्रीवास्तव की कहानी-'शताब्दी प्रवेश' (कथादेश) और आविद सूरती की कहानी 'कोरा कैनवास' (हंस)। वैसे हमारे रचनाकारों ने जन तथा 'आम' को गायब कर अमेरिकी सोच और उसकी जीवन शैली को ही आगे बढ़ाया है। यह एक ऐसा प्रयास है जहाँ राष्ट्रों का यथार्थ, मूल समस्याएँ और उसका वैशिष्ट्य साहित्य से लुप्त हो रहा है। और साहित्यकार भी मीडिया तथा सिनेमा की भाँति चटपटा माल परोसने और झूठ बुनने में मशगूल है।

इस सदी के प्रथम दशक में हिन्दी कथा-साहित्य अन्य साहित्यिक विधाओं को अपदस्थ कर केन्द्रीय विधा बन बैठा। इसका साथ दिया संस्मरण एवं आत्मकथा ने। कविता पीछे छूटी। और! कथा साहित्य में उपन्यास तथा कहानियाँ कितने छपे, इसकी गिनती भी कठिन और सबको पढ़ना भी असम्भव। और! सिद्धहस्त, बूढ़े आलोचकों की समीक्षाएँ भी न तो निष्पक्ष हैं, न ही प्रमाण। अस्तु, मैं यहाँ कुछेक रचनाओं की ही चर्चा करूँगा। ऐसी रचनाएँ जिनमें भूमण्डलीकरण का सत्य उजागर हुआ है, प्रतिरोधी शक्तिओं और सन्देश के साथ।

यह तो सच और स्वीकार्य तथ्य है कि सचमुच का साहित्यकार युग-चेतना को उपेक्षित नहीं कर सकता, क्योंकि वह उसी में जीता है, उसे ही भोगता है, और उसकी सच्चाई पर रोता है। 'रेहन पर रग्घू' काशीनाथ सिंह का एक ऐसा ही उपन्यास है जिसकी बुनावट में आधुनिकता, उत्तर आधुनिकता और भूमण्डलीकरण के ताने बाने का प्रयोग है, फैलाव है। और, इसमें है—सामाजिक यथार्थ; न कि केवल अपना भोगा हुआ यथार्थ। इसमें न तो कल्पित क्रान्ति है और न संगठन का लेखा-जोखा।

'होरी' की भाँति 'रग्घू' भी अपनी नियति को जीने-भोगने में एकाकी है। यह है–भूमण्डलीकरण का एक ऐसा यथार्थ–जहाँ व्यक्ति, अकेले तिल-तिल कर मरने के लिए विवश है; उसके अपने समाज की कोई हमदर्दी नहीं है, उसके साथ। उसकी रक्षा के लिए कोई संगठन भी नहीं।

'रेहन' एक ऐसा शब्द है, जिसकी त्रासदी प्रेमचन्द ने भी अनुभव की थी, काशीनाथ ने भी अनुभव की। आज बैंक और निजी संस्थाएँ भी निजी व्यक्ति की भाँति किसानों के दिये गये कर्जे के बदले उसकी जमीन को बन्धक बनाते हैं। जमीन-वस्तु किसी की, उपयोग किसी अन्य द्वारा-केवल चन्द रुपये देकर। यही तो मध्यवर्ग की विडंबना है–पहले वह सामाजिक मर्यादा झूठी शान-शौकत या अपनी अत्यन्त अपरिहार्य जरूरत को पूरा करने तथा बच्चों, पत्नी की इच्छाओं को पूरा करने के लिए रेहन पर चढ़ता है, और अन्त में थक-हार कर मूल्यों की विसात पर रेहन चढ़ता है तथा रघुनाथ सिंह से रग्घू बनने के मजबूर होता है।

इस उपन्यास का कलेवर तो बहुत छोटा है किन्तु कैनवास बहुत विशद है। मध्यवर्गीय स्वार्थ आकाँक्षाओं से लबालब रघुनाथ के लिए–उनके बेटों तथा बेटी का प्रगतिपथ पर आगे बढ़ना ही सामाजिक-प्रगति है। और इस प्रगति के लिए वे कंजूसी की हद तक जाते हैं; अनुशासन और उपदेशों की घुट्टी पिला-पिला कर बच्चों को बड़ा करते हैं किन्तु बड़े बनकर उनके बच्चे क्या अनुशासित रह पाते हैं? रघुनाथ के मूल्यों तथा उनकी मर्यादा-प्रतिष्ठा को आगे बढ़ा पाते हैं? यहीं से उपन्यास में त्रासदी की शुरुआत होती है। बड़ा बेटा संजय साफ्टवेयर इंजीनियर बनकर अपनी धन-लोलुपता तथा भविष्य को सँवारने के लिए माता-पिता के वचन-मर्यादा की उपेक्षा कर अपने प्रोफेसर के दबाव पर उन्हीं की बेटी से विवाह कर सीधे अमेरिका चला जाता है। रघुनाथ की यह पीड़ा दर्दनाक हादसे में तब बदलती है जब संजय से अपनी बेटी का विवाह न कर पाने में संजय नहीं स्वयं रघुनाथ को दोषी मानकर स्कूल मैनेजर छल-प्रपंच का सहारा लेकर रघुनाथ को बी.आर.एस. लेने के लिए विवश करता है।

रघुनाथ की दूसरी लालसा थी–बेटी सरला के अच्छे विवाह की। पहले तो दहेज रूपी दानव से उनका सामना होता है, किसी तरह उससे निपटने की हिम्मत जुटाते हैं, तो सरला द्वारा प्रेम की दुहाई देकर गाँव के ही पी.सी.एस. चमार से विवाह की माँग उनकी जिन्दगी का दूसरा हादसा बनता है। यहाँ सरला के अपने तर्क हैं–''आप दूसरों की शर्तों पर शादी कर रहे थे, यहाँ मैं करूँगी लेकिन अपनी शर्तों पर।... आप 'अतीत' और 'वर्तमान' से आगे नहीं देख रहे थे, हाँ मैं भविष्य देख रही हूँ जहाँ 'स्पेस' ही 'स्पेस' है। (तद्भव, जुलाई 6, पृ. 216)। जाति-व्यवस्था पर प्रहार, वैयक्तिक स्वाधीनता, और 'स्पेस' की चाह आधुनिकता, उत्तर आधुनिकता और उन पर आधारित भूमण्डलीकरण के मूल सिद्धान्त हैं, जो मानवीय मूल्यों, संस्कृति और नैतिकता आदि पर जोरदार हमला करते हैं।

धनजंय उनका एक और बेटा है, जो आज की शब्दावली में 'बिगड़ैल' संतान है। वह छल-छद्‌म तथा 'शार्टकट' रास्ता अपनाकर रातों-रात बड़ा आदमी बन जाना चाहता है। माँ और पिता का विरोधी धनंजय हर सम्बन्धों की नयी व्याख्या करता है, जहाँ सम्बन्ध नहीं, स्वार्थ की निकटता है। वह, ऐयाश जिन्दगी बिताने के लिए एक धनी नौजवान लड़की के. विजया की खोज करता है, जिसका पति एकाध-वर्ष पूर्व एक्सीडेंट में मर गया था। इतना ही नहीं, वह उसकी डेढ़ वर्षीय बेटी का पिता भी बन जाता है। धनंजय द्वारा मूल्यों की तिलांजलि रघुनाथ के लिए तीसरा हादसा है।

'होरी' की तरह 'रघुनाथ' को भी अपनी धरती तथा मर्यादा से मोह है, भतीजों के उत्पात, अपमान का सामना करने के लिए हर पिता की तरह वे भी अपने बेटों की ओर देखते हैं। किन्तु बेटे! वे तो जमीन को बेचकर हिस्से की माँग कर बैठते हैं। और! रघुनाथ की दृष्टि में तो धरती 'माँ' है, क्या माँ को भी बेचा-बाँटा जा सकता है? 'बुढ़ापे की लाठी' भी उनके हाथ से छटकती है—यह है चौथा हादसा।

काशीनाथ सिंह प्रेमचन्द से भी एक कदम आगे बढ़कर उस पीढ़ी की संवेदनाओं से भी टकराते हैं, जो आज अपनी 'निर्मिति' द्वारा उपेक्षित है, बेसहारा, असुरक्षित जिन्दगी जीने के लिए विवश है; यह है बूढ़ों की जमात। 'यद्यपि' चीफ की दावत 'बूढ़ी काकी' या 'छप्पन ताले का करधन' जैसी गिनी-चुनी रचनाओं में इस संवेदना को स्वरूप दिया गया है, किन्तु आज की स्थिति बिलकुल भिन्न है। बच्चों को आधुनिक सुविधा देने की गरज से गाँव से विस्थापित होकर आए माता-पिता 'अशोक विहार' कालोनी में अपनी बुढ़ौती बिताने के लिए अभिशप्त हैं। और! भू-माफियाओं द्वारा निर्मित इस कालोनी में बूढ़े मकान-मालिकों की हत्या—मकान पर कब्जे की बारदातें आम बात है। यह है—भारत का नया शहर। जहाँ शासन-प्रशासन भी माफियाओं के कब्जे में है, या मददगार है। ऐसी ही कालोनी में अपनी जीवन रक्षा के लिए रघुनाथ भी तथाकथित बहू की शरण में आते हैं; किन्तु क्या वे सुरक्षित हैं? नहीं, इस नियति से साक्षात्कार के बाद निश्चिन्त मन वे उस राह पर चल पड़ते हैं जिससे वे अपने भतीजों के षड़यन्त्रों का उन्हीं की शैली और भाषा में उत्तर दे सकें।यह रघुनाथ के जीवन का अन्तिम हादसा है—जय-पराजय की भावना से दूर, मृत्यु को धता बताकर, मगन चेहरे के साथ वे अपहृत होते हैं, जैसे तीर्थाटन पर जा रहे हों।

इस उपन्यास में आज का गाँव भी है, शहर भी। गँवई मानसिकता विशेषकर किसानों के छल-छद्‌म की परत-दर-परत खोलते काशीनाथ सिंह छोटी-बड़ी जातियों के संघर्षों, सम्बन्धों में पड़ती दरार, मरती मानवीय संवेदनाएँ, विकास की ओर बढ़ते-बदलते गाँव, युवा-पीढ़ी के भटकाव के यथार्थ-परक चटक रंग तो प्रस्तुत करते ही हैं, भूमण्डलीकरण के मूलमन्त्र 'पूँजी' के एकत्रीकरण से बदलते परिदृश्य, शहरीकरण के विस्तार के कारण कृषि जमीनों के ह्रास के साथ शहर में बढ़ती असुरक्षा, उसके कारकों तथा परिणामों की ओर भी वे इशारा कर जाते हैं। यह उपन्यास मजदूरी

के लिए हलवाहों की एकजुटता तथा बजरंगी सिंह उर्फ छब्बू पहलवान द्वारा ढोला के दैहिक शोषण के विरुद्ध दलित वर्ग की एकता जहाँ दलित विमर्श को एक क्रान्तिकारी राह देता है; वहीं 'सोनल' तथा 'सरला' की प्रस्तुति द्वारा स्त्री विमर्श के लिए भी एक राह का संधान करता है। उपन्यास की आत्मा 'कथारस' के संयोजन में काशीनाथ जी माहिर हैं, इस हेतु गाँव एवं शहर की अनेक उपकथाओं को मूल कथा के साथ पिरोया गया है जहाँ बहुत कुछ अनकहा, कहा बन जाता है–'सौंह कहें भौंहनि हँसे....'–द्वारा।

किसान जीवन की बदहाली पर 2007 में प्रकाशित राजू शर्मा का उपन्यास 'हलफनामें' किसानों की आत्महत्या और पानी की समस्या पर केन्द्रित है। इसमें कथन की बहुस्तरीयता ध्यानाकर्षक है।

वस्तुतः भूमण्डलीकरण से सर्वाधिक प्रभावित है–भारतीय किसान। उनकी जमीनों का अधिग्रहण कौड़ी के मोल पर हो रहा है, कहीं सड़क के नाम पर, कहीं कल-कारखानों या शहर के निर्माण पर। और, उसे अपनी खेती के लिए उचित दर पर न खाद-पानी, बिजली, दवाईयाँ मिल रहीं है, न अपने उत्पाद का मैक्जिमम मूल्य। कर्ज की सरकारी नीतियों तथा इसमें विचौलिए दलालों के कमीशन ने उसे निरन्तर गरीबी-भुखमरी की ओर धकेला है। इससे ऊबकर आत्महत्या का विकल्प ही उसे सरल-सहज दिखाई देता है। इसी समस्या और उससे संवेदित होकर इस वर्ष के प्रारम्भ में ही एक और उपन्यास आया–'आखिरी छलांग।' किसानों की इस विपन्नता के कारकों में खेती एक कारक तो है, किन्तु अनेक अन्य कारक भी हैं। दहेज की समस्या, ऋण-नीति के दोष, निरक्षरता, वर्ग भेद के साथ बच्चों को इंजीनियर-डाक्टर बनाने का स्वप्न देखने वाले मध्यवर्गीय ग्रामीण माता-पिता की तार-तार होती मनोदशा का दस्तावेज है–यह उपन्यास।

शिवमूर्ति खाँटी गँवई कथाकार है। इस उपन्यास की रचना के समय उनकी निगाह (उन्हीं का कथन-नया ज्ञानोदय, जनवरी 8, पृ. 110) प्रेमचन्द की असफलताओं पर है–अर्थात् सामान्य का अद्‌भुत चित्रण। वस्तुतः इन असफलताओं के पार जाकर वे त्रासदी नहीं सुखांत की भी रचना करना चाहते हैं, शोषकों से दो-दो हाथ करना चाहते हैं। ऋण अदायगी में असफल समूची जायदाद की नीलामी के चलते पांडे, बाबा आत्महत्या कर लेते हैं, किन्तु पांडे बाबा की बरखी पर आयोजित सभा से लौटकर अपनी ही सरकार की किसान विरोधी नीतियों से संघर्ष के लिए 'पहलवान' भी सुराजी आन्दोलन-कर्ताओं में अपना नाम लिखाने का निश्चय करते हैं और सभी चिन्ताओं से एक बारगी मुक्त हो उठते हैं–"सारी चिन्ता झोंको भाड़ में। खेत रेहन होने की चिन्ता। बेटी के व्याह की चिन्ता। बेटे की फीस की चिन्ता। ट्यूबवेल के बिल की चिन्ता। सब को झोंको भाड़ में।" (नया ज्ञानोदय, जनवरी 08, पृ. 106)। मेरी अपनी दृष्टि में यह चिन्ता-मुक्ति उत्तर आधुनिकता की भाषा में छद्‌म यथार्थ

है। यह सम्भव ही नहीं कि किसान या कोई सामान्य व्यक्ति चिन्ता-मुक्त हो उठे।

किन्तु, भूमण्डलीकरण का एक पक्ष है—किसान-त्रासदी। अन्य पक्षों पर शिवमूर्ति की चुप्पी उन्हें एक खास परिवेश के कथाकार का दर्जा देती है। मैं तो यह नहीं मानता कि ग्राम्य-जीवन ही उनकी सीमा है, किन्तु कारण क्या है—इस चुप्पी का? कहाँ है—मिटती संस्कृति, मरती भाषा, अपनी पहचान खोता गाँव और बदलता शहर? प्रेमचन्द में तो यह सब है, सबकी पीड़ा है। शिवमूर्ति का यह कथन सही है कि "यथार्थ बदल रहा है—कल का यथार्थ कुछ था आज का कुछ और है"; किन्तु क्या बदलता यथार्थ—आखिरी छलांग में है? केवल एकाध मूल्य-भंजक प्रसंग ही हैं—यथा-बछड़े की बिक्री वह भी कसाई के हाथ। और है-आन्दोलन की राह पर बढ़ते किसान।

प्रेमचन्द जैसा ऐतिहासिक, सामाजिक तथा आर्थिक विश्लेषण भी तो नहीं है—इस उपन्यास में। हाँ! पाड़े बाबा की आत्महत्या वाले प्रसंग में बाबा तुलसीदास के कथन—"ग्रामीणों में आत्महत्या की प्रवृत्ति नयी लग सकती है लेकिन पहलवान को लगता है वह इतनी नयी भी नहीं है।....बाबा तुलसीदास भी अपने समय में इसका कारण सम्पत्ति का नष्ट होना बता गये हैं"—का स्मरण उनकी इतिहास दृष्टि का संकेतक है और इससे यह बात सामने आती है कि समस्या की जड़ें पुरानी हैं, उनसे संघर्ष के लिए भी इतिहास और परम्परा की जरूरत है। यह उद्‌घोष कहीं-न-कहीं भूमण्डलीकरण के विरुद्ध आन्दोलन की भूमि तैयार करता है; और उन्हीं के शब्दों में इसके लिए आवश्यक है—गाँधी, नेता जी सुभाष जैसा सुराजी संगठन, ऐसा संगठन जैसे जमींदारों के खिलाफ किसान को लामबन्द होने के लिए इस धरती से बाबा रामचन्द्र ने पुकारा था।

आज की बदलती ग्रामीण मानसिकता के बावजूद इस उपन्यास में ग्राम्य संवेदना, ग्रामीण-संस्कृति सुरक्षित है, और सुरक्षित है—नाते-रिश्ते के, पति-पत्नी के सम्बन्ध, किसानों के सौहार्द्र पर दुख-कातरता-और सब मिलाकर मानवीयता की भावना। शायद यह ऐसा अकेला गाँव है—जो किसानी पीड़ा संत्रास छोड़कर अन्य सन्दर्भों में भूमण्डलीकरण के प्रभाव से अछूता है।

'काला पहाड़' के पश्चात 'बाबल तेरा देश' में भगवानदास मोरवाल मेवाती संस्कृति की पोल खोलते हैं। यह एक वृहदकाय उपन्यास है। प्रमुख पात्र जैतून की बूढ़ी हो रही जड़ों के तने, डालों और टहनियों में उपन्यास विकसित होता है। अनुषंग में नाई असगरी, हिन्दू कुम्हार बत्ती तथा पुरोहित सोनदेई का परिवार है। हिन्दू-मुसलमान के बीच भाई-चारे के प्रतीक इस मेवाती समाज में यदि ढोंगी पात्र नसीब खाँ हैं तो धनसिंह, रामचन्दर जैसे सहृदय पात्र भी हैं। यद्यपि इसकी मुख्य कथा का आधार मेवात के हाजीमल की हवेली में घटित घटनाएँ हैं, किन्तु अपने प्रतीक और प्रत्यय में यह पूरे गाँव ही नहीं समूचे देश को लेती है; जहाँ मुसलमान हैं,

हिन्दू हैं, और सवर्ण तथा पिछड़े भी। बेटी के प्रति उपेक्षा का भाव कल भी समाज का सत्य था, आज भी है; कारण केवल दहेज ही नहीं, अन्य कारण भी इसके पीछे हैं। फलस्वरूप वे अभाव और पिछड़ेपन को ढोती अपनी इच्छाओं/स्वप्नों को दफन करने के लिए विवश हैं। इसके विरुद्ध आवाज उठाती है शकीला जैसी बाहर से आई स्त्री की-वीरवाणी। वह यह अनुभव करती है कि शिक्षा ही इन्हें जागृत कर सकती है; इसलिए वह पढ़ाना शुरू करती है। कुछ औरतें सीमाओं का अतिक्रमण करना चाहती हैं किन्तु अवरोधक बनते हैं—कहीं पति, कहीं पिता, कहीं भाई, कही श्वसुर, ताऊ, बहनोई या ऐसे ही अन्य नातेदार। हाथ में लाठी लिए ये पहरेदार पुरुष वर्चस्व को खत्म नहीं होने देना चाहते। अर्थात् जो सुविधाएँ हैं या इच्छाओं की कद्र है वह केवल बेटों के लिए। सभी धर्मग्रन्थों का भी तो यही फतवा है, यह अलग बात है कि हिन्दू धर्मग्रन्थ में नारी की पूजा तथा उसे देवी लक्ष्मी मानने का निर्देश है; पर जड़ समाज का विरोध कैसे करेंगे? होता भी यही है, शकीला न तो अपने पति में बदलाव कर पाती है और न ही पशुओं की तरह व्याह दी जाने वाली लड़कियों और बहुओं की तकदीरों को बदल पाती है।

वस्तुतः इस उपन्यास के केन्द्र में है—स्त्री-मुक्ति की लड़ाई। यह मुक्ति अभियान अपने से तथा अपने घर परिवार से है। प्रश्न उठता है कि उस-समाज से वह मुक्ति की लड़ाई कैसे लड़े? जिसमें पुरुष नारी को भोगने—सीधे नहीं तो बलात्कार द्वारा भोगने को अपना मौलिक अधिकार मानते हैं। और इस व्यभिचार-बलात्कार में पूज्य रिश्ते भी बाधक नहीं बनते, चाहे पारो हो या जुम्मी अथवा सबीना।

इस उपन्यास में हिन्दू-मुसलमान की सामासिक संस्कृति का प्रतीक है—एक ऐसा मन्दिर-जिसके बारे में पता नहीं यह मसजिद रहा है या मन्दिर और पुजारी लालदास हिन्दू हैं या मुसलमान; फिर भी यह लालदास के मन्दिर के नाम से जाना जाता है; जहाँ पुजारी हिन्दू, प्रसाद बाँटने वाला है—मुसलमान करीम मियाँ। बाबा की जोत के नाम पर बकरे की बलि में भी दोनों वर्गों की सहभागिता देखी जा सकती है। हाँ, इस सामासिक संस्कृति में फाँक पैदा करने वाले भी हैं। आज तो नहीं, कल ये तत्त्व सबल हो सकते हैं।

भूमण्डलीकरण के शोर-शराबे से दूर, उत्तर-आधुनिकता के छल-छद्म से परे हटकर इस उपन्यास में एक साथ कई विमर्श अपना स्वरूप पाते हैं। स्त्री-विमर्श, दलित विमर्श, अल्प संख्यक और साम्प्रदायिकता के विमर्श को सीधे जमीन से उठाकर अन्तर्सम्बन्धों की परत-दर-परत खोलते हैं—मोरवाल। आज के सन्दर्भ में वस्तु शैली और शिल्प के धरातल पर यह एक श्रेष्ठ उपन्यास सिद्ध होता है। और, इकसठ वर्ष की स्वतन्त्रता के पश्चात् स्त्रियों-दलितों के पिछड़ेपन, अशिक्षा आदि के सन्दर्भ समाज और राष्ट्र के कर्णधारों को कटघरे में खड़ा करते हैं।

प्रथम दशक में और भी उपन्यास आए। सबकी चर्चा तो सम्भव नहीं किन्तु

इनमें हृदयेश का 'किस्सा हवेली' और राधावल्लभ त्रिपाठी का 'विक्रमादित्य कथा' विशेष उल्लेख्य है। दूधनाथ सिंह का 'आखिरी कलाम' एक खास वाद-समर्थकों द्वारा अत्याधिक सराहा गया; केवल इसलिए कि इसका केन्द्र-बिंदु-प्रयोजित हिन्दू साम्प्रदायिकता-है। वैसे भी एक खास विचारधारा के लेखकों ने गोधरा की घटना के बाद एकपक्षीय निर्णय, छद्म-यथार्थ का सहारा लेकर कहानी और उपन्यास के क्षेत्र में हिन्दी साहित्य का खजाना भरा; और धर्म निरपेक्षता को एक नया मोड़ दिया। इसके पाठक भी इसी वर्ग के हैं।

कथा-साहित्य की दूसरा शाखा कहानी में भी या तो गोधरा की घटना का प्रदूषण कहानी के आकार में सामने आया या नग्न औरतों का तथा रोज विस्तर और पुरुष बदलती स्त्रियों का चित्रण किया गया—स्त्री-विमर्श के नाम पर। अथवा इन सबसे अलग हटकर भूमण्डलीकरण के वशीभूत हो विदेशी पुरुष चरित्रों पर कहानियाँ लिखी गयीं। वस्तुतः भूमण्डलीकरण के दौर में स्त्री बाजार में सबसे बिकाऊ माल बनी। दुख इस बात का है कि न तो दीन-हीन मजदूर, न किसान, न ही भूख-प्यास से बिलबिलाती जनता इनकी दृष्टि में है, और न ही टूटता गाँव और कराहती संस्कृति तथा प्रदूषित हो रही भाषा।

इस दौर में कहानी के क्षेत्र में नयी पौधों को प्रोत्साहित किया—पहले 'वागर्थ-ने फिर 'नया ज्ञानोदय' ने। इनमें कुणाल सिंह, नीलाक्षी सिंह, सोनाली सिंह, चन्दन पाण्डेय आदि के नाम उल्लेख्य हैं। चन्दन पाण्डेय की कहानी 'सिटी पब्लिक स्कूल' एक नये कथा-बन्ध पर आधृत है। निश्चय ही वस्तु के धरातल पर यह नयी खोज है, किन्तु क्या यह एक काल की सीमा के बाद भी यादगार बनी रहेगी। पंखुरी सिन्हा की कहानी 'सवालों के घेरे में' भूमण्डलीकरण के एक एक्सिस इलेक्ट्रॉनिक मीडिया की सचाई उजागर करती है—कि यह तन्त्र कैसे अपने सरोकारों को सनसनी में बदलकर खबरों की नयी परिभाषाएँ गढ़ रहा है। कुणाल सिंह की 'डूब' एक पुरानी और आज अप्रासंगिक बनी कथा—'विभाजन की त्रासदी'—सम्बन्धी पीड़ा पर आधृत है।

भूमण्डलीकरण के दौर की एक मान्यता है—बहुराष्ट्रीय निगमों के विस्तार और निजीकरण के विकास के चलते भारतीय युवकों को विदेशों में नौकरी के अच्छे अवसरों की भरमार, किन्तु सच और कुछ है। प्रभात रंजन की कहानी 'जानकी पुल' ('पहल'-नवम्बर-दिसम्बर 2007)—सूचना प्रौद्योगिकी के समुन्नत उपकरणों पर कार्य करने वाले समाज की विसंगतियों पर व्यंग्य है। विश्वग्राम की अवधारणा का प्रतीक ई-मेल के जरिए नन्दू भाई रिश्तेदारी निभाते हैं। कहानी जीवन से कट कर फार्मूलाबद्ध हुई। यथा—वाचक और इला चतुर्वेदी का प्रेम-प्रसंग। मान्यताओं और धारणाओं पर पकड़ तो है, किन्तु समय पर नहीं।

मिथिलेश प्रियदर्शी की कहानी—'लोहे का बक्शा और बन्दूक'। बेदर्द फर्जी मुठभेड़ों की दर्दनाक सचाई है। यह शासक-वर्ग की काहिली और संवेदनहीनता की

दास्तान है; जिसमें एक नौजवान सिपाही मारकुश एक उत्पीड़ित आत्मा का प्रतीक बन जाता। 'आतंकवाद' इस कहानी की कथा भूमि है। इस दशक की उपलब्धि है—कैलाश वनवासी का कहानी संग्रह—'बाजार में रामधन'। अखिलेश का 'अँधेरा', उदय प्रकाश की कहानियाँ—'मोहनदास' और 'मैंगोसिल'। 'मोहनदास' में अस्मितावादी विमर्श है तो 'अँधेरा' में साम्प्रदायिकता और दलित सरोकारों पर चिन्ताएँ, 'मोंगोसिल' में प्रेम के सहारे देह तक पहुँचने की प्रक्रिया है।

कविता के क्षेत्र में भी कुछ अच्छी कविताएँ सामने आयी हैं। पंकज राग की लम्बी कविता 'शहर दर शहर' दिल्ली पर लिखी गयी कविताओं में विलक्षण है। इस कविता में भूमण्डलीकरण का यथार्थ तो है किन्तु भाषा—पूर्णतया अभिधात्मक है—

उपनिवेशों में प्रेम हमेशा उपयोगी होना चाहिए।
मुनाफे के लिए ऊपर के होठ को कड़ा रखना चाहिए।
साम्राज्यवाद पूर्णतः मर्द होना चाहिए।
और दिल्ली के हुनर बाजार नहीं, बूढ़ी तवायफों के कोठे थे।
(तद्भव-अंक 16, जुलाई-07, पृ. 139)

सीरी फोर्ट आडीटोरियम में अन्तर्राष्ट्रीय फिल्म समारोह चल रहा है...
जब काकटेल्स की छलकती रंगीनियाँ सूखने लगती हैं
और हयात या शांगरीला से निकले मल्टीनेशनल धनाढ्यों की भाषा को हिचकियाँ आने लगती हैं।....
उस वक्त रेडियो मिर्ची या एफ.एम. जो हिंगलिश का लटकेदार प्रलाप होता है।
(शहर दर शहर, वही, पृ. 135)

आत्मकथ्य के कारण इसमें सरलता तो है, किन्तु इतिहास बोध के कारण जटिलता है।

ब्रजेश कानूनगो—'ग्लोबल' प्रोडक्ट' नाम की कविता के साथ सामने आते हैं, जहाँ मरती संवेदना और मानवता अपना आकार पाती है—

बड़ा ही स्मार्ट है वह...
और संवेदनशील इतना कि तनिक सी घट-बढ़ से
बढ़ जाती है उसके दिल की धड़कन
यह बड़ा अच्छा है कि
कारखाने से निकाले गये मजदूरों का दुख
नहीं करता उसे स्पंदित
जहर पीकर आत्महत्या करने वाले
किसानों की संख्या, व्यर्थ नहीं जाती उसकी मेमोरी
बाँध से प्रभावित विस्थापितों की पीड़ा
प्रभावित नहीं करती उसकी आत्मा को। (कथन, जनवरी-मार्च 08, पृ. 45-46)

यहाँ, अमानवीयता तो उजागर ही है, साथ ही संस्कृति पर होते प्रहार का चित्र भी उपस्थित है।

कविताएँ और भी लिखी गयी हैं, कुछेक बहुत अच्छी हैं, किन्तु मेरी और इस आलेख की एक सीमा है। एक बात बहुत स्पष्ट है कि कथा साहित्य हो या कविता दोनों फार्मूलाबद्ध अधिक है। और वे सब या तो केन्द्रित हैं—मध्यवर्ग पर या युवा पीढ़ी विशेष कर—स्त्रियों पर अथवा 'दलित विमर्श' पर। निम्न वर्ग एवं हाशिये के लोग उपेक्षित हैं।

डॉ. बच्चन का काव्य : अनुभूत संघर्ष का गान

हिन्दी कविता के अवसान के बाद छायावाद को एक नयी दिशा प्रदान करने वाले कवियों में दिनकर, अज्ञेय, नरेन्द्र और अंचल की सरणि के कवि हैं—डॉ. हरिवंश राय बच्चन। 'तेरा सहारा' (1932) के पश्चात् 1933 (प्रकाशन-1936) में वे 'मधुशाला' के माध्यम से हिन्दी जनता के बीच आए। और उनका यह आगमन हिन्दी काव्य-मंच पर अपनी जबर्दस्त उपस्थिति दर्ज कराता है।

डॉ. बच्चन ने उमर खैयाम की रूबाइयों को उमर खैयाम की भाषा में नहीं पढ़ा-गुना था। उन्होंने तो अंग्रेजी में अनूदित 'फिट्जेराल्ड' के 'पाठ' को हिन्दी में आत्मसात कर हिन्दी में प्रस्तुत किया। 'मधुशाला' (1933-34) या 'मधुबाला' (1936) और 'मधुकलश' (1936) तक, बल्कि यों कहें कि 'निशा निमन्त्रण' (1938) तक वे स्वप्न लोक में उड़ते रहे। यह अलग बात है कि जितनी लोकप्रियता और मंचीय प्रतिष्ठा उन्हें 'मधुशाला' से मिली उतनी अन्य रचनाओं से नहीं। सच यह है कि 1940 के पश्चात् ही वे साहित्यिक जगत में अपनी कविताओं के माध्यम से पहचान बना पाए। वैसे उन्हें हिन्दी समालोचक साहित्यकार मानते ही नहीं। यह, अलग बात है कि उनकी ये कविताएँ ही उन्हें उत्तर छायावादी कवि के रूप में प्रतिष्ठित करती हैं। सम्भवतः उनका यह विकास विलियम बटलर ईट्स के रूप में ही हुआ।

ईट्स बच्चन के सबसे अधिक पसंदीदा कवि रहे हैं। स्वयं उन्होंने उनकी कविताओं का अनुवाद किया। पर 'मधुशाला' की भाँति ही यह अनुवाद भी अनुवाद नहीं मौलिक प्रतीत होता है। अनुवादक जब अनुवाद की जाने वाली रचना को स्वयं में जीता है, भोगता है, तब वह मूल से तादात्म्य स्थापित कर नयी भाव-भंगिमाओं और जीवंत भाषा के सहारे एक ऐसी अनूदित कृति प्रस्तुत करता है जो मूल रचना से भी श्रेष्ठ बन जाती है। बच्चन और ईट्स में कई स्तर पर समानता दिखाई देती है। बच्चन ईट्स के अनूदित साहित्य के पूर्वाख्यान में जाने अनजाने कविता के लिए अपना स्वीकृत मानदण्ड प्रस्तुत कर जाते हैं।

कविता के लिए 'प्रज्ञा' की साधना और उपलब्धि को वे आवश्यक मानते हैं। और यह 'प्रज्ञा' श्रम, स्वाध्याय गहन अनुभूति तथा अभ्यास और अटूट संघर्ष के पश्चात प्राप्त होती है। बच्चन के स्वाध्याय के बारे में इतना ही कहना है कि

उन्होंने प्राचीन वाङ्मय का गहन अध्ययन किया था। श्रीमद्‌भगवत गीता, रामचरित मानस आदि का उन पर गहरा प्रभाव था। वे एक संघर्षशील व्यक्तित्त्व के पर्याय थे। चाहे वह नौकरी का क्षेत्र हो अथवा घर परिवार का। स्वाध्याय, श्रम, अभ्यास और संघर्ष ने उन्हें जीवन—जगत की पूर्णतया नयी, छायावादी कवियों से अलग, बिलकुल टटकी अनुभूति से सम्पृक्त किया। यही गहन और नयी अनुभूति उन्हें उत्तर छायावादी कवि बनाती है। ये अनुभूतियाँ दिखाई देती हैं उनकी 1940 के पश्चात की रचनाओं में। आकुल अन्तर (1940-2), सतरंगिनी (1942-44), बंगाल का अकाल (1943), हलाहल विष (1945), खादी के फूल (1940), मिलन यामिनी (1949), प्रणय पत्रिका (1954), आरती और अंगारे (1946), बुद्ध और नाचघर (1946), त्रिभगिंमा (1960), चार खेमे चौंसठ खूटे, गाँधी बहुत बीते, कटी प्रतिमाओं की आवाज, उभरते प्रतिमाओं के रूप, जाल समेटा आदि रचनाएँ इसकी प्रमाण हैं।

अपनी रचना प्रक्रिया को स्पष्ट करते हुए वे स्वीकार करते हैं—"मैं गहरे मानसिक-तनाव से ग्रस्त रहता हूँ। एक तरफ मुझे आस्तिक श्रद्धाशील संस्कार मिले हैं, दूसरी तरफ मुझ पर 'नेशनलिज्म' का...तर्क संगत बुद्धिवाद का भी गहरा प्रभाव है। इसी द्वन्द्व में मैं रह गया, एक ही बात को पूरी तरह नहीं मान सका। मेरी कविताओं में इसीलिए इन दोनों भावों के प्रचुर प्रमाण मिलते हैं। 'प्रार्थना मत कर मत कर' भी इतनी गहराई से लिखा गया गीत है, जितनी आस्था से यह पंक्ति लिखी गयी थी—'काम तुमने जो कराया कर गया', 'जो कुछ कहाया कह गया'। वे यह भी कहते हैं कि मेरी प्रारम्भिक रचनाएँ मुझे समझने के लिए कुंजी का काम कर सकती हैं। उनमें अभिव्यंजना की सचाई हो सकती है, पर उनमें प्रयुक्त भावों, प्रतीकों को मैंने अलग-अलग सन्दर्भ में दुहराया है।" ('उत्तर प्रदेश' पत्रिका फरवरी 2003 प्रो. विष्णुकांत शास्त्री के सस्मरण से पृ. 6)

निश्चय ही पत्नी श्यामा की लम्बी बीमारी और फिर मृत्यु ने बच्चन को तोड़ा है। 'निशा-निमन्त्रण', 'एकान्त संगीत', 'आकुल अन्तर' में यद्यपि बच्चन का व्यक्तिगत दुख व्यंजित है पर बच्चन का यही व्यक्तिगत दुख सबका दुख बनता है और बच्चन सबके दुख के गायक बनते हैं—

मुझसे मिलने को कौन विकल?
मैं होऊँ किसके हित चंचल?

यह प्रश्न शिथिल करता पद को, भरता ऊसर में विह्वलता।

'निशा-निमन्त्रण' तथा 'एकांत संगीत' में जीवन की निःसारता की गहरी प्रतीति ही 'आकुल अंतर' में भी विकसित है। वाल्मीकि की कथा ही पंत की वाणी में भी प्रस्फुटित है—'वियोगी होगा पहला कवि आह से निकला होगा गान...वहीं बही होगी कविता अनजान।'

जीवन प्रकाश जोशी को लिखे अपने पत्र में बच्चन यह स्वीकार करते हैं—"शब्दों

में कवि होने के पूर्व मैं जीवन में कवि बन गया था।'' पत्नी, पिता की मृत्यु, घर का अर्थाभाव, अध्ययन का व्यवधान, बनारस में बी.टी.सी. का प्रशिक्षण फिर प्राथमिक पाठशाला की नौकरी आदि ने न तो उन्हें जीने का शकून दिया, न मरने का। पत्नी के रहते हुए तथा युवक होते हुए भी प्रकृति की मार ने उन्हें वैरागी का जीवन बिताने के लिए विवश किया। साहचर्य और प्रेम की भूख, रोटी के भूख से अधिक जबर्दस्त होती है। उनकी यह भूख अति यथार्थ रूप में उनकी प्रारम्भिक कविताओं में अपना आकार पाती है।

संघर्ष, संत्रास, कुंठा और अभाव की मार ने उन्हें संसार को अपनी निगाहों से देखने-भोगने को विवश किया। उन्होंने पाया कि संसार उन्हीं की तरह नियति के हाथों का खिलौना है। इस विवशता से उनका अनुभव संसार बढ़ा और यही अनुभव उनकी परवर्त्ती कविताओं का प्राण है। वे स्वयं स्वीकार करते हैं–''उसमें जो कुछ कटु अनुभव हुआ, वह इतनी तीव्रता तक पहुँचा कि किसी प्रकार की अभिव्यक्ति मेरे लिए स्वाभाविक हो गयी–शायद इसी ने मुझे कवि बनाया।'' (जीवन प्रकाश जोशी को लिखा गया पत्र 'मैं जीवन की हर हलचल से')।

वस्तुतः आजीवन संघर्ष ने उन्हें तोड़ा-मरोड़ा पर इसी संघर्ष ने उन्हें निखारा भी। ऐसी स्वाभाविक स्व-अनुभूत गायकी का गुण दिया जो न तो दिनकर में है, न अज्ञेय में, न अंचल में, न ही नरेन्द्र शर्मा में। यदि है भी तो बहुत स्पष्ट नहीं अत्यन्त बारीक धागों की तरह पिरोया गया है। अपनी अन्तिम कविता 'जाल-समेटा' में उनकी रचना प्रक्रिया पर प्रकाश पड़ता है–

मैं जीवन की हर हलचल से/कुछ पल सुखमय/अमरण-अक्षय/
चुन लेता हूँ।
मैं जग के हर कोलाहल में/कुछ स्वर मधुमय/उन्मुक्त अभय/
सुन लेता हूँ।
हर काल कठिन के बन्धन से ले तार तरल/कुछ मुद मंगल/
मैं सुधि पट पर/बुन लेता हूँ। (वही, पृ. 12)

यह यथार्थ, संघर्ष का स्वरूप अनेक कविताओं में प्रस्तुत है। 'कुम्हार का गीत' ऐसी ही कविता है–

चाक चले चाक।
जीवन दो फाँक/...आधे में रोदन है, आधे में राग।
अम्बर दो फाँक/आधे में हंस उड़े, आधे में काक।
...आधे में नीम-फले, आधे में दाख। (चार खेमें, चौंसठ खूटे)

'आरती और अंगारे' की कविताएँ जीवन-जगत की असलियत की पोल खोलती नजर आती हैं। पर इस असलियत में भी वे मधुरता (गीत) की खोज में तल्लीन हैं। सब कुछ भोगने वाला रचनाकार कबीर की भाँति मानव संसार को तिक्त नहीं मृदु और कोमल भावों से भर जाता है–

पीठ पर धर बोझ अपनी राह नापूँ,
या किसी केलि-कुंज में रम गीत गाऊँ
जब मुझे इंसान का चोला मिला है,
भार को स्वीकार करना शान मेरी,...
बोझ ढोते, नित्य मेरे कण्ठ में स्वर, भार सिर पर
हो कि जिसमें गीत से मैं भार-हल्का
भार-से संगीत को भारी बनाऊँ।—(पीठ पर धर बोझ...)

बच्चन आस्थावादी मनुष्य भी हैं कवि भी हैं। निरन्तर पड़ती चोट से उनमें आस्था जगती नजर आती है। इस असमानता तथा वेदना के सर्जक प्रकृति को भी वे उलाहना देने से नहीं चूकते—

लाख देवता तुम हो, मेरी किन्तु, वेदना क्या जानोगे?
दर्द भुगतने वालों की भी हमदर्दी को देख चुका हूँ
मत मेरा मुँह खुलवाओ, मैं भीतर-भीतर बहुत फुँका हूँ...
नहीं मालूम कि मेरी साँसों का यह जो दो-तारा
इसको कसकर झंकृत करने में कितना है हाथ तुम्हारा
है तो मेरे एक प्रश्न का उत्तर दे सकते हो पूँछूँ?
मेरे जीवन की वीणा को और अभी कितना तानोगे?

जीवन जगत के अन्धकारमय वर्तमान और भविष्य से बच्चन ग्रस्त तो हैं। दुख, निराशा उनकी कविता के अपरिहार्य अंग बनते हैं। पर इसी में से आशा-सम्भावना की लौ भी फूटती है। एक तरफ उनका उद्‌बोधन है—

है अँधेरी रात पर दीया जलाना कब मना है।

तो दूसरी तरफ अपनी असफलता का भी राग है—

जग में अँधियाला छाया था।
मैंने जलकर दी आयु बिता
पर जगती का तम हर न सका।
मैं जीवन में कुछ कर न सका।

गाँधी उनके आराध्य ही नहीं, उनके रग-रग में बसे, रक्त कणों में प्रवहमान थे। बच्चन ने महात्मा गाँधी के सरलतम पवित्र व्यक्तित्त्व को उसी सहजता और पवित्रता के साथ रूपायित कर जन-जन के कंठ का राग बनाया—

उनकी तो सबसे बड़ी याद आजादी है
फिर सत्य अहिंसा है, चरखा है, खादी है
हरिजन हैं जिसके लिए बने वे खुद हरिजन
हिन्दू मुस्लिम, वे बलि हुए जिन्हें मिलवाने को

जिस भाँति मौत है बापू तुमने पायी
उसने सबको ईसा की याद दिलायी।

'खादी के फूल' और 'सूत की माला' के रूप में भी वे हमारे बीच अविस्मरणीय बन जाते हैं—

जिस महामन्त्र के अन्दर थी इतनी ताकत
वह शेष नाग को भी नतफन कर सकता था
उसको लघु एक सँपोले ने कीला।...
जो शृंग शीश से छू सकता था चन्द्र नखत
कन्धों पर अपने अम्बर को धर सकता था,
है उसे दबा कर बैठा मिट्टी का टीला
बीसवीं सदी विश्वास तुझे हो सकता है।

स्पष्ट है कि बच्चन की संवेदना बहुमुखी थी। उनकी दृष्टि संसार की हर पीड़ा, हर दुख, हर सुख, हर समानता, असमानता को गहरे निरखती-परखती है। और इस निरख परख से प्राप्त सहज अनुभव अत्यन्त सरल, स्वाभाविक रूप में उनकी वाणी तथा लेखनी से प्रवहमान हो उठता है।

2

बच्चन काव्य-मानदण्डों से पूर्णतया परिचित थे। पर वे यह भी मानते थे कि संश्लिष्ट अनुभूति ही सहज तथा अर्थवान अभिव्यक्ति का माध्यम बन सकती है।

सच तो यह है कि छायावादी चतुष्टयी के पश्चात बच्चन पहले कवि हैं जिन्होंने भाषा के धरातल पर तुलसीदास और भारतेंदु के मानदण्ड को अपनाया। गद्य की सरलता तक में उतरकर सीधा कहकर लय और संगीत में बने रहना उनकी कविता का अप्रतिम वैशिष्ट्य है। उन्होंने घोषित किया—

पढ़ता हूँ अंग्रेजी जिसने द्वार विश्व कविता के खोले
रहती है मन की मन ही में बात बिना अवधी में बोले।

यही नारा तो तुलसीदास ने भी दिया था—"भाषा बद्ध करब मैं सोई मेरे मन प्रबोध जेहि होई।" और भारतेन्दु ने तो निज भाषा के बिना हृदय की दारुण-व्यथा की अभिव्यक्ति ही असम्भव मानी—

"निज भाषा उन्नति अहै सब उन्नति को मूल।
बिन निज भाषा ज्ञान के मिटत न हिय को शूल।।"

हाँ। बच्चन से मैं यहाँ सहमत नहीं हूँ कि "अंग्रेजी ने विश्व कविता के द्वार खोले।" शायद वे यह कहते हुए आदि कवि वाल्मीकि को भूल गये। वाल्मीकि की संश्लिष्ट अनुभूति, स्वाभाविक-संवेदनात्मक अभिव्यक्ति इस बात की गवाह है कि कविता का प्रस्फुटन सायास नहीं अनायास पीड़ा से संसिक्त हृदय की वाणी ही

कर पाती है। और वाल्मीकि की पीड़ा-मनुष्य की पीड़ा का परिणाम नहीं। वह तो प्राणिमात्र की पीड़ा का ही परिणाम है। यही प्राणिमात्र की पीड़ा बच्चन की परवर्ती रचनाओं में दिखाई देती है। हाँ। अनुभूति की संश्लिष्टता सघनता रचनाकार को स्वयं शब्द, वाक्य, प्रतीक, विम्ब, अलंकार, छंद-विधान और मिथक के आयाम प्रदान करती है। व्यास, वाल्मीकि, तुलसीदास आदि इसके उदाहरण हैं।

भाषा की क्षमता तथा भाषा के बदलाव के कारकों को बच्चन अच्छी तरह पहचानते हैं। तभी तो वे कहते हैं–

भाषा मूर्ति नहीं पत्थर की/मेरे कहने में कुछ गलती
अष्टधातु की वह प्रतिमा है/जो हर युग में गलती ढलती...।

(आरती और अंगारे से)

किन्तु वे यह भी कहते हैं कि

अक्षरों में शब्दों में
सतरों में, छंदों में
कविता सबसे कम रहती है
ये उसके पते भर हैं
वह खुदा नहीं है। (त्रिभंगिमा, विशुद्ध कविता)

क्योंकि कविता तो है–

कविता, जगती के प्रांगण
जीवन की किलकारी।(आरती और अंगारे)

बच्चन न तो किसी आन्दोलन और न ही प्रवृत्ति विशेष के प्रवक्ता अथवा माउथपीस रहे। उनका अपना अलग व्यक्तित्त्व है, वे अपनी, अपने देश/राष्ट्र की सत्ता और स्वतन्त्रता के प्रति सचेत रहे हैं। अतिशय वैयक्तिकता और आभिजात्य अभिमान, निजी अनुभूतियों की अभिव्यक्ति के स्तर पर कला को सर्वजनीन बनाने की उनकी क्षमता ही उनका वैशिष्ट्य है और वही आज उन्हें सबका गायक बनाता है।

बच्चन का शब्द-चयन, प्रतीक विधान, बिम्ब योजना उनकी अपनी उपलब्धि कही जाएगी। प्रतीकों को चुनने में उन्हें साहित्य कला और संस्कृति की परम्परा से जोड़ने, उनमें अर्थों की गहराई भरने और उन्हें नये-नये सन्दर्भों से संयुक्त/संपृक्त करने में ईट्स की भाँति उन्होंने अपनी काव्य कला की मर्मज्ञता प्रदर्शित की। 'मधुशाला', 'मधुबाला', 'निशा-निमन्त्रण', 'गाँधी', 'बुद्ध और नाचघर', 'आरती और अंगारे' आदि इसके प्रमाण हैं–

जब मैंने मरकत पत्तों को पिपराते मुरझाते देखा।
जब मैंने पतझर को मधुवन में बरबस घँस जाते देखा,
तब अपनी सूखी लतिका पर पछताते मुझको लाज लगी

जब मैं तरु कंकालों को अपने से भय खाते देखा...
सहसा बिरवों में पात लगे, सहसा बिरही की आग जगी।

(मिलन यामिनी)

मरकत पत्तों का 'पिपराना', 'पतझर' तथा 'तरु कंकाल' एक टटका और नया बिम्ब हमारे मानस में अंकित कर जाता है।

अपने परवर्ती काव्य में बौद्धिकता यथार्थ-प्रियता के सहारे देशकाल के प्रति अपनी प्रतिक्रियाओं को निःसंकोच निर्भीक तथा सशक्त वाणी में अभिव्यक्त कर बच्चन ने उनके परिवेश और देश को यहाँ तक कि मानवता को नये ओज से भरा—

क्या किया मैंने नहीं जो कर-चुका संसार अब तक
वृद्ध जग को क्यों अखरती है क्षणिक मेरी जवानी
मैं छिपाना जानता तो जग मुझे साधू समझता
शत्रु खुद ही बन गया है छल रहित व्यवहार मेरा।

महात्मा गाँधी की हत्या पर बच्चन की भावना केवल उनकी भावना नहीं बल्कि समस्त भारत-मन की भावना है—

अेर हम संसार को क्या मुँह दिखाएँ
किस तरह अपने गड़े सिर को उठाएँ...
जिस भांति मौत है बापू तुमने पायी
उसने सबको ईसा की याद दिलायी।

और अन्त में! मेरी अपनी दृष्टि में बच्चन की कविता को यदि समझना है तो कैटुलस की कविता 'व्हाट वाज लास्ट' के उनके अनुवाद को देखना समझना होगा। यही वह प्रेरणा है जो उन्हें भारतीय गायक का श्रेष्ठ पद प्रदान करती है, यही वह उत्स है जो उनकी कविता का प्राण है—

जो कुछ हार गया मैं,/उसके गीत सुनाता
लेकिन जो कुछ जीत गया/उससे डरता हूँ।

यही नहीं शिल्प और कथ्य को एकमेव बनाने के लिए उन्होंने ईट्स की रचना प्रकिया को आत्मसात किया। निश्चय ही ईट्स तथा केटुलस का मिला-जुला ऐसा रूप है—बच्चन का, जिसकी धमनियों में स्वर्णिम भारतीय अतीत का इतिहास और संस्कृति रक्त-रूप में प्रवहमान है। वर्तमान को वे भूलते नहीं। वे अपने समग्र में मूर्तिमान हैं।

यही तो कविता, हिन्दी कविता का उज्ज्वल पक्ष है। कविता तो पराजय का गीत ही है, पर ऐसा गीत जो विजय की अटूट जिजीविषा से मनुष्यता को भर दे, उसे संघर्ष की शक्ति दे। यही गूँज तो बच्चन की कविता का प्राण है। इसी में थके-हारे भारतीय मन को नव-प्रेरणा का सतत प्रवहमान सोता मिल जाता है। यह सोता ही बच्चन के कविता का लक्ष्य और उपलब्धि है।

सुमित्रानन्दन पन्त की कविताओं का शैली-वैज्ञानिक अध्ययन

सामान्यतः मानव-मन की अनुभूतियों की शाब्दिक अभिव्यक्ति 'भाषा' संज्ञा से अभिहित होती है। प्रयोग धरातल पर भाषा के कई स्तर होते हैं। दैनिक व्यवहार में प्रयुक्त भाषा जहाँ सामान्य भाषा कहलाती है, वहीं राजकीय, राष्ट्रीय व अन्य आवश्यकताओं के कारण सुव्यवस्थित वह भाषा-रूप जो समस्त भाषा-भाषियों को स्वीकार्य हो जाता है—'मानक भाषा' कहलाता है। वस्तुतः भाषा मूलतः सम्प्रेषण का कथनात्मक माध्यम है। जब सम्प्रेषण के माध्यम से अभिधात्मक संकेत ग्रहण होता है तब सामान्य भाषा का कार्य सम्पन्न होता है। यथा—'गुलाब' और 'कमल' कहने से दो विभिन्न फूलों का बोध होता है। किन्तु 'चरण कमल बन्दौ हरि राई' कहने पर यहाँ 'कमल' केवल पुष्प-विशेष का वाचक नहीं रह जाता अपितु अपने लाक्षणिक अर्थ में वह 'कमल' में विद्यमान समस्त गुणों का वाचक बन जाता है। 'कमल' का यह प्रयोग रचनाकार की सर्जनात्मकता या विशिष्टता का पर्याय बन गया। जब शब्द-चयन विशेष द्वारा रचनाकार सामान्य अर्थ से अलग हटकर नये-नये अर्थ, तथा अर्थ की अनेक विच्छित्तियाँ प्रस्तुत करते हैं तो ऐसे शब्दों के समूह को काव्यभाषा का दर्जा प्राप्त होता है। इसीलिए कहा गया है—'शब्दार्थों सहितौ काव्यम्' अथवा 'रमणीयार्थः प्रतिपादकः शब्दः काव्यम्' आदि। वस्तुतः सामान्य भाषा अभिधात्मक होती है जबकि साहित्यिक भाषा प्रायः द्वयर्थी अथवा बहुअर्थी। जब साहित्यकार अपनी अनुभूतियों को सामान्य भाषा के नियमों में बाँधकर वाणी प्रदान करने में स्वयं को असमर्थ पाता है तब वह अपनी बात अमिधा में न कहकर लक्षणा या व्यंजना में कहता है। इसके लिए वह चयन पर विशेष ध्यान देता है। वह पदों के क्रम व अन्विति में परिवर्तन करता है। वह शब्दों का सामान्य ढंग से प्रयोग नहीं करता अपितु अपनी अनुभूति की रासायनिक प्रक्रिया में उनकी प्रकृति बदल देता है। कतिपय चिन्तकों ने इसे और स्पष्ट करते हुए कहा कि "भाषा विज्ञान का कार्यक्षेत्र भाषा के उस बुनियादी स्तर तक सीमित मानना समीचीन है जिसके अन्तर्गत शब्द संकेतों के संगठन द्वारा संवाद-वहन सिद्ध होता है और मानव समाजों का संचालन सम्भव होता है।" इस बुनियादी स्तर से ऊपर उठकर

जहाँ उक्तियों में 'विकल्प' की गुंजाइश है और इन विकल्पों में से अनजान में या जानकर ही चुनाव होता है अथवा रचनाकार पहचानने योग्य प्रतिमानों से व्यतिक्रम (Deviation) करता है या असाधारण प्रयोगों द्वारा विविधता (variety) लाता है वहाँ शैली-तत्व क्रियाशील हो जाता है। रचनाकार अपरिमित सम्भावनाओं से युक्त भाषा का प्रयोग अत्यन्त भौतिक एवं नूतन ढंग से करता है। वह अपने भावों एवं अनुभवों को अभिव्यक्ति की अतिशयता प्रगाढ़ता एवं गहराई प्रदान करने के लिए पेशबन्दी, अग्रगामिता के अभिकरणों का चयन, विचलन तथा समानान्तरता का खूब खुलकर प्रयोग करता है। मजेदार बात यह है कि यह अग्रगामिता हर रचनाकारों की विशिष्टता की परिचायक बनती है। फलस्वरूप विभिन्न रचनाकार प्रयोग के धरातल पर अपनी अलग पहचान बनाते हैं। वस्तुतः ऐसे प्रयोग सर्जक की अनुभूति को पाठक/श्रोता के अपेक्षाकृत अधिक समीप लाकर उनका अत्यन्त संश्लिष्टता के साथ बोध कराते हैं। उनके द्वारा मन की सूक्ष्म भावनाएँ मूर्त-रूप धारण कर लेती हैं। तात्पर्य यह कि कथ्य में अनेक भाव-भंगिमाओं का प्रवेश हो जाता है जिससे पाठक/श्रोता भाव विभोर हो उठता है। प्रयोग-वैशिष्ट्य और सूक्ष्म भावनाओं की मूर्तता का स्वरूप ही रचनाकार की 'शैली' का परिचायक बनता है।

अंग्रेजी में प्रयुक्त 'स्टाइलिस्टिक्स', 'स्टाइल इन लैंग्वेज' या 'लिंग्वोस्टाइलिस्टिक्स' आदि शब्दों के लिए हिन्दी में 'शैली विज्ञान' शब्द का प्रयोग मान्य हुआ। पं. विद्यानिवास मिश्र ने इसके लिए 'रीति विज्ञान' प्रतिशब्द ही उपयुक्त माना। वामन ने भी 'रीतिरात्मा काव्यस्य' कहकर 'रीति' शब्द पर जोर दिया है। उनकी दृष्टि में काव्य-सर्जन विशिष्ट रीति का परिणाम है। यद्यपि मिश्र जी ने अपनी 'रीति विज्ञान' पुस्तक में अपने मत की पुष्टि भलीभाँति की है किन्तु अंग्रेजी के शब्द 'स्टाइलिस्टिक' आदि के लिए हिन्दी में 'शैली विज्ञान' शब्द ही मान्य हुआ। डॉ. सुरेश कुमार की मान्यता है कि 'शैली के साथ आत्मनिष्ठता तथा व्यक्ति की साहित्यिक अभिव्यक्तियों की विशेषता का अर्थ जुड़ा हुआ है, परन्तु यह पाश्चात्य प्रभाव के कारण ही हुआ।"..."स्टाइल के अर्थ में जो सुनिश्चितता और अवधारणा के अन्तर आए हैं तथा उनका अर्थ विस्तार हुआ है उन सबका लाभ हमें 'शैली' से ही प्राप्त हो सकता है।"

हिन्दी में 'शैली' शब्द के विकास का सूत्र पाणिनि द्वारा प्रस्तुत धातु पाठ में 'शील' में 'अण्' प्रत्यय के संयोग से निष्पन्न 'शैली' में खोजा जाता है। किन्तु आज साहित्यिक आलोचना के सन्दर्भ में 'शैली' शब्द एक पारिभाषिक शब्द का रूप प्राप्त कर चुका है। हाकेट के अनुसार "एक ही भाषा में प्रयुक्त ऐसे दो उच्चारण जो लगभग समान अर्थ या सूचना के द्योतक हों परन्तु अपनी भाषिक संरचना में भिन्न हों, ऐसे अन्तर को शैलीय अन्तर कहा जाता है।" डॉ. रवीन्द्रनाथ श्रीवास्तव शैली को व्यक्तित्व का पर्याय मानते हैं। डॉ. श्रीवास्तव की यह भी मान्यता है कि शैली भाषा और साहित्य को जोड़ने वाली संकल्पना के साथ-साथ शैली कलात्मक

सौन्दर्य की अभिव्यंजक संरचना है। शैली-विज्ञान में प्रयुक्त परिभाषिक शब्द 'शैली' न केवल संकल्पनात्मक है अपितु यह शैली वैज्ञानिक आलोचना की प्रणाली के उपकरण की द्योतक भी है। गूढ़ या मान (value) की संकल्पना की आधारभूमि पर शैली विज्ञान खड़ा हुआ है। यह भाषा विज्ञान का व्यावहारिक प्रयोग माना गया है। साहित्य-सृजन की प्रक्रिया, कवि और उसकी प्रतिभा, पाठक/श्रोता तथा उसका भाव-संसार, सामाजिक मूल्य, सांस्कृतिक चेतना आदि अनेक सन्दर्भों से जुड़ी होती है। इन सन्दर्भों को दृष्टि में रखकर विभिन्न आलोचना पद्धतियों का विकास हुआ। वस्तुतः एक पाठ/प्रोक्ति विशेष की वहिर्मुखी और अन्तर्मुखी, दोनों दृष्टि से सौन्दर्य निरूपण की आज की आवश्यकता ने शैली-वैज्ञानिक आलोचना पद्धति को जन्म दिया।

शैली-विज्ञान साहित्यिक कृति को केन्द्र में रखता है। उसका पूरा ध्यान कृति पर केन्द्रित रहता है। वस्तुतः उसके सहारे कृति का आन्तरिक सौन्दर्य प्रकट होता है। रूसी विद्वान किरमुन्सूकी, विद्यानिवास मिश्र, अज्ञेय आदि समी काव्य का उपादान शब्द को मानते हैं। किन्तु यह उसका एक पक्ष है। मैं यह पहले ही कह चुका हूँ—शैली विज्ञान कृति को पूर्णता में ग्रहण कर उसकी प्रोक्ति-परक व्याख्या द्वारा उसके वाह्य एवं आन्तरिक संरचना पर विचार के साथ-साथ उसके गूढार्थ, आंतरिक सौन्दर्य का उद्घाटन करता है। उद्घाटन की इस प्रक्रिया में शैली वैज्ञानिक आलोचना के अभिकरण सहायक बनते हैं। इसका अभिकरण है—अग्रगामिता/पेशबन्दी (Fore-grounding)। अग्रगामिता रचनाकार की वह स्थिति या प्रक्रिया है जब वह मानक भाषा की सामान्य भूमि को तोड़कर अपनी अभिव्यक्ति द्वारा भाषा को एक नया रंग/सौन्दर्य प्रदान करता है।

शैली-वैज्ञानिक आलोचना प्रत्येक साहित्यिक कृति को एक पाठ के रूप में स्वीकार करती है। पाठ भाषा की महत्तम और संक्रियात्मक इकाई है। यह प्रतिपाद्य विषय को अपने में समेटने के साथ-साथ उसकी संरचना को भी नियन्त्रित करती है। यह वाक्यों का समूह मात्र नहीं है अपितु एक संदेश है जो प्रोक्ति के रूप में सिद्ध होता है। एक रचना में एक या एकाधिक प्रोक्तियाँ हो सकती हैं। यथा-पन्त की 'परिवर्तन' कविता 32 प्रोक्तियों में विभक्त है। अतः प्रोक्ति तात्पर्य युक्त संसक्त वाक्यों की एक ऐसी व्यवस्थित कड़ी है जिसमें बँधकर संप्रेष्य अपना सावयव रूप ग्रहण करता है। संसक्ति का तात्पर्य है—परस्पर जुड़ा रहना। यह स्थानिक भी हो सकती है, सार्वत्रिक भी। स्थानिक संसक्ति से अभिप्राय व्याकरणिक इकाईयों की संसक्ति और सार्वत्रिक संसक्ति का तात्पर्य ऐसी संसक्ति से है जो सम्पूर्ण कृति में बिखरी होती है। इस प्रकार की संसक्ति सन्दर्भ, तर्क, वातावरण, प्रतीक, चरित्र, कथ्य आदि आधारों पर निर्मित होती है।

इस सबके बावजूद डॉ. बच्चन सिंह जैसे समीक्षक रामायण, साकेत, रामचरित मानस जैसी कृतियों की समीक्षा में शैली विज्ञान को असमर्थ पाते हैं। उनके अनुसार

शैली विज्ञान उन्हें विभिन्न टुकड़ों में तो बाँट सकता है पर इनका समीक्षात्मक विश्लेषण नहीं कर सकता।

उपर्युक्त विवेचन से स्पष्ट है कि अग्रप्रस्तुति के प्रतिमान हैं—विचलन, चयन एवं सामानन्तरता। और, इनका परीक्षण आगे उद्धृत छः प्रोक्तियों के आधार पर किया जाएगा।

प्रोक्ति-1

बादल

धूम धुँआरे, काजर कारे,
हम ही बिकरारे बादर,
मदन राज के बीर बहादुर,
पावस के उड़ते फणिधर,

चमक झमकमय मन्त्र वशीकर,
छहर घहरमय विष सीकर,
स्वर्ग सेतु-से इन्द्रधनुषधर,
कामरूप घनश्याम अमर।

प्रोक्ति-2

युगांत

बाँसों की झुरमुट...
संध्या का झुटपुट...
हैं चहक रही चिड़ियाँ
टी-वी-टी...टुट् टुट्

प्रोक्ति-3

वीणा

प्रथम रश्मि का आना, रंगिणि।
तूने कैसे पहचाना
कहाँ, कहाँ हे बाल बिहंगिनि
पाया यह स्वर्गिक गाना

प्रोक्ति-4

बापू के प्रति

तुम माँसहीन, तुम रक्तहीन,
हे अस्थिशेष! तुम शुद्ध बुद्ध आत्मा केवल,

हे चिर पुरान, हे चिर नवीन!
तुम पूर्ण इकाई जीवन की,
जिसमें असार भव-शून्य लीन
आधार, अमर, होगी जिस पर
भावी की संस्कृति समासीन!

प्राक्ति-5

भारत माता

भारतमाता
ग्रामवासिनी!
खेतों में फैला है श्यामल
धूल भरा फैला है श्यामल
गंगा-यमुना में आँसू जल
मिट्टी की प्रतिमा
उपासिनी!
दैन्य जड़ित अपलक नव चितवन
अधरों में फिर नीरव रोदन
युग-युग के तम से विषण्ण मन
वह अपने घर में
प्रवासिनी
तीस कोटि संतान नग्न तन,
अर्ध क्षुधित, शोषित निरस्त्रजन,
मूढ़, असभ्य, अशिक्षित, निर्धन,
नतमस्तक
तरु तल निवासिनी!
स्वर्ण शस्य पद-पदतल-लुंठित,
धरती-सी साहिष्णु मन कुंठित,
क्रन्दन कम्पित अधर मौन स्मित,
राहु ग्रसित
शरदेन्दु हासिनी!
चिन्तित भृकुटि-क्षितिज तिमरांकित
नमित नयन नभ वाष्पाच्छादित,
आननश्री छाया शशि उपमिव
ज्ञान मूढ़

गीता प्रकाशिनी।
सकल आज उसका तप संयम,
पिला अहिंसा स्तन्य सुधोपम,
हरती जनमन भय, भव तम भ्रम,
जन जननी
जीवन विकासिनी!

प्रोक्ति-6

मौन निमन्त्रण

स्तब्ध ज्योत्स्ना में जब संसार,
चकित रहता शिशु सा नादान,
विश्व के पलकों पर सुकुमार
विचरते हैं जब स्वप्न अजान;

न जाने, नक्षत्रों से कौन
निमंत्रण देता मुझको मौन!

सघन मेघों में भीमाकाश
गरजता है जब तमसाकार,
दीर्घ भरता समीर निःश्वास,
प्रखर झरती जब पावस धार;

न जाने, तपक तड़ित में कौन
मुझे इंगित करता तब मौन!

देख वसुधा का यौवन भार
गूँज उठता है जब मधुमास,
विधुर उर के-से मृदु उद्गार
कुसुम जब खुल पड़ते सोच्छ्वास,

न जाने, सौरभ के मिस कौन
सन्देशा मुझे भेजता मौन!

क्षुब्ध जल शिखरों को जब वात
सिन्धु में मथकर फेनाकार,

बुलबुलों का व्याकुल संसार
बना बिथुरा देती अज्ञात;

उठा तब लहरों से कर कौन
न जाने, मुझे बुलाता मौन!

स्वर्ण, सुख, श्री, सौरभ में भोर
विश्व को देती है जब
विहग कुल की कल कंठ हिलोर
मिला देती भू नभ के छोर,

न जाने, अलस पलक दल कौन
खोल देता तब मेरे मौन!

तुमुल तम में जब एकाकार
ऊँघता एक साथ संसार,
भीरु झींगुर कुल की झनकार
कँपा देती तंद्रा के तार;

न जाने, खद्योतों से कौन
मुझे पथ दिखलाता तब मौन!

कनक छाया में, जब कि सकाल
खोलती कलिका उर के द्वार
सुरभि पीड़ित मधुपों के बाल
तड़प, बन जाते हैं गुँजार;

न जाने, ढुलक ओस में कौन
खींच लेता मेरे दृग मौन!

बिछा कार्यों का गुरुतर भार
दिवस को दे सुवर्ण अवसान,
शून्य शय्या में, श्रमित अपार,
जुड़ाती जब मैं आकुल प्राण;

न जाने मुझे स्वप्न में कौन
फिराता छाया जग में मौन!
न जाने कौन, अये द्युतिमान!
जान मुझको अबोध, अज्ञान;
सुझाते हो तुम पथ अनजान,
फूँक देते छिद्रों में गान;

अहे सुख दुख के सहचर मौन!
नहीं कह सकती तुम हो कौन!

विचलन—जब रचनाकार की अनुभूतियाँ सामान्य न होकर विशिष्ट होती हैं तब वह कई बार नियमों से जकड़ी भाषा को नियम विपरीत एक नया रूप-रंग देता है। फलस्वरूप अनियमिताएँ जन्मती हैं, यही विचलन है। विचलन का सीधा अर्थ है—भाषिक नियमों का अतिक्रमण। यह अतिक्रमण सार्थक होना चाहिए।

प्रोक्ति-1 में काजल के स्थान पर काजर, काले के स्थान पर कारे, विकराल के स्थान पर विकरारे, बादल के स्थान पर बादर का प्रयोग ध्वनि विचलन के उदाहरण हैं। यह विचलन सोद्देश्य है। यहाँ 'ल' के स्थान पर 'र' का प्रयोग बादल की भयानकता तथा उसके संहारक स्वरूप का परिचायक है। प्रोक्ति-2 में झुरमुट, झुटपुट, टुट्टुट् की तर्ज पर टी.वी.टी....का प्रयोग जहाँ काव्य की आत्मा का पर्याय बन पड़ा है वहीं चिड़ियों के क्रिया-व्यापार का यथार्थ ध्वन्यात्मक चित्रण भी है। यह भी ध्वन्यात्मक विचलन का एक उदाहरण है। प्रोक्ति-6 में अनजान के 'न' का लोप सोद्देश्य विचलन का उदाहरण है।

स्तरीय आधार पर भाषा में मानक रूप से व्यवहृत होने वाला शब्द जब विरूपित, विकृत होकर प्रयुक्त होता है तब वहाँ शब्द विचलन उपस्थित होता है। इन प्रोक्तियों में धूम, धुआरे, काजर, कारे, विकरारे, बादर-वंशीकर, सकल, बात, विथुरा, बोर, हिलोर, अलस, ढुलक, जुड़ाती, उसे, उहे, पात, हास, आदि ऐसे शब्द हैं जो भावानुभूति की संशिलष्ट अभिव्यक्ति हेतु रचनाकार ने इन्हें विकसित किया है। यथा-सकल का विकल्प है—सम्पूर्ण/पूर्ण/पूरा। किन्तु सकल का प्रयोग रचनाकार की मानसिकता का परिचायक है। प्रोक्ति-5 में 'सकल आज उसका तप संयम' भारतमाता की सम्पूर्ण साधना का अर्थ विस्फारित करता है, वह अर्थ जिसकी प्राप्ति के लिए पाठक/श्रोता को इतिहास/अतीत की गहराइयों में जाना पड़ेगा। ठीक यही स्थिति 'विथुरा' और 'पात' शब्द की है। विथुरा लोक-जीवन का शब्द है, जिसका अर्थ होता है—हर रेशों को अलग-अलग करना। शायद इसका समानार्थी समानान्तर तत्सम शब्द खोजना असम्भव है। प्रोक्ति-6 में इस शब्द के सहारे बुलबुलों की व्याकुल-तान में एक 'अज्ञात' जो अव्याख्येय है, की व्याख्या कवि कर जाता है।

पंत रूप अर्थ स्तर पर विचलन के विरल प्रयोक्ता हैं। बाल विहंगिनि, स्वर्गिक गान, आँसू जल, नीरव रोदन, दीर्घ भरता समीर निःश्वास, निःश्वास समीर, गालों के फूल आदि अनेक रूप निर्मितियाँ इस विचलन की साक्षी हैं। प्रोक्ति-6 में बुलबुलों का व्याकुल संसार/बना विथुरा देती अज्ञात; स्वर्ण, सुख, श्री सौरभ में भोर/विश्व को देती है जब बोर; विहग-कुल की कल कंठ हिलोर/मिला देती भू नभ के छोर में लिंग विचलन स्पष्ट परिलक्षित है। ठीक यही स्थिति प्रोक्ति 4 में भी दृष्टिगत होती है। वस्तुतः इन विचलनों के कारण कहीं छन्दानुरोध है तो कहीं भावानुरोध या भाव सबलता। वाक्य-विचलन के उदाहरण भी पंत की रचनाओं में पर्याप्त मिलते हैं।

अर्थ के धरातल पर विचलन प्रोक्ति-1 में देखा जा सकता है। प्रथम सात वाक्यों में जहाँ 'बादल' के स्वरूप की अभिव्यक्ति है, वहीं आठवीं पंक्ति में 'कृष्ण' रूप में उसकी अमरता की परिकल्पना है। ठीक यही स्थिति प्रोक्ति-3 की अन्तिम पंक्ति में है। प्रथम दो पंक्तियों में जहाँ इसके विकास की कथा पर प्रश्न है। वहीं अन्तिम दो पंक्तियाँ इसके विपरीत रंगिणि की पूर्णता की परिचायक है। ठीक यही स्थिति प्रोक्ति-4 की भी है। प्रथम चार काव्य पंक्तियाँ बापू के अन्तः बाह्य का रेखांकन करती हैं तो अन्तिम चार पंक्तियाँ बापू के भविष्य को इंगित करती हैं। उसी पद्धति का सहारा प्रोक्ति-6 में भी लिया गया है। प्रोक्ति-5 में भारतमाता के विभिन्न चित्रों के सहारे उसके वर्तमान स्वरूप का संश्लिष्ट/प्रभावात्मक चित्र प्रस्तुत है।

वस्तुतः पंत कहीं अर्थ के अध्याहार हेतु और कहीं विशिष्ट अर्थ प्रस्तुति हेतु अर्थ विचलन का सहारा लेते हैं। इन क्रिया-प्रयोगों द्वारा कवि कथ्य के अर्थ-विशेष को उजागर करता है।

सहायक क्रिया के प्रयोग में पंत ने पल्लव की भूमिका में विस्तार से संकेत किया है। वे 'है' के बहिष्कार के पक्षपाती हैं किन्तु न चाहकर भी उन्हें इसका प्रयोग करना पड़ा है। प्रोक्ति-5 मेरे कथन का साक्षी है।

चयन–जब रचनाकार भाषा-विशेष में विद्यमान विभिन्न विकल्पों में से किसी एक का चयन करना है, तो ऐसे प्रयोग को 'चयन' की संज्ञा दी जाती है। किन्तु मेरी अपनी मान्यता है कि रचनाकार अपनी सर्जना के क्षणों में सचेत नहीं रहता अपितु वह तो संवेदना की गहराई में अभिव्यक्ति की व्याकुलता में जी रहा होता है। फलस्वरूप चयन का आधार कथ्य/संवेदना के सामाजिक/सांस्कृतिक परिवेश बनते हैं। छायावादी कवियों ने ध्वनि, शब्द, रूप, वाक्य तथा अर्थ के धरातल पर चयन के सन्दर्भ में अपनी विलक्षण प्रतिभा का परिचय दिया है। ध्वन्यात्मक धरातल पर प्रोक्ति-1 में जहाँ पंत ने अनेक ध्वनियों का परिवर्तन कर बादल की भयानकता/भीषणता इंगित की है, वहीं प्रोक्ति-2 में चिड़ियों की चहक के लिए ध्वनि-विशेष का सहारा लिया। प्रोक्ति-3 में रंगिणि, विहंगिनि, स्वर्गिक आदि ध्वन्यात्मक प्रयोग शृंगार-परक विभिन्न भाव-भंगिमाओं के चित्रांकन में सहयोगी बनते हैं। प्रोक्ति-4 में

भी हीन और शेष की ध्वन्यात्मक व्यंजना के सहारे बापू का अत्यन्त करुणिक चित्र प्रस्तुत है। प्रोक्ति-5 में उदासिनी, प्रवासिनी, निवासिनी, हासिनी और विकासिनी के सहारे भारत माता का करुण रस से सराबोर रूप प्रस्तुत है। प्रोक्ति-6 में भीमाकाश तमसाकार के द्वारा मौन नियन्त्रण का वीर-रसात्मक स्वरूपांकन है।

पंत ने पल्लव की भूमिका में वस्तु अनुरूप शब्द-प्रयोग पर बल दिया है। उन्होंने तत्सम के स्थान पर तद्भव तथा लोक जीवन से जुड़ी शब्दावली के प्रयोग की आवश्यकता महसूस की। पंत को तत्सम से परहेज नहीं किन्तु काव्यभाषा, विशेषकर छायावादी काव्यभाषा शब्दों के चयन को अत्यधिक महत्त्व प्रदान करती है। पं. विद्यानिवास मिश्र की मान्यता है कि शब्द-चयन को आधार मानकर चला जाए तो शैली विज्ञान अधिक स्पष्ट और सार्थक हो सकेगा। अनेक पाश्चात्य विद्वानों ने भी चयन को ही शैली का आधार माना है। शब्द-चयन का अर्थ है—भाषा में प्राप्त विभिन्न समानार्थी शब्दों में से किसी एक का चुनाव। इस विशिष्ट चुनाव की पृष्ठ-भूमि में शब्द में व्यवहृत ध्वनियों का विशिष्ट प्रभाव, शब्दों का पारस्परिक आर्थी अन्तर, विशेष अर्थ का द्योतन अभीष्ट होना, प्रकरण, सादृश्य आदि कारक कार्य करते हैं। साहित्यिक विधा, आंचलिक विशिष्टता या विषय-विशेष की अपेक्षाओं के कारण भी 'चयन' प्रभावित होता है। धूम धुआरे, काजरकारे, विकरारे, बादर, चमक, झमक, छहर, घहर, चहक, झुरमुट, झुटपुट, टुट्‌ टुट्‌, असार, विहंगिनि, रंगिणि, उदासिनी, प्रवासिनी, निवासिनी, हासिनी, प्रकाशिनी, विकासिनी, वात, झरती, बोर, हिलोर, अलस, झींगुर, स, ढुलक, पात, जरा, हास, कसक आदि शब्दों का चयन रचनाकार पंत की काव्य प्रतिभा के साक्षी हैं।

प्रोक्ति-6 में 'मौन' रचना का प्रतिपाद्य शब्द (थीम वर्ड) है। यह पूरी कृति में नौ बार प्रयुक्त हुआ है। प्रोक्ति-1 में 'अमर' उन्मीलन शब्द (की वर्ड) है। समूची प्रोक्ति इसी में स्वरूप को व्याख्ययित करती है। वस्तुतः 'अमर' शब्द एक विशेष अर्थ, स्वरूप से भिन्न अर्थ लेकर यहाँ उपस्थित है। प्रोक्ति-4 में 'समासीन' शब्द यह कार्य करता है। इसके विपरीत प्रोक्ति-6 में पात, अज्ञात, मूल, गम्भीर, अपार, हास जैसे संज्ञा और विशेषण प्रतिपाद्य शब्द के रूप में प्रस्तुत हैं। प्रोक्ति-5 की उदासिनी, प्रवासिनी, निवासिनी, हासिनी, प्रकाशिनी, विकासिनी आदि को प्रतिपाद्य शब्द के रूप में प्रस्तुत कर रचनाकार भारत-माता की विभिन्न कथाएँ कह जाता है।

संज्ञा के अतिरिक्त इन प्रोक्तियों में सर्वनाम चयन के प्रर्याप्त उदाहरण मिलते हैं। हम, तूने, वह, मुझे, मेरे, मुझको, वे आदि सार्वनामिक रूप मिलते हैं। यद्यपि सर्वनामों का चयन गद्य, विशेषकर नाटक की प्रमुख विशेषता है पर कविता में भी इसके उदाहरण भरे पड़े हैं।

पंत कल्पना के चतुर चितेरे हैं। कल्पनाभिव्यक्ति के लिए विशेषणों का सहारा लेना पड़ता है। पंत ने काव्यवस्तु तथा उसके सामाजिक सांस्कृतिक परिवेश के अनुरूप

ही विशेषणों का सहारा लिया है। मजेदार बात यह भी है कि कल्पनामयी संवेदना की अभिव्यक्ति के लिए पंत ने एक साथ एकाधिक विशेषणों का सहारा लिया है। प्रोक्ति-1 इसका सुन्दर उदाहरण है। बादल की भीषणता को प्रदर्शित करने के लिए पंत का काम केवल धूम धुँआरे से ही नहीं चलता, ये काजल से भी काले, विकराल, मदनराज के वीर वहादुर, पावस के उड़ते फणिधर, समस्त सृष्टि को वशीभूत करने वाले वशीकरण मन्त्र, विष से संपृक्त, छहर एवं घहर से युक्त इन्द्रधनुष के समान हैं। और इतना ही नहीं, प्रकृति को बादल की विभीषिका सहते रहना होगा क्योंकि वे कामदेव सदृश कृष्ण के समान अमर हैं। इन विशेषणों में रूप-रंग-वाची विशेषण, (काजरकारे), स्वादवाची विशेषण (विष/सीकर), ध्वनिवाची विशेषण (छहर, घहर), साधित विशेषण (वीर, वहादुर, कामरूप), क्रिया साधित विशेषण (उड़ते फणिधर) आदि शामिल हैं। अवस्थावाची विशेषण की पर्याय है—प्रोक्ति-4 एवं 5। इनमें विशेषणों के सहारे बापू एवं भारत माता का विविध किन्तु यथार्थ रेखांकन प्रस्तुत है। देशकालवाची विशेषण (चिर पुरान, चिर नवीन), संख्यावाची विशेषण (एक साथ, आठ आँसू, दो चार, तीस, अर्ध) का भी प्रयोग देखा जा सकता है।

मूल-रंजक क्रियाएँ : पंत ने आना, पहचाना, गाना, रहना, विचरना, देता, गरजता, गूँज, भेजता, पड़ना, बुलाना, खोलना, ढुलक, खींच, फिराती, जुड़ाती, घेरना, उठना, सकना आदि रंजक क्रियाओं के साथ-साथ 'मथकर, जैसी पूर्वकालिक क्रियाओं का भी प्रयोग किया है।

वाक्य के धरातल पर चयन की विविधता प्रमाणित है—पंत की कविताओं में। प्रोक्ति-1 में पहला वाक्य विशेषण-संज्ञा पदबन्ध के रूप में प्रस्तुत है तो प्रोक्ति-2 के प्रथम दो वाक्य संज्ञा-संज्ञा पदबन्ध के रूप में प्रस्तुत हैं। प्रोक्ति-3 का प्रथम वाक्य लगभग सामान्य वाक्य के निकट है जबकि दूसरा, चौथा वाक्य प्रश्नवाचक है। प्रश्न-वाचकता का सहारा कथ्य पर बल देने के लिए लिया गया है। पंत मुक्त छन्द के समर्थक रहे हैं, पर तुकांतता के विरोधी नहीं। फलस्वरूप तुकांतता ने उनके काव्य में एक विशेष लालित्य उपस्थित किया। विश्लेषण के लिए चयनित प्रोक्तियाँ मेरे कथन की साक्षी है। प्रोक्ति-5 में प्रथम प्रोक्ति की ही भाँति अन्त में या तो विशेषण प्रस्तुत है, या विशेषण से युक्त पदबन्ध। वस्तुतः पंत के वाक्य-रचना का साँचा प्रस्तुत कर पाना एक कठिन कार्य है। उनकी हर कविता, यहाँ तक कि हर कविता की प्रोक्ति अलग वाक्यात्मक साँचे में ढली है। पंत ने क्यों, कहाँ, जहाँ, तहाँ, कब, जब, तब, आदि शब्द-प्रयोगों द्वारा अपनी अभिव्यक्ति को सार्थक ही नहीं बनाया अपितु इन शब्दों के प्रयोग ने इनकी रचना के प्रभाव को गहरायी भी प्रदान की।

समानान्तरता : समानान्तरता शैली-विज्ञान का एक पारिभाषिक शब्द है। इसका अर्थ है समतुल्य संरचनाओं की पुनरावृत्ति। अपनी विशिष्ट अनुभूति की

अभिव्यक्ति के लिए जब सर्जक मानक भाषा के नियमों का अतिक्रमण करने के लिए बाध्य होता है तब विचलन और समानान्तरता के रूप में वह भाषा में जन्मती है। विचलन से साहित्यिक भाषा में अनियमितताएँ आती हैं किन्तु समानान्तरता से अतिनियमितता। यह मान्यता कतिपय भाषा वैज्ञानिकों की है। कुल मिलाकर समानान्तरता का सिद्धान्त पुनरावृत्ति की संकल्पना से जुड़ा है। वस्तुतः समानान्तरता के सहारे कहीं अभिव्यक्ति-विशेष पर बल देने का प्रयास होता है, तो कहीं दूरारूढ़ कल्पना या अर्थ की प्रस्तुति होती है। पुनरावृत्त शब्द प्रायः एकाधिक अर्थ/संदेश/सौन्दर्य के बोधक होते हैं। इसीलिए समानान्तरता का सिद्धान्त समतुल्यता-आधृत सिद्धान्त है। मुद्रण सम्बन्धी, ध्वन्यात्मक शब्द सम्बन्धी, वाक्य विन्यासी और आर्थी ये पाँच स्तर समतुल्यता के स्तर हैं।

ध्वन्यात्मक स्तर : प्रोक्ति-1 में हर पंक्ति में 'र' ध्वनि की पुनरावृत्ति देखी जा सकती है। इतना ही नहीं इसी प्रोक्ति में 'ए' (धुँआरे, कारे, विकरारे, उड़ते) ध्वनि की पुनरावृत्ति काव्य के आन्तरिक सौन्दर्य-वृद्धि का माध्यम बनी है। प्रोक्ति-2 में 'ट्' ध्वनि, प्रोक्ति-4 में 'न' ध्वनि की तथा प्रोक्ति-5 में 'न', 'ई', 'ल', 'त', तथा 'म्' ध्वनि की पुरावृत्ति विशेष भाव के सृजन तथा साक्षात में सहायक है। प्रोक्ति-6 में 'इ' की प्रथम चार पंक्तियों में, तो 'र' ध्वनि की प्रथम और दूसरी पंक्ति में पुनरावृत्ति है। इस प्रोक्ति के दूसरे खण्ड में यह क्रम टूटा है। जहाँ 'र' ध्वनि की पुनरावृत्ति दूसरी और चौथी पंक्ति में है वहीं 'न' ध्वनि केवल पाँचवें और छठवें पंक्ति में प्रस्तुत है। यदि पंक्ति के अन्तिम अंश को उदाहरण के रूप में लें तो 'र' ध्वनि की पुनरावृत्ति 19 बार हुई है। यहाँ पुनरावृत्ति का युग्मर्म नजर आता है। जैसे-छोर, भोर, बोर, सकाल, बाल, एकाकार, झंकार आदि।

प्रोक्ति-3 में कहाँ-कहाँ शब्द एक बार पुनरावृत्त हुआ है; जबकि प्रोक्ति-4 में 'हीन' शब्द तीन बार और 'चिर' शब्द दो बार तथा 'तुम' शब्द पाँच बार पुनरावृत्त हुआ है। प्रोक्ति-5 में 'श्यामल' शब्द दो बार और प्रोक्ति-6 में 'कौन' और 'मौन' शब्द आठ बार पुनरावृत्त हुए हैं।

प्रोक्ति-1 में एक, दो की लगभग समान वाक्यात्मक पुनरावृत्ति दर्शनीय है। प्रोक्ति-4 में भी पहला, तीसरा, चौथा एक तरह की वाक्यात्मक संरचना है। प्रोक्ति-5 में तीसरा, चौथा एवं पाँचवे छठें, सातवें वाक्यात्मक में यह प्रवृत्ति देखी जा सकती है। प्रोक्ति-6 में एक ही प्रकार की वाक्यात्मक पुनरावृत्ति है।

इन वाक्यात्मक पुनरावृत्ति या समान वाक्यात्मक संरचना द्वारा रचनाकार वस्तु, कथ्य के आंतरिक सौन्दर्य को उद्घाटित करने में सफल रहा है। यही समानान्तरता का अभिप्राय भी है। समान वाक्यात्मक सृजन या वाक्यात्मक पुनरावृत्ति अर्थ-विशेष को या अभिप्रेत अर्थ को पाठक श्रोता तक प्रेषित करने के माध्यम बन गये हैं।

हिन्दी कथा-साहित्य के विकास में अज्ञेय का अवदान

सच्चिदानन्द हीरानन्द वात्स्यायन 'अज्ञेय' हिन्दी कथा-साहित्य के प्रमुख हस्ताक्षर हैं। उपन्यास और कहानी के क्षेत्र में इनके पूर्व प्रेमचन्द और जैनेन्द्र आदि कथाकारों ने अमिट रेखा खींची थी। इसे लाँघना एक नवोन्मेष प्रतिभा-सम्पन्न व्यक्तित्त्व के वश की ही बात थी। अज्ञेय एक ऐसे रचनाकार रहे हैं, जो रचनात्मक धरातल पर सबसे अलग अपनी पहचान बनाते हैं। उनकी कविताएँ, उपन्यास और कहानियाँ इसका उदाहरण हैं। सच यह है कि दर्शन-चिन्तन तथा आलोचना के धरातल पर भी उन्होंने शोध किये। इसी शोध की परिणति उनके रचनाओं की वह आधारभूमि है; जो अन्य रचनाकारों से भिन्न है, नयी है। अज्ञेय एक स्कूल थे, उन्होंने नये-लेखकों को प्रोत्साहित भी किया और उनके प्रशिक्षण के लिए अनेक नव-लेखन शिविरों का आयोजन कर रचना-धर्मिता के नये 'पिलर' खड़े किये। तारसप्तक; दूसरा सप्तक, तीसरा सप्तक का सम्पादन इसके प्रमाण हैं। यह अलग बात है कि वे प्रयोगवादी हैं या प्रयोग-शील अथवा प्रगतिवाद के विरोधी हैं। रचनात्मक धरातल पर उनके समर्थक भी थे, और विरोधी भी। एक दल के पत्रिका-के सम्पादकों को उनकी कविताएँ छापने की मनाही थी। इन विद्वानों ने अज्ञेय के समांतर मुक्तिबोध को स्थापित करने के प्रयास किये। उनके अनुसार दोनों में आभ्यंतर-सत्य की खोज का प्रयास है। किन्तु, इन सबसे बेफिक्र अज्ञेय ने अपनी राह स्वयं बनाई। वे तो समर्थक थे—

वे ढूँढ़ते हैं ऐब मेरी खूबियों में
मैंने भी रख दिया है चिराग आँधियों में।

अज्ञेय, रचनात्मक धरातल पर प्रेमचन्द के विलोम थे। अज्ञेय ने प्रेमचन्द, जैनेन्द्र सहित पूर्व कथाकारों और कवियों की रचनाओं का गहन अध्ययन किया था। कहा जाता है कि प्रेमचन्द के यथार्थ के आयाम का आभ्यंतर पक्ष अज्ञेय की रचनाओं में मिलता है। अज्ञेय के शब्दों में "प्रेमचन्द किस्सागोई की जमीन से उठकर समाज-सुधार और आदर्शवाद के गलियारों से गुजरते हुए राजनीतिक चिन्तन की ओर आए थे और उनकी विचार-यात्रा उनकी रचनाओं में स्पष्ट प्रतिबिम्बित है। कोई भी सहृदय पाठक उनका सहयात्री हो सकता है किन्तु उस सहयात्रा में वह यह भी देखेगा कि प्रेमचन्दजी के विचार उसे न राजनीतिक बनाते हैं और न उस व्यवहार की ओर

आकृष्ट करते हैं।'' तात्पर्य यह कि प्रेमचन्द राजनीति से असम्पृक्त व्यक्ति रहे हैं। अज्ञेय के साक्ष्य पर प्रेमचन्द अपने विचारों के राजनीतिक शोषण और दुरुपयोग को लेकर सचेत थे। वे यह भी बताते हैं—कि इसीलिए लाहौर में उन्होंने अपना लिखित भाषण नहीं पढ़ा। यही बात उन्होंने प्रगतिशील लेखक-संघ के लखनऊ में हुए अधिवेशन की अध्यक्षता करते हुए भी (1936) की। ''यह भाषण भी उन्होंने वहाँ पढ़ा नहीं एक स्वतन्त्र प्रत्युत्पन्न भाषण ही उन्होंने दिया। अर्थात् जो भाषण उस सम्मेलन का अध्यक्षीय भाषण ''माना जाता है, वह वास्तव में उन्होंने कभी दिया ही नहीं।'' प्रेमचन्द 'प्रगतिशील लेखक संघ' नाम को गलत सिद्ध करते हैं। प्रेमचन्द तो मानते थे कि ''साहित्यकार या कलाकार, स्वभावतः प्रगतिशील होता है।''

अज्ञेय प्रेमचन्द का मूल्यांकन देशी-विदेशी दोनों परम्पराओं में करते हैं। देशी परम्परा में तो प्रेमचन्द की तुलना का कोई साहित्यकार उन्हें दिखायी नहीं देता। विदेशी विद्वानों के प्रभाव की चर्चा करते हुए कहा—प्रेमचन्द पर अनातोल फ्रांस के उपन्यास थाइस तथा गार्ल्सवर्दी के नाटकों (के अनुवाद) का प्रभाव है। तॉलस्ताय और चेखव की भाँति ''प्रेमचन्द के लिए भी साहित्य का बुनियादी मूल्य संघर्ष नहीं, संवेदना था या उसे और भी सही नाम दें तो महाकरुणा था। यथा-प्रतीक पुरुष होरी, जिसके भीतर कारुण्य की एक धारा सदैव बहती है।'' करुणा और संघर्ष दो मूल्य हैं जो प्रायः परस्पर विरोधी भी दीखते हैं। बिना करुणा रखे संघर्ष के लिए आग्रह ही नहीं किया जा सकता है। वे यह भी मानते हैं कि गोदान के कुछ चरित्र अविश्वसनीय लगते हैं। प्रेमचन्द व्यक्ति, की बजाय 'टाइप' रचते हैं। ''प्रेमचन्द के गोदान का उच्च वर्ग वैसा यथार्थ और विकासोत्पादक नहीं जैसा कि कुछ विदेशी लेखकों का (गार्ल्सवर्दी का फारसाइट परिवार)। गोदान में होरी ही यथार्थ है, न कि मेहता, लेकिन यह दोष या तो परिचय की कमी का परिणाम है, या व्यक्ति की बजाय 'टाइप' रचने की प्रवृत्ति का, 'इच्छित विश्वास' या आश्रय की माँग 'का' नहीं।'' यहाँ 'परिचय की कमी' का तात्पर्य दो है—एक तो सत्य का अभाव और दूसरा रचनाकार ने इन चरित्रों को स्वयं जिया नहीं जैसा कि अज्ञेय ने 'शेखर' को पूरी तरह जिया, और सत्य या यथार्थ को उकेरा।

अज्ञेय 'यथार्थ' की नयी परिभाषा, जो सही परिभाषा है उसे गढ़ते हैं। उन्हीं के शब्दों में ''जो दीखता नहीं है या थोड़ा और आगे बढ़कर कह लें कि जो ऐन्द्रिय चेतन द्वारा ग्राह्य नहीं है, वह यथार्थ नहीं—यह एक प्रकार का अन्धापन है जिसे यथार्थ-बोध का नाम दिया जा रहा है। एक दूसरे प्रकार की संकीर्णता यह है कि ये ऐन्द्रिय अनुभव और हमारे सारे रागबन्ध और अनुभव ही वास्तव में वे या वैसे नहीं हैं, जैसा हम उन्हें अनुभव कर रहे हैं, बल्कि केवल कुछ बुनियादी सम्बन्धों पर खड़ी की गयी निर्मिति हैं। और बुनियादी सम्बन्ध किसी भी उद्यम में निहित शोषक और शोषित के सम्बन्ध हैं। यानी यथार्थ वास्तव में एक अमूर्त प्रक्रिया ही है, मूर्त जो

कुछ है, केवल उस पर खड़ा किया एक ढाँचा है।" यहाँ अज्ञेय मार्क्सवादी परिप्रेक्ष्य में यथार्थ के रेखांकन को अनुचित मानते हैं। वे आगे कहते हैं–"साहित्य का यथार्थ वास्तव में 'सवजेक्टिव' यथार्थ ही होता है; क्योंकि अर्थवत्ता का प्रश्न ऑब्जेक्टिव यथार्थ से नहीं जुड़ता। 'ऑब्जेक्टिव रियलिटी' तो हमेशा अर्थहीन होती है। कला के सन्दर्भ में अर्थहीन यथार्थ का कोई महत्त्व नहीं। 'सब्जेक्टिव' (विषयीगत) यथार्थ ही कला का यथार्थ होता है और उसी में अर्थ हो सकता है और इसलिए अर्थ की खोज हो सकती है।"

वस्तुतः अज्ञेय यहाँ यह स्पष्ट करना चाहते हैं–

(1) रचनाकार का अनुभव-जगत भी जीवन के जगत के अनुभव से निर्मित होता है। अतः जिस अनुपात में रचनाकार अपनी रचना में यथार्थ प्रस्तुत करता है, वह उसका निजी यथार्थ होता है, समाज के यथार्थ का प्रतिबिम्ब नहीं।

(2) कलाकार वाह्य-जगत के यथार्थ के पर्यवेक्षण के साथ अपनी संवेदना तथा कल्पना से एक ऐसे यथार्थ की निर्मिति करता है जो विषयी-निष्ठ होते हुए भी नितान्त वैयक्तिक नहीं होता।

(3) वैयक्तिक और सामाजिक यथार्थ दो भिन्न श्रेणियाँ नहीं कही जा सकती।

(4) "यह जानते हुए कि यथार्थ हमेशा अर्थहीन होता है, इसके बावजूद कलाकार को अर्थ की खोज रहती है।" वे यह भी कहते हैं कि इसे आज के सब साहित्यकार स्वीकार नहीं करेंगे किन्तु "मेरे लिए रचना-कर्म हमेशा अर्थवत्ता की खोज से जुड़ा रहा है।"..."रचनाकार निर्मित यथार्थ ही वास्तव में अर्थवान है। रचनाकार का सत्य उसकी अपनी निर्मिति है।"

(5) कला का यथार्थ संवेदना से छनकर आता है–यह प्रकट भी होना चाहिए, क्योंकि छलनी की प्रक्रिया से ही एक खरापन आता है, साथ ही यथार्थ विषयी की रचनात्मकता से स्वायत्त होकर सामने आता है। इस रचना-प्रक्रिया के माध्यम से यथार्थ सिर्फ बयानबाजी बनकर नहीं रह जाता, अपितु वह रचनाकार द्वारा आत्मसात कर लिखा गया होता है। वे मानते हैं "मेरे लिए रचना का यही इष्ट या कि कह लिया जाए आदर्श रहा है, उसमें वस्तु सत्य का, बाहरी यथार्थ का खरापन भी होना चाहिए और साथ ही आत्म-सम्बोध की, आभ्यंतर यथार्थ की अर्थवत्ता भी होनी चाहिए।

अज्ञेय का यह विचार स्वायत्त संसार की रचना के रचनाकार के योगदान की साम्यता आनन्दवर्द्धन के विचारों से एक स्तर पर देखी जा सकती है, जहाँ वे कहते हैं कि कवि अपने संसार का प्रजापति स्वयं होता है। काव्य-संसार के नियामक के रूप में उसी के बनाए नियम चलते हैं।

2

हिन्दी कथा-साहित्य की रचना के पूर्व अज्ञेय ने हिन्दी एवं हिन्दीतर उपन्यास-कहानी

साहित्य का गहन अध्ययन किया। तभी तो उन्होंने मनोवैज्ञानिक उपन्यासकार जैनेन्द्र की रचना, 'सुनीता' की चर्चा करते हुए कहा—''यह चर्चा अधूरी ही रहेगी यदि उसकी रवीन्द्रनाथ के 'घरे बाहिरे' से तुलना न की जाय, जिससे प्रेरित होकर लेखक ने इसे लिखा। इससे भी अधिक पति-पत्नी के त्रिकोण को लेकर चलने वाली 'अन्ना केरेनिना' जैसी क्लासिक कृति ध्यान में रहे तो हम सुनीता के लेखक के सही मूल्यांकन की दिशा में बढ़ सकते हैं। 'घरे बाहिरे' का 'निखिलेश' नारी का आनुगत्य नहीं चाहता, उसका प्रेम चाहता है। इसलिए उसके और विमला के बीच संदीप आता है तो पत्नी पर वह अधिकार-भाव नहीं जताता, स्वयं पत्नी अपनी गलती का अहसास करती है। इस प्रकार रवीन्द्र स्त्री-पुरुष सम्बन्धों में अपनी अग्रगामी चेतना का परिचय देते हैं। पति-पत्नी के बीच प्रेम को जैनेन्द्र विश्वास और आंतरिकता का आधार तो देना चाहते हैं किन्तु नारी की सार्थकता घर में ही देखते हैं। इसके विपरीत अज्ञेय नारी की सार्थकता घर और बाहर भी देखते हैं। 'शेखर' को शेखर बनाने वाली 'शशि' इसका उदाहरण है, जो अपने को मिटाकर 'शेखर' को कवि, क्रान्तिकारी और राष्ट्रीय नायक बना जाती है। श्रीकान्त और सुनीता के बीच हरि प्रसन्न को लाकर भी लेखक (जैनेन्द्र) न सुनीता-हरिप्रसन्न के बीच आकर्षण को उपयुक्त आधार दे पाये, न ही हरिप्रसन्न के पलायन को। ठोस मानवीय सन्दर्भ में 'घरे बाहिरे' ज्यादा बड़ी कृति सिद्ध होती है। स्पष्टतः अज्ञेय मनोविश्लेषण की गहन क्षमता से सम्पन्न ऐसे रचनाकार हैं जिससे प्रकृति-जगत, और सूक्ष्म-सौन्दर्य-बोध की छटा उनके उपन्यासों की आत्मा बन पड़ी है। फलस्वरूप आभ्यंतर यथार्थ उनके तीनों उपन्यासों में अपनी अर्थवत्ता के साथ रचनाकार के सत्य, विषयीगत यथार्थ के साथ उपस्थित है। हिन्दी साहित्येतिहास में पहली बार कला के प्रति ईमानदारी की ऐसी चेतना उपस्थित है जो पाठक को झकझोर कर रख देती है, और यह चेतना पारम्परिक शिल्प को तोड़कर नये शिल्प का निर्माण करती है। तीनों उपन्यासों के पात्र, शेखर, सरस्वती, शशि, शारदा, माता-पिता आदि (शेखर एक जीवनी), डॉ. भुवन, रेखा, गौरा, चन्द्रमाधव आदि (नदी के द्वीप), योके और सेल्मा (अपने अपने अजनबी) व्यक्ति चरित्र हैं, वर्ग चरित्र नहीं, हाँ उनकी सवेदनाएँ, वर्ग-का प्रतिनिधित्त्व अवश्य करती हैं। स्वयं अज्ञेय का कथन है—''शेखर घनीभूत वेदना की केवल एक रात में देखे हुए 'विजन' को शब्दबद्ध करने का प्रयत्न है।'' अन्यत्र यह भी स्वीकार करते हैं कि 'शेखर' में वे उपस्थित हैं, किन्तु पूर्णतया अलग भी हैं। उन्हीं के शब्दों में—''शेखर का जीवन और अनुभूति-क्षेत्र मेरे जीवन और अनुभूति-क्षेत्र से अलग चला गया है, यहाँ तक कि मैंने स्वयं अनुभव किया है कि मैं एक स्वतन्त्र व्यक्ति की प्रगति का दर्शक और इतिहासकार हूँ, उसके जीवन पर मेरा किसी तरह का वश नहीं रहा है।'' यहाँ मैं इतना ही कहना चाहता हूँ कि रचनाकार की अनुभूति तथा संवेदना ही पात्र या चरित्र का स्वरूप पाती है, किन्तु इस स्तर पर रचनाकार स्वयमेव

ओझल हो जाता है, केवल चरित्र बचता है, और उसकी संवेदना बचती है। अज्ञेय के अनुसार ''मुझे इसमें बड़ी दिलचस्पी रही है कि आतंकवादी का मन कैसे बनता है? शेखर की रचना इसी से आरम्भ हुई है।...शेखर की खोज अंततोगत्त्वा स्वातन्त्र्य की खोज है।'' अज्ञेय मानते हैं—विद्रोही बनते नहीं, उत्पन्न होते हैं।...किन्तु विद्रोही 'भावना' के फलने-फूलने में वह समाज का अवदान अस्वीकार भी नहीं करते। वस्तुतः 'शेखरः एक जीवनी' या उनके उपन्यास उस सभ्यता के प्रतिरोध में खड़े हैं जो व्यक्ति (मैं) से उसकी सृजनात्मक कल्पना मानवीय संवेदना और सौन्दर्यबोध छीन रही थी। 'मैं' अत्यन्त क्रियाशील और सृजनात्मक होता है तथा सामाजिक बन्धनों और मान्यताओं के परे जाकर अपने को अभिव्यक्त करता है और जो समाज के प्रतिकूल विपरीत प्रतिक्रियाओं और प्रत्युत्तरों के बावजूद अपने को व्यक्त करता है। अज्ञेय के लिए आधुनिकता इस देश के व्यक्ति और राष्ट्र दोनों के लिए नयी अस्मिता की तलाश है।

'शेखरः एक जीवनी' को लेकर जितनी चर्चा (अनुकूल-प्रतिकूल) हिन्दी संसार में हुई, उतनी किसी अन्य उपन्यास को लेकर नहीं हुई। आज अज्ञेय की कला प्रतिष्ठित हो चुकी है। शेखर अभिजात वर्ग का प्रतीक पुरुष है। वह टूटती हुई नैतिक रूढ़ियों के बीच नीति के मूल-स्रोत की खोज करता है। वह समाज की खोखली सिद्ध हो जाने वाली मान्यताओं के बदले व्यक्ति के दृढ़तर मान्यताओं की प्रतिष्ठा करना चाहता है। कतिपय विद्वान शेखर के विद्रोही व्यक्तित्त्व का प्रेरक काम-भावना स्वीकार करते हैं, किन्तु मैं; केवल काम-भावना को ही प्रेरक-तत्त्व मानने के लिए प्रस्तुत नहीं हूँ, अपितु मेरी दृष्टि में परिवार की वर्जना-परक परिस्थिति, बाल-मनोविज्ञान एवं सामाजिक तथा राष्ट्रीय स्थिति-परिस्थिति की महत्त्वपूर्ण भूमिका भी सक्रिया रही है—शेखर को विद्रोही बनाने में। शेखर के बचपन-विकास के चरण लगभग हर बालकों के सामने आते हैं; किन्तु सबमें विद्रोह का साहस तो नहीं होता? सच तो यह है कि शेखर का विद्रोह घर-परिवार, ट्यूटर, स्कूल से प्रारम्भ होता है, उसे शक्ति मिलती है—सरस्वती, शशि, शारदा एवं शान्ति आदि से, जिन्हें वह काम-भावना ही नहीं, पूत भावना से भी देखता है। शशि के प्रति उसका भाव मेरे कथन का प्रमाण है। इस प्रेम में प्रेम भी है, श्रद्धा भी है—''मेरा होना अनिवार्य रूप से तुम्हारे होने को लेकर है—ठीक वैसे ही जैसे तलवार में धार का। धार का होना सान की पूर्व कल्पना करता है। तुम वह सान रही हो, जिस पर मेरा जीवन बराबर चढ़ाया जाकर तेज होता रहा है—जिस पर मँज-मँजकर मैं कुछ बना हूँ, जो संसार के आगे खड़ा होने में लज्जित नहीं है'' (शेखरः एक जीवनी, भाग-1, पृ. 17)। और शशि वह तो शेखर की राह निरापद बनाकर अलग हट जाती है। यह अलग बात है कि दोनों में परस्पर प्यार है। एक-दूसरे के लिए निछावर होने की भावना है—खण्डित रहकर नहीं, पूर्ण होकर। शेखर के स्वातन्त्र्य की अन्तिम खोज है—शशि। शशि को पाकर

शेखर अपने सारे मनः द्वन्द्वों का सामंजस्य पा लेता है और निकल पड़ता है—माँ भारती के चरणों में अपना बलिदान समर्पित करने।

डॉ. बच्चन सिंह के अनुसार "अज्ञेय कविता में ही प्रयोगशील नहीं थे, उपन्यासों में भी थे। उनकी प्रयोगधर्मी प्रवृत्ति सबसे पहले उपन्यासों में ही प्रकट हुई।...शेखर का विद्रोह रोमेंटिक विद्रोह तक ही सीमित नहीं रहता, वह निहलिस्ट विद्रोही बन जाता है।" रचना तथा रचना-चरित्र के सन्दर्भ में, मेरी दृष्टि के अनुसार रचनाकार का ही स्पष्टीकरण स्वीकार कर, उसे तद्‌युगीन परिवेश में जाँचा-परखा जाना चाहिए। अज्ञेय ने तुर्गनेव के 'बाज़ारोव' का प्रभाव स्वीकार नहीं किया है। अज्ञेय वाज़ारोव को नियतिवादी मानते हैं और शेखर को स्वतन्त्र तथा सम्पूर्ण मानव बनने की दिशा में अग्रसर होने वाला। अस्तु, शेखर निहलिस्ट नहीं है।

'शेखर एक जीवनी' में आधुनिक भारत का मानव-समाज है, जिसमें हर वर्ग अपनी अर्थवत्ता के साथ उपस्थित है। इसमें भारत की गरीबी-अमीरी भी है, छुआछूत, भेदभाव की भावना भी। यदि तद्‌युगीन भारत का इतिहास लिखना है तो उसके लिए यह उपन्यास एक स्रोत-ग्रन्थ की भूमिका निभाने में सक्षम है। परिवेश, प्रकृति, जंगलों, पहाड़ों, आकाश, धरती के विभिन्न रूप इस उपन्यास में संग्रथित हैं। जीवन की विविधता और सामाजिक वैषम्य का रोखांकन भी इस उपन्यास की अमूल्य धरोहर है। और, आन्तरिक के साथ वाह्य यथार्थ की चासनी में पगा है—यह उपन्यास।

'शेखरः एक जीवनी' पहला और शायद अन्तिम वह प्रामाणिक अनुभूति-परक दस्तावेज है, जिसकी चर्चा आज की रचनाओं के सन्दर्भ में की जाती है तथा उनमें खोजी जाती है। जो परिदृश्य शेखर में नहीं आया, वह उपन्यास में भी नहीं है। यह शेखर की कमजोरी और उपन्यासकार की ईमानदारी है। कथ्य, शिल्प और भाषा की दृष्टि से भी यह परम्परा से हटकर सृजन है। 'शेखरः एक जीवनी' एक अविस्मरणीय कृति है, कालजयी कृति है, जिसमें समाज, मनुष्य, प्रकृति, परिवेश आदि सब कुछ अपने यथार्थ रूप में उपस्थित है। अज्ञेय के अनुसार रचना में सामाजिक यथार्थ नहीं, अपितु मानव यथार्थ की अभिव्यक्ति उसे कालजयी बनाती है।

शेखर विद्रोही है, उसके विद्रोह के पीछे आज की पीढ़ी का विद्रोही स्वर है। वह जिस स्वतन्त्रता की खोज में है, वह अपने को सबसे काटकर नहीं की गयी है। वह स्वतन्त्रता की तलाश में अनेक प्रकार के संघर्षों से जूझता है, भीतरी तनावों से गुजरता है।

इस उपन्यास की सबसे बड़ी विशेषता-कथ्य और रूप का ऐसा विरल संयोग हैं जो अन्यत्र दुर्लभ है। इसमें सबसे महत्त्वपूर्ण प्रयोग काल का है। उपन्यास काल क्रमिक नहीं है। सारा कालक्रम सिमटकर एक बिंदु या क्षण में समाहित हो जाता है। कालक्रम के स्थान पर उसका विपर्यय है। यह काल विपर्यय ही उसका कालक्रम है। कहीं स्मृतियाँ हैं, तो कहीं स्वप्न-बिम्ब, किसी में कहीं अनुक्रम नहीं है। विचार

भी बिखरे हैं पर उन्हें एक काल, केन्द्र में नियोजित करके स्मृतियों, घटनाओं आदि को एककालिक बना दिया गया है।

चरित्र! इसके चरित्र, अनूठे, अद्‍भुत हैं और सामाजिक भी। समाज के ऊपर 'व्यक्ति' रूप में भी। माँ तथा पिता का स्वाभाविक, यथार्थमय चित्रण है। घटनाएँ यथार्थ-बोध और संवेदना से सम्पृक्त हैं। इसका दूसरा भाग तो और व्यवस्थित है। वस्तुतः यह सब इसलिए सम्भव हुआ कि यह रचनाकार की भोगी हुई अनुभूति से उत्पन्न संवेदना का संग्रथन है—'शेखरः एक जीवनी'।

1951 में प्रकाशित 'नदी के द्वीप' अज्ञेय का दूसरा उपन्यास है। डॉ. बच्चन सिंह के अनुसार—''यह प्रेमाख्यान नहीं कामाख्यान है। आधुनिक बौद्धिक और अद्वितीय। रागबोध की डोर में तीन ही व्यक्ति बँधे हैं—रेखा, भुवन और गौरा। हेमंत पत्नी रेखा को प्यार नहीं करता, जबकि उसे विलास की वस्तु समझने वाला चन्द्रमाधव तथा उसका पति हाशिये पर है। हेमन्त को रेखा ने पुरुष रूप में अनुभव ही नहीं किया। वह शैवाल ढँके पोखर की तरह शान्त और निश्चल है। भुवन उसके जीवन में तूफान की तरह आकर पोखर को आन्दोलित कर देता है। उसी में अपनी रागात्मकता उड़ेलकर वह प्रतिफलित (फुलफिल्ड) हो उठती है और प्रतिफलित होकर मुक्त। प्रतिफलन तन्मयता के सघनतम क्षण हैं। यह क्षण ही नदी का द्वीप है क्योंकि इतिहास-निरपेक्ष है।'' (हिन्दी साहित्य का दूसरा इतिहास) भुवन और रेखा का परिचय गौरा के यहाँ होता है। भुवन दोनों का प्रणयाकांक्षी है। रेखा भुवन के बच्चे की माँ बनने वाली है, किन्तु भुवन के गौरव की रक्षा के लिए वह भ्रूण की हत्या करा देती है। वह भुवन से दूर हटती है, उसकी राह निरापद करने के लिए। भुवन और गौरा व्याह कर लेते हैं। बाद में रेखा भी रमेश से व्याह कर लेती है। कथा प्रेम केन्द्रित मानसिक ग्रन्थियों के सूक्ष्मतम सूत्रों को सुलझाने में विस्तार पा सकी है। भुवन शेखर का विकसित रूप है। शेखर की कहानी प्रेममूलक होते हुए भी अनेक सामाजिक सन्दर्भों से सम्पृक्त है जबकि 'नदी के द्वीप' मात्र एक दर्द भरी प्रेम कहानी है। अज्ञेय के अनुसार भी ''नदी के द्वीप में समाज के जीवन का चित्र नहीं है, एक अंग के जीवन का है, पात्र साधारण-जन नहीं हैं, एक वर्ग के व्यक्ति हैं, और वह वर्ग भी संख्या की दृष्टि से अप्रधान ही है, लेकिन कसौटी मेरी समझ में यह होनी चाहिए कि क्या वह जिस वर्ग का चित्रण है, उसका सच्चा चित्र है?''

इस उपन्यास में चार मुख्य पात्र हैं—भुवन, रेखा, गौरा और चन्द्र माधव। भुवन डाक्टर है, विज्ञान का प्रोफेसर। रेखा सुशिक्षित और पति द्वारा परित्यक्त नारी है। गौरा भुवन की शिष्या, संगीत की छात्रा और अध्यापिका है। चन्द्र माधव पढ़ा लिखा शठ है। अपनी पत्नी से असन्तुष्ट होकर उसे साथ रखते हुए भी छोड़ चुका है। हेमेन्द्र रेखा का पति है जो उसे छोड़ चुका है या यों कहिए कि जो रेखा को केवल सेक्स-तृप्ति के लिए पाना चाहता था, पा नहीं सका। क्योंकि रेखा में व्यक्तित्व है।

डॉ. रमेश जो अन्ततः रेखा से ब्याह करता है या रेखा उससे ब्याह करती है—अच्छा डाक्टर और अच्छा मनुष्य है। अर्थात् चार मुख्य और दो गौण पात्रों के बीच इस उपन्यास के कथा की क्षीण धारा भटकती है। लेखक पात्रों की गहन मनःस्थितियों और सम्बन्धों का कुशल चित्रण करता हुआ आज के जीवन सन्दर्भ में विकसित एक दर्शन की स्थापना करता है। वह न तो समाजवादियों की तरह व्यक्ति को समाज की यान्त्रिक इकाई मान लेता है और न ही घोर व्यक्ति-वादियों की तरह उन्हें निपट समाज-विच्छिन्न अपनी एकान्तिक सत्ता में लीन ही। व्यक्ति 'नदी का द्वीप' है इसकी धारा से घिरा, स्पष्ट किन्तु अपनी सत्ता में स्वतन्त्र। ये द्वीप धारा से घिरा होकर भी एक-दूसरे से कटा है। और कटे हुए होकर भी धारा के नाते कहीं-न-कहीं जुड़े भी हैं। चारों पात्रों-रेखा, गौरा, भुवन और चन्द्र माधव—में क्रियाशीलता से अधिक भावना का गहन उन्मेष है। रेखा में प्रणयाकांक्षा है पर दीनता नहीं। वह समर्पण या आत्मदान करना चाहती है। भुवन की शालीनता, गम्भीरता, संवेदनशीलता एवं आर्द्रता इस समर्पणमयी नारी के समर्पण के आधार बनते हैं। शायद रेखा के समर्पित व्यक्तित्त्व की ऊँचाई, भुवन को आहत करती है, इसलिए वह तुष्ट नहीं होता है। फलस्वरूप वह गौरा की ओर बढ़ता है जिसके समर्पण में प्रेम के साथ भक्ति भी है। वैसे रेखा एक परिपक्व और इस उपन्यास का प्रधान चरित्र पात्र है।

'नदी के द्वीप' के सन्दर्भ में स्वयं रचनाकार अज्ञेय की टिप्पणी यहाँ उल्लेख्य है। उनके अनुसार "'नदी के द्वीप' व्यक्ति-चरित्र का उपन्यास है आलोचना नहीं। वह व्यक्ति-चरित्र के उद्‌घाटन का उपन्यास है। इसमें चार संवेदनाओं का अध्ययन है। इसमें जो विकास है वह चरित्र का नहीं 'संवेदना' का ही है। 'नदी के द्वीप' इस समाज का नहीं, व्यक्तियों के जीवन का, जिसका वह चित्र है, सच्चा चित्र है।...इसमें एक आदर्श-परकता भी है। वास्तव और आदर्श में कोई मौलिक विरोध नहीं क्योंकि जो आदर्श वास्तव की भूमि से नहीं उठता वह निराधार ही रहता है।...भुवन रेखा क्रमशः एक दूसरे को ध्वनित करते हैं। चन्द्र माधव और गौरा स्वतन्त्र व्यक्ति भी हैं और भुवन तथा रेखा के प्रतिचित्र भी।" (आत्मने पद; पृ. 72-73)

उपन्यास लिखे जाने से पहले इसका नामकरण 'नदी के द्वीप' अज्ञेय के मित्रों द्वारा कर दिया गया जिसे अज्ञेय ने भी स्वीकार कर लिया। अज्ञेय यह भी स्वीकार करते हैं कि इस नाम की मेरी एक कविता भी है पर उपन्यास और कविता में विशेष सम्बन्ध नहीं है। वे यह भी मानते हैं—"यह अपने लिए लिखा गया।...मेरी आस्था, मेरी निष्ठा मेरे संवेदना जाल की सम्पूर्णता और सच्चाई, मेरी इंटीग्रिटी उसमें अभिव्यक्ति हुई है।" (वही, पृ. 73)। शायद इस उपन्यास का यही रचना-सत्य भी है। अज्ञेय की इस दृष्टि से ही 'नदी के द्वीप' की समीक्षा अपेक्षित है।

'नदी के द्वीप' की सबसे पहली और बड़ी उपलब्धि है—आधुनिक नारी के अन्तर्मन की गहनतम प्रवृत्तियों एवं भावनाओं का सूक्ष्म विश्लेषण। डॉ. नेमिचन्द्र

जैन के शब्दों में—"आधुनिक नारी के व्यक्तित्त्व के इतने विविध-पक्ष इतनी गहराई और सूक्ष्मता के साथ अपने आगे प्रत्यक्ष कर सकना और फिर उसे शब्द-बद्ध कर सकना अपने आप में एक बड़ी साहित्यिक उपलब्धि है।"

इस उपन्यास की दूसरी उपलब्धि है—इसकी भाषा और टकसाल-ढले शब्द—जिनकी एक स्वर से सराहना की गयी है। बिम्बों, प्रतीकों की विलक्षणता और तत्सम-तद्भव के टकराहट-जन्य सौन्दर्य का उल्लेख किया गया है। इसकी संरचना, एक संगीतात्मक लय, काव्यात्मक संवेदना और कला-चेतना की नाट्यमयता को एक सूत्र में पिरोती है। अस्तु, यह एक श्रेष्ठतम पूर्ण कृति है—हिन्दी उपन्यास जगत में।

अज्ञेय का तीसरा उपन्यास है—'अपने अपने अजनबी'। इसके आवरण पृष्ठ पर दी गयी टिप्पणी इसके कथ्य को खोलकर रख देती है—"मृत्यु को सामने पाकर कैसे प्रियजन भी अजनबी हो जाते हैं और अजनबी पहचाने हुए। कैसे इस चरम स्थिति में मानव का सच्चा चरित्र उभर कर आता है—उसका प्रत्यय, उसका अदम्य साहस और उसका विमल अलौकिक प्रेम भी वैसे ही और उतने ही अप्रत्याशित ढंग से क्रियाशील हो उठते हैं जैसे उनकी निम्नतर प्रवृत्तियाँ।" इसी का आख्यान है—यह उपन्यास।

मित्र मार्टिन आलवुड के निमन्त्रण पर सन् 1955 में पहली बार अज्ञेय यूरोप की यात्रा पर गये। लैपलैंड में बर्फ में यात्रा करते समय एक बार वे भटके भी। इसी यात्रा के आसपास स्वीडी लेखिका सारा लीडमैन ने बर्फ में कैद हो जाने की वास्तविक घटना की बात सुनाई थी और यह बतलाने की चेष्टा की थी कि ऐसी परिस्थिति की अन्तिम परिणति असहिष्णुता में होनी अनिवार्य है। पर अज्ञेय को लगा कि यहीं भारतीय दृष्टि भिन्न है। जो पीड़ा और पीड़ा के भोग को एक नहीं मानती। केवल पीड़ा होना पीड़ा का भोग नहीं और पीड़ा का भोग करते हुए पीड़ा की प्रतीति अनिवार्य नहीं, असहिष्णुता दोनों के तादात्म्य से उत्पन्न होती है। सच यह है कि इस यात्रा ने 'अपने-अपने अजनबी', के सृजन की प्रेरणा दी।

संरचना के धरातल पर यह उपन्यास एक नूतन प्रयोग है। अस्तित्ववादी मुहावरे को ग्रहण करते हुए भी यहाँ उसे उलट दिया गया है। डॉ. रामदरस मिश्र के अनुसार "इस उपन्यास में मनोविज्ञान और अस्तित्ववाद शैली का सुन्दर समन्वय है या यों कहा जाये कि अस्तित्ववादी दर्शन सूक्ष्म मनोवैज्ञानिक प्रक्रिया से उभारा गया है। इसमें कथा बहुत थोड़ी है, नहीं के बराबर।" एक विशेष परिस्थिति में पड़े दो पात्रों की मानसिक अवस्था का सूक्ष्म निरूपण इस उपन्यास का प्रतिपाद्य है। योके और सेल्मा दो स्त्रियाँ बर्फ से दबे घर में घिर गयी हैं। घर के ऊपर चारों ओर बर्फ का पहाड़ होने से निकलने का उपाय नहीं। अतः बाध्य होकर इन दोनों को घर रूपी कब्र में कुछ दिनों रहना पड़ता है। दोनों एक दूसरे के लिए अजनबी। अपरिचित, अजनबी का एक साथ रहना कितनी बड़ी विडम्बना है। यह विडम्बना आगे भी

उनका साथ नहीं छोड़ती। योके अपने प्रेमी के साथ पहाड़ की सैर के लिए निकली थी, प्रेमी से अलग होकर सेल्मा के इस मकान में अतिथि रूप में आयी कि बर्फ की चट्टानों से घर ढक गया। सेल्मा इस परिस्थिति की अभ्यस्त थी, किन्तु योके के लिए यह परिस्थिति और अनुभव नया है। ऐसी विषम अवस्था और विषमता में दोनों अजनबियों का साथ रहना कितना कष्टमय हो सकता है, इसकी कल्पना की जा सकती है। दोनों के दैनिक-जीवन के व्यापार, आपसी सम्बन्धों और ठहरे हुए समय में जीतें उनके मन की क्रियाओं का सजीव चित्रण अज्ञेय के लिए या उनके द्वारा ही सम्भव था।

सेल्मा बुढ़ी है, कैंसर की मरीज। वह बर्फ हटने के समय तक मर जाती है। और प्रेमी का प्रतीक्षा करती योके बर्फ खुलते ही उसके सान्निध्य के लिए दौड़ पड़ती है।

उपन्यास तीन भागों में बँटा है—(1) योके और सेल्मा, (2) सेल्मा, (3) योके। फ्लैशबैक पद्धति से सेल्मा के अतीत की कथा पहले भाग में है। इस कथा को रोचक बनाने के लिए एक पुल पर बसे बाजार का चित्र है। यहाँ खाने-पीने के सामानों वाली दुकान सेल्मा की है। एक फोटोग्राफर है, और यान की दुकान है, जिसमें कंघी, शीशे, रूमाल बिकते हैं। यह पुल बस्ती के लोगों के लिए सैरगाह है, खासकर बाढ़ के दिनों में। एक साल बाढ़ की भयावहता में निचला हिस्सा डूब गया। केवल उपर्युक्त दुकाने ही बचीं। तीनों दुकानदार साथ रहते हुए भी एक दूसरे-तीसरे से दूर हैं, अजनबी हैं। सेल्मा के पानी देने से इनकार करने तथा विवश होकर नदी का पानी पीने के कारण फोटोग्राफर बीमार पड़कर, मृत्यु को प्राप्त होता है। यहाँ सेल्मा एक स्नेहहीन, सहानुभूति हीन, निर्दयी महिला के रूप में सामने आती है। वह अपने सामानों का दाम खूब कसकर यान से बसूलती थी। यान अपनी सारी सम्पत्ति देकर सेल्मा से गोश्त खरीदता है, पूरे पैसे न पाकर सेल्मा आधा गोश्त वापिस ले लेती है। यान झल्लाता है—सेल्मा पर। किन्तु गोश्त पकाकर वह सेल्मा के पास आकर आधा खाने का आग्रह करता है। फलस्वरूप दोनों में परस्पर सहानुभूति का भाव कुछ अंश तक पैदा होता है। सेल्मा अपनी समूची सम्पत्ति यान को एक कागज में लिखकर दान कर देती है। किन्तु यान उस कागज की चिन्दी-चिन्दी कर डालता है। अन्त में सेल्मा शादी का प्रस्ताव करती है, यान स्वीकार कर लेता है। गृहस्थी बसती है, तीन बच्चे पैदा होते हैं, यान मर जाता है। सेल्मा अकेली हो जाती है, यही सेल्मा की जिन्दगी है। अकेलापन उसे सताता है। योके बर्फ हटने के बाद जब बेताब होकर अपने प्रेमी के पास जाती है, तो उसे अपनी कल्पना कि 'प्रेमी प्रतीक्षा कर रहा होगा', के विपरीत उसका प्रेमी उसे नहीं मिलता। सम्भवतः उसने दूसरी शादी कर ली। आहत योके मरने के लिए उतारू होकर जहर खाकर अन्त में जगन्नाथन के सान्निध्य में मृत्यु का वरण करती है। शायद! यह अन्त भारतीय आदर्श, दर्शन के प्रति आस्था का पर्याय है।

इसका समूचा परिवेश विदेशी है, किन्तु एक पात्र-जगन्नाथन देशी है। इसकी समस्या वरण की है, स्वतन्त्रता की है, अकेलेपन की है, मृत्युबोध और अजनबीपन की है। सेल्मा इनके विरुद्ध है। वह योके से कहती है—"तुम जो अपने को स्वतन्त्र मानती हो, वही सब कठिनाइयों की जड़ है, न तो हम अकेले हैं, न हम स्वतन्त्र हैं और इसलिए चुनने या फैसला करने का अधिकार हमारा नहीं है। ऐसी सब स्वतन्त्रताओं की कल्पना निरा अहंकार है।" मृत्यु उसकी सबसे बड़ी विवशता है। मृत्यु की गंध हेमशा उसे पीड़ित करती है, वह मृत्यु से छुटकारा नहीं पा सकता।

इस जीवन-दर्शन को मुखर करने के लिए लेखक ने अपेक्षित कथाओं और घटनाओं को तो लिया ही है, विशेष तौर पर मनोवैज्ञानिक विश्लेषण को लिया है। पात्रों की मनःस्थितियों के भीतर से अस्तित्ववादी चिन्तन को स्वर दिया गया है, अतः चिन्तन या दर्शन जीवन का अंग बनकर उभरता है।

'अपने-अपने अजनबी' अस्तित्ववादी दर्शन को बड़ी साफगोई से उभारकर रखने वाला उपन्यास है। बन्द समय में स्थिर जीवन और आसन्न-गंधा मृत्यु की सूक्ष्म रेखाओं, बिम्बों और प्रतीकों द्वारा बड़ी मार्मिक व्यंजना की गयी है। भाषा बड़ी ही समर्थ और रचनात्मक रूप में आयी है। किन्तु इस उपन्यास में न तो जीवन की उष्मा है और न ही औपन्यासिक रोचकता। अंत में योके यह मानकर, जानकर कि जगन्नाथन भला आदमी है, उसके सान्निध्य में अपना प्राण त्यागती है। इस क्रिया और जगन्नाथन की अवधारणा पर अनेक विद्वानों को आपत्ति है। वस्तुतः जगन्नाथन के माध्यम से लेखक भारतीय जीवन-दर्शन में पश्चिमी जीवन को शान्ति देना चाहता है। यदि ऐसा है तो अपेक्षा थी कि उस व्यक्ति के गुण व्यापार को उभारकर उसे पूरे जीवन-दर्शन का प्रतीक बनाने की; रचनाकार ने ऐसा नहीं किया है। और यदि वह व्यक्ति रूप में है, तो प्रश्न उठना स्वाभाविक है कि क्या समूचे पश्चिम में जगन्नाथन ही एक भला आदमी मिला, जिसके सान्निध्य में योके मर कर शान्ति पा सकी। यह अवतारणा अस्पष्ट है, किन्तु अनावश्यक है, यह कहना कठिन है। क्योंकि अज्ञेय 'व्यक्ति' को महत्त्व देते हैं, और उस क्षण तथा परिवेश में दूसरा है ही कौन?

अज्ञेय के दो अधूरे उपन्यासों को इला जी ने अपनी भूमिका के साथ छपवाया है। भूमिका में सन 2000 अंकित है। उनके अनुसार वे इसी गर्मी में इन्हें पूरा करना चाहते थे किन्तु चले गये। अज्ञेय की मृत्यु 4 अप्रैल, 1987 को हुई।

प्राप्त विवरण से 'बीनू भगत' और 'छाया मेखल'। अलग उपन्यास हैं, या एक ही उपन्यास के अंग, अंश हैं, बहुत स्पष्ट नहीं होता। यद्यपि इन्हें इलाजी ने अलग-अलग माना है। बीनू भगत पुरुष वेश में महिला गाइड है। शादी टूटी, यह आरोप लगाकर कि बीनू में संतान उत्पत्ति की क्षमता नहीं।

वहीं 'छाया मेखल' में विदेश मंत्रालय के अधिकारी जान वैनसन की कहानी बीनू भगत के उलट कहानी है। पति को तीव्र इच्छा है कि उसकी संतान हो और

उसकी इस इच्छा को जानते हुए उसकी स्त्री उसके एक सहकारी से नियोग द्वारा गर्भ धारण करती है क्योंकि पति को स्वयं ज्ञात है कि पत्नी के निःसंतान होने का कारण पत्नी में नहीं बल्कि स्वयं उसमें है। इसमें पति की सहमति भी रही है। वैन ने ऐन से विवाह के पूर्व ही सब कुछ बता दिया था। यहाँ यह स्पष्ट करने का प्रयास है कि जरूरी नहीं, बीनू भगत में कमी थी, यह उसके पति में भी हो सकती है। और यदि वैनसन का उदाहरण सामने होता तो उसका पति और बीनू भगत, वैनसन एवं ऐन की तरह ही सन्तुष्ट और सुखी होते। फिर बीनू भगत को विकल्प की तलाश में भटकना नहीं पड़ता। सच तो यह है कि इन आधे अधूरे उपन्यासों की चर्चा या उनके आधार पर कोई मत निर्धारण सम्भव नहीं।

तीनों उपन्यासों के आधार पर कहा जा सकता है कि अज्ञेय का उपन्यास साहित्य सर्जनात्मक चेतना से समृद्धि का एक मानदण्ड स्थापित करता है। पात्र स्वाभाविक रूप से विकसित हैं, जिनसे मनोवैज्ञानिक सत्यों की प्रतीति होती है। वस्तु-संघटन में अज्ञेय बेजोड़ हैं। और, उनका विश्लेषण भी मनोविज्ञान के आलोक में हुआ है। फलस्वरूप इनमें बेहद सच्चाई भी है। और तीव्रता तथा सूक्ष्मता भी। जीवन की अनुभूतियाँ जीवन से ही ली गयी हैं, मनोविज्ञान की पोथियों से नहीं, लेखक ने मनोविज्ञान की दृष्टि को पात्रों के अंतः सत्यों का यथार्थ विश्लेषण करने के लिए स्वीकार किया।

अनुभूति के विविध आयामों को अनुभूतियों के जटिल-संश्लिष्ट सम्बन्धों को बारीक-से-बारीक बोधों को या बारीक से बारीक स्तरों को इन उपन्यासों में कलात्मक माध्यम से उद्घटित किया गया है। इसका कारण यही है कि अज्ञेय के सभी उपन्यास लेखक के व्यक्तित्त्व से फूटे हैं। अज्ञेय ने मनोविज्ञान का अध्ययन ही नहीं किया अपितु उन्होंने उसे जीवन का अंग बनाया। अपने पात्रों के साथ इस जमीन को जिया, उसे जीवन की आँच की भट्ठी में पकाया। इन उपन्यासों में मानव-से-मानव को जोड़ने के सूत्रों की खोज है।

3

हिन्दी कहानी के क्षेत्र में अज्ञेय का अवदान अविस्मरणीय है। वस्तुतः अज्ञेय का अनुभव-क्षेत्र बहुत विस्तृत रहा है। परिणाम-स्वरूप उनकी कहानियों में विषय-वैविध्य एवं संवेदना का व्यापक धरातल मिलता है कतिपय विद्वान इन्हें जैनेन्द्र की परम्परा का विकास करने वाला मानते हैं। अज्ञेय की दृष्टि भी मनुष्य को महत्त्व देती है किन्तु जैनेन्द्र और अज्ञेय में अन्तर यह है कि "जैनेन्द्र जहाँ गाँधी-दर्शन के आध्यात्मिक पक्ष को अधिक महत्त्व देने के कारण व्यक्ति-वैशिष्ट्य की पहचान की एक सीमा में बँध जाते हैं, वहीं अज्ञेय वैज्ञानिक यथार्थ में विश्वास करने के कारण विविध स्तरों पर व्यक्ति को निरखते-परखते हैं। उन्होंने बदलते हुए समय में नये नैतिक

और आध्यात्मिक मूल्यों को प्रतिष्ठित करने का प्रयास किया।'' अज्ञेय की दृष्टि में रचना का आदर्श—''वस्तु-सत्य का, बाहरी यथार्थ का खरापन भी होना चाहिए, साथ ही आत्म-सम्बोध की, आभ्यंतर यथार्थ की अर्थवत्ता भी होनी चाहिए।'' वे यह भी स्वीकार करते हैं कि ''कहानी का पुरानापन और नयापन आलोचना का खास मुद्दा है।'' उनकी दृष्टि में ''युगातीत मानव-यथार्थ की पकड़ और पहचान ही कहानी को नवता प्रदान कर सकती है।'' कवि की दृष्टि कहानी लेखन में कतई बाधक नहीं है। 'कहानी' को महत्त्व प्रदान करते हुए वे कहते हैं—रचनाकार के वक्तव्य की तुलना में रचना या कहानी जो बोलती है, वही महत्त्वपूर्ण और स्मरणीय है।

कहानी की परिभाषा के सन्दर्भ में उनका मत ध्यान देने योग्य है—''बिना कहानी की सम्यक् परिभाषा के कहा जा सकता है कि कहानी एक क्षण का चित्र प्रस्तुत करती है। क्षण का अर्थ आप चाहे छोटा काल-खण्ड लगा लें या चाहे एक अल्पकालिक स्थिति, एक घटना, प्रभावी डायलाग, एक मनोदशा, एक दृष्टि, एक (बाह्य या आभ्यंतर) झाँकी, संत्रास, तनाव, प्रतिक्रिया, प्रकिया... इसी प्रकार चित्र का अर्थ वर्णन-निरूपण संकेतन, संपुजन, रेखांकन, अभिव्यंजना, रंजन, प्रतीकन, द्योतन, आलोकन, जो चाहे लगा लें।'' (मेरी प्रिय कहानियाँ की भूमिका से)। यहाँ 'क्षण' के बहाने वस्तु-चयन के आधार का संकेत है तो 'चित्र' के बहाने कहानी के अभिव्यंजना, शिल्प या प्रस्तुति-प्रकिया का विवेचन है। यहीं वे यह भी स्वीकार करते हैं—''किसी विधा में जो रचना-समूह अपने ही काल के यथार्थ के चित्रण पर अधिक जोर देता है, वह अपेक्षया जल्दी पुराना पड़ता है क्योंकि कालिक यथार्थ जल्दी बदल जाता है। कहानी इस परिणति को तीव्रता से प्राप्त करती है, जबकि काव्य इतना जल्दी पुराना नहीं पड़ता। इसलिए कहानी में सार्वकालिक यथार्थ (आभ्यंतर यथार्थ) की प्रस्तुति आवश्यक है, और तभी कहानी, 'कालजयी' कहानी बनेगी। और इस आभ्यंतर यथार्थ की प्रस्तुति के लिए वे कवि दृष्टि और कवि-मन को अनिवार्य मानते हैं।

वस्तुतः अज्ञेय साहित्य की महत्त्वपूर्ण विधाओं—कविता, नाटक, उपन्यास, कहानी आदि के लिए 'कालजयिता' की कसौटी आवश्यक मानते हैं। बीसवीं सदी के उत्तरार्द्ध में बाह्य-यथार्थ-आप्लावित या तात्कालिक घटना पर आधृत कहानियों की आई बाढ़ तथा उनमें से अधिसंख्य कहानियों के शीघ्र विलोपन की प्रक्रिया ने उन्हें कहानी की कालजयिता के तत्त्वों की खोज के लिए प्रेरित किया। बड़े-बड़े पुराने लेखकों तथा साठोत्तर रचनाकारों की रचनाएँ इस कथन के साक्षी हैं। सच यह है कि इन सब की इनी-गिनी कहानियाँ ही, आज भी सहृदय में जीवित हैं।

अज्ञेय ने जेल-जीवन से ही कहानी लिखना प्रारम्भ किया था। और जेल जीवन के दौरान लिखी गयी इनकी दो कहानियाँ प्रेमचन्द ने अपनी पत्रिका में प्रकाशित की थी। नाम की गोपनीयता के कारण प्रेमचन्द ने इनके लेखक के रूप में 'अज्ञेय' नाम दिया। अज्ञेय ने कितनी कहानियाँ लिखीं, इसका-लेखा-जोखा कठिन है, कोई

सौ से अधिक कहता है और कोई सरसठ तक पहुँचता है। इनके प्रमुख कहानी संग्रह हैं—विपथगा (1931), परम्परा (1940), शरणार्थी (1948), कोठरी की बात (1949), जयदोल (1951), ये तेरे प्रतिरूप। 'विपथगा' संग्रह की कहानियों की समीक्षा 'विशाल भारत' (सं.—पं. बनारसी दास चतुर्वेदी) के मार्च, 1933 के अंक में छपी थी। 'ये तेरे प्रतिरूप' संग्रह शमशेर को समर्पित है, जिसका नाम अज्ञेय की कविता 'इंद्रधनुष रौंदे हुए थे'—'हवाई यात्रा; ऊँची उड़ान' की पंक्तियों से चुना गया है।

अज्ञेय ने सामान्य मध्यवर्गीय, अभिजात वर्ग, राष्ट्रीय/अन्तरराष्ट्रीय क्रान्तियों, विभाजन (भारत) की त्रासदी की परिणति—शरणार्थियों पर्यटकों के जीवन, स्त्री-पुरुष के नैतिक सम्बन्धों आदि के विश्लेषण को अपनी कहानियों का उपजीव्य बनाया। उनके लिए सन्दर्भ-घटना-की अभिव्यक्ति नहीं अपितु व्यक्ति-चरित्र की गहरी संवेदना की अभिव्यक्ति महत्त्वपूर्ण रही। इसलिए देशकाल और सामाजिक सन्दर्भ की अपेक्षा समाज की इकाई—व्यक्ति के वैशिष्ट्य का रूपांकन इनकी प्राथमिकता है। सब मिलाकर अज्ञेय व्यक्ति-मन के गहनतर स्तरों के सूक्ष्म स्पंदन के चितेरे माने जाते हैं। अज्ञेय देश-विदेश में घटी घटनाओं पर अपनी प्रतिक्रिया बेबाक लहजे में पेश करते हैं—इस रूप में कि वह मानवता को झकझोर कर रख दे। 'कोठरी की बात', 'एक घण्टे में', 'विवेक से बढकर', 'पुलिस की सीटी', 'पगोड़ा वृक्ष', 'अंगोरा के पथ पर' 'कैसांडा का अभिशाप', 'हारिति', 'अकलंक' इस दृष्टि से उल्लेख्य कहानियाँ हैं, जिनमें क्रान्तिकारियों के जीवन-सूत्र संग्रथित हैं। 'कोठरी की बात' अज्ञेय के बंदी जीवन के अनुभवों, अनुभूतियों का मूर्त्त साहित्यिक रूप है। यह कहानी, कहानी कहने, चरित्र गढ़ने की कला और उनके कल्पना वैभव की अनूठी मिसाल है—जहाँ जेल की कोठरी को व्यक्तित्त्व प्रदान किया गया है। यथा—"मैं मुक्ति का साधन एक बन्धन—मैं संसार के किसी भी राज्य के किसी भी जेल की एक छोटी-सी कोठरी हूँ।" 'शरणदाता', 'बदला' नामक कहानियों में देश-विभाजन की त्रासदी से उत्पन्न शरणार्थियों की समस्या तथा उनके जीवन के चित्र मिलेंगे जिनमें विभाजन की परिणति अमानवीयता का नंगा चित्र तो है ही, साथ ही एक आस भी है। 'शरणदाता' इनके क्रान्तिकारी पात्रों की घटना-बहुल प्रारम्भिक कहानियों के बहुत दिनों बाद लिखी गयी घटना प्रधान कहानी है—जैसी अपनी वैचारिकता में उतनी परम्परा में भी गम्भीर। विभाजन की विभीषिका में अब सारे मूल्य नैतिकता के मानदण्ड बिखर गये हैं तो देविंदर लाल को शरण देते हैं, पहले रफीकुद्दीन, फिर शेख साहब। लेकिन कहानी में यह शरण एक विडम्बना और व्यंग्य का रूप ले लेती है और शरणदाता शरणार्थी को जहर खिलाने का प्रयास करता है। अपने शीर्षक से लेखक संकेत देता है कि इस विकट क्षण में भी कहीं 'जैबुन्निसा' नाम की अनदेखी अपरिचित लड़की है जो मानवता और मानवीय विवेक को शरण दिये हुए है। उसी की बुद्धिमता से देविन्दर लाल बच निकलते हैं। 'बदला' में अमानवीयता का नंगा चित्र तो है ही, साथ ही

भारतीय आदर्श भी है। भुक्त भोगी सिख का उत्तर एक आस जगाता है—"औरत की बेइज्जती औरत की बेइज्जती है, वह हिन्दू या मुसलमान की नहीं, वह इंसान की, माँ की बेइज्जती है। हमारे साथ जो हुआ सो हुआ—मगर मैं जानता हूँ कि उसका मैं बदला कभी नहीं ले सकता। मध्यवर्गीय समाज की नियति, स्थिति-परिस्थिति तथा मानसिकता का चित्रण मिलेगा—'परम्परा', 'सिगनेलर', 'अछूते फूल', 'अमर वल्लरी', 'पठार का धीरज', 'जय दोल', 'मेजर चौधरी की वापसी' में। इन सबमें समस्याएँ अलग अलग रूप में हैं। 'परम्परा'—जर्जर विकृत, मूल्यहीन भ्रष्ट समाज, धनिकों और पुलिस बल की विकृत मानसिकता का चित्रण करने वाली यह कहानी अज्ञेय के आदर्शों (कहानी से सम्बन्धित) का दस्तावेज है। 'सिगनेलर' असमय बुझ गये प्रेम की कहानी है, 'पठार का धीरज' में प्यार 'पठार सदृश्य' स्थिर है, अनभिव्यक्त है। 'अछूते फूल' आधुनिकाओं पर व्यंग्य है। सर्जक कलाकार की कल्पना में इतिहास की घटनाएँ किस तरह सजीव होकर देशकाल का अतिक्रमण कर जाती हैं और पाठक को घटना-काल में पहुँचा देती हैं, इसकी अनूठी मिसाल है। 'जयदोल'—असम के अहोम राजा की क्रूरता, नृशंसता तथा राज्यलिप्सा की शिकार है—इसी वंश की एक रानी है—जयमती जिसके दृढ़ निश्चय, वीरता, त्याग की कहानी जन-मानस में सदा-सदा के लिए लिख गयी। इसे काल धो नहीं सका, हमेशा इस पर ओप चढ़ता रहेगा। जयमती की कहानी स्वयं में कम मार्मिक नहीं। घटना-काल और अनुभूति काल एक में घुल-मिल जाते हैं। 'मेजर चौधरी की वापसी' युद्ध में आहत होकर सन्तानोत्पति में असमर्थ युवा की मनोव्यथा, दर्द की कहानी है, जिसमें केवल वही नहीं पूरा 'घर' प्रभावित, पीड़ित है। पूरी कहानी घर के इर्द-गिर्द ही घूमती है।

'अमर वल्लरी' में अज्ञेय का प्रेम सम्बन्धी जीवन-दर्शन व्यक्त हुआ है। "मैं प्रेम पा सकता हूँ दे नहीं सकता। प्रेमपाश में बँध सकता हूँ बाँध नहीं सकता। प्रेम की प्रस्फुट चेष्टा समझ सकता हूँ, व्यक्त नहीं कर सकता।"

अज्ञेय ने 'मेरी प्रिय कहानियाँ' (अज्ञेय के शब्दों में यह पाठकों को भी प्रिय हैं) नामक संग्रह में 'जीवन-शक्ति', नंबर दस', 'गैंग्रीन' (रोज), 'दरोगा अमीचन्द', 'शान्ति हँसी थी', 'जयदोल' 'बदला', 'हीली बोन की बत्तखें', 'चिड़ियाघर', 'वे दूसरे', 'खितीन बाबू', और 'नारंगियाँ' को स्थान दिया है। 'जीवन-शक्ति' (नया नाम—जिजीविषा) में गरीबी से जूझ रहे, भिक्षा-माँगने के लिए विवश बतरा और दामू की कथा है, जिनकी जिन्दगी बड़े शहर के फुटपाथ पर गुजरती है, किन्तु दोनों अपने संसार में मस्त हैं, न उन्हें अभाव है न कष्ट। 'जीवन शक्ति' की मूल संवेदना का विकास 'नारंगियाँ' शीर्षक कहानी में देखा जा सकता है। इसमें 'रिफ्यूजी' जीवन की कथा है—जिसमें दो भाई एक साथ बेसहारे जीवन बिता रहे हैं। एक हरसू 'नारंगियाँ' बेचने का धंधा करता है। बच्चों की भीड़ उन्हें जीवनी-शक्ति प्रदान करती है। दूसरा, परसा उस पर कुढ़ता रहता है। 'नम्बर दस' चरित्र-प्रधान क्रान्तिकारी जीवन की

कहानी है। 'गैग्रीन' (रोज) बहुचर्चित ऐसी कहानी है जिसमें मध्यवर्गीय जीवन की रस-हीन गाथा आधुनिकता के परिवेश में उजागर की गयी है। मालती और उसके डाक्टर पति महेश के परिवार पर और प्रकारांतर से प्रायः सभी परिवारों पर एक उदासी मनहूस छाया मँडरा रही है। कहानी एक अनुत्तरित सार्थक प्रश्न खड़ा करती है—माँ, युवती माँ, यह तुम्हारे हृदय को क्या हो गया है, जो तुम अपने एक-मात्र बच्चे के गिरने पर कह सकती हो—''इसके चोटे लगती ही रहती हैं, रोज ही गिर पड़ता है।'' 'दरोगा अमीचन्द' में जेल-जीवन की त्रासदी-संत्रास, के साथ ही सिखों की एकता, बहादुरी भी है, जो जल्लाद दरोगा को झुकने के लिए मजबूर करती है। 'शान्ति हँसी थी' पढ़े-लिखे बेरोजगार लोगों की गाथा है।

नयी कहानी के सूत्रपात की आधार भूमि अज्ञेय की कहानी 'हीली बोन की बत्तखें' और 'मेजर चौधरी की वापसी' जैसी कहानियों में मिल जाती है। हीली बोन यिर्वा सियोम राज्य के दीवान की पुत्री है। वह राज्य के वार्षिकोत्सव में नृत्य में लड़कियों का नेतृत्त्व कर चुकी है, वह स्त्री सुलभ सभी गुणों से संपन्न किन्तु अविवाहित युवती है। लोग कहते हैं—''हीली सुन्दर है, पर स्त्री नहीं। वह बॉबी क्या जिसमें साँप नहीं बसता? पिता नहीं रहे। स्त्री सत्ता के नियम के अनुसार उनकी सारी सम्पत्ति उसकी सबसे छोटी बहन को मिल गयी। हीली के पास जीवन बिताने के लिए एक छोटी सी कुटिया है, जीने के लिए उसने बत्तखें पाल रखी हैं, ऐसी बत्तखे जो खासिया प्रदेश में और नहीं, राजा के पास भी नहीं। किन्तु, उसका जीवन अबाध और एक रस या सरस कैसे हो? यह परम सत्ता को मंजूर कहाँ?—पिछले कुछ दिनों से एक नर लोमड़ी उसके बाड़े में घुसकर दूसरे-तीसरे दिन एकाध बत्तखें मार कर उठा ले जा रही है। फिर आते हैं—कैप्टन दयाल। वे हीली की सहमति से नर लोमड़ी को मार देते हैं, किन्तु इस शिकारी की खोज में जब कैप्टन दयाल और हीली बोन उसके झुरमुट के पास पहुंचकर हृदय-विदारक दृश्य देखते हैं—''नर लोमड़ी का प्राणहीन आकार दुबका पड़ा था—भीतर शिथिल-गात लोमड़ी उस शव पर झुकी खड़ी थी—लोमड़ी के पाँवों से उलझते हुए तीन छोटे-छोटे बच्चे कुनमुना रहे थे।'' द्रवित-आहत हीली तुरन्त वापिस आकर अपनी सभी बत्तखों को मार डालती है।

हीली की करुणा और वत्सलता इतने उग्र, भयंकर और अप्रत्याशित रूप में प्रकट हुई कि कैप्टन दयाल के लिए एक ही शब्द निकला—''दूर रहो हत्यारे''। और कैप्टन दयाल ने देखा—''हीली की आँखों में वह निर्व्याज सूनापन घना हो आया है जो कि पर्वत का चिरंतन सौन्दर्य है। ''हीली एक ऐसा चरित्र है, जिसके जीवन में व्यथा का विशाल ढ़ह खड़ा है।'' व्यथा मरकर भी व्यथा से कुछ अन्य हो जाती है? बिना साँप की बाँबी—अपरूप अनथक मिट्टी का ढ़हा''। निश्चय ही हीली का यह रूप पाठक को झकझोरता है। क्या यह उसके जीवन की विडम्बना है, या बोध का परिणाम है?

''वे दूसरे'' वैवाहिक जीवन में स्वच्छन्दता, टूटते हुए सम्बन्धों और व्यक्ति की स्वतन्त्रता का चित्रण करने वाली कहानी है। 'चिड़ियाघर' में मनुष्य की अमानवीयता का संकेतन है—वह स्वयं स्वतन्त्र रहना चाहता है लेकिन पशु-पक्षियों और दूसरे की स्वतन्त्रता पर आघात करता है। वह नहीं जानता कि घर-परिवार-समाज के चिड़ियाघर रूपी बाड़े में वह स्वयं बन्दी है। और 'खितीन बाबू' अज्ञेय की एक ऐसी कहानी है, जिसमें मनुष्य की अटूट जिजीविषा का यथार्थ अँकन तो है ही साथ ही, संघर्ष-क्षमता के एक मात्र उदाहरण खितीन बाबू जीवन से हारते नहीं, उसे अन्तिम क्षण तक उल्लास से जीते हैं। वे अदम्य अट्ट् संकल्प को मानव-जीवन की मौलिक प्रतिज्ञा मानते हैं।

अज्ञेय ने कहानियाँ कम ही लिखीं और एक समय के बाद कहानी लिखना बिलकुल बन्द कर दिया। परन्तु हिन्दी कहानी की आधुनिकता की दिशा में एक नया और स्थायी मोड़ देने का श्रेय भी उन्हीं को प्राप्त है। अज्ञेय की कहानियों की सबसे बड़ी विशेषता उनकी सांकेतिकता, प्रतीकात्मकता है। उनके द्वारा प्रस्तुत सन्दर्भों से कुछ गूढ़तर अभिप्राय, कतिपय विशिष्ट संकेत, सूक्ष्मतर बोध व्यंजित होता है। शिल्प की दृष्टि से अज्ञेय की कहानियों का कलात्मक निखार कहने की चीज नहीं है। आत्मकथा, डायरी, पत्र, सामान्य वर्णन, नाटकीय सन्दर्भ सभी के विकसित और संश्लिष्ट रूप उनकी कहानियों में मिल जाते हैं। इनमें प्रतीक के साथ-साथ बिम्बों की भी भरमार है। मिथकीय सन्दर्भ भी मिलते हैं। वस्तुतः बिम्बात्मक भाषा कहानी को कालजयी और सम्प्रेषणीय बनाती है और मिथक सन्दर्भ-गर्भा। श्रेष्ठ और सफल कहानी की विशेषताओं की ओर संकेत करते हुए अज्ञेय ने कहा है—''लघु कलेवर अथवा शब्द-संयम, अंगी की सम्यक व्यंजना के लिए अंश का विवेकपूर्ण चयन, अर्थ-गर्भ संकेतों की अनुगूँज के द्वारा ज्ञात की परिधि से असीम अज्ञात की गहरायी की माप और इस प्रकार क्रमशः अपने भीतर के अव्यक्त को जगाकर उसका सहसा बाहर के रहस्यमय से सहज अन्तरंग परिचय करा देना—यही कहानी का अभीष्ट है और इसी में उसकी सफलता है। उपर्युक्त सभी विशेषताएँ अज्ञेय की कहानियों में मिल जाती हैं। प्रेमचन्द के बाद के कहानीकारों में 'अज्ञेय' की विशिष्ट देन सहज स्वीकार्य है। जीवन के प्रति बौद्धिक-मनोवैज्ञानिक, गूढ़ कवित्त्व-मय दृष्टिकोण लेकर बहुबिध सन्दर्भों के माध्यम से अनेक सूक्ष्म आभ्यन्तर चारित्रिक विशेषताओं का विश्लेषण करने में अज्ञेय अग्रणी हैं।

[साहित्य अकादमी, दिल्ली द्वारा आयोजित संगोष्ठी में दिया गया व्याख्यान]

डॉ. रामविलास शर्मा की समाज-शास्त्रीय आलोचना दृष्टि

मार्क्सवादी चिन्तक, हिन्दी आलोचना के युग-पुरुष और तार-सप्तक के कवि, निबन्धकार, उपन्यासकार डॉ. रामविलास शर्मा से हिन्दी संसार अपरिचित नहीं। 10 अक्टूबर, 2012 को उनका जन्म-शताब्दी वर्ष बीत गया। उनके स्मरण और मूल्यांकन हेतु संगोष्ठियों के आयोजन के लिए सरकारें, विश्वविद्यालय अनुदान आयोग, अन्य सरकारी, गैर-सरकारी संस्थानों ने मुक्तहस्त से धनराशि बाँटी। संगोष्ठियों का क्रम मार्च, 2013 तक चला। पत्र-पत्रिकाओं के सम्पादकों ने भी आंशिक या पूर्ण विशेषांक निकालकर अपने कर्त्तव्य की इतिश्री मान ली। हाँ, इस कड़ी में 'उद्भावना' का भारी-भरकम विशेषांक अपना अलग महत्त्व रखता है। बधायी है। और, संगोष्ठियाँ? तीन-चार में शामिल होकर मैं जिस यथार्थ से परिचित हुआ, वह मेरे लिए कल्पनातीत था।

डॉ. शर्मा ने कविता, उपन्यास, आत्मकथा तथा निबन्ध के अतिाक्ति सौ से अधिक आलोचनात्मक, दर्शन—भाषा तथा पुरातत्व—इतिहास आदि से सम्बद्ध पुस्तकों का सृजन किया; जिनमें 'हिन्दी-जाति का साहित्य', 'भारतीय साहित्य के इतिहास की समस्याएँ', 'भारतीय नव-जागरण और यूरोप', 'भारतीय संस्कृति और हिन्दी प्रदेश', 'निराला की साहित्य-साधना (तीन भाग)', 'महावीरप्रसाद द्विवेदी और हिन्दी-नवजागरण', 'भारतेंदु युग', 'प्रेमचन्द और उनका युग', 'प्रगति और परम्परा', 'भाषा साहित्य और संस्कृति', 'मार्क्सवाद और पिछड़े हुए समाज', 'भारतीय साहित्य की भूमिका', 'लोक-जागरण और हिन्दी साहित्य', 'आचार्य रामचन्द्र शुक्ल और हिन्दी आलोचना', 'हिन्दी के प्रहरी', 'भाषा और समाज', 'भारतेन्दु युग और हिन्दी भाषा की विकास परम्परा', 'आर्य और द्रविड़ भाषा-परिवारों का सम्बन्ध', 'भारत के प्राचीन भाषा परिवार और हिन्दी' (तीन खण्ड), 'ऐतिहासिक भाषा विज्ञान और हिन्दी भाषा', 'पश्चिम एशिया और ऋग्वेद', 'गाँधी, अम्बेडकर और लोहिया', 'मानव सभ्यता का विकास', 'मार्क्सवाद और प्रगतिशील साहित्य', 'भाषा युगबोध और कविता', 'कथा विवेचना और गद्य शिल्प' आदि उल्लेख्य ग्रन्थ हैं।

निश्चय ही ऐसे बहुआयामी व्यक्तित्त्व के कृतित्त्व पर लेखनी उठाने का साहस 'आ बैल मुझे मार' की कहावत को चरितार्थ करना है। मेरे लिए इनकी पुस्तकें और

हजारों आलेख पढ़ना सम्भव नहीं। अस्तु! यह प्रयास 'सुमिरन को बहानो' मात्र है।

डॉ. शर्मा अत्यन्त संवेदनशील, सहृदय व्यक्ति ही नहीं, संत या महात्मा थे, ऐसे महापुरुष थे जिनका लक्ष्य केवल 'साधना' था; साहित्य-साधना। उनकी सहजता, सहृदयता का मैं स्वयं कायल हूँ, भले ही हमारी भेंट बहुत कम हुई हो। और रही बात विद्वता की, वे जीते-जागते—'विश्वकोश' थे। साधारण-से-साधारण व्यक्ति उनसे मिलकर अपने को गौरवान्वित अनुभव करता था। अपनी सदाशयता-सहृदयता के बावजूद उन्होंने अपने सिद्धान्तों से समझौता नहीं किया। स्वतन्त्र भारत के इतिहास में शायद वे पहले व्यक्ति हैं; जिन्होंने अंग्रेजी के प्रोफेसर के रूप में अपना जीवन बिताने के बावजूद हिन्दी की लड़ाई का बीड़ा आजीवन उठाए रखा। उनकी दृष्टि में 'हिन्दी' एक भाषा ही नहीं वह 'जाति' (राष्ट्र) का प्रतीक है।

1964 के आसपास मैं काशी आया। रहने के लिए एक ऐसी कोठरी किराये पर मिली, जहाँ बगल की ही कोठरी में डॉ. शर्मा के कनिष्ठ पुत्र श्री भुवन मोहन शर्मा रहा करते थे। वे काशी हिन्दू विश्वविद्यालय में शारीरिक शिक्षा विभाग के इंस्ट्रक्टर थे। हम लोगों का परिचय आगे चलकर प्रगाढ़ता में बदल गया। मुझे कोठरी बदलनी पड़ी, मैं दूर हो गया, फिर भी मेल-मुलाकात कभी-कभार हो ही जाती थी। इसी बीच मैं काशी हिन्दू विश्वविद्यालय से विस्थापित हुआ। विस्थापन या बनवास बिताकर जब मैं आठवें दशक के अन्तिम दिनों में पुनः काशी लौटा तो दूसरे दिन सुबह से ही मन अस्सी पहुँचने के लिए 'पगहा तुड़ा' रहा था। काशी और काशी में भी 'अस्सी' पर रहा व्यक्ति काशी पहुँचते ही 'अस्सी' में ही रमना चाहता है, फिर मेरे तो दुर्दिन के कई वर्ष 'अस्सी' पर ही भटकते हुए बीते थे। सायंकाल 'अस्सी' पहुँचा। भुवन जी से आँखें चार हुईं। मैं उनकी ओर लपका, वे मेरी ओर। उनके मुँह से निकला—"बाबूजी आए हैं।" "आप उनसे मिल लीजिए।" आपके काशी आने की सूचना मैंने उन्हें दे दी है।" मैं हतप्रभ! कल ही तो ज्वाइन किया, इन्हें कैसे मालूम? मेरी मनोदशा भाँपते हुए कहा—"आपके ज्वाइन करने के पहले से ही यहाँ प्रचार हो गया है।" और, "मैं अब बी.एच.यू. हैदराबाद कालोनी में रहता हूँ—लेक्चरर क्वाटर में।" अर्थात् अब वे लेक्चरर ग्रेड पा गये थे। उन्होंने मेरे प्रश्न का उत्तर देते हुए कहा—"वैसे तो अभी दो-तीन महीना रहेंगे, पर क्या ठिकाना?"

उन दिनों मैं भाषा-विज्ञान पर एक पुस्तक लिखने की तैयारी कर रहा था। अवसर अच्छा मिला है, यह सोचकर मैं दूसरे दिन ही भुवन जी के बताए पते पर जा पहुँचा। बिना देर किये वे मुझे डॉ. शर्मा जी के सामने ही लेकर पहुँच गये। मुस्कराते हुए बैठने का आदेश दिया। कुछ देर घर-परिवार एवं मेरी स्थिति-परिस्थिति से परिचित होते रहे। एकायक उन्होंने प्रश्न किया—"भर्विष्य की क्या योजनाएँ हैं?" 'भाषाविज्ञान' पर पुस्तक-लेखन योजना बताते ही उनका प्रश्न सामने आया—"आर्यों के बाहर से आने और द्रविड़ों पर आक्रमण कर उन्हें दक्षिण में ढकेलने के साम्राज्यवादी शासन

की मान्यताओं और सिद्धान्तों के सन्दर्भ में आपकी क्या सोच है?'' मैं इस प्रश्न के लिए तो तैयार नहीं था, फिर भी अपनी संकल्पना मैंने बताई—''वर्तमान भारत की सीमा के विपरीत प्राचीन भारत की सीमा काफी विस्तृत थी। अकाल, बाढ़ या दैवीय आपदाओं के कारण रोजगार की खोज में आर्य और द्रविड़ दोनों विस्थापन की नियति से जूझते रहे। वे एक-स्थान से दूसरे स्थान पर गये। आर्य मूलतः भारत (विशाल भारत/आर्यावर्त) के ही निवासी थे। कुछ सन्तुष्ट और अधिक असन्तुष्ट होते हुए उन्होंने जो कुछ कहा वह इस प्रकार था—''आर्यों की भाषा, साहित्य, विशेषकर ऋग्वेद तथा स्वतन्त्रता के पश्चात् आए पाश्चात्य पुरातत्त्व-विदों के मत को केन्द्र में रखकर ऐतिहासिक भाषा-विज्ञान तथा भारत की सभ्यता, संस्कृति का इतिहास पुनः लिखा जाना चाहिए। आर्य न तो बाहर से आये, न आक्रमणकारी थे, वे पूरे भारत के मूल निवासी थे। साम्राज्यवादी अंग्रेजों द्वारा लिखवाया गया इतिहास झूठ और फरेब का पुलिंदा है। ऋग्वेद की भाषा, संस्कृति, दर्शन, चिन्तन और साहित्य का प्रभाव यूनानी, रूसी, स्लाव, अरबी, फारसी ग्रीक, लैटिन आदि भाषाओं तथा उनके साहित्य तथा दर्शन में देखा जा सकता है।'' उन्होंने कुछेक शब्दों को लेकर दार्शनिक प्रभाव को स्पष्ट भी किया। इसी क्रम में उन्होंने दसेक पुस्तकों के नाम भी बताए और इन्हें पढ़ने को कहा। समय काफी बीत गया था, मैंने चलने की अनुमति माँगी।

घर आकर विसूरता रहा। किताब कैसे पूरी होगी? इतनी पुस्तकें कैसे, और कब तक पढ़ूँगा? और ये मिलेंगी कहाँ। दूसरे दिन मैं विश्वविद्यालय प्रकाशन पहुँचा। मालिक पुरुषोत्तम दास मोदी से मिला। समस्या बताई। उन्होंने 'भाषा और समाज' (लेखक—डॉ. रामविलास शर्मा) सामने रखते हुए कहा—''इससे शायद आपकी समस्या का कुछ समाधान हो। वैसे भाषा-विज्ञान सम्बन्धी शर्मा जी ने और पुस्तकें लिखी हैं, किन्तु अब अनुपलब्ध हैं। आप पुस्तकालय का सहारा लें। अंग्रेजी पुस्तकें उपलब्ध नहीं है, शायद मोतीलाल बनारसीदास के यहाँ मिलें।''

दो-तीन दिन बाद मैं केन्द्रीय पुस्तकालय पहुँचा। पहले शर्मा जी की पुस्तकों की छानबीन की। आश्चर्य चकित रह गया कि हमारे हिन्दी और भाषा-विज्ञान अध्यापकों ने शर्मा जी की पुस्तकों का उल्लेख क्यों नहीं किया? भाषा विज्ञान के अध्यापकों की विवशता तो समझता था। शिक्षण-प्रशिक्षण का माध्यम-'अंग्रेजी' था; तत्सम्बन्धी पुस्तकें भी अंग्रेजी भाषा की और वह भी विदेशी विद्वानों की लिखी हुई थीं। किन्तु कोफ्त हुई अपने हिन्दी अध्यापकों से जिन्होंने डॉ. शर्मा की भाषा-परक पुस्तकों को न तो स्वयं देखने की जहमत उठाई और न ही छात्रों को निर्देशित करने का। ये स्वनामधन्य अध्यापक तो देवेन्द्रनाथ शर्मा, उदयनारायण तिवारी, हरदेव बाहरी, भोलानाथ तिवारी के इर्द-गिर्द ही मडराते रहे; खासकर भोलानाथ तिवारी की पुस्तक—'भाषा विज्ञान' जो तारापोरवाला की पुस्तक—''इलीमेंट ऑफ साइंस ऑफ लैंग्वेजेज'' का बिना सन्दर्भ दिये अविकल अनुवाद है। किताब का प्रकाशन

बिलम्बित हुआ। पुस्तकों के अध्ययन से मेरी अपनी धारणा और पुष्ट हुई। भारत की भाषाएँ आज भले अलग परिवार की मानी जाती हों किन्तु उनमें परस्पर साम्य के अनेक भाषिक तत्त्व मौजूद हैं। और इनमें वैदिक संस्कृत भाषा सर्वाधिक प्राचीन और समृद्ध संस्कृति का पर्याय है।

वस्तुतः शर्माजी को गैर साम्यवादी मार्क्सवादी समीक्षक, अध्येता साम्यवादी मार्क्सवादी मानकर उनसे दूरी बनाए रखे। और साम्यवादी मार्क्सवादी या प्रगतिशील इतिहासकार/पुरातत्वविद/समीक्षक/भाषा वैज्ञानिक उन्हें परम्परावादी मानकर दूर रहे। आज भी इस स्थिति में विशेष अन्तर दिखाई नहीं देता।

बात प्रारम्भ हुई थी डॉ. शर्मा के जन्मशती समारोहों और संगोष्ठियों से। संयोग से दो-चार में मुझे भी शिरकत करने का मौका मिला, जहाँ मेरा परिचय यथार्थ से हुआ; विशेषकर प्रगतिशीलियों, साम्यवादियों की विचारधारा से। और, उन्होंने बिना किसी झिझक उनके इतिहास तथा भाषा-विज्ञान एवं पुरातत्त्व सम्बन्धी अवदान को अप्रामाणिक करार दिया। एक स्वनामधन्य प्रोफेसर वक्ता ने तो यहाँ तक कहा कि डॉ. शर्मा के मत की जाँच का दायित्व उन्होंने अमुक-आमुख भाषा वैज्ञानिकों, पुरातत्त्व विदों, इतिहासकारों को सौंपा जिसे विद्वानों ने सिरे से खारिज कर दिया। आश्चर्य की बात यह है कि इतना प्रभूत साहित्य, और उसके सन्दर्भों का निरीक्षण-परीक्षण इतनी आसानी से इतनी अल्पावधि में हो गया। निश्चय ही यह सरलीकरण की प्रक्रिया है, जिससे आज के तथाकथित विद्वान गुजर रहे हैं; न उनके पास नया पढ़ने और न चिन्तन का अवकाश है; न ही अपनी विचारधारा के पोषकों के मत से तिल भर हटने की गुंजायश। अब यहाँ पर प्रश्न उठता है कि यदि मार्क्सवादी विचारधारा के पोषक डॉ. शर्मा के अवदान को खारिज करने पर तुले हैं, तो अन्य विचारधारा के पोषक विद्वान या दक्षिण-पंथी विद्वान डॉ. शर्मा को तरजीह क्यों देने लगे। वैसे, डॉ. शर्मा पर विचार करने का स्वत्त्व वामपंथी अपना ही मानते हैं, उसमें किसी का हस्तक्षेप उन्हें स्वीकार्य भी नहीं। संगोष्ठियों, पत्रिकाओं के आलेखों की सूची से यह आसानी से प्रमाणित होता है। और, उनके खारिज होने का कारण भाषा विज्ञान, पुरातत्त्व या इतिहास की उनकी अवधारणाएँ नहीं, अपितु डॉ. शर्मा का आजीवन खेमे-बन्दी से दूरी तथा आज के तथाकथित मार्क्सवादियों से वैचारिक दूरी ही इसके मूल में है।

डॉ. शर्मा ने साम्राज्यवादी अंग्रेजों द्वारा अपने विद्वानों से लिखाये गये इतिहास को भ्रामक, झूठ का पुलिंदा तथा भारतीय संस्कृति के समानान्तर अंग्रेजी भाषा, साहित्य, संस्कृति को सर्वोच्चता सिद्धि का प्रयास एवं भारत को खण्ड-खण्ड विभाजित करने वाला माना है। डॉ. शर्मा के इस मत के समर्थन में निम्नलिखित उदाहरण पर्याप्त है। 1786 में कम आयु में ही विद्वत्ता और बहुभाषा-ज्ञान के कारण ग्रीक संस्कृत, लैटिन के विद्वान विलियम जोन्स को इंग्लैण्ड में अत्यन्त अधिक प्रतिष्ठा प्राप्त थी। ईस्ट इण्डिया कम्पनी ने उन्हें भारत का न्यायाधीश बनाया। इस पद पर रहते हुए

उन्होंने संस्कृत भाषा, साहित्य और हिन्दू-न्याय पद्धति की प्रशंसा करनी शुरू की; और यह प्रशंसा पश्चिम के अग्रणी चिन्तक ध्यान देकर सुनने लगे तो ब्रिटेन के साम्राज्यवादी तबके में हलचल मच गयी। विलियम जोन्स की बातों को मानने पर ब्रिटिश राज्य के अस्तित्त्व तथा साम्राज्यवादी नीति पर संकट के बादल मँडराने लगे। अतः उनकी बातों का खण्डन करने के लिए इंडोलॉजी की दूसरी वह प्रवृत्ति सामने आयी जो 'आर्य', 'ब्राह्मण' तथा 'भारत-राष्ट्र' विरोधी थी। इस प्रवृत्ति के नेता जेम्स मिल ने संस्कृत भाषा, साहित्य दर्शन, हिन्दू धर्म-संस्कृति, हिन्दू समाज व्यवस्था और ब्राह्मणों की निन्दा शुरू की। इन कुतर्कों को जेम्स मिल ने 1817 में 'ब्रिटिश भारत के इतिहास' में व्यवस्थित ढंग से रखा। अंग्रेजों और बाद में मार्क्सवादियों द्वारा इसे भारत का पहला प्रामाणिक इतिहास मान लिया गया। उनकी पुस्तक कम्पनी सरकार के हर कर्मचारी को पढ़नी पड़ती थी। सच तो यह है 'मिल' भारत कभी आये ही नहीं। जबकि-विलियम जोन्स ने भारत की धरती, समृद्धि, संस्कृति, दर्शन और सभ्यता को अपनी आँखों देखा था। जोन्स का मत यहाँ उल्लेख्य है—"ग्रीक की अपेक्षा संस्कृत अधिक पूर्ण है, लैटिन की अपेक्षा अधिक समृद्ध है और दोनों में किसी की भी अपेक्षा अधिक सुचारु रूप से परिष्कृत है। पर दोनों के क्रियामूलों और व्याकरण-रूपों से, उसका इतना गहरा सम्बन्ध है जितना अकस्मात उत्पन्न नहीं हो सकता।" (पश्चिमी एशिया और ऋग्वेद के, पृ. 21 से उद्धृत-टी. बरो, द संस्कृत लैंग्वेज, पृ. 6 से)। डॉ. शर्मा के अनुसार—"आरम्भ में यूरोप के विद्वान मानते थे कि उनकी भाषाओं को जन्म देने वाली स्रोत भाषा का गहरा सम्बन्ध भारत से है। यह मान्यता मार्क्स के एक भारत सम्बन्धी लेख में भी है। अंग्रेजों के प्रभुत्त्व से भारतीय जनता की मुक्ति की कामना करते हुए उन्होंने 1853 में लिखा था, "हम निश्चयपूर्वक न्यूनाधिक सुदूर अवधि में, उस महान दिलचस्प देश को पुनरुज्जीवित होते देखने की आशा कर सकते हैं जहाँ के सज्जन निवासी, राजकुमार साल्तिकोव (रूसी लेखक) के शब्दों में इटालियन लोगों से अधिक चतुर और कुशल हैं, जिनकी अधीनता भी एक शान्त गरिमा से सँवलित है, जिन्होंने अपने सहज आलस्य के बावजूद अंग्रेज अफसरों को अपनी वीरता से चकित कर दिया है, जिनका देश हमारी भाषाओं, और धर्मों का उद्गम है, और जहाँ प्राचीन जर्मन का स्वरूप 'जाट' (जाटालिक—कार्तिकेय की एक मातृका [स्कन्द पुराण], जाटिकायन [अथर्ववेद] के ऋषि में प्राचीन यूनानी का स्वरूप ब्राह्मण में प्रतिबिम्बित है।" (वही, मार्क्स ऐंगेल्स, द फर्स्ट इण्डियन वार ऑफ इंडिपेंडेंस, पृ. 37)।

इतना ही नहीं, हड़प्पा और मोहनजोदड़ों की खुदायी के आधार पर आर्य-सभ्यता और संस्कृति के महत्त्व को नकारा गया, आर्यों को आक्रमणकारी और मोहनजोदड़ो, हड़प्पा या सैंधव सभ्यता का विनाशकर्त्ता बताया गया। इनका नेतृत्त्व मार्टीनर ह्वीलर ने 1947 में किया। वस्तुतः ऋग्वेद के मन्त्रों की गलत व्याख्या ही इसका कारण रहा।

ह्वीलर की अवधारणा को मार्शल और मैकाय ने आगे बढ़ाया। सर्वप्रथम कैंब्रिज विश्वविद्यालय के प्रोफेसर कॉलिन रेनफीब ने सिन्धु घाटी की सभ्यता का काल 1800 ई.पू. तथा ऋग्वेद का रचनाकाल 1000 ई.पू. सिद्ध करने के प्रयास को पूर्णतया खारिज किया तथा स्पष्ट रूप से कहा कि इसका उद्देश्य था कि–"फिर यह दावा कर सके कि इस निकटता से यह संकेत मिलता है कि यह (आर्यों का आक्रमण-काल) उस (सिन्धु सभ्यता के अवसान) का कारण है। पर कुछ तर्कों में यही किया गया है।" "वे यह भी कहते हैं कि ऋग्वेद का रचनाकाल इसके और पहले था, इस बारे में आवश्यक तर्क दिया जा सकता है।" (वही, पृ. 23)। वस्तुतः ह्वीलर, मार्शल, मैकाय के विवरण-वर्णन और विवेचन में अनेक विसंगतियाँ थीं, जो आगे के विद्वानों को सोचने के लिए विवश करती थीं। ह्वीलर एवं मार्शल मोहनजोदड़ो और हड़प्पा सभ्यता के विध्वंश नगरों को जलाए एवं लूटे जाने तथा अनेकों लोगों के संहार की कथा प्रस्तुत करते हैं जबकि मैकाय स्वीकार करते हैं कि "मोहनजोदड़ो के किसी भाग के लूटे अथवा जलाए जाने का कोई चिह्न नहीं है, जैसा कि मेसोपोटानिया के बहुत से नगरों के साथ एक से अधिक बार हुआ। दो चार घरों में आग लगी थी, बस वही उसकी लपेट में आए थे।" (वही, मैकाय-फर्दर एक्सवेंशंस, पृ. 648)। मैकाय तो इस आक्रमण को बलूचिस्तान की पहाड़ियों से आए कबायलियों की करतूत बताते हैं जबकि ह्वीलर आर्यों के देवता पुरन्दर को निन्नान्वे दुर्गों का ध्वंसक मानते हैं। और-तो-और ह्वीलर ने दुर्ग और नगर का भेद भी मिटाया।

ह्वीलर यहीं नहीं रुकते। 1947 में भारत पाकिस्तान विभाजन के साथ ही अंग्रेज साम्राज्यवादी नीति के तहत उनका एक आलेख छपता है। 'पाकिस्तान–चार हजार साल पहले।' पाकिस्तान बने दो साल न हुए थे, उसका इतिहास हो गया चार हजार साल पुराना! 1950 में उनकी पुस्तक छपी–"पाकिस्तान के पाँच हजार साल, एक पुरातात्विक रूपरेखा। पाकिस्तान के इतिहास में एक हजार साल का इजाफा हुआ–एक साल के अन्दर।" (वही, पृ. 27)। इस धारणा की पुष्टि के लिए 'पाकिस्तान के पुरातत्त्व विभाग की ओर से 1964 में प्रकाशित एफ.ए. खान की पुस्तक 'टू इंडस वैली एण्ड अर्ली ईरान' लिखी गयी। इनमें प्रस्तुत पहला चित्र सिंधु घाटी, ईरान और मेसोपोटामिया का है और दूसरा सिंधु घाटी तथा कांस्ययुगीन प्राच्य का है। दोनों में इराक, ईरान और सिंधु के साथ पंजाब का पश्चिमी भाग है, भारत का कोई भाग नहीं है। किन्तु खान की पुस्तक के प्रकाशन तक गुजरात और राजस्थान में हड़प्पा-कालीन अनेक स्थानों का पता लग चुका था। और 1947 में भी पाकिस्तान से हटकर भारत में ऐसे स्थानों का नितान्त अभाव नहीं था जैसा कि पाकिस्तान के पुरातत्त्व-विद रफीक मुगल ने लिखा है। इस स्थिति ने भारतीय पुरातत्वज्ञों को पाकिस्तानी सरहदों के पास जोरदार खोज को प्रेरित किया। "नतीजा यह हुआ कि राजस्थान और गुजरात में हड़प्पा और मोहनजोदड़ों की समकालीन

और उत्तरकालीन बस्तियाँ मानचित्र में अंकित हो गयीं और उनकी संख्या प्रभावशाली हैं। कालीबंगा, लोथल और रंगपुर–इन तीन प्रमुख स्थानों में लगभग एक दशक से व्यवस्थित उतखनन होता रहा। (लाल 1962, राव 1957, 1956 और 1963ए)''। ''1962 तक भारत में सिंधु सभ्यता के यथेष्ट विस्तार का पता लग चुका था। व्हीलर, नार्मन ब्राउन आदि ने उत्तर पश्चिमी भारत को ऐतिहासिक आधार पर शेष भारत से अलग करने का जो प्रयत्न किया था, वह असफल सिद्ध हो रहा था।'' (पृ. 29)। फिलाडेल्फिया निवासी डेल्स का एक लेख 1964 में प्रकाशित हुआ–'मोहनजोदड़ो के हत्याकांड की दंतकथा।' इसमें उन्होंने ह्वीलर की धारणाओं का खण्डन किया। इसके तीन कारण गिनाए–सिंधु सभ्यता के अवसान और आर्यों के आक्रमण के बीच के समय में तालमेल का अभाव, (2) मार्शल, मैकाय आदि के तैयार विवरण में तकनीकी भूलें और परस्पर विरोधी बातें। (3) तीसरी महत्त्वपूर्ण बात है–आक्रमण और हत्याकाण्ड की पुष्टि के भौतिक प्रमाण नहीं है। ''विनाश का कोई ऐसा स्तर नहीं है जो नगर के सबसे बाद वाले दौर का हो। बड़े पैमाने पर अग्निकांड का कोई चिह्न नहीं। कवच पहने, सामरिक अस्त्र-शस्त्रों के बीच पड़े हुए योद्धाओं के शव नहीं है। नगर के एक-मात्र किलेबंदी वाले भाग-दुर्ग में–अन्तिम रक्षात्मक संघर्ष का कोई प्रमाण नहीं है।'' (वही, पृ. 30)। वस्तुतः ह्वीलर के पास डेल्स के तर्कों का कोई उत्तर नहीं था। उन्होंने अपने कृत्य के लिए यह कहकर माफी जैसी माँगी कि–''मैंने कभी हल्के-फुल्के ढंग से इस प्रपंच के लिए इन्द्र और उनके आर्यों को दोषी ठहराया था; जिसे दूसरे लेखकों ने बढ़ा-चढ़ा कर दिखाया था अथवा औचित्य से परे उसे हीन बता दिया था। (1966 में सिंधुघाटी और उससे सम्बन्धित सभ्यताओं पर पुस्तक के संशोधित-परिवर्द्धित संस्करण में)।

1962 तक भारत-विरोध, विशेषकर आर्य-विरोध का नेतृत्त्व कर रहे ह्वीलर डेल्स के आगमन साथ 1966 से पीछे हटते नजर आये। 1966 में ह्वीलर का कथन कि भारत का विभाजन ऐतिहासिक सांस्कृतिक था। खारिज, हो चुका था और यह सिद्ध हो गया था कि ह्वीलर ने जिस 5000 वर्ष सभ्यता को पाकिस्तान, ईरान, इराक से जोड़ा था वह केवल पाकिस्तान की नहीं अपितु आर्यकालीन भारत की थी, जिसे आज भारत और पाकिस्तान की सभ्यता कहा जाता है। इसके साथ ही सिंधु सभ्यता को जन्म देने में सुमेर की प्रेरक भूमिका निरस्त हुई।

ह्वीलर से विपरीत डॉ. मार्शल न तो सिंधु सभ्यता के अवसान के लिए आर्यों को जिम्मेदार ठहराते हैं और न इस सभ्यता के लिए बाहर के स्रोत खोजते हैं। वे तो यहाँ तक कल्पना करते हैं ''तो यह सम्भावना स्पष्ट ही सामने आती है। भारत ही उनकी (सुमेरियन) सभ्यता की पोषक भूमि सिद्ध हो, जो सभ्यता अपनी बारी में बेबिलोन, असीरिया और आमतौर से पश्चिमी एशिया की संस्कृति की आधार भूमि बनी।'' (पृ. 31)। इस कथन के परिप्रेक्ष्य में डॉ. शर्मा का मत है कि सिंधु घाटी

की सभ्यता आर्य-सभ्यता थी। पहले-पहल सुमेर की संस्कृति प्रभावित हुई, फिर इस सुमेरी संस्कृति ने बेबीलोन आदि की सभ्यता को प्रभावित किया। इस विकास क्रम को स्वीकार करने वाले मार्शल जैसे विद्वान 1946 में विद्यमान थे।

डॉ. शर्मा ने पुरातात्विक विशेषकर कालीबंगा के उत्खनन से प्राप्त सामग्री के आधार पर सिद्ध किया कि हड़प्पा सभ्यता का ह्रास 1750 ई. पूर्व के लगभग होता है। उस समय सरस्वती जलहीन हो रही हैं। ''किन्तु ऋग्वेद में सरस्वती जल से भरी शक्तिशाली नदी है? इतना ही नहीं उसके बहुत समय बाद रचे गये यजुर्वेद में भी सरस्वती का यही स्वरूप है। ''स्पष्टतः सरस्वती भारत के प्राचीन इतिहास की काल विभाजक रेखा हैं। आर्य आक्रमण सिद्धान्तवादियों के लिए इसे लाँघ पाना सम्भव नहीं है।''

डॉ. शर्मा ने अनेक प्रमाणों और मतों द्वारा सिद्ध किया कि आर्य भारत के ही प्राचीनतम निवासी रहे हैं, वे कहीं बाहर से नहीं आये और न ही वे आक्रान्ता हैं। लैंग्डन के अनुसार भी ''इतिहास जितना मानता है, भारत में आर्य उससे कहीं अधिक प्राचीन हैं।'' ईसा पूर्व तीसरी शती में अशोक ने उस ब्राह्मी लिपि का व्यवहार किया जिसका विकास सिन्धु लिपि से हुआ। लैंग्डन और कनिंघम भी इसी मत के समर्थक रहे। काल्डवेल के अनुसार द्रविड़-भाषी जन समुदाय उत्तर-पश्चिम से भारत आये और बाद को आर्यों ने उन्हें पराजित कर दक्षिण में ढकेल दिया।

डॉ. शर्मा के अनुसार ऋग्वेद की सत्-असत् सम्बन्धी दार्शनिक उद्भावना मिश्र पहुँची। वे यह भी स्वीकार करते हैं कि कौन-सी दार्शनिक उद्भावनाएँ भारतीय हैं, कौन-सी यूनानी इसे पहचानने का एकमात्र स्रोत ग्रन्थ ऋग्वेद है। उनके अनुसार अनोतोलिया (वर्तमान तुर्की) के प्राचीन अभिलेखों में वैदिक देवताओं के नाम इसके प्रमाण हैं। सुमेरी कथाओं में अमरत्त्व की खोज भारतीय बाट (तौलने के लिए) बहरीन, सूसा (सुमेरी के विलोनी का क्षेत्र) में मिले हैं। क्रैमर यह स्वीकार करते हैं कि सिंधु-जनों ने (आर्य) जल सम्बन्धित उपासना का विकास किया। ऋग्वेद के सन्दर्भ में डॉ. शर्मा का मत स्मरणीय है ''ऋग्वेद की एक विशेषता यह है कि समाजशास्त्रीय दृष्टि से उसमें देवतन्त्र की मंजिलें पहचानी जा सकती हैं। मिश्र, सुमेर और भारत के देवतन्त्रों में अनेक समानताएँ हैं। इनके प्राचीनतम रूप ऋग्वेद में मिलते हैं। भारतीय आर्य दर्शन के अनुसार-सृष्टि के प्रारम्भ में जल-तत्त्व की प्रधानता थी। पृथ्वी का कहीं नामो-निशान नहीं था। जल के पश्चात् मनुष्य का जन्म होता है। परवर्ती काल में यह अवधारणा यूनान, यूरोप आदि देशों में भारत से पहुँची। डॉ. शर्मा ने दर्शन के इस सिद्धान्त के आयात को भाषा विज्ञान के सहारे अन्य देशों में आयात की प्रक्रिया को स्पष्ट रूप से प्रस्तुत किया। ''मातृ सत्तात्मक समाज में जब पितृत्त्व से अधिक महत्त्वपूर्ण मातृत्त्व था, और जब अनेक माताएँ एक ही कुटुम्ब में, एक ही घर में, एक साथ रहती थीं, तब जलों को माताओं के रूप में

ग्रहण किया गया था। जल वाचक अपः और आपः माताएँ हैं। और, ऋग्वेद में इनका प्रयोग सदा बहुवचन में होता है। जल की पूजा भारत से लेकर मिश्र तक होती थी, उसका बहुवचन मातरः के रूप में कल्पना केवल ऋग्वेद में है।'' ऋग्वेद में 'अप्' का सप्तमी बहुवचन रूप-अप्सु है। वैदिक अप्सु सुमेरी में–'अव्जु', अक्कदी में 'अप्सू' बना। यही अंग्रेजी में 'एविस' बना। संस्कृत–सूर्य, आकाश, वायु का क्रमशः अंग्रेजी रूपान्तर देखिए–सन, स्काई, विंड। वैदिक (कपास)–'कर्पसास', ग्रीक–'कर्पसास', लैटिन–'कर्वसुस'। वैदिक–'अंगिरस' (दैवी प्राणी जो देवों और मनुष्यों के बीच मध्यस्थ की भूमिका निभाते थे–ब्रुगमैन) का ग्रीक में रूप हुआ–'अङ्गल्लास'। (ब्रुगमैन के अनुसार इसका अर्थ है–दूत)। इसी ग्रीक रूप से अंग्रेजी का 'एंजल' बना। मैकडानल ने भी अंगिरस और अङ्गल्लास की उपर्युक्त व्युत्पति स्वीकार की है। ग्रीक–'प्रामेथॅउस, 'वैदिक' 'प्रमंथन' (प्र-मंथ्-अन) का प्रतिरूप है। वेद-विशेषज्ञ जर्मन विद्वान 'काआगी' ने लिखा है कि अग्नि उत्पन्न करने के लिए पारिभाषिक क्रिया-वैदिक-'मथ', मंथ है।

डॉ. शर्मा के अनुसार यूनान का दर्शन-विज्ञान आधुनिक यूरोप के दर्शन विज्ञान की आधार-शिला है। इस दर्शन-विज्ञान की अनेक मूलभूत स्थापनाएँ भारतीय चिन्तन में सबसे पहले ऋग्वेद में विद्यमान हैं। ऋग्वेद में काव्य भी है, साथ में दर्शन भी है। इस काव्य-दर्शन की विशेषता है, विश्व-प्रपंच की गतिशीलता और भौतिकता का वह चित्रण जो इस प्रकार के आग्रह के साथ अन्यत्र नहीं। डॉ. कामिल बुल्के ने 'रामकथा' पुस्तक में रामायण को 300 ई. पूर्व की रचना बताया। इस आधार पर भी ऋग्वेद का काल सैकड़ों वर्ष पीछे चला जाता है।

डॉ. शर्मा ने प्रमाण पूर्वक सिद्ध किया कि ''सघोष महाप्राण ध्वनियों वाले भारतीय शब्दों के इरानी और यूरोपीय प्रतिरूपों में सघोषता और महाप्राणता का संयोग नहीं होता। यह विशेषता केवल भारतीय आर्य-भाषाओं में ही है।'' इस एक तथ्य ने भारत पर आर्यों के आक्रमण-सिद्धान्त को पूरी तरह ध्वस्त कर दिया। वस्तुतः भारत पर आर्यों के आक्रमण रूपी मान्यता का जन्म और प्रचार एशिया में यूरोपियन साम्राज्यवाद से जुड़ा हुआ है। विस्तार के समय इस मान्यता का लक्ष्य आर्यों को द्रविड़ों से अलग करना है, ह्रास के समय उत्तर-पश्चिमी भारत को शेष भारत से अलग करना है।

डॉ. शर्मा की दृष्टि से साम्राज्यवादियों के भारत के भाषा, नस्ल/रंग आधार पर विभाजन की मंशा ओझल नहीं हो पायी। उन्होंने सबसे पहले तो आर्य-द्रविड़ विभाजन को भाषिक प्रमाण-सहित खारिज किया और स्पष्ट घोषित किया कि आर्य और द्रविड़ अलग नस्ल नहीं और न उनकी भाषा अलग शाखा से विकसित है। स्मरणीय है कि आर्य और द्रविड़ की संकल्पना भी साम्राज्यवादियों की एक सोची समझी चाल थी।

भारत में आर्य, द्रविड़, नाग तथा कोल परिवार की भाषाएँ बोली जाती हैं। क्या इनका अलग-अलग मूल स्रोत है? या यह भाषाएँ एक ही परिवार के मूल-स्रोत से विकसित हैं? इस प्रश्न पर गहन अध्ययन और मनन के पश्चात डॉ. शर्मा ने स्पष्ट किया कि इनका मूल-स्रोत भारतीय है, और एक है। उनके अनुसार इन भाषाओं की वाक्यात्मक संरचना समान है—क्रिया वाक्य के अन्त में प्रयुक्त होती है और कर्म क्रिया के पहले आता है—कर्ता, कर्म, विधेय। नार्मन एच. जाइड के अनुसार—"मुंडा समुदाय में सर्वनाम से भिन्न जो कर्म हो, उसे क्रिया से पहले रखना और खड़िया भाषा में सर्वनाम वाले कर्म को भी क्रिया से पहले रखना आर्य तथा अथवा द्रविड़ भाषाओं के कारण है। कोल भाषाओं पर भी दोनों या किसी एक भाषा का प्रभाव हो सकता है। यथा—चला गया, गिर पड़ा (हिन्दी), तमिल—ओडिप्योय विट्राय (भाग चले), पोनान्—पोय विट्टान (वह चला गया), नाग-लङ् (लेना), फई (आना) = लङ् फई = ले आ, खड़िया—वेतोङ् (डरना), गोट (जाना) = वेतोङ् गोट् = डर जाना।

डॉ. शर्मा के मतानुसार वाक्य के ऐसे महत्त्वपूर्ण अंश में चार भिन्न परिवारों के बीच संयुक्त क्रियापदों की रचना संसार की भाषाओं में अनूठी है। यह बहुत लम्बे सम्पर्क और पारस्परिक आदान-प्रदान से ही सम्भव हुई है।

वैदिक अस्माकम् (सर्वनाम) का विकल्प है—नः। द्रविड़ (तमिल-नान), नाग-(सेम-ङि), कोल की सोर में ञैन, इञ, इङ्। संस्कृत के 'न' कार वाले उत्तम पुरुष, सर्वनाम की लैटिन, फ्रांसीसी, रूसी आदि भाषाओं में भरमार है। वैदिक संस्कृत की तरह एक वचन और बहुवचन दोनों रूपों में इसका प्रयोग द्रविड़, नाग, कोल परिवारों की विशेषता है। मजेदार बात यह है कि मुण्डा के सर्वनाम मैथिल, भोजपुरी और मगही में व्यवहृत होते हैं, और मुण्डा के ये सर्वनाम उसकी मूल भाषा-शाखा आस्ट्रो एशियाटिक परिवार में आसानी से नहीं मिलते हैं। तात्पर्य यह कि भारत की चारों भाषा-परिवार का मूल स्रोत एक है। और आर्य, द्रविड़, नाग परिवार तथा मुण्डा एक ही स्रोत से विकसित भाषाएँ हैं। मुण्डा में भले आस्ट्रो एशियाटिक परिवार के कुछ शब्द आ गये हैं। हर भाषाएँ अपने अन्य भाषा के सम्पर्क क्षेत्र से अनेक शब्द आत्मसात कर लेती हैं यह एक सामान्य प्रक्रिया है। ऋग्वेद के प्राचीनता की स्थापना के माध्यम से डॉ. शर्मा भारतीय, विशेषकर आर्य-संस्कृति और सभ्यता को वैश्विक धरातल पर प्रतिष्ठित कर जाते हैं, साथ ही वेद, उपनिषद और पुराणों के माध्यम से आर्य भाषा 'वैदिक-संस्कृत' की समृद्धि तथा उसके भारतीय और वैश्विक प्रभाव का रेखांकन कर वे उसकी प्राचीनता सिद्ध करते हैं। दर्शन, आध्यात्म चिन्तन के धरातल पर वे आर्यों की सभ्यता तथा ऋग्वेद को समस्त संसार का अगुवा मानते हैं।

मार्क्सवादियों के औजार रहे हैं—तथा कथित पुरातात्विक-विशेषज्ञ कौसाम्बी। कौसांबी पुरातत्वविद नहीं थे। कुछ लोग मुद्राशास्त्र को पुरातत्त्व में जोड़ लेते हैं। पुरातत्त्व जाने बिना प्राचीन इतिहास लिखने के लिए शीरीन रत्नागार ने उनकी

जबर्दस्त आलोचना की है। मार्क्सवादियों को इतिहास का ढाँचा जेम्स मिल ने दिया। कौसाम्बी इन इतिहासकारों में एक हैं। संस्कृत अज्ञानता के कारण साम्राज्यवादियों विशेषकर मिल द्वारा लिखा या लिखवाया गया इतिहास कौसांबी का आधार बना।

दुखद यह है कि डॉ. कौसाम्बी ने न तो विलियम जोन्स को, न ही 1950 के पश्चात् के उन विदेशी विद्वानों—कैलिस, रैनफ्रीव, लैंग्डन को पढ़ने की जहमत उठाई और न ही भारतीय विद्वानों—वासुदेव शरण अग्रवाल, गौरी शंकर हीराचन्द ओझा, विश्वेश्वरनाथ रेऊ, जयचन्द विद्यालंकार, राजबली पाण्डेय और अतहर अब्बाज रिजबी, डॉ. रामविलास शर्मा—को पढ़ा जिन्होंने मिल, मार्शल, मैकाय, ह्वीलर के मतों को सप्रमाण खारिज कर हड़प्पा, मोहनजोदड़ों को आर्य-सभ्यता की देन बताया। और तो और, आर्य-विरोधी ह्वीलर, डेल्स 1955 तक अपने मतों से पीछे हटते नजर आये और मार्शल भी आर्य संस्कृति और सभ्यता की प्राचीनता स्वीकार करते हैं। प्रश्न उठता है क्या डॉ. कोसाम्बी ने जान-बूझ कर इन प्रमाणों, मतों को उपेक्षित किया, क्या उनका लक्ष्य संस्कृति-सभ्यता के धरातल पर भारत को निर्धन सिद्ध करना था? क्या साम्यवादियों की यह अवधारणा भारत के सन्दर्भ में मान्य है?

आज; साम्राज्यवाद जिन अस्त्रों के माध्यम से काम कर रहा है उसमें प्रमुखतम अंग्रेजी भाषा है। यही भाषा साम्यवादियों की भी है। लोहिया ने कहा था—''मार्क्सवाद भी उसी साम्राज्यवाद का एक अस्त्र है; मार्क्सवाद एशिया के विरुद्ध यूरोप का अन्तिम अस्त्र है।'' मार्क्सवाद तथा मार्क्सवादियों की असलियत तो खोली थी—सृंजय ने; अपनी कहानी 'कामरेड का कोट' में।

आज प्रश्न उठता है कि क्या 2014 के पूर्व तक वैचारिक धरातल पर भारत स्वाधीन था? इसका उत्तर 18 मई, 2014 के अंक के सम्पादकीय में दिया है ब्रिटेन के प्रमुख अखबार 'द गार्जियन' ने—''आज 18 मई, 2014 इतिहास में इस बात के लिए जाना जाएगा कि ब्रिटेन ने अन्ततः भारत छोड़ दिया।...नरेन्द्र मोदी की चुनाव में जीत उस युग का अन्त है, जिसमें राजनीतिक संरचना महाद्वीप में ब्रिटेन के शासन के दौरान की संरचना से बहुत भिन्न नहीं थी। काँग्रेस शासन के दौरान भारत बहुत अर्थों में ब्रिटिश शासन की निरन्तरता ही थी।...वैचारिक परजीवियों ने राजनीतिक संरचना और दर्शन को यूरोप की कार्बन कापी बना दिया।...लैटिन अमेरिका के मार्क्सवादियों ने अपनी संस्कृति और शिक्षा दोनों को देशज बनाने का काम किया है। मगर भारत के मार्क्सवादी अपने देश में हो रहे ऐसे प्रयास का विरोध कर रहे हैं।'' (हिन्दुस्तान, 01 जुलाई, 2016 का रोकश सिन्हा का आलेख)।

यह असलियत है। अपने देश और संस्कृति, अध्यात्म-दर्शन, भाषा से उनका लगाव नहीं। ऐसे विद्वान जातिगत धर्मगत, सम्प्रदायगत, राष्ट्रगत विद्वेष की भावना तथा अराजकता को ही बढ़ावा देकर देश की सामाजिक समरसता और एकता को विखंडित कर अपना राजनीतिक स्वार्थ सिद्ध कर रहे हैं।

इनके विपरीत डॉ. रामविलास शर्मा ने भारतीय जमीन से गहरे जुड़कर उसकी भाषा, संस्कृति, आध्यात्म्य तथा दर्शन पर पड़े धुंध को साफ किया। उसकी प्राचीनता, एकता और सर्व-श्रेष्ठता सिद्ध करते हुए भारतीय मनीषा, विशेषकर साम्राज्यवाद के पोषकों-मार्क्सवादियों को भारतीय धरती से जुड़ने, अपनी संस्कृति से प्रेम करने और भारतीयता का आख्याता बनने का पाठ पढ़ाया। अब आवश्यकता है—साम्राज्यवादियों के कुचक्र से बाहर निकलकर भारतीय जातीय और सांस्कृतिक चेतना के असली इतिहास लेखन और उस पर गर्व करने की। भारतेन्दु हरिश्चन्द का उद्‌बोधन को हमें विसारना नहीं चाहिए:

जिसे न निज देश, जाति का अभिमान है
वह नर नहीं निरा पशु मृतक समान है
और निज भाषा उन्नति अहै, सब उन्नति को मूल।
बिन निज भाषा ज्ञान को मिटत न हिय को शूल।।

इस अवसर पर मुझे एक ऐतिहासिक बोध-कथा याद आ रही है—"ईरान के प्रख्यात हकीम लुकमान ने एक पत्र के साथ अपने एक प्रिय शिष्य को भारत के रामायण-कालीन वैद्यराज सुषेण के पास भेजा। शिष्य-यात्रा की दुरूहता से परिचित था। उसने भोजन और विश्राम के बारे में पूछा। लुकमान ने उससे कहा इमली या इमली के पत्ते खाना और इमली के पेड़ के नीचे विश्राम करना। गुरु भक्त शिष्य गुरु की आज्ञा का पालन करते हुए येन-केन-प्रकारेण सुषेण के पास पहुँचा। सुषेण ने उसकी दयनीय शारीरिक स्थिति को देखा—उन्हें समझते देर नहीं लगी उसके गलित-कुष्ठ से जर्जर शरीर के कारण को। उन्होंने सब्र बँधाया—और लुकमान की भाँति एक रिक्त पर बन्द लिफाफा उसे थमाया। वापस जाने का निर्देश दिया। शिष्य ने वापसी यात्रा में भोजन और विश्राम के बारे में जब पूछा; तो उन्होंने उसे नीम के फल तथा पत्ते खाने और नीम के पेड़ के नीचे सोने की सलाह दी। शिष्य जब वापस लुकमान के पास पहुँचा तो लुकमान के आश्चर्य का ठिकाना न रहा। उनकी कल्पना के विपरीत वह पूर्ण तथा बल्कि पहले से अधिक स्वस्थ और प्रसन्न दिखा। पूछने पर शिष्य ने अपनी समूची व्यथा-कथा बताई, और रोष पूर्वक कहा—आपने तो मेरी जिन्दगी ही नष्ट कर दी थी। यह तो सुषेण का कमाल है जो उन्होंने लौटते समय खाने और सोने के लिए नीम के वृक्ष के सहारे का निर्देश दिया था।" इस कथा का मूल कथ्य यह है कि लुकमान के पास गलित कुष्ठ की औषधि नहीं थी, इसी औषधि की जानकारी वे सुषेण से चाहते थे। इस कथा का एक पक्ष और है—वैदिक काल से ही भारतीय ज्ञान-विज्ञान दर्शन का आयात विदेशों में होता रहा है, यह कथा इसका प्रमाण है।

भाषा केवल शब्दों का युग्म नहीं, वह मानव-जाति, समुदाय-विशेष की संस्कृति, सभ्यता, समृद्धि का आगार है, वह उसकी संवेदना का संवाहक है। साम्राज्यवादी यह

जानते थे कि यदि किसी को पराधीनता की बेड़ियों में जकड़ना है, उसे दास बनाना है, उसका शोषण करना है, तो सबसे पहले उसकी भाषा को नष्ट कर अपनी भाषा को थोपना होगा, उसके साहित्य को नष्ट करना अथवा उसे अपनी (समाजवादी भाषा) का अनुकरण-कर्त्ता बनाना होगा। भाषा-विनाश से आक्रान्त देश की संस्कृति का विनाश स्वयंमेव हो जाएगा। और, तब आक्रान्ता देश की भाषा-संस्कृति लादना, अनुपालन कराना आसान होगा। आक्रान्त देश की संस्कृति, सभ्यता तथा भाषा के विनाश के पश्चात् उसकी जातीय चेतना-समरसता तथा एकता को आसानी से खंडित किया जा सकता है। भारत में अंग्रेज-शासकों ने यही किया। इनके आगमन के पूर्व हिन्दी की एक शैली उर्दू थी जिसे अंग्रेजों ने भाषिक मान्यता प्रदान कर हिन्दी के समांतर खड़ा कर; हिन्दी-उर्दू तथा हिन्दू-मुसलमान के झगड़े तथा अलगावादी भावना को जन्म दिया। सामाजिक सौहार्द्र को नष्ट किया। वे यही नहीं रुके। विलियम जोन्स द्वारा सिद्ध ऋग्वेद की प्राचीनता, श्रेष्ठता को भाषा विज्ञान के क, ख, ग तथा वैदिक भाषा से अपरिचित विद्वानों द्वारा ऋग्वेद की प्राचीनता तथा उसके अवदान, सांस्कृतिक-वैज्ञानिक समृद्धि को अस्वीकार कराया। हड़प्पा, मोहनजोदड़ो की संस्कृति, सभ्यता के अवदान को विदेशी बताया। एक स्रोत से विकसित भारतीय भाषाओं को अलग-अलग चार परिवारों तथा अलग-अलग संस्कृतियों से विकसित माना। आर्य और द्रविड़ के अलगाव का पौधा रोपा। जबकि समूचे भारत की भाषाओं के साहित्य का आधार वेद, पुराण, उपनिषद, रामायण और महाभारत की कथाएँ तथा लोक-मान्य देवी देवता और उनकी कथाएँ, तथा इनसे विकसित संवेदना है। इसी धरातल पर भारत पहले भी एक था, आज भी एक है। यही डॉ. शर्मा की पीड़ा रही और यही उनकी मान्यता रही। उन्होंने भारतीय विरासत को जीवित किया—साम्राज्यवादियों के षड्यन्त्रों का भंडाफोड़ किया।

महावीर जैन (जैन धर्म के संस्थापक), गौतम बुद्ध (बुद्ध धर्म के संस्थापक) के सामाजिक, सांस्कृतिक, दार्शनिक आन्दोलनों, मूल्यों एवं सिद्धान्तों को भी विस्मृत किया गया। किन्तु सजग भाषाविद पुरातत्त्व चेता, इतिहासकार समीक्षक और कवि आदि के रूप में हमें वह व्यक्तित्त्व (डॉ. रामविलास शर्मा) मिला, जिसने इन दोनों धर्म-प्रवर्तकों के अवदान को पचास-पचास पृष्ठों में रेखांकित किया। यह सिद्ध किया कि मार्क्स से बहुत पहले श्रमाधृत अर्थ के बँटवारे का सिद्धान्त गौतम बुद्ध ने प्रस्तुत किया। उन्होंने ही सबसे पहले एक दलित/अछूत को उपदेश देकर अपना शिष्य बनाया। उन्हें मृत्यु या रोग व्याधि से अधिक सामान्य जनता की वह पीड़ा, शोषण व्यथित किये रही, जो शासकों या उनके पोषितों द्वारा दी जाती थी। विश्व भर में शायद वह पहले चिन्तक थे, जिन्होंने जाति का मुद्दा मिटाकर हर एक मनुष्य को समानता के धरातल पर पहुँचाया। उन्होंने शासकों के विरुद्ध आन्दोलन का रास्ता अपनाया। इसी सन्दर्भ में डॉ. शर्मा ने यह भी स्पष्ट किया कि गौतमबुद्ध के समय

शासक, शासन-तन्त्र की जो स्थिति थी, उसमें आज भी अन्तर नहीं आया है। उस समय भी राजा और उसके सामंत और उनका तन्त्र लुटेरों, डकैतों, हत्यारों का संरक्षक था, आज भी भारत में यही संरक्षण तन्त्र थोड़े-बहुत फेर बदलाव के साथ सक्रिय है। और लुटेरों, डकेतों, हत्यारों की चाँदी कट रही है।

यहाँ, साहित्येतिहास लेखन के सन्दर्भ में डॉ. शर्मा की दृष्टि का साक्षात्कार भी आवश्यक है। वे यह मानते हैं भारत राष्ट्र के विशेष चरित्र को शामिल करके ही इतिहास लिखा जा सकता है। "भारत के साहित्येतिहास लेखन में तब तक सम्पूर्णता नहीं आ सकती जब तक विभिन्न भाषाओं के साहित्य को एक दूसरे से जोड़कर न देखा जाय। उनके सम्बन्धों का विवेचन न किया जाय। अन्ततः वे यह मानते हैं कि भारत की किसी भाषा के साहित्य का इतिहास सही ढंग से अखिल भारतीय परिप्रेक्ष्य में ही लिखा जा सकता है।" उनका यह सिद्धान्त नये साहित्येतिहास लेखन के लिए व्यावहारिक भूमिका का काम करता है।

वस्तुतः आचार्य रामचन्द्र शुक्ल और आचार्य हजारीप्रसाद द्विवेदी के पश्चात् डॉ. रामविलास शर्मा ही ऐसे आलोचक के रूप में स्थापित हैं, जो भाषा साहित्य और समाज को एक साथ रखकर ग्रन्थ का मूल्यांकन करते हैं। उनकी आलोचना प्रक्रिया में केवल साहित्य ही नहीं होता, अपितु वे संस्कृति, भाषा, समाज, अर्थ, राजनीति, इतिहास को एक साथ लेकर साहित्य का मूल्यांकन करते हैं। इस मूल्यांकन का आधार है—"रचनाकार ने अपने समय के साथ कितना न्याय किया है।" और, हिन्दी जाति की अवधारणा शर्मा जी के जातीय चिन्तन का केन्द्रीय बिन्दु है। भारतीय साहित्य के तुलनात्मक अध्ययन तथा वैश्विक साहित्य से अंतक्रिया के द्वारा शर्मा जी ने साहित्य के जातीय तत्त्वों की प्रगतिशील भूमिका की पहचान की। यहाँ 'जाति' शब्द का प्रयोग 'राष्ट्र' के लिए हुआ है।

धूमिल : भाषा बनाम काव्यभाषा

सन् 1964 के मई महीने का अन्तिम सप्ताह रहा होगा। मैं काशी की धरती पर दुबारा आया था। पहली बार, नवम्बर 1963 में दो दिन की यात्रा में काशी से गुजरते हुए शहर को देखने का मौका मिला था। लेकिन इस यात्रा में तो मुझे यहाँ अपनी ठाँव तलाशनी थी। रात के छाँव की खोज थी। संयोग से एक सज्जन से मुठभेड़ हुई—काशी हिन्दू विश्वविद्यालय के मालवीय भवन में। हम उम्र खुश दिल। वे मुझे छाँव की व्यवस्था में ले उड़े। जहाँ पहुँचे, उस स्थल का नाम उन्होंने 'अस्सी' बताया। नाम सुनकर मैं उन्हें टुकुर-टुकुर ताकता रहा। मुझे लगा, वे मेरा मजाक उड़ा रहे हैं; क्योंकि संख्यावाचक शब्दों के आधार पर किसी मुहल्ले का मैंने पहली बार सुना था। किन्तु किसी प्रतिक्रिया या प्रश्न के बदले मेरा चुप रहना ही श्रेयष्कर था, अन्यथा आकाश से टपका सहारा भी टूट जाता। फिलहाल वहाँ खड़े-खड़े इशारों में उन्होंने बताया—"सामने की चाय की दुकान में बैठे धोती-कुर्ता वाले हैं—हिन्दी के प्रसिद्ध आलोचक/समीक्षक नामवर सिंह; उस सब्जी की दुकान पर जो कन्धे पर झोला टाँगे भाव-ताव कर रहे हैं, वे हैं, कहानीकार काशीनाथ सिंह, इन्हीं नामवर के छोटे भाई। सामने पान की दुकान पर खड़े लकदक कुर्ता-धोती वाले हैं—कथाकार शिवप्रसाद सिंह। और इस चाय की दुकान पर खड़े-खड़े चाय की चुस्कियाँ लेने वाले प्रगतिशील कवि 'धूमिल' हैं।" तब तक मैं इस सबसे अपरिचित था। नाम तक मैंने नहीं सुने थे। हम दोनों जहाँ खड़े थे, वहाँ से धूमिल बहुत निकट थे। उसी पटरी पर थे। लग रहा था—चबा-चबा कर चाय पी रहे हैं, और जोर-शोर से किसी बात पर बगल खड़े लोगों से खाँटी, देशज भाषा में बहस कर रहे हैं। बात; मेरी समझ से परे थी, फिर भी कोई आकर्षण था—जो मुझे उनकी ओर खींचे लिए जा रहा था। अपनी चाय पीते-पीते मैं भी उनके निकट तक पहुँच चुका था, कि एकायक वे बगल में खड़ी साइकिल की ओर मुड़े, उसे दौड़ाकर उस पर लद लिए, और आगे बढ़ चले। उनके एकाध साथी भी उनका अनुकरण किये।

सौभाग्य से अस्सी से सटे भदैनी इलाके में मुख्य सड़क के किनारे सिर छुपाने की जगह मुझे मिली। हर शाम प्रायः उपर्युक्त सभी दृश्यों—चित्रों-चरित्रों से मेरी भेंट होती, किन्त पास से नहीं, दूर-दूर से। 'हजारी' की चाय की दुकान पर मैं भीतर बैठता। 'धूमिल' रोज ही इस दुकान पर रुकते, अपने साथियों के साथ सड़क पर खड़े-खड़े चाय पीते

और आधा पौन घंटा जोर-शोर से बहस करते, शुद्ध भोजपुरी में; जिसमें गाली-गलौज भरे शब्दों की छौंक जरूर रहती। धीरे-धीरे इस कवि और उनकी कविता से मेरा तालमेल बैठ रहा था, किन्तु डर के मारे निकट जाने का साहस न था। कब क्या कह दें, कौन-सा जुमला जड़ दें, ठिकाना नहीं। यहीं पता चला, करौंदी के आई.टी.आई. में अध्यापक हैं। दिन भर की थकान मिटाने, भड़ास उगलने तथा सरकारी तन्त्र की यातना से मुक्ति के प्रयास का भी स्थल था उनके लिए—अस्सी की "हजारी" की चाय की दुकान।

धूमिल व्यवस्था की मार के स्वयं भोक्ता थे। उनके व्यक्तित्व के अक्खड़पन, सब कुछ मिटा, भुला देने का फक्कड़पन, गरीबों के विद्रोह को कुचलने वाली व्यवस्था के प्रति घोर घृणा एवं भाव के साथ-साथ कोमल-भावनाओं के राग उनके हृदय में निरन्तर झंकार मारते थे। कभी-कभी वे काशीनाथ सिंह के साथ हो लेते, कहीं दुकान पर या कभी घर में बैठकर उनसे बहस करते। दो-तीन वर्षों बाद मुझसे यह इलाका छूटा। किन्तु धूमिल नहीं छूटे। वे तो मेरे मनोमस्तिष्क के कवि थे—विद्रोही, बगटुट, भाषा-प्रयोग में सिद्ध। मैं उनसे मिलने, बहस सुनने के लिए बेताब होकर कभी-कभी अस्सी पहुँच जाता। किन्तु ऐसा व्यक्तित्व जीता ही है—कितना दिन? उनकी गम्भीर बीमारी ने हम सबको हिला दिया था। 11 फरवरी 1975 का दिन इस महान कवि के महाप्रयाण का दिन सिद्ध हुआ। हम लोगों तथा हिन्दी साहित्य के लिए उनका अभाव हमेशा खटकता रहा है और रहेगा।

धूमिल के जीवन काल में ही, उनके द्वारा संकलित कविताओं का पहला संकलन—'संसद से सड़क तक' राजकमल से 1972 में छपा। इस संकलन में परम्परा का पोषण नहीं है, हो भी कैसे? यह तो परम्परा पर हथौड़े चलाने वाले कवि धूमिल का संग्रह था—न। अस्तु, न तो किसी की लम्बी भूमिका और न ही कवि का लम्बा वक्तव्य। परम्परा इसमें नदारत है। धूमिल तो कविता की सार्थकता तभी मानते थे जब वक्तव्य रूप में पाठक के समक्ष खड़ी होकर वह अपनी सार्थकता का उद्घोष करे, ऐसी सार्थकता जो पाठक को कवि के इंगित पर चलने के लिए विवश कर दे—स्वयं कविता। इसीलिए धूमिल की दृष्टि में—

एक सही कविता
पहले
एक सार्थक वक्तव्य होती है।

एक बात बहुत साफ है, यह कवि कविता अर्थात् मानवीय भावनाओं की अंतः सलिला को अन्तर्विरोधों के बीच से नये ढंग से व्याख्यायित तथा स्थापित करने के लिए प्रयासरत रहा। वह वीर-गाथात्मक, भक्ति, रीति/शृंगारपरक तथा छायावादी भावभूमि की धरती को नये सिरे से गोड़ कर नयी उपज पेश करने के लिए निराला, अज्ञेय, मुक्तिबोध की भाँति प्रयासरत था; और यह थी—आधुनिकतावादी उपज। धूमिल अनेक विचारधाराओं, चिन्तन-दर्शन, भूगोल, इतिहास आदि के गहन अध्येता

रहे, किन्तु किसी के पिछलग्गू नहीं। वे हर वादों, विचारधाराओं के कटु आलोचक थे। उन्हें आप मार्क्सवादी कह भी सकते हैं, नहीं भी कह सकते हैं, परम्परावादी तो वे थे नहीं, स्वभाव से विद्रोही-धूमिल के चिन्तन-केन्द्र में 'मनुष्य' था। वे उसके संत्रास के कारकों के खोजकर्ता थे और उससे छद्‌म नहीं खुल्लम-खुल्ला लड़ाई फानते थे। इसीलिए उनके जीवित रहते शायद ही उनका कोई प्रशंसक बन पाया हो, सहायक तो कोई था नहीं, रहा होगा तो मुझे मालूम नहीं। धूमिल की 'पटकथा' पूर्ववर्ती लम्बी कविताओं से अलग एक नये परिदृश्य के साथ खड़ी है। वैसे 'अन्धेरे में' से इसकी साम्यता खोजने का प्रयास हुआ, किन्तु व्यर्थ। हाँ, जगूड़ी ने जरूर 'पटकथा' की नाटकीयता का 'बलदेव खटिक' में अनुकरणीय प्रयोग किया। वस्तुतः लम्बी कविता का विकास आधुनिक जटिल संवेदना से विशेष रूप से प्रभावित है। इन कविताओं में आख्यानाश्रय का निषेध है। इसका उपजीव्य 'विचार' है, जिसे रचनाकार सचेतन इतिहास से प्राप्त करता है। इसमें कवि के व्यापक जीवनानुभव का विशेष सहयोग होता है।

कवि की कालजयिता/सार्वकालिक प्रासंगिकता का आधार अटूट जिजीविषा से युक्त मनुष्य की निर्मिति है। धूमिल की कविता में ऐसा मनुष्य विद्यमान है, जो न कभी थका, न हारा; निरन्तर संघर्ष के पथ पर ठोकरे खाते, दानवी समस्याओं से जूझते, उसे पछाड़ते हुए वह आज भी समूचा, पूर्णतया जीवित खड़ा है—अपनी महागाथा के साथ।

2

धूमिल हिन्दी के पहले कवि नहीं, जिन्होंने काव्य-वस्तु के साथ अपनी 'काव्यभाषा' को नयी धार दी। काव्यभाषा के बदलाव का इतिहास इस बात का गवाह है कि क्रान्तिकारी युग-चेता कवियों ने परम्परा की भाषा को नकारा। उन्हें 'जन' को केन्द्र में रखना था, उनके बीच रहना था, जन कल्याण का राग अलापना था, इसलिए उन्होंने जन की भाषा में कविता की प्रस्तुति का संकल्प लिया। यही संकल्प तो विद्यापति का भी था—

सक्कय वाणी बुहजन भावइ, पाइय रस को मम्म न पावइ।
देसिल बयना सब जन मिट्ठा, तँ तैसहो जंपहो अवहट्टा।।

कबीर, तुलसीदास भी भाखा को अपनी रचना का आधार बनाते हैं। भारतेंदु भी 'निज भाषा' का नारा लेकर साहित्य को जन-सुलभ बनाते हैं। वस्तुतः भाषा बदलाव की यह प्रक्रिया पहले से चली आ रही है। भाषा रचनात्मक-व्यक्तित्त्व की पहचान भी होती है। आज जिसे हम 'काव्य भाषा' कहते हैं, उसका अभाव नहीं था। भाषा वह सहारा या औजार है जिसके माध्यम से रचनाकार जन-मन को वाणी देता है, जन-मन के बीच अपनी उपस्थिति दर्ज कराता है। किन्तु यह साधारण प्रक्रिया नहीं अपितु एक साधना है—भाषा की साधना। रचनाकार अपनी भाषा रचता नहीं अपितु वह उसी में बसता है। उसकी सघन अनुभूति उसी में पकती है, जिसे एक रसायन के रूप में वह 'जन/आम' को लौटा देता है। इस धरातल पर भाव और भाषा को

अलगाना सम्भव नहीं। मुक्तिबोध भी स्वीकार करते हैं—"वही कवि महान है जो भाषा का निर्माण करता है, विकास करता है।"

साहित्य के भीतर पायी जाने वाली कला (सौन्दर्य) और बोध न केवल भाषा के माध्यम से व्यक्त होते हैं वरन भाषा की अपनी संवेदना और उनके अपने गुणों द्वारा नियन्त्रित भी होते हैं। काव्यात्मक संरचना भाषा के गर्भ से ही उत्पन्न होती है, जिसका कारण बनती है—"काव्यात्मक संवेदना"। सत्य तो यह है कि कविता का अनुभव मूलतः भाषानुभव होता है। धूमिल इस सत्य से परिचित थे। वे स्वयं कहते हैं—"छायावाद के कवि शब्दों को तोड़कर रखते थे। प्रयोगवाद के कवि शब्दों को टटोलकर रखते थे। नयी कविता के कवि शब्दों को गोलकर रखते थे। सन् साठ के बाद के कवि शब्दों को खोलकर रखते हैं।" (कल सुनना मुझे)।वे यह भी जानते थे—"और भाषा पर/आदमी का नहीं जाति का अधिकार है"। स्पष्टतः यहाँ उनका संकेत भाषा के सांस्कृतिक पक्ष से है। हर भाषा एक संस्कृति-विशेष की संवाहक और उपकरण होती है, वह संस्कृति का उपादान न होकर सक्रिय शक्ति है। तात्पर्य यह कि भाषा स्वयं में सामाजिक वस्तु भी है और संकल्पनात्मक बोध भी। और भाषा! वह तो निरन्तर बदलती रहती है। 'भाषा' को बनाने में, बदलने में और विकसित करने में युग की विचारधारा-भाव-चेतना और संवेदना की सक्रिय भूमिका होती है।

धूमिल की काव्यभाषा पर विचार युगीन-चेतना और भावबोध से अलग हटकर करना न तो उचित है, और न ही सम्भव। क्योंकि यह उनका भी अनुभूत यथार्थ है—"अपने यहाँ संसद/तेल की वह घानी है/जिसमें आधा तेल है/और आधा पानी है/...और/जिसने सत्य कह दिया है/उसका बुरा हाल क्यों है?" धूमिल ही नहीं समस्त जन को यह देश—"घृणा में/डूबा हुआ सारा का सारा देश/पहले की ही तरह आज भी/मेरा कारागार प्रतीत होता है।" उन्होंने पूँजीवाद के यथार्थ को झेला, 'सत्य' के ह्रास को अनुभव किया, लोकतन्त्र के भ्रष्टाचार, घृणा के प्रचार और कारागार रूपी देश का परिवर्तन तथा स्वतन्त्रता के ह्रास को देखा, नक्सलवादी आन्दोलन के कारकों से मुठभेड़ की, ईमानदारी, अहिंसा और विवेक जैसे मानवीय मूल्यों के ह्रासमान स्थिति से साक्षात्कार किया—"मैंने अहिंसा को/एक सत्तारूढ़ शब्द का गला काटते देखा/मैंने ईमानदारी को अपनी चोर जेबें भरते हुए देखा/मैंने विवेक को/चापलूसों के तलवे चाटते हुए देखा...।" उन्होंने जनतन्त्र की असलियत को पहचाना—"जनता.../एक भेड़ है/जो दूसरों की ठण्ड के लिए अपनी पीठ पर/ऊन की फसल/ ढो रही है।" और "अपने यहाँ जनतन्त्र/एक ऐसा तमाशा है/जिसकी जान/मदारी की भाषा है।" वे देखते हैं—"इस दुनियाँ में/भूखे आदमी का सबसे बड़ा तर्क/रोटी है"..."सचमुच मजबूरी है/मगर जिन्दा रहने के लिए/पालतू होना जरूरी है।"...न मैं कमंद हूँ/न कवच हूँ/ न छंद हूँ/मैं बीचों-बीच दब गया हूँ/ मैं चारों तरफ से बन्द हूँ।" निश्चय ही मनुष्य की इस नियति ने धूमिल को विकल किया, विद्रोही बनाया—कबीर की तरह। वे यह भी सोचते-देखते हैं—"कि जिस उम्र में/

मेरी माँ का चेहरा/झुर्रियों की झोली बन गया है/उसी उम्र की मेरे पड़ोस की महिला/के चेहरे पर/मेरी प्रेमिका के चेहरे-सा लोच है।"..."उस मुहावरे को समझ गया हूँ/जो आजादी और, गाँधी के नाम चल रहा है/जिससे न भूख मिट रही है, न मौसम/बदल रहा है/लोग बिलबिला रहे हैं/पत्ते और छाल/खा रहे हैं/ मर रहे हैं/"... "क्या आजादी सिर्फ तीन थके हुए रंगों का नाम है/जिन्हें एक पहिया ढोता है।" स्पष्टतः मनुष्य की स्वतन्त्रता और आजादी की लड़ाई का मूल मन्त्र—मानवीय समानता का सिद्धान्त, शासन-व्यवस्था-तन्त्र द्वारा आज भुला दिया गया है। लोकतन्त्र कतिपय पूँजीपतियों के हाथों की कठपुतली बन गया है। गरीब, भूखे, बेरोजगार, जन-सामान्य की असीम वेदना का कोई पुछत्तर नहीं। 'मनुष्य' की किसी को परवाह नहीं। पूँजीवाद के बढ़ते प्रभाव तथा मानवीय मूल्यों पर हो रहे हमले ने धूमिल को झकझोरा। और धूमिल ने एक नये वैचारिक-सिद्धान्त का प्रतिपादन किया।

मरती मानवीय संवेदनाएँ, बदलते सौन्दर्य-बोध के मानदंड ने धूमिल को मानव-विरोधी परम्परा और संवेदनाओं पर प्रहार के लिए उकसाया। तभी तो वे उस कविता—जो मनुष्यता के निर्मिति और विकास के निमित्त रची गयी थी, की सार्थकता पर भी प्रश्न चिह्न खड़ा करते हैं—"कविता में जाने से पहले/मैं आपसे ही पूछता हूँ/जब इससे न चोली बन सकती है/न चोंगा/तब आपै कहौ-/इस ससुरी कविता को/जंगल से जनता तक/ढोने से क्या होगा?" ऐसे विकट समय, में वे कविता की नयी परिभाषा, नया शास्त्र गढ़ते हैं—"कविता-/शब्दों की अदालत में/मुजरिमों के कटघरे में खड़े बेकसूर आदमी का/हलफनामा है।" धूमिल कविता और भाषा को, अन्य चिन्तकों की भाँति ही, एक दूसरे का पर्याय मानते हैं—"अन्त में कहूँगा—सिर्फ इतना कहूँगा/हाँ, हाँ, मैं कवि हूँ/कवि याने भाषा में/भदेस हूँ/इस कदर कायर हूँ/कि उत्तर प्रदेश हूँ/"। कविता, हिन्दी भाषा तथा हिन्दी प्रदेश की स्थिति-परिस्थिति और नियति पर इससे अधिक यथार्थ दस्तावेज क्या हो सकता है?

धूमिल 'भाषा' का प्रयोगगत यथार्थ भी उजागर करते हैं—"भाषा उस तिकड़मी दरिंदे का कौर है/ जो सड़क पर और है/संसद में और है.../ भाषा को ठीक करने से पहले आदमी को ठीक कर/"। इस यथार्थ का गूढ़ार्थ यह है कि शब्द वही, किन्तु प्रयोगकर्ता उन्हें अलग-अलग अर्थों में प्रयुक्त करते हैं, अर्थात् वे अपने मनमाफिक अर्थ, उन्हीं शब्दों से अभिव्यक्त करते हैं, जो सामान्य, स्वीकृत अर्थ के विपरीत होता है। काव्यभाषा भी अपने सामान्य अर्थ के विपरीत एक नये अर्थ की सर्जक है जो युग-चेतना से अनुप्राणित होती है।

उपर्युक्त उद्धरण इस बात के साक्षी हैं कि धूमिल ने भाषा गढ़ी नहीं, अपितु जनता की बात जनता की भाषा में ही उसे वापस की। वर्जित शब्दावली तथा देशज आदि शब्दों का प्रयोग इनकी भाषा में नये प्रतीकार्थ का संकेतक है। वस्तुतः उनके प्रतीक भी लोक के प्रतीक हैं। सच तो यह है कि धूमिल कविता और बोलचाल की भाषा की खाई मिटा देना चाहते हैं। वे तो पक्षधर हैं—

"जिस तरह हम बोलते हैं/उस तरह तू लिख/ और उसके बाद भी/ हमसे बड़ा तू दिख।"

मुक्तिबोध और धूमिल में आक्रोश भाषा का एक कारगर हथियार है। निराला में भी रहा है। पर केवल आक्रोश ही तो समग्र संवेदना नहीं। इसलिए इसे स्वीकार करते हुए भी मैं यही कहना चाहता हूँ कि सामाजिक यथार्थ की अभिव्यक्ति के लिए न केवल सपाट भाषा की आवश्यकता है और न केवल आक्रोश भरी भाषा की। आवश्यकता है—शब्दों के माध्यम से ऐसे टटके प्रतीकों, बिम्बों को उभार देने की जो पाठक के मन में एक कलक, एक वेदना उपजाए। दूसरे शब्दों में अपनी कलक, वेदना से पाठक से संवाद स्थापित करे। धूमिल की रचनाएँ इस वैशिष्ट्य का प्रमाण हैं। "मैं आपसे ही पूछता हूँ/ जब इससे न चोली बन सकती है/न चोंगा/तब आपे कहो/इस ससुरी कविता को/जंगल से जनता तक ढोने से क्या होगा।" यहाँ बिम्ब भी है, प्रतीक भी; और है, कविता के उपयोगिता की नयी सोच। भारतीय या पाश्चात्य समीक्षा मानदंडों के विपरीत, भारतीय कवियों की उद्घोषणाओं के विपरीत यह ऐसी सोच है, जिसमें आधुनिक भौतिकवादी रवैये की गन्ध आती है। और रचना-प्रक्रिया की कठिनाइयाँ अलग हैं। यहाँ केवल हृदय के भीतर से उपजी कविता की बात नहीं, न ही "वियोगी होगा पहला कवि" की ही बात है; यहाँ उस कविता की बात है जिसे रचनाकार बीहड़ों, कँटकाकीर्ण घने जंगलों से जनता तक ढोता है। निश्चय ही यह जंगल और कुछ नहीं अपितु भावों की सघनता का जंगल है। आधुनिक मानवीय पीड़ा के निमित्त भावों का जंगल है, जिससे आज की मानवता को अपनी मनुष्यता खो देने के खतरे हैं, उसमें से उसे कुछ इने-गिने भावों को लेकर जनता तक आना है। जनता के बिना कविता, कविता नहीं। फलस्वरूप कवि का आक्रोश और खीझ से भर उठना स्वाभाविक है। और, यहीं धूमिल कविता को एक दूसरा रूपक बना देते हैं—"भाषा में भदेस" का रूपक। इन सबके बावजूद वे कविता की सर्वजनीन और सर्वकालिक अर्थवत्ता के भी पक्षधर हैं। पर आज की कविता—"हर तीसरे पाठ के बाद/...नहीं—अब वहाँ कोई अर्थ खोजना व्यर्थ है।" यह सत्य है कि अर्थ की यह असमर्थता केवल धूमिल की ही नहीं अपितु सभी साठोत्तरी कवियों की है।इसका कारण है—युगीन चेतना की क्षण-क्षण परिवर्तनशीलता—उसे मालूम है कि "कविता/घेराव में/किसी बौखलाए हुए आदमी का संक्षिप्त एकालाप है।"

अपने कर्म के प्रति रचनाकार की यह स्वीकृति उसकी रचनाधर्मिता का एक गुण है। फलस्वरूप धूमिल की कविता में काव्यभाषा के हर तेवर दिखाई देते हैं। कहीं नये उपमान हैं—

"इस देश की मिट्टी में/अपने जाँगर का सुख तलाशना/
अन्धी लड़की की आँखों में/उससे सहवास का सुख/तलाशना है।"

और देखें—"उसकी कविताओं में/बवासीर की गाँठ की तरह शब्द/लहू उगलते हैं।" और कहीं खरे प्रतीक हैं—

"एकता युद्ध की और दया/अकाल की पूँजी है/
क्रान्ति-/यहाँ के असंग लोगों के लिए/किसी
अबोध बच्चे के-/हाथों की जूजी है।"...
"जिनका आधे से ज्यादा शरीर/भेड़ियों ने खा लिया है।"

और कहीं चोखे बिम्ब हैं—

"...तुम्हारी मातृभाषा/उस महरी की तरह है, जो/महाजन के साथ रात-भर/ सोने के लिए/ एक साड़ी पर राजी है।"..."सिर कटे मुर्गे की तरह फड़कते हुए जनतन्त्र में".../"क्या आजादी सिर्फ तीन थके हुए रंगों का नाम है/जिन्हें एक पहिया ढोता है।"...औरत "तीसरे गर्भपात के बाद/धर्मशाला हो जाती है।" ये कविताएँ प्रतीक और बिम्बों के भरमार की उदाहरण है।

भाषा की सहजता, शब्दों के प्रासंगिक नूतन चयन, वाक्यों की काट-छाँट और लयात्मकता का आरोपण, धूमिल के काव्यभाषा की विशेषताएँ हैं, जिसके कारण नारों से युक्त होते हुए भी उनकी काव्यभाषा एक लम्बा जीवन पाती है।उन्होंने मिथकीय प्रयोग कम किये पर ऐसा भी नहीं कि उनकी कविता मिथकों से अछूती हो। एक बात और! धूमिल ने नाटकीयता और व्यंग्य को अपनी रचना-प्रक्रिया का अंग बनाया। व्यंग्य तीखे, नये और भावपूर्ण हैं/अपना हाथ खोकर/चिमनी के नीचे खड़ा है/निहत्था मजूर।" "..कविता पेट से सुनी जा रही है/आदमी/गजल नहीं गा रहा है/गजल/आदमी को गा रही है।"..."मगर जिंदा रहने के लिए/पालतू होना जरूरी है।"/..."समाजवाद/ उनकी जुबान पर अपनी सुरक्षा का/एक आधुनिक मुहावरा है।"करारे, तीखे व्यंग्य के औजार ने धूमिल की भाषा और भाव को सहज सम्प्रेष्य बनाया है—"मैंने जिसकी पूछ/उठाई है उसको मादा/पाया है। वे सबके सब तिजोरियों के/दुभाषिये हैं।" "चुनाव है/लेकिन मुझे लगा कि एक विशाल दलदल के किनारे/बहुत बड़ा अधमरा पशु पड़ा हुआ है/उसकी नाभि में एक सड़ा हुआ घाव है/...उसमें जाति और धर्म और सम्प्रदाय और/पेशा और पूँजी के असंख्य कीड़े/बिलबिला रहे हैं।" धूमिल की विशेषता है कि उनके व्यंग्य, बिम्ब और प्रतीक से घुले-मिले रहते हैं।

धूमिल ने फंतासी का सहारा कम लिया है, फिर भी 'पटकथा' में इसका प्रयोग देखा जा सकता है।

अन्त में! धूमिल कबीर की भाँति बेलौस शब्दों, वाक्यों तथा भाषा के प्रयोक्ता हैं। रही बात सपाट बयानी की, वह एक शैली के रूप में प्रयुक्त है। इसके सहारे कवि अपने मंतव्य को बखूबी संप्रेषित करता है। धूमिल आज हमारे लिए इतिहास हैं, किन्तु उनकी भाषा हमारा वर्तमान है। उन्होंने बोलचाल की भाषा को काव्यभाषा का जो बाना पहनाया, वह आज भी अनुकरणीय है।

साहित्य का समाजशास्त्र

1. भूमिका

'साहित्य' का शाब्दिक अर्थ है—साथ ले चलने वाला। प्रश्न उठता है—किसे? उत्तर है—मानव समुदाय-विशेष को, जिसका वह साहित्य है। संभवतः साहित्य का जन्म मानव-समुदाय के विकास, उसकी सभ्यता, उसकी रागात्मकता-विरागात्मकता, परस्पर-संवाद की उसकी आकांक्षा का पहला चरण है। मनुष्य जैसे-जैसे विकास के पथ पर बढ़ता रहा है, वैसे-वैसे उसके आचार-विचार, व्यवहार, उसकी सांस्कृतिक चेतना, उसके परिवेश-परिस्थितियों का वितान बढ़ता और परिष्कृत होता चला गया है। फिर मनुष्य को साथ लेकर चलने वाला साहित्य भी कैसे अप्रभावित रहता? वह भी निरन्तर बदलता, फैलता और परिष्कृत होता रहा। यह बदलाव और फैलाव आज भी जारी है। समाजशास्त्र, एक प्रकार से, मानवीय सम्बन्धों की जटिलताओं-विविधताओं का सम्यक् अध्ययन प्रस्तुत करता है। जब यह शब्द 'साहित्य' के साथ जुड़ता है तो शब्द-युग्म बनता है—'साहित्य का समाजशास्त्र'। वस्तुतः साहित्य में उपस्थित मनुष्य, उसके परिवेश (काल/युग) और साहित्य के पाठ के सम्बन्धों का व्याख्याता है—'साहित्य का समाजशास्त्र'। उसके अपने सिद्धान्त हैं, जो चिन्तकों द्वारा विकसित किये गये हैं। यद्यपि इसके सूत्र प्राचीन भारतीय तथा पाश्चात्य काव्यशास्त्र में मिल जाते हैं, किन्तु बीसवीं सदी के विचारकों ने इसे पूर्णतया नया माना, जो पश्चिम में विकसित हुआ। मैनेजर पाण्डेय की तो यह मान्यता है कि हिन्दी में यह पौधा अभी अनुमान की स्थिति में है। यहाँ मुझे आचार्य हजारीप्रसाद द्विवेदी की टिप्पणी याद आती है—"हमारे पहले के विद्वान् हर एक सिद्धान्तों/बातों का स्रोत वेदों में खोजते थे और आज के विद्वान् पाश्चात्य ग्रन्थों में।"

2. साहित्य का समाजशास्त्र : पाश्चात्य परम्परा और विकास

'साहित्य का समाजशास्त्र' उपन्यास की समीक्षा के लिए विकसित एक नयी समीक्षा-प्रणाली है। कालान्तर में यह प्रणाली साहित्य की अन्य विधाओं की समीक्षा का भी औजार बनी। उपन्यास औद्योगिक, पूँजीवादी समाज का उत्पादन है। इस समाज

की जटिलताओं और बनते-बिगड़ते रिश्तों या अ-रिश्तों को उपन्यास अच्छे और प्रभावशाली ढंग से अभिव्यक्त कर सकता है और कर रहा है। अस्तु यह समीक्षा-प्रणाली उपन्यास-केन्द्रित बनी। रूपवादी भी, समाजशास्त्रियों की तरह, उपन्यास को ही विवेच्य कृति मानते हैं। 'साहित्य का समाजशास्त्र' प्रणाली के जन्मदाता के रूप में उल्लेखनीय हैं–'मादाम द स्तेल' (1766-1811 ई.)। यद्यपि इसके पूर्व ही विको (1725 ई.) अपनी पुस्तक 'नया विज्ञान' तथा जर्मन दार्शनिक हर्डर (1744-1803 ई.) समाज और साहित्य के सम्बन्धों पर विस्तृत रूप से विचार कर चुके थे। हर्डर ने कांट के सौन्दर्य-चिन्तन के विरुद्ध एक पूर्णतः अनुभववादी सौन्दर्यशास्त्र को सामने रखा, जिसका आधार प्रकृतिविज्ञान, इतिहास और मनोविज्ञान था। उनका तर्क था कि हर साहित्यिक रचना की जड़ें विशेष सामाजिक और भौगोलिक वातावरण में होती हैं, जहाँ वह निश्चित कार्य सम्पन्न करती हैं। इस प्रकार साहित्य का इतिहास सांस्कृतिक इतिहास होता है। एलग्न स्विंगवुड ने मादाम के अवदान को अत्यधिक महत्त्व दिया। फ्रांस की इस क्राान्तिकारी लेखिका ने अपने ग्रन्थ 'साहित्य के विषय में' (दी ला लितरात्यूर) के आरम्भ में ही कहा है–"मेरा उद्देश्य साहित्य पर धर्म, रीति-रिवाज और कानून के प्रभाव का परीक्षण करना है, क्योंकि साहित्य की प्रकृति के निर्माण में योगदान करने वाले सामाजिक तथा राजनीतिक प्रभावों का विवेचन प्रायः नहीं हुआ है।" वस्तुत 'साहित्य का समाजशास्त्र' समाज से साहित्य की खोज की नयी दृष्टि और पद्धति है। उन्होंने अपनी पुस्तक में पहली बार साहित्य के भौतिक आधार, सामाजिक अस्तित्व और सामाजिक समस्याओं से उसका क्रिया-प्रतिक्रियापरक एक व्यवस्थित चिन्तन प्रस्तुत किया।

यद्यपि परवर्ती चिन्तक तेन ने मादाम स्तेल की तमाम मान्यताओं का विवेचन किया, किन्तु कुछ छूट भी गये। बीसवीं सदी के चिन्तकों ने इन छूटी हुई मान्यताओं का उपयोग अपने चिन्तन को पुष्ट करने में किया। मादाम स्तेल ने साहित्य के स्वरूप और शैली को प्रभावित करने वाले प्राकृतिक परिवेश और प्रजाति के विवेचन का सूत्र दिया। वैसे यहाँ इनका साहित्य के सम्बन्ध का बोध अस्पष्ट है। मादाम के भौतिकवादी दृष्टिकोण की कमजोरियाँ भी अट्ठारहवी शती के चिन्तकों को विरासत में मिलती हैं। किन्तु, इसके विपरीत उनकी ऐसी अनेक मान्यताएँ हैं, जो जर्मन और फ्रांस के चिन्तन को गति देती हैं। यथा-प्रगति की अवधारणा, सामाजिक विकास की अवस्थाओं का सिद्धान्त, युग-चेतना और जातीय चरित्र। उनके अनुसार, प्रत्येक समाज के साहित्य का अपने समय के राजनीतिक विश्वासों से गहरा परिचय, सम्बन्ध और परस्पर-प्रभाव होता है।

हिन्दी-साहित्य का आदिकाल एक ऐसा काल था, जहाँ राजे-महाराजे परस्पर सत्ता-विस्तार हेतु संघर्षरत थे, एक-दूसरे को येन-केन प्रकारेण पराजित और अपमानित करना चाहते थे। ऐसे काल में सम्पूर्ण भारत की कल्पना नहीं की जा सकती थी।

रासो ग्रन्थ—विशेषकर 'पृथ्वीराज रासो' इसी राजनीतिक भावना की अभिव्यक्ति है। उस काल में साहित्य दरबारों में, राजाओं के आश्रय में, पलता-बढ़ता था। रचनाकार अपने राजा के गुण और वीरता-गान में मस्त रहता था। उसके लिए राष्ट्र की सीमा राज्य की सीमा ही थी, किन्तु इसके बावजूद पृथ्वीराज रासो, अन्य रासो ग्रन्थों की अपेक्षा, अधिक यथार्थपरक और सांस्कृतिक इतिहास की प्रस्तुति है।

साहित्य में राजनीतिक आन्दोलनों का चित्रण आवश्यक होता है। मादाम स्तेल यह भी चाहती थीं कि साधारण जनता और किसानों को ट्रेजेडी जैसी गम्भीर रचनाओं में, प्रधान पात्र के रूप में, प्रस्तुत किया जाना चाहिए। वे नारी-चेतना की भी पक्षधर रही हैं, इसीलिए अपने चिन्तन, सिद्धान्त-निर्मिति हेतु वे उपन्यास को चुनती हैं। उपन्यास में जहाँ साधारण जनता और किसान उपस्थित होते हैं, वहीं नारी भी उसमें केन्द्रीय धुरी बनती है। वस्तुतः साहित्य के विकास का नया सोपान है—उपन्यास। उसके पूर्व कविता या नाटक ही साहित्य माना जाता रहा है, जहाँ उच्च वर्ग की उपस्थिति है, निम्न वर्ग नदारद है। दूसरी बात यह है कि पूँजीवादी सभ्यता की देन भी है—उपन्यास। उसमें शोषित-पीड़ित श्रमिक वर्ग—नारी और पुरुष—उपस्थित हैं। अर्थात् युग बदला, साहित्य बदला। ऐसी स्थिति में पुराने समीक्षकीय मानदण्ड या सिद्धान्त कहाँ प्रभावशाली बन पाते हैं? स्तेल के अनुसार, "उपन्यास का विकास वहीं सम्भव है, जहाँ नारी का सम्मान होता है। साहित्य के विकास में वे मध्यवर्ग की कारगर भूमिका मानती हैं, क्योंकि यह वर्ग कला के लिए आवश्यक स्वतन्त्रता और ईमानदारी जैसे गुणों को बढ़ावा देता है। तभी वे साहित्य के दो मूल तत्त्व मानती हैं—सदाचार और स्वातन्त्र्य भावना, जो मध्य-वर्ग में ही सम्भव है।

फ्रांसीसी इतिहासकार इपॉलीत अडोल्फ तेन (1828-93 ई.) मादाम स्तेल की चिन्तनधारा के प्रमुख उन्नायक हैं, हालाँकि इनके पूर्व एडम स्मिथ, हीगेल, स्पेंसर भी साहित्य और समाज के पारस्परिक सम्बन्धों पर अपने विचार प्रस्तुत कर चुके थे। तेन का प्रसिद्ध ग्रन्थ है—'अंग्रेजी साहित्य का इतिहास'। इसके अलावा उन्होंने 'कला का दर्शन' और 'इटली की यात्रा' जैसे ग्रन्थ भी लिखे। वे कला तथा साहित्य के दार्शनिक इतिहासकार और समालोचक थे। बीसवीं सदी के इतिहास-लेखन में विधेयवादी दृष्टि, आलोचना में ऐतिहासिक पद्धति और साहित्य के समाजशास्त्र में अनुभववादी दृष्टिकोण का विकास उनके चिन्तन से प्रभावित है। तेन की दृष्टि में "सभी मानवीय उत्पादन (साहित्य भी) और विशेष रूप से कलात्मक उत्पादन, तथ्य और घटनाएँ हैं, जिनके वैशिष्ट्य की पहचान और खोज आवश्यक है।" अर्थात् साहित्य भी मनुष्य का तथ्य है, ऐसा तथ्य, जो युग-विशेष में घटित होता है और मानव-समुदाय उससे अप्रभावित नहीं रह पाता। चाहे उसकी त्रासदी हो या उसका हास-परिहास-विनोद, उसकी सोच हो या चेतना अथवा उसकी क्रिया-प्रतिक्रिया। तेन के सामने समस्या थी—साहित्य और समाज के सम्बन्धों के वस्तुपरक व्याख्या की।

इसी समस्या के समाधान हेतु उनका 'साहित्य का समाजशास्त्र' विकसित हुआ, जिसके चार मुख्य पक्ष हैं—(1) साहित्य के भौतिक—सामाजिक मूलाधार की खोज, (2) लेखक के महत्त्व का विश्लेषण, (3) साहित्य में समाज के प्रतिबिम्बन की व्याख्या और (4) साहित्य का पाठक से सम्बन्ध।

साहित्यिक कृतियों को सामाजिक तथ्य और घटनाएँ मानकर वे उसके उत्पादन के कारणों की खोज करते हैं। यहाँ उनका कार्य-कारण नियम काम करता है, अर्थात् एक है तो दूसरा होगा ही। वे कला और साहित्यिक कृतियों को मनुष्य की मानसिकता की उपज मानते हैं। अर्थात् कला या साहित्य जिस मानसिकता की उपज हैं, वह मानसिकता कैसे स्वरूप पाती है? इसके स्तर में वे प्रजाति, परिवेश और युग के त्रिक् का प्रसिद्ध सिद्धान्त रखते हैं। तेन की समाजशास्त्रीय पद्धति का विकास-सूत्र है—तथ्य (कृति), चेतना (लेखक), रचना-निर्मिति-परिस्थिति।

वे प्रजाति के अन्तर्गत व्यक्ति की सहज तथा वंशानुगत विशेषताओं, मानसिक बनावट और शारीरिक संरचना आदि की चर्चा करते हैं। इसके उदाहरण-स्वरूप वे दूर-दूर फैली, किन्तु कुछ समान विशेषताओं को अपने में संजोए आर्यों का उदाहरण देते हैं। प्रजाति-विशेष की चारित्रिक विशेषताएँ उसकी विशिष्ट चेतना और सौन्दर्यानुभूति में स्पष्ट होती है। संस्कृत साहित्य में वाल्मीकि, कालिदास आदि तथा हिन्दी-साहित्य में चन्दबरदायी, गोस्वामी तुलसीदास, जायसी एवं सूरदास इसी चेतना और सौंदर्यानुभूति की देन हैं। तेन ने 'प्रजाति' की अवधारणा हेतु डार्विन के विकासवाद से भी सहायता ली। वे प्रजाति की चेतना और चरित्र की विशेषताओं को ही उसके इतिहास, कला और दर्शन आदि के उत्पादन में प्रमुख कारक मानते हैं।

तेन की दूसरी महत्त्वपूर्ण धारणा 'परिवेश' या 'वातावरण' की है। परिवेश से उनका आशय प्राकृतिक परिवेश से है, लेकिन वे सामाजिक परिवेश को भी उसमें शामिल करते हैं। यहाँ उनकी सरलीकरण-उन्मुखता सामने आती है। 'युग' की उनकी अवधारणा के मूल में युग-चेतना का भाव है। वस्तुत युग-चेतना कभी एक समान नहीं रहती, वह निरन्तर बदलती रहती है। वह वाह्य घात-प्रतिघात से प्रभावित भी होती है। उदाहरण के लिए, संस्कृत-साहित्य की युग-चेतना रामायण और महाभारत में प्रतिफलित है, जहाँ वीरता, आदर्श और मानवीय मूल्यों की स्थापना का प्रयास है। कालिदास, माघ, भारवि में इसका रूप बदला। हिन्दी के प्राचीनतम साहित्य—नाथ-सिद्ध —की युगीन चेतना अलग है, यहाँ निम्न तबका वाणी पाता है। रासो-साहित्य दरबारी चेतना की ओर अग्रसर हुआ और भक्तिकालीन साहित्य की चेतना 'परहित सरिस धरम नहिं भाई' के रूप में मानवीय कल्याण-भावना से आपूर्ण है तथा अद्यतन हिन्दी-साहित्य की चेतना 'मुझे चाँद चाहिए', 'पीली छतरी वाली लड़की' तथा 'और अन्त में प्रार्थना' अथवा दलित-साहित्य एवं स्त्री-लेखन में प्रतिफलित है। आज 'नमक का दारोगा' अप्रासंगिक है। वस्तुतः युग का बदलाव चेतना के बदलाव का

कारक बनता है और युगीन चेतना तथा उससे प्रभावित विचारधारा मानवीय जीवन के सभी क्षेत्रों—व्यवहार और चिन्तन—को प्रभावित करती है। युग का बदलाव एक चिंरतन सक्रिय-प्रक्रिया है—एक जाता है, दूसरा आता है, किन्तु मूल संवेदना निरन्तर प्रवहमान रहती है, कभी सुप्त, कभी जागृत। तेन की यह विचारधारा गोल्डमान की विश्व-दृष्टि की धारणा का भी पूर्वाभास कराती है। उनकी इस धारणा में संस्कृति और साहित्यिक परम्परा की धारणा का भी समावेश है। तेन ने प्रजाति, परिवेश और युग को साहित्य के विकास का कारक माना।

तेन पहले विचारक हैं, जिन्होंने लेखक के महत्त्व को पहचाना। साहित्य में उनका मनुष्य दो रूपों में उपस्थित है—सर्जक रूप में और अभिव्यक्ति रूप में। तेन साहित्य के ज्ञानात्मक मूल्य को भी स्वीकार करते हैं। इसीलिए अन्य विचारक उन्हें दर्पण-सिद्धान्त का प्रणेता मानते हैं—'साहित्य समाज का दर्पण है या प्रतिबिम्ब है'। तेन पाठक-समुदाय को विस्मृत नहीं करते। उनके अनुसार साहित्य के निर्माण तथा परिवर्तन में पाठक-समुदाय की अहम भूमिका होती है।

कार्ल मार्क्स (1818-1883 ई.) समाज की प्रत्येक घटना और सच्चाई पर विचार करने के लिए तत्पर रहता था, ताकि समाज की वास्तविकता की जटिलता को समझने में मदद मिले। इसी दृष्टि से उन्होंने यूजेन सुई के सनसनीखेज उपन्यास 'पेरिस रहस्य' का विश्लेषण कर अपराध की सामाजिक-ऐतिहासिक पृष्ठभूमि का संकेत किया। मार्क्स की इस समग्रतावादी परम्परा को एंतोनियों ग्राम्सी ने आगे बढ़ाया तथा लोकप्रिय साहित्य की लोकप्रियता का सारगर्भित विवेचन किया। मार्क्स का महत्त्व तेन के भौतिकवादी चिन्तन को मानवीय सरोकारों से जोड़ने में है। मार्क्स ने चिन्तन के केन्द्र में मनुष्य और मानवीय समस्याओं को रखा तथा उसकी जड़ के रूप में सामन्तवाद के अगले विकास—पूँजीवाद—पर उँगली उठाई। पूँजीवाद की विशेषताओं और विकृतियों का निर्ममतापूर्वक उद्‌घाटन कर उसने पूरे संसार में हलचल मचा दी। इस दृष्टि से 1848 ई. के 'साम्यवादी घोषणापत्र' का ऐतिहासिक महत्त्व है। पूँजीवाद ने धन को कुछ हाथों में केन्द्रित कर सामाजिक असमानता को बढ़ावा दिया। उसकी प्रगतिशीलता के पीछे मनुष्य का कुरूप चेहरा और भयावह चेहरा था, उसे उघाड़ने का काम कार्ल मार्क्स करता है। तेन भी साहित्य की भौतिकवादी व्याख्या करते हैं, किन्तु मार्क्सवादी विचारक उसे यान्त्रिक मानते हैं। उनकी दृष्टि में मार्क्स ही ऐसा विचारक है, जो भौतिकवाद की व्याख्या मानवीय सन्दर्भों में करता है। और, वे यह भी कहते हैं कि मार्क्स ने तेन की भौतिकवादी व्याख्या को उलटकर मानवीय जीवन से जोड़ दिया। निश्चय ही यह कथन अतिरंजनात्मक है। तेन अपने चिन्तन में मानवीय जीवन से अलग नहीं होते। सच तो यह है कि तेन के भौतिकवादी चिन्तन की ठोस नींव पर मार्क्स-यूटोपिया रूपी महल खड़ा है।

तेन ने भौतिकवाद की अन्यन्त विस्तृत व्याख्या की। वे मनुष्य को भूलते नहीं,

अपितु उसके हर पहलू को खंगालते हैं। मार्क्स ने उपन्यास के समाजशास्त्रीय विवेचन के सन्दर्भ में अजनबीपन के सूत्र दिये। उनके इस सूत्र को अनेक मार्क्सवादियों ने अस्वीकार कर दिया। यद्यपि एलन स्विंगवुड यह मानते हैं कि मार्क्स के लेखन में प्रायः अजनबीपन और पदार्थीकरण की अवधारणाएँ साहित्यिक कृतियों के विश्लेषण के लिए ज़्यादा व्यावहारिक हैं। मार्क्स के अनुसार, धन मनुष्य को नियन्त्रित करने का साधन ही नहीं, बल्कि यह मनुष्य के अजनबीपन का स्रोत भी है—"मेरी अपनी शक्ति धन जितनी ही बड़ी है। धन के गुण-धर्म मेरे अपने गुण-धर्म और क्षमताएँ हैं। इसलिए मैं क्या हूँ और क्या कर सकता हूँ—यह बात मेरी वैयक्तिकता से कतई निर्धारित नहीं होती। मैं कुरूप हूँ, पर मैं अपने लिए सबसे अधिक सुन्दर स्त्री खरीद सकता हूँ। मतलब मैं कुरूप नहीं हूँ, क्योंकि कुरूपता का प्रभाव विकर्षित करने का माद्दा धन के द्वारा विलुप्त हो जाता है।" शायद मार्क्स न तो स्त्री के चरित्र को समझ पाए थे और न ही उसकी मानसिकता। खरीदी हुई स्त्री, स्त्री नहीं होती, वेश्या होती है। हाँ! धन का महत्त्व, उसका प्रभाव, उन्नीसवीं शती में उतना नहीं था, जितना आज है। धन को मार्क्स ऐसा पदार्थ मानते हैं, जो मनुष्य से बाहर तो है, किन्तु मनुष्य ही उसका नियन्त्रक है। उन्होंने पूँजीवादी समाज को एक ऐसी व्यवस्था के रूप में देखा है, जो अजनबियत से भरी और पदार्थीकृत ऐसी दुनिया की संरचना करती है, जहाँ मनुष्य अपने सहज-स्वाभाविक सम्बन्धों से कटकर अजनबी बन जाता है। 'धन' की शक्ति का यह विवेचन यथार्थ है, और आज के रिश्ते-सम्बन्ध, सभी 'धन'—केन्द्रित हैं।

मार्क्स की मान्यता है कि "मनुष्यों की चेतना उसके अस्तित्व को निर्धारित नहीं करती, बल्कि उसका सामाजिक जीवन उसकी चेतना का निर्धारण करती है।" वे यह प्रतिपादित करते हैं कि "पूँजीवादी व्यवस्था में मनुष्य का श्रम बेगार बन जाता है और दुनिया उसके लिए परायी तथा अजनबी हो जाती है।" वे यह भी मानते हैं कि "समाज मनुष्यों का ढेर नहीं है, उसमें सुनिश्चित सामाजिक संगठन और वर्ग आते हैं, जिनमें आपस में द्वन्द्वात्मकता का सम्बन्ध होता है।" यही चिन्तन मार्क्स के द्वन्द्वात्मक, भौतिकवाद का जन्मदाता है। मार्क्स तथा उसके सिद्धान्तों का अर्थापन करने वाले लोगों में ट्राटस्की, प्लेखोनोव, लूकाच, ग्राम्शी आदि प्रमुख हैं।

मार्क्स की मृत्यु के उपरान्त, उसके सिद्धान्तों के आधार पर, समाजशास्त्र का प्रभाव बढ़ा, पर उसी समय उसके विरोध में नया समाजशास्त्र भी आया। स्टेमलर पहले चिन्तक हैं, जिन्होंने आर्थिक क्रिया-कलापों के लिए कानूनी अनिवार्यता पर बल दिया। क्रोचे मार्क्सवादी दर्शन में कोई नवीनता नहीं खोज पाते हैं। मार्क्सवादी सिद्धान्तों के विरोध में सबसे बड़ा नाम मैक्सवेबर का है। उसने अपना सिद्धान्त प्रतिपादित करते हुए मार्क्स की मूल अवधारणा—'समस्त सामाजिक—सांस्कृतिक स्थितियों को अर्थ-व्यवस्था ही नियन्त्रित करती है—को ही नकार दिया। मार्क्स के

समाजशास्त्र के लिए उसका कहना था कि ''उसमें सर्वहारा की प्रभुसत्ता नहीं होगी, बल्कि राजपुरुषों की डिक्टेटरशिप भी होगी।'' यही सच भी निकला। मैक्सवेबर का प्रभाव-क्षेत्र भी काफी विस्तृत है।

जे.सी. हर्डर की दृष्टि में, साहित्यिक कृति का एक निश्चित सामाजिक एवं भौगोलिक आधार होता है और उसकी आलोचना के समय रचना की सामाजिक और भौगोलिक स्थितियों को विस्मृत नहीं किया जा सकता। वस्तुतः हर्डर साहित्यिक इतिहास को सांस्कृतिक इतिहास के रूप में देखते हैं।

एडम स्मिथ और फर्ग्यूसन (अठारहवीं शती—उत्तरार्द्ध) ने साहित्य को यथार्थवादी मूल्यों के परिप्रेक्ष्य में प्रतिष्ठित किया। इस सन्दर्भ में जर्मन विचारक फ्रेडरिक शिलर (1769-1805 ई.) तथा हीगेल (1770-1831 ई.) विशेष उल्लेख्य हैं। इनके विचार में साहित्य समाज की अभिव्यक्ति है। हरवर्ट स्पेंसर भी कला की उत्पत्ति को सामाजिक अनुकूलन की विशिष्ट स्थिति के प्रभावों का परिणाम मानते हैं।

उन्नीसवीं सदी में 'साहित्य का समाजशास्त्र' परक अध्ययन दो धाराओं में विभक्त दिखाई देता है। पहली विचारधारा के प्रवर्त्तक हैं—एच तेन और दूसरी विचारधारा मार्क्सवादी चिन्तक कार्ल मार्क्स, जार्ज लूकाच तथा लूसिए गोल्डमान के चिन्तन और सिद्धान्त पर आधृत है। 'लूसिए गोल्डमान (1913-79 ई.) का 'उत्पत्तिमूलक संरचनावाद' केवल साहित्य के समाजशास्त्र का सिद्धान्त ही नहीं, अपितु वह संस्कृति के समाजशास्त्र का सिद्धान्त है, जो संस्कृति के विभिन्न रूपों के ऐतिहासिक-सामाजिक वैशिष्ट्य के विश्लेषण की पद्धति भी है। गोल्डमान के समाजशास्त्र की बुनियाद ही उनकी विश्व-दृष्टि सम्बन्धी धारणा पर आधृत है। वे यह मानते हैं कि ''एक वर्ग या समूह की जीवन-जगत के बारे में सुसंगत दृष्टि ही विश्व-दृष्टि है।...किसी वर्ग की विश्व-दृष्टि की संरचनाओं से कृति के भीतर रचित संसार की संरचनाओं की समानधर्मिता होती है। महान रचनाओं में यह समानधर्मिता सबसे अधिक होती है। जिन रचनाओं में समानधर्मिता अधिक-से-अधिक सुसंगत रूप में प्रकट होती है, वही रचनाएँ महान होती हैं। हिन्दी साहित्य की तीन रचनाएँ—गोदान, कामायनी और राम की शक्ति-पूजा—अन्तर्वस्तु के धरातल पर, अलग-अलग हैं, लेकिन विश्वदृष्टि के धरातल पर, वैश्विक चेतना के स्तर पर, तीनों में पराजय और निराशा की भावना है। गोदान उपन्यास का नायक होरी, व्यवस्था के भंवरजाल में फँसकर, किसान से मजदूर बनता है, वहाँ भी उसे चैन नहीं। कामायनी महाकाव्य है, यहाँ भी मानवता हारती है, उसे हाथ लगती है निराशा। राम की शक्ति-पूजा एक लम्बी कविता है, इसमें भी राम अन्याय रूपी रावण से परास्त होते हैं। देवी-उपासना में आशा की एक झलक दिखती है, किन्तु इस कविता की भी मूल चेतना पराजय और निराशा-बोध ही है। ये तीनों रचनाएँ एक युग की हैं, एक काल की हैं। वस्तुतः पराजय—बोध और निराशा-बोध आधुनिक मनुष्य की नियति है। गोल्डमान की विश्वदृष्ट वैयक्तिक

नहीं, सामाजिक है; वैचारिक संरचनात्मक सुसंगति है। इससे कृति में एकता रहती है, जो कृति के सौन्दर्यबोधीय रूप और साहित्यिक गुण का महत्त्वपूर्ण पहलू है। गोल्डमान कहते हैं कि साहित्य, कला, दर्शन सारतः भाषा है। इनके माध्यम से मनुष्य एक-दूसरे के भावों और विचारों का विनिमय करता है। व्यक्ति समसामयिक भी हो सकता है, भावी पाठक भी और ईश्वर भी। साहित्य और कला में सब-कुछ कहा नहीं जाता, कुछ अनकहा रह जाता है, जो संरचना का अंग है। उस अनकहे का शोध और कहे गये से तारतम्य बिठाना आलोचक का काम है।

यह तो स्पष्ट है कि गोल्डमान साहित्य-समीक्षा को वाह्य कारकों से हटाकर 'कृति' पर केन्द्रित कर एक नवीन दिशा देने का प्रयास करते हैं। किन्तु वे साहित्यिक कृति को साहित्यकार की जीवन-दृष्टि का परिणाम ही नहीं मानते, अपितु उस चेतना का परिणाम मानते हैं, जो एक निश्चित सामाजिक समूह की समग्र दृष्टि में विकास पाती है और कृतिकार की मानस-संरचना का प्रतिनिधित्व कर 'कृति' में अभिव्यक्त होती है। इस मानस-संरचना के निर्माण में सामाजिक संरचना का महत्त्वपूर्ण अवदान होता है। लेकिन विचारकों की धारणा है कि गोल्डमान का 'साहित्य का समाजशास्त्र' सामाजिक समूह और कृतिकार द्वारा वर्णित विश्व के मध्य संवाद का विश्लेषण तो करता है, परन्तु शैली, बिम्ब, वाक्य-विन्यास आदि की परीक्षा हेतु कोई ठोस आधार प्रदान नहीं करता। वे भी इस तथ्य को स्वीकार कर रचना के विश्लेषण में 'अधिक साहित्यिक सौन्दर्यशास्त्र' की अपेक्षा रखते हैं। गोल्डमान के साहित्य के समाजशास्त्र के विवेचन पर एलन स्विंगवुड प्रहार करते हुए कहते हैं कि वे प्रश्न अधिक उछालते हैं, उनके समाधान की ओर कम ही ध्यान देते हैं। इनकी यह मान्यता कि कृतिकार की अपनी जीवन-दृष्टि रचना में महत्त्वपूर्ण नहीं होती, पूर्ण और तथ्यपरक नहीं है। रचनाकार की दृष्टि को युग-चेतना प्रभावित तो करती है, किन्तु पूर्णतया नहीं। वस्तुतः रचनाकार युग-चेतना का तटस्थ दर्शक होता है, वह उससे उतना ही ग्रहण करता है, जितना अपेक्षित है। रचनाकार अपनी लेखनी और अपने चिन्तन द्वारा विपरीत बहती युग-चेतना के खिलाफ सशक्त आन्दोलन खड़ा कर सकता है। हिन्दी में कबीर इसके उदाहरण हैं। गाँधी एक ऐसे ही नायक और रचनाकार थे, जिन्होंने अंग्रेजों के विरुद्ध आन्दोलन को युग की चेतना का स्वरूप दिया।

'साहित्य के समाजशास्त्र' की आलोचनात्मक प्रणाली समीक्षा के क्षेत्र में उच्च और मास-संस्कृति के बीच की विभाजक-रेखा तो मिटाती है, किन्तु इसकी अपनी सीमाएँ भी हैं, विशेषकर प्रगतिशील समाजशास्त्रीय शैली की। गोल्डमान की ही स्वीकारोक्ति है—"समाजशास्त्रीय व्याख्या किसी कलाकृति के विश्लेषण के सबसे अधिक महत्त्वपूर्ण तत्त्वों में से एक है और जिस सीमा तक द्वन्द्वात्मक भौतिकवाद एक कालखण्ड की ऐतिहासिक तथा सामाजिक प्रक्रिया की सम्पूर्णता की बेहतर समझ देता है, उससे इन प्रक्रियाओं तथा इनके द्वारा प्रभावित कलाकृतियों के बीच सम्बन्धों

को पृथक् करना सम्भव हो जाता है। समाजशास्त्रीय विश्लेषण किसी कलाकृति को निःशेष करना तो दूर, कभी-कभी तो उसे छू भी नहीं पाता। यह विश्लेषण कृति की ओर जाने वाले मार्ग पर रखे गये पहले कदम से अधिक कुछ नहीं।''

स्कारपिट, एलन स्विंगवुड, डायना लारेन्सन रचनाकार की आर्थिक समस्याओं, संरक्षण, समकालीन स्थितियों आदि के विवेचन पर जोर देते हैं। वस्तुतः रचनाकार की आर्थिक समस्याएँ और संरक्षण एक तथ्य के दो पहलू हैं। पहले सामन्त, राजा इनका संरक्षक, आर्थिक मददगार होता था, अब प्रकाशक और पाठक।

प्रो. रोवेर इस्कारपी ने 1958 ई. में 'साहित्य के समाजशास्त्र' के नाम से एक पुस्तक लिखी। इनका उद्देश्य था, इसे अलग अनुशासन के रूप में मान्यता दिलाना। इस्कारपी बोर्दा विश्वविद्यालय में तुलनात्मक साहित्य के प्रोफेसर रहे हैं। उन्होंने सार्त्र के इस कथन कि ''पुस्तकें इसलिए पुस्तकें हैं, क्योंकि वे पढ़ी जाती हैं'', से प्रभावित होकर एक नयी पद्धति (प्रकाशक से वितरक) से साहित्य की समीक्षा की और इसके तीन सूत्र दिये—सृजन, प्रकाशन और वितरण। पुस्तकों का वितरण किस प्रकार होता है? मजदूर-वर्ग में विशेषकर कौन-सी पुस्तकें पढ़ी जाती हैं? यह वर्ग इसका रसास्वादन कैसे करता है? इन प्रश्नों के उत्तर की खोज में उन्होंने बोर्दा में एक केन्द्र स्थापित किया और सर्वेक्षण के दौरान उन्होंने पाया कि पाठक अपनी जीवन-स्थितियों के अनुरूप ही अपने पढ़ने की सामग्री की तलाश करता है। लेखक और प्रकाशक पर इस पाठकीय प्रतिक्रिया का सीधा प्रभाव पड़ता है। फिलहाल यह चिन्तन नया नहीं है। वे मार्क्सवादी समाजशास्त्रीय समीक्षा-पद्धति को कृति की समीक्षा में असफल मानते हैं और आर्थिक तथ्यों पर अधिक जोर देने को भी इसकी कमी मानते हैं।

उनके मतानुसार मार्क्सवादी आलोचक साहित्य को सत्ता प्राप्त करने की एक रणनीति के रूप में विकसित होते देखना चाहते हैं। इस्कारपी मार्क्सवादी समीक्षा-पद्धति को विवरणात्मक मानते हैं। उनकी दृष्टि में एक अच्छी समीक्षात्मक कृति को मानवीय अन्तर्द्वन्द्वों, समस्याओं आदि को दर्शाना चाहिए और उसका रवैया आलोचनात्मक होना चाहिए। इस्कारपी के इस चिन्तन ने बहस के अनेक मुद्दे खड़े किये।

'साहित्य का समाजशास्त्र' चिन्तन को 'मास' साहित्य (सस्ता साहित्य) की ओर अधिक मोड़ने वाले हैं—जर्मनी के फ्रैंकफुर्त विश्वविद्यालय (1923) में स्थापित समाजशास्त्रीय शोध-संस्थान से जुड़े चिन्तक लियो लावेंथल जो नाजीकाल में अमेरिका चले गये। इस संस्थान ने मीमांसा-सिद्धान्त का विकास किया, जो प्रारम्भ में मार्क्सवाद की ओर झुका हुआ था। कालान्तर में वे जर्मन विचारधारा से प्रभावित हुए। जर्मन विचारधारा पहले समकालीन समाज का आलोचनात्मक सिद्धान्त था, फिर संस्कृति के सिद्धान्त-रूप में परिणत हुआ और अन्त में वह केवल चेतना का सिद्धान्त रह गया। अर्डोनों में इसका चरम रूप दिखाई देता है। वस्तुतः संस्कृति के समाजशास्त्र का विकास ही लावेंथल की मुख्य देन है। आर्डोनों, हर्वर्ट, मारकुस तथा

बेंजामिन का भी इसमें योगदान है। बेंजामिन स्वतन्त्र मार्क्सवादी आलोचक के रूप में विख्यात हैं। आर्डोनों आधुनिक कला के सौन्दर्यशास्त्री हैं और मारकुश दार्शनिक। लावेंथल पुराने ढंग के साहित्य-वैज्ञानिक हैं। वे साहित्य के समाजशास्त्रीय विवेचन को गोल्डमान की तरह उसके सौन्दर्यबोधीय अनुभव का सहायक मानते हैं—"मैं अतीत की महान रचनाओं की ओर इसलिए जाता हूँ कि उस काल को जानने का साहित्य को सर्वोत्तम स्रोत मानता हूँ। गोल्डमान भी अतीत की महानतम रचनाओं को ही समाजशास्त्रीय विश्लेषण के लिए चुनते हैं।" वे विजेताओं की आवाज के विश्लेषक नहीं। उनकी दृष्टि में सच्ची कला में प्रायः पराजितों की आवाज और उनकी विजय—आकांक्षा व्यक्त होती है। अच्छा साहित्य वही है। लावेंथल यथार्थवाद के समर्थक हैं। वे अन्तर्वस्तु के साथ 'रूप' को भी महत्त्व देते हैं, वस्तुतः वे दोनों के सम्बन्धों के व्याख्याता हैं। लावेंथल साहित्य के समाजशास्त्र में कृतियों के ग्रहण और पाठकीय प्रभाव के विश्लेषण की पद्धति के प्रवर्त्तक हैं। वे लोकप्रिय साहित्य में जासूसी, सेक्सी जैसे सस्ते उपन्यास, जीवनियाँ, समाचार-पत्र आदि को स्थान देते हैं और इसके माध्यम से लोकप्रिय संस्कृति की खोज करते हैं, पर इसमें कहीं भी मज़दूर और किसान नहीं। हाँ! होगार्ट ने अपनी पुस्तक 'यूजेज़ ऑफ लिटरेसी' में मज़दूर वर्ग की मानसिकता को लोकप्रिय साहित्य के अध्ययन-केन्द्र में रखा।

लावेंथल का मोह एक तरफ अतीत की महान रचनाएँ हैं, तो दूसरी ओर लोकप्रिय सस्ता साहित्य। यह परस्पर विरोधाभास है। सस्ता साहित्य युग-चेतना का एक मोड़ तो होता है, किन्तु न वह कालजयी बन पाता है और न ही मनुष्य-समाज के लिए वह मूल्य निर्मित कर पाता है। हाँ, पराजितों किसान-मजदूरों की बात करके वे समग्रता की अवधारणा जरूर प्रस्तुत करते हैं।

3. साहित्य का समाजशास्त्र : भारतीय परम्परा

आधुनिक हिन्दी-साहित्य में भी 'साहित्य के समाजशास्त्र' सम्बन्धी चिन्तन के कुछ सूत्र दिखाई दे जाते हैं। वस्तुतः रीतिकाल सामंतवादी प्रवृत्ति का काल था, किन्तु आधुनिक काल—भारतेन्दु युग—में साहित्य की चेतना बदली। रीतिकाल में जहाँ वह राजा-रजवाड़े के संरक्षण में पल-बढ़ रहा था, वहीं वह नारी के वाह्य सौन्दर्य-निरूपण में, नख-शिख वर्णन में, प्रवृत्त था, किन्तु 1857 की क्रान्ति की असफलता और अंग्रेजों की नीतियों से मोहभंग हुआ। भारतेन्दु और उनके मण्डल के रचनाकारों में आम जनता की पीड़ा, भारतीय संस्कृति के प्रति मोह जन्मा, पहली बार साहित्य लोक से जुड़ा। उसमें समग्रता (टोटैलिटी) की भावना भी जन्मी और भारतेन्दु-युग में साहित्य की नयी विधाओं ने जन्म लिया। 'चन्द्रकान्ता', 'चन्द्रकान्ता संतति' जैसे उपन्यास इसी काल में लिखे गये। भारतेन्दु ने 'अन्धेर नगरी' जैसी कुछ रचनाएँ दी हैं, जिनकी सामाजिक प्रासंगिकता आज भी बनी हुई है। भारतेन्दु उतने लोकप्रिय नहीं हो पाए,

क्योंकि सांस्कृतिक विरासत को वे पूरी सघनता से रूपायित नहीं कर पाये। भारतेन्दु द्वारा तैयार पृष्ठभूमि का उपयोग देवकीनन्दन खत्री ने किया। यहाँ जातीय जीवन, अपनी समग्रता में, तिलस्मी आवरण के भीतर फंतासी के माध्यम से अभिव्यक्ति पाता है। भारतेन्दु की लोकप्रियता का कारण उनकी सामाजिक जागरूकता है, जबकि खत्री में यह सांस्कृतिक धरातल को छूती हुई जातीय चेतना की सशक्त अभिव्यक्ति बनी। खत्री द्वारा प्राप्त जनाधार ही है, जिस पर 'भारत भारती' (मैथिलीशरण गुप्त) सवारी करती है। यही विशाल पाठक-वर्ग प्रसाद, निराला, प्रेमचन्द को मिलता है, जो आलोचकीय उपेक्षा के बावजूद सीना तान कर खड़े होने की प्रेरणा देता है। हिन्दी साहित्य तथा हिन्दी जातीय परम्परा में प्रसाद-निराला की कड़ी में जैनेन्द्र—अज्ञेय आते हैं। प्रेमचन्द में उर्दू की जातीय परम्परा और अस्मिता प्रकट हुई है।

फिलहाल युग बदला, साहित्य बदला, तो समीक्षा के सिद्धान्तों को भी बदलना होगा। परिवर्तित साहित्य-रूपों को पुरानी मान्यताओं (रस, छंद, अलंकार) के आधार पर विवेचित करना सम्भव नहीं।

हिन्दी-समीक्षा के क्षेत्र में बदलाव की प्रक्रिया प्रारम्भ होती है—बालकृष्ण भट्ट से। जुलाई 1881 ई. के 'हिन्दी प्रदीप' में बालकृष्ण भट्ट ने एक लेख लिखा—'साहित्य जन—समूह के हृदय का विकास है।' इस निबन्ध में जन-समूह का प्रयोग 'जाति' के लिए हुआ है। वे कहते हैं—''साहित्य को यदि जनसमूह (नेशन) के चित्र का चित्रपट कहा जाए तो संगत है।''...''प्रत्येक देश का साहित्य उस देश के मनुष्यों के हृदय का आदर्श रूप है। जो जाति, जिस समय, जिस भाव से परिपूर्ण या परिलुप्त रहती है, वे सब उसके भाव उस समय के साहित्य की समालोचना से अच्छी तरह से प्रकट हो सकते हैं।'' स्पष्टतः साहित्य की इस नयी दृष्टि के विकास के साथ ही जातीय साहित्य की धारणा भी विकसित हुई। यह नयी दृष्टि की पहली अभिव्यक्ति है। आचार्य महावीरप्रसाद द्विवेदी ने साहित्य को 'ज्ञानराशि का संचित कोश' कहा। वे यह भी कहते हैं कि ''सामाजिक शक्ति या सजीवता, सामाजिक अशक्ति या निर्जीवता और सामाजिक सभ्यता तथा असभ्यता का निर्णायक एकमात्र साहित्य ही है।'' इस कथन में समाज से साहित्य के सम्बन्ध की व्यापकता सामने आती है। साहित्य से वहिष्कृत स्त्री की ओर रचनाकारों को उन्मुख करने के लिए 'कवियों की उर्मिला विषयक उदासीनता' जैसे निबन्ध भी लिखे गये। आचार्य द्विवेदी साहित्य को समाज का दर्पण ही नहीं मानते, वे साहित्य में समाज की अभिव्यक्ति ही नहीं खोजते, बल्कि एक कदम आगे बढ़कर उसे समाज के परिवर्तन और विकास को प्रभावित करने वाली सक्रिय शक्ति के रूप में भी देखते हैं।

साहित्य की सामाजिक दृष्टि का सुसंगत विकास आचार्य रामचन्द्र शुक्ल के चिन्तन में मिलता है। 'हिन्दी साहित्य का इतिहास' (1929 ई.) में उन्होंने लिखा, ''जबकि प्रत्येक देश का साहित्य वहाँ की जनता की चित्तवृत्ति का संचित प्रतिबिम्ब

होता है, तब यह निश्चित है कि जनता की चित्तवृत्ति के परिवर्तन के साथ-साथ साहित्य के स्वरूप में परिवर्तन होता चला जाता है। आदि से अन्त तक इन्हीं चित्तवृत्तियों की परम्परा को परखते हुए साहित्य—परम्परा के साथ उनका सामंजस्य दिखलाना ही साहित्य का इतिहास कहलाता है। जनता की चित्तवृत्ति बहुत-कुछ राजनीतिक, सामाजिक, साम्प्रदायिक तथा धार्मिक परिस्थिति के अनुसार होती है। अतः कारण-स्वरूप इन परिस्थितियों का किंचित् दिग्दर्शन भी साथ-ही-साथ आवश्यक होता है।" साहित्य की इस धारणा में जहाँ बालकृष्ण भट्ट और महावीरप्रसाद द्विवेदी के चिन्तन का विकास है, वहीं साहित्य की यह सामाजिक दृष्टि समाज से साहित्य के जटिल सम्बन्ध को सामने लाती है। इस धारणा में समाज और साहित्य के बीच जनता की चित्तवृत्ति है, जो साहित्य में चुनकर, छनकर, सोचकर (संचित) प्रतिबिम्बित है, सीधे समाज नहीं। सामाजिक यथार्थ और साहित्य के बीच चेतना की मध्यस्थता है। आचार्य शुक्ल के पश्चात् आचार्य हजारीप्रसाद द्विवेदी ने 'कबीर' (1942) के माध्यम से, कबीर के व्यक्तित्व और उनकी कविता को कबीरकालीन समाज से जोड़कर देखा, जो उपेक्षित था। ये कबीर वही हैं, जिन्हें आचार्य शुक्ल कवि ही नहीं मानते। आचार्य द्विवेदी के उपन्यासों में दलित और स्त्री स्वर पाते हैं। निबन्धों में समाज के बदलाव के संकेत हैं। कालांतर में मार्क्सवादी समीक्षा-पद्धति का सहारा लेते हुए मुक्तिबोध ने 'कामायनी' : एक पुनर्विचार' (1961) की रचना की। मुक्तिबोध की कमियों को पूरा किया रामस्वरूप चतुर्वेदी ने। रामविलास शर्मा श्रमिक जनता के हितों की रक्षा करने वाले साहित्य के आधार पर समीक्षा के मानदण्ड निर्मित करने के पक्षपाती हैं। डी.डी. कोशाम्बी की ऐतिहासिक समाजशास्त्रीय दृष्टि का उदाहरण 'वैराग्य शतक' (भर्तृहरि) का विश्लेषण है। मार्क्सवादी दृष्टि के इतिहासकारों में एक नाम रोमिला थापर का भी आता है। साहित्य के समाजशास्त्र के सन्दर्भ में इनकी मान्यताएँ मार्क्सवादी विचारकों से मेल खाती हैं, जिसमें 'संरक्षण' केन्द्र में है। सुधीरचन्द्र भी इसी श्रेणी में आते हैं, जिन्हें भारतेन्दु-युग में साम्प्रदायिकता दिखाई देती है। नवजागरण के इस काल की उपलब्धियों को उन्होंने एक शब्द द्वारा तहस-नहस कर दिया।

धुर्जटिप्रसाद मुखर्जी (डी.पी. मुर्खजी) समाजशास्त्री-अर्थशास्त्री के साथ-साथ साहित्यकार भी थे। वे समाजशास्त्र को भारतीय परम्परा और मनुष्य से जोड़ने के आग्रही थे। उन्होंने आधुनिक भारतीय साहित्य का समाजशास्त्रीय विश्लेषण किया। वे यह मानते हैं कि भक्तिकाल का ऐतिहासिक महत्त्व लोकभाषाओं के अभ्युदय और विभिन्न जातियों की सांस्कृतिक विशेषताओं की अभिव्यक्ति में है। पूरनचन्द जोशी (पी.सी. जोशी) ने गोदान का समाजशास्त्रीय मूल्यांकन किया। उन्होंने समाज के इतिहास से साहित्य के इतिहास के द्वन्द्वात्मक सम्बन्धों को रेखांकित किया। राजेन्द्र यादव ने लोकप्रिय साहित्य के आधार पर समाजशास्त्र की निर्मिति के लिए

‘चन्द्रकान्ता’ जैसे उपन्यासों को चुना। उनके अनुसार, मूल्यों के स्तर पर सामन्ती और सामन्तवाद विरोधी मूल्यों का द्वन्द्व उपन्यास में दिखाई देता है। वास्तविकता यह है कि कुछ मार्क्सवादी विचार के प्रगतिशील समीक्षकों के अलावा हिन्दी में इस समीक्षा-प्रणाली का विकास नहीं हो पाया है और मार्क्सवादी प्रगतिशील समीक्षकों की दृष्टि भी छद्म धर्म-निरपेक्षवादी है, तटस्थ व्याख्या नहीं। आवश्यकतानुसार उनकी मान्यताएँ बदलती रहती हैं।

4. साहित्य का समाजशास्त्र : समीक्षा-प्रणाली की सीमाएँ

वस्तुतः ‘साहित्य का समाजशास्त्र’ का जो स्वरूप हमारे सामने प्रस्तुत हो रहा है, वह साहित्य की समझदारी में कोई विशेष उल्लेखनीय अवदान नहीं दे पा रहा है। वह केवल भ्रम पैदा करता है। वह स्वस्थ समीक्षा-प्रणाली को गुमराह कर रहा है। इस सन्दर्भ में माल्कम ब्रेडवरी का कथन हमारी सहायता करता है—“सच्चाई यह है कि वस्तुतः साहित्य और समाजशास्त्र दुनिया को देखने के अलग-अलग ढंग हैं। यदि समाजशास्त्र, एक ओर, महत्त्वपूर्ण एवं पूर्णरूपेण चरितार्थ कलाकृतियों में अनुभव की संश्लिष्टता और पहचान में हमारी मदद करता है, तो दूसरी ओर, वह लम्बे दौर में वैयक्तिक रचनाशीलता के हमारे बोध को नष्ट करने की ओर उन्मुख हो सकता है। इसलिए समीक्षा समीक्षाशास्त्र का लाभ तभी ले सकती है, जब वह इस सम्बन्ध में जागरूक रहे कि हर महत्त्वपूर्ण लेखक और महत्त्वपूर्ण पुस्तक सम्भावनाओं को बदल कर, उनके सम्बन्ध में हमें नये सिरे से चेता कर, परिवेश को गहरे और वास्तविक अर्थ में रूपान्तरित करती है। पर देखा यह गया है कि ‘साहित्य का समाजशास्त्र’ में साहित्य का सर्जनात्मक साक्ष्य नष्ट हो जाता है।”

रूचेक ने ‘साहित्य का समाजशास्त्र’ के अध्ययन—पद्धति की तीन प्रमुख मान्यताएँ प्रतिपादित की हैं—(1) प्रतिच्छाया सिद्धान्त, (2) नियामक सिद्धान्त तथा (3) प्रभाव सिद्धान्त। एलन स्विंगवुड की भी तीन मान्यताएँ हैं—(1) दर्पण सिद्धान्त, (2) लेखक की सामाजिक स्थिति का सिद्धान्त तथा (3) कवि के अस्तित्व और स्वागत का सिद्धान्त। ये सिद्धान्त साहित्य के समाजशास्त्र के विभिन्न रूपों के संकेतक हैं। इस विभिन्नता का कारण साहित्य की धारणा सम्बन्धी मत—वैभिन्न्य है, विशेषकर समाज से साहित्य के सम्बन्ध की समझ का अन्तर। अनुभववादी, साहित्य की धारणा के पीछे, मूल्य-चेतना का महत्त्व प्रतिपादित करते हैं। वे साहित्यिक कृति की अस्मिता को महत्त्वपूर्ण नहीं मानते (रोबेर स्कार्पी), तथ्यों पर जोर देते हैं। मीमांसावादी साहित्य की धारणा को जरूरी मानते हैं।

निष्कर्ष-रूप में ‘साहित्य का समाजशास्त्र’ सम्बन्धी चिन्तन के निम्नलिखित बिन्दु हैं—

1. समाजशास्त्रीय आलोचना साहित्य का महत्त्व दस्तावेज़ के रूप में स्वीकार करती है।
2. उसका प्रमुख दृष्टिकोण रचना के बजाय उसके उत्पादन और उपभोग पर ध्यान केन्द्रित करना रहा है। इसमें लेखक की सामाजिक स्थिति और उस पर पड़ने वाले विभिन्न आर्थिक-राजनीतिक दबावों पर बल रहता है।
3. पाठक समुदाय की प्रतिक्रिया और उसकी स्वीकृति (ग्रहण) का विवेचन किया जाता है।
4. साहित्य और आम-आदमी के बीच बढ़ती दूरी को पाटकर उसे सर्वग्राह्य बनाने और मुट्ठी—भर लोगों के एकाधिकार से साहित्य को मुक्त कराना इस प्रणाली का लक्ष्य है।
5. उच्च-संस्कृति और मास-संस्कृति की विभाजक-रेखा को यह प्रणाली मिटाती है। दूसरे शब्दों में, यह मास संस्कृति को समग्र मानवता पर आरोपित करने का प्रयास है।
6. रचना के पीछे प्रकाशक (प्राचीन काल में संरक्षक—राजा, महाराजा, सामन्त, जागीरदार, सेठ-साहूकार और अब मीडिया) की महत्त्वपूर्ण भूमिका को रेखांकित किया जाता है।
7. साहित्य के समाजशास्त्र में सामाजिक अस्मिता की खोज की जाती है।
8. समाजशास्त्रीय आलोचना अच्छी-बुरी साहित्यिक कृतियों में कोई भेद नहीं करती।
9. साहित्य के समाजशास्त्र की मुख्य प्रवृत्ति समग्रतावादी है। उत्तर-आधुनिकतावाद ने इसे पूरी तरह अस्वीकार कर दिया। उनकी दृष्टि से समग्रतावाद केन्द्रीयकरण की साम्राज्यवादी प्रवृत्ति है। यह पूँजीवादी सम्प्रभुता की देन है।

मानव सभ्यता का इतिहास साक्षी है कि सांस्कृतिक समानता न कभी हुई और न कभी हो पाएगी। यह पूर्णतया दिमागी व्यायाम है। अस्तु, उच्च संस्कृति और मास संस्कृति की विभाजक रेखा कैसे मिट पाएगी? हाँ! यह अलग बात है कि शोषितों, पराजितों के साहित्य का समाजशास्त्रीय अध्ययन उनके संघर्ष को रूपायित करता है, इसलिए इसकी अनिवार्यता है।

'साहित्य का समाजशास्त्र' के चिन्तकों ने प्रायः उन रचनाओं को अपने अध्ययन का आधार बनाया, जिनमें हत्या, लूटपाट, बलात्कार, जासूसी, ऐय्यारी, अपराध, सेक्स-भूत, प्रेम की प्रधानता है। वस्तुतः यही पुस्तकें लोकप्रिय बनती हैं और सर्वाधिक पढ़ी जाती हैं। हाँ! इनकी बिक्री लेखक और प्रकाशक, दोनों को समृद्ध करती है, परन्तु क्या ये रचनाएँ स्वस्थ समाज की निर्मिति में कोई अवदान दे पाती हैं? क्या वे साहित्य के लक्ष्य से भटकती नहीं? और जब वे साहित्य नहीं, तो फिर इनके

आधार पर साहित्य का समाजशास्त्र कैसे निर्मित हो पाएगा? यह विचारणीय प्रश्न है।

5. 'साहित्य का समाजशास्त्र' : स्वरूप और अध्ययन-पद्धतियाँ

लगभग दो सौ वर्षों से अधिक की यात्रा पूरी करने के पश्चात् भी 'साहित्य का समाजशास्त्र' का स्वरूप अपनी पूर्णता प्राप्त नहीं कर पाया। आज यह एक समीक्षा-प्रणाली है, पर यह उपन्यास की समीक्षा में जितनी कारगर है, उतनी कविता तथा अन्य विधाओं की समीक्षा में नहीं।

आज यह प्रश्न भी उठ खड़ा हुआ है कि 'साहित्य का समाजशास्त्र' स्वतन्त्र विधा है या समाजशास्त्र की एक शाखा। समाजशास्त्री उसे समाजशास्त्र की एक शाखा मानते हैं। उनके मानने के प्रबल आधार भी हैं। वस्तुतः समाजशास्त्री समाज-विशेष के हर क्रिला-कलापों का अध्ययन करके ही तो समाज-शास्त्र की निर्मिति कर सकते हैं और साहित्य भी तो समाज की ही संरचना है, क्रिया है—साहित्य समीक्षक/चिन्तक उसे एक स्वतन्त्र साहित्यिक विधा मानते हैं—स्पष्टतः 'साहित्य का समाजशास्त्र' और 'साहित्यिक समाजशास्त्र' में अन्तर है। 'साहित्य का समाजशास्त्र' को समाजशास्त्र की शाखा मानने वालों में पी. फास्टर, सी. केनफोर्ड उल्लेख्य हैं। वे उसके विकास में साहित्यिक समाजशास्त्र को एक खतरा मानते हैं। उनकी दृष्टि में 'साहित्य का समाजशास्त्र' एक ऐसी आलोचना-प्रणाली है, जो समाजशास्त्र के सामान्य ज्ञान के सहारे काम करती है। ऐसा विवेचन अत्यधिक कमजोर बन जाता है।

साहित्य के माध्यम से समाजशास्त्र की स्वरूप-निर्मिति करने वाले विद्वानों की दृष्टि में साहित्य एक सामाजिक साक्ष्य-मात्र है। रिचर्ड होगार्ड के अनुसार भी "साहित्यिक साक्ष्य के बिना समाज का अध्ययन करने वाला कोई भी व्यक्ति सामाजिक जीवन की पूर्णता से अनभिज्ञ ही रहेगा।" जान हाल ने साहित्य की मार्क्सवादी व्याख्या/अवधारणा का खण्डन करते हुए साहित्य का समाजशास्त्र का महत्त्व स्थापित किया, किन्तु वे भी साहित्यिक कृतियों को सामाजिक संकेत मानते हैं। वे साहित्य के अध्ययन के चार लाभ बताते हैं—

1. समाज और उसके प्रति व्यक्तियों की प्रतिक्रियाओं के बारे में साहित्य समाजशास्त्री को अधिक-संवेदनशील बना सकता है, (2) साहित्य में प्रयुक्त कल्पना की क्रियाशीलता पर ध्यान देकर समाजशास्त्री सम्बद्ध समाज के व्यक्तियों के जीवन की वास्तविक अनुभूतियों से तादात्म्य स्थापित कर सकता है। (3) साहित्यिक साक्ष्य का समुचित उपयोग करने पर समाजशास्त्री को समाज के बारे में ऐसी जानकारियाँ मिल सकती हैं, जो किसी अन्य स्रोत से सम्भव नहीं। (4) साहित्य से प्राप्त साक्ष्य में वर्णन की अनन्यपूर्णता होती है। इस प्रकार स्पष्ट है कि समाजशास्त्री के लिए साहित्य, समाज को समझने का, एक स्रोत, साधन या माध्यम है।

समाजशास्त्री के समक्ष प्रश्न होता है कि समाज को समझने में साहित्य उसकी कितनी मदद कर सकता है और साहित्य-चिन्तक या समालोचक यह सवाल लेकर चलता है कि समाजशास्त्र की दृष्टि से किसी साहित्यिक कृति की कौन-सी विशिष्ट समझदारी उसे मिल सकती है?

पिछले सौ वर्षों में संस्कृति की भौतिकवादी व्याख्या के आधार पर कलाओं का एक नया समाजशास्त्र विकसित हुआ। उसी का एक रूप है—''साहित्य का समाजशास्त्र'। स्पष्टतः अब 'साहित्य का समाजशास्त्र' समाजशास्त्र से स्वतन्त्र एक साहित्यिक विधा है। एक बात यह भी स्मरणीय है कि साहित्य के समाजशास्त्र का लक्ष्य साहित्य की सामाजिकता की व्याख्या करना है। अस्तु, साहित्य का समाजशास्त्र-साहित्यिक समाजशास्त्र, समाजशास्त्रीय आलोचना एक ही लक्ष्य-प्राप्ति के माध्यम हैं। एक फर्क और है कि समाजशास्त्र का विकास जहाँ समाजशास्त्रियों के हाथों हुआ, वहीं साहित्य के समाजशास्त्र का विकास साहित्य-समीक्षकों ने किया। इनमें तेन, लियो लावेंथल, लूतिये गोल्डमान, मिसेल जेराफा, रेमंड विलियम्स का योगदान अविस्मरणीय है।

मनुष्य बदलता है, उसका समाज बदलता है और फिर समाज का 'समाजशास्त्र' बदलता है। यह बदलाव समाजशास्त्र की पद्धतियों, दृष्टियों को स्थिर नहीं होने देता। आज की दृष्टि और पद्धति, बदलते समाज के कारण, कल अव्याख्येय हो जाती है। बदलाव की नियति के कारण एक अनुशासन प्रतीत होने वाले समाजशास्त्र के भीतर अनेक पद्धतियाँ और दृष्टियाँ विकसित हो रही हैं।

'साहित्य का समाजशास्त्र' जिस समाजशास्त्रीय पद्धति को स्वीकार करता है, उसी के अनुरूप उसका स्वरूप भी बनता है। तात्पर्य यह कि समाजशास्त्र की भाँति साहित्य के समाजशास्त्र की भी अनेक पद्धतियाँ और दृष्टियाँ हैं। समाजशास्त्र की सबसे पुरानी पद्धति 'विधेयवादी' है, जिसके पुरस्कर्ता 'तेन' हैं। तेन के लेखन में यह पद्धति उपस्थित है। 'विधेयवाद' ही 'अनुभववाद' के रूप में परिवर्तित हुआ। इसका अनुसरण करते हुए एक नयी धारा का विकास हो रहा है, जिसके मुख्य प्रतिनिधि हैं—फ्रांस के रोबेर स्कार्पी। 'संरचनावाद' ने भी समाजशास्त्र को प्रभावित किया। इस प्रभाव की परिणति है—गोल्डमान का 'साहित्य का समाजशास्त्र'। समाजशास्त्र का एक प्रकार संरचनात्मक-कार्यात्मक समाजशास्त्र भी है, जिसकी मदद से साहित्य का समाजशास्त्र विकसित करने का काम जान हाल ने किया। समाजशास्त्र तथा 'साहित्य के समाजशास्त्र' के उपर्युक्त विकासात्मक पहलुओं के साथ-साथ 'मार्क्सवादी समाजशास्त्र' और तदनुसार 'साहित्य का समाजशास्त्र' भी विकसित हो रहा है। ऐसा प्रयास रेमंड विलियम्स के लेखन में दिखायी देता है।

स्पष्टतः समाजशास्त्र की विभिन्नताओं के कारण साहित्य का समाजशास्त्र बदलता है। एक बात और! साहित्य के समाजशास्त्र के लिए आधार-रूप में किसी

समाजशास्त्रीय दृष्टि की अनिवार्यता होती है। आधार रूप में गृहीत समाजशास्त्र की दृष्टि या पद्धति ही साहित्य के समाजशास्त्र की दृष्टि या पद्धति बनती है।

6. निष्कर्ष

साहित्य की समाजशास्त्रीय समीक्षा-पद्धति, विश्लेषण की अन्य पद्धतियों के महत्त्व को, न तो नकारने का प्रयास करती है और न ही पूर्ण समीक्षा-पद्धति होने का दावा करती है। हाँ! वह समीक्षा-पद्धति की कड़ी की एक लड़ी अवश्य है, जो साहित्य के सृजन, उपभोग एवं वितरण तथा इनके विविध अंगों की अंतःक्रियाओं व प्रतिक्रियाओं को आत्मसात् कर साहित्य-रूपी संस्था का विश्लेषण करने पर ही रचना की सार्थक समीक्षा सम्भव मानती है।

साहित्येतिहास लेखन की समस्याएँ

1. इतिहास क्या है?

मनुष्य इस सृष्टि का एक विलक्षण प्राणी है। वह सृष्टि के समस्त सौन्दर्य, गुण, बुद्धि-विवेक आदि से समन्वित एकमात्र ऐसा जीव है, जो अपने अतीत को सुरक्षित रखना जानता है और जानता है अपने अतीत का उपयोग। अतीत स्वर्णिम कल्पनाओं का भाण्डार होता है। मनुष्य वर्तमान की समस्याओं के समाधान हेतु अपने अतीत में झाँकता है और वहाँ से कुछ मोती चुनकर अपने वर्तमान को सँवारता है। इतना ही नहीं, पतनोन्मुखी वर्तमान-धारा को वह एक नयी दिशा देता है। उसकी यह प्रक्रिया ही इतिहास की खोज, इतिहास का पुनः स्मरण है, और अपने अतीत के प्रति व्यामोह इतिहास को अक्षुण्ण बनाता है। आज जो हो रहा है, जो घटित हो रहा है, उसमें से अविस्मरणीय घटना-क्रम और अपराजेय-चरित्र कल इतिहास के अंग बन जाते हैं। यथा-महात्मा गाँधी, भीमराव अम्बेडकर, स्वाधीनता-आन्दोलन आदि।

इतिहास केवल इत्तिवृत्तात्मक वर्णन या आदर्श का पुलिंदा नहीं। इसलिए उसमें अतिशयोक्ति को स्थान नहीं। वह तो मानव जाति-विशेष के चिन्तन का, दार्शनिक चेतना का ऐसा स्फुलिंग है, जिसमें उसकी मूल-चिन्ता/चेतना, उसकी संकल्प-विकल्प में विश्लेषणात्मक क्षमता और उसकी सांस्कृतिक परम्परा की आँच, तीखापन, ज्वाला-निर्मात्री तथा संहारक-क्षमता के रूप में सतत प्रज्वलित है, जिसमें समूचे विश्व को आलोकित करने और दिशा देने की शक्ति होती है, जो समूची मानवता को एक सूत्र में पिरोने का कार्य करती है। तात्पर्य यह कि प्रवहमान सरिता जैसा इतिहास जहाँ प्रारम्भ में उखाड़-पछाड़, गंदे-उजले रूप ले, अपने यथार्थवादी परिप्रेक्ष्य के साथ उपस्थित रहता है, वहीं उसकी परम्परा प्रवहमान सरिता की भाँति कूड़ा-करकट (अनपेक्षित/अप्रासंगिक घटना, चरित्र) को अपने दुकूलों पर पटक कर निरन्तर निर्मल होती चलती है। उसकी यह निर्मलता, उसकी सुरसमन्वित—संगीतमय गति मनुष्य को आनन्द-विभोर करती है, उसे गति देती है, उसे स्वच्छता और कल्याण-कामना से समन्वित करती है और वह देती है उसे ऐसी अमोघ शक्ति, जिसमें अवरोधों को फलांगने की ताकत होती है, जिसमें जीवंतता होती है, जिसमें उज्ज्वल चेतना

होती है—''उज्ज्वल वरदान चेतना का, सौन्दर्य जिसे सब कहते हैं।'' इसी 'सौन्दर्य' की खोज इतिहास है।

मेरी अपनी दृष्टि से मनुष्य की अपनी अस्मिता की तलाश, अस्तित्व को सुरक्षा उसे इतिहास की ओर उन्मुख करती है। हाँ! जैसे सरिता अपने मूल उत्स से कटकर जल-विहीन हो जाती है, उसी प्रकार मानव-समुदाय अपनी परम्परा, संस्कृति, जातीय चेतना और अतीत के यथार्थ से कटकर अपना अस्तित्व खो बैठता है। सच यह है कि अपने अस्तित्व का मोह ही उसे अपने अतीत की ओर उन्मुख करता है। यहाँ मुझे स्मरण आ रही है—स्वतंत्रता—आन्दोलन के समय लिखी गयी 'निराला' की कविता 'जागो फिर एक बार'। अतीत-उन्मुखता का यह मोह ही इतिहास की अनिवार्यता सिद्ध करता है, किन्तु यहाँ मैं यह स्पष्ट करना चाहता हूँ कि वस्तुतः इतिहास केवल कालक्रम में विभाजित विवरण नहीं, वह केवल घटनाओं और चरित्रों की स्मृति भी नहीं वह केवल अतीत से सम्बद्धता भी नहीं, वह तो सम्बद्ध मनुष्यता की यथार्थ-सम्पृक्त सांस्कृतिक चेतना, उसकी उपलब्धियों से निकलता वह राग है, जो जन-जन का राग बन रहा हो, और भविष्य में भी बने। निश्चय ही इतिहास में यह प्राणवत्ता इतिवृत्तात्मक विवरणों तथा घटनाओं के तारीखों-विवरणों से नहीं, उसके अपने साहित्य में मुखर होती है।

2. इतिहास का इतिहास

प्रश्न उठता है कि इतिहास का जन्म हुआ कैसे? सम्भवतः मनुष्य ने अपने विकास के पहले ही चरण में 'आग' और 'वाक्' की खोज की होगी। उसके विकसित होने के साथ-साथ उसकी वाक्-शक्ति विकसित होती गयी। इस वाक्-शक्ति ने उसे अपने पूर्वजों की कहानियों, किस्सों, घटनाओं, चरित्रों को सुरक्षित करने की प्रेरणा दी। प्रारम्भ में यह मौखिक ही रही है। यह मौखिक कथा-गाथा कालांतर में लोक-साहित्य कहलाया। लोक-साहित्य एक तरह से समाज-विशेष का सांस्कृतिक इतिहास होता है। लिपि-पद्धति के विकास के साथ इतिहास का यह रूप लिपिबद्ध होता चला गया। वेद आदि प्रारम्भिक ग्रन्थ मौखिक-परम्परा की ही देन हैं। भारतीय साहित्य में 'इतिहास' शब्द का प्रयोग बहुत प्राचीन है। शोध-कर्ताओं के अनुसार, इस शब्द का प्रथम प्रयोग अथर्ववेद में प्राप्त होता है। तदनंतर शतपथ ब्राह्मण, जैमिनी वृहदारण्यक तथा छांदोग्योपनिषद में यह शब्द प्रयुक्त हुआ है—

अध्यादि बहुत्याख्यानं देवर्षिचरिताश्रयम।
इतिहासमिति प्रोक्तं भविष्याद्भुत धर्म युक। (छांदोग्योपनिषद)

महाभारत में भी 'इतिहास' के स्वरूप का विवेचन हुआ है—

धर्मार्थकाम मोक्षाणामुपदेश समन्वितम्।
पूर्ववृत कथा युक्तमितिहासं प्रचक्षते।।

उपर्युक्त दोनों उद्धरणों से यह स्पष्ट है कि इतिहास पूर्ववृत्त है, ऐसा पूर्ववृत्त, जो मनुष्य को कल्याण का मार्ग दिखा सके। यह चरित भी हो सकता है और घटना भी।

3. इतिहास : अर्थ के धरातल पर

आज हम चर्चित शब्दों के प्रयोग तथा अर्थ के लिए संस्कृत की सहायता लेते हैं। संस्कृत की ओर उन्मुखता प्राचीनता तथा परम्परा का पर्याय है। और! यह खोज सिद्ध करती है कि शब्द कितना पुराना है, स्रोत का पता भले हमें न हो। फिलहाल संस्कृत-कोश के अनुसार तीन शब्दों—इति+ह्+आस ने मिलकर 'इतिहास' शब्द की निर्मित की है और अर्थ है—वास्तव में ऐसा ही था और ऐसा ही हुआ। 'इतिह-आस्ते स्मिन'। इन अर्थों में पहला अंश 'वास्तव में ऐसा ही था' इस बात का संकेतक है कि अतीत की घटना और चरित्र का वर्णन इतिहास कहलाता है। अर्थात् वर्तमान और भविष्य इतिहास की सीमा के बाहर है और दूसरा अंश 'ऐसा ही हुआ' यथार्थवादी प्रवृत्ति का संकेतक है। 'शब्द कल्पद्रुम' में भी लगभग यही अर्थ—'पूर्व वृत्तांत' मान्य है। शब्द-सागर में इसके चार अर्थ दिये गये हैं—

(1) अतीत की घटनाओं और उनसे सम्बद्ध चरित्रों का कालक्रम से वर्णन

(2) वह कृति, जिसमें बीती हुई प्रसिद्ध घटनाओं और भूत पुरुषों का वर्णन हो।

(3) किसी विषय से सम्बद्ध तथ्यों का आदिकाल से लेकर वर्तमान समय तक का क्रमबद्ध वर्णन। यथा—किसी शास्त्र, कला, संस्कृति का इतिहास।

(4) कथा-वृत्त, यथा—'उस अनन्तकाले शासन का, वह जब उच्छृंखल इतिहास'—कामायनी।

निश्चय ही इसमें अर्थ-व्याप्ति दोष है। भारतीय वाङ्मय के वेद, रामायण, महाभारत, उपनिषद आदि ग्रन्थ तथा बाण और कल्हण की रचनाएँ ऐतिहासिक प्रवृत्ति से आवृत्त होने पर भी शुद्ध रूप में तथा आधुनिक शब्दावली में इतिहास नहीं हैं।

4. इतिहास : परिभाषा के धरातल पर

सच यह है कि 'इतिहास' कभी पूर्णरूपेण परिभाषित ही नहीं हो पाया। चिन्तकों और दार्शनिकों की लम्बी सरणि ने हमेशा बदलती परिस्थिति और अपनी जातीय चेतना के रूप में इसे परिभाषित किया। हिन्दी का 'साहित्य-कोश' बीसवीं सदी की रचना है। इसके अनुसार—"परिनिश्चित तथ्यों की सुसंबद्ध, कालक्रमानुसारी शृंखला का नाम इतिहास है" (पृ. 107)। इतिहास में यथार्थोन्मुखता अथवा वस्तुनिष्ठता की प्रस्तुति पहली शर्त तो है, पर अन्तिम नहीं। इतिहासकार को तथ्यों के जंगल में से अर्थवान तथ्यों का किसी निश्चित आधार पर चयन, संकलन और संग्रंथन

करना होता है। वस्तुतः वर्तमान को अतीत में जो ध्यातव्य प्रतीत होता है, वही इतिहास का विषय बन सकता है। यहाँ एक शब्द आया है—'निश्चित आधार'। क्या 'निश्चित आधार' सभी इतिहासकारों के लिए एक है? क्या विचारधाराएँ इसमें बाधक नहीं बनतीं! और कहीं न जाइए। भारत का ही उदाहरण देखें—क्या दक्षिणपंथी और वामपंथी इतिहासकारों के इतिहास में आधारों की समानता है। वस्तुतः इतिहासकार का व्यक्तित्व और विचारधारा, उसके चयन, संकलन और संग्रथन पर प्रभावी हो जाती है और वह इससे प्रभावित हो घटना या घटना-समूहों के कारण की भी व्याख्या करता है। तब इतिहास में तटस्थता तथा एकरूपता कहाँ हो पाएगी? यह वैभिन्न्य 'इतिहास' की परिभाषा भी बदलता रहा है।

'इतिहास' चिन्तन का भारत में अभाव-सा था। या यों कहें कि उसका चिन्तन अतिशयोक्ति से सम्पृक्त था। उसकी दृष्टि में सतयुग जितना अच्छा था, उतना द्वापर नहीं, और द्वापर जैसा त्रेता नहीं तथा त्रेता जैसा कलयुग नहीं। और कलयुग में हम अपने वर्तमान और भविष्य को सुधारने के लिए बीते युगों से प्रेरणा लें। वैसे यह भी माना जाता है कि भविष्य का इतिहास में स्थान नहीं। वस्तुतः आधुनिक इतिहास की अवधारणाएँ पश्चिमी चिन्तकों की देन हैं और आज इतिहास, विगत ही नहीं, सतत प्रवहमान धारा है।

ग्रीक मनीषी हीरोद्योतस (456-545 ई.) ने सबसे पहले इतिहास को खोज और गवेषणा के रूप में ग्रहण करते हुए इसकी पाँच विशेषताएँ बतलाईं—(1) मानव जाति से सम्बद्धता के कारण यह मानवीय विद्या है, (2) आलोचनात्मक पद्धति के कारण यह वैज्ञानिक विद्या है, (3) इसके तर्क एवं निष्कर्ष प्रमाण—आधृत होते हैं, अतः यह तर्कसंगत विद्या है, (4) अतीत के आलोक में भविष्य पर प्रकाश डालने के कारण यह शिक्षाप्रद विद्या है और (5) भौतिक या प्राकृतिक लक्ष्य की प्रक्रिया का परिवर्तन करना इतिहास का प्रतिपाद्य है।

आधुनिक काल के पूर्व तक हीरोद्योतस का यह दृष्टिकोण प्रायः स्वीकार्य था, किन्तु कालान्तर में इसे पूर्ण स्वीकृति नहीं मिली। विको (1668-1744 ई.) का मत है कि इतिहासकार को अतिरंजना और अतिशयोक्ति से बचना चाहिए। उन्होंने इतिहास का सम्बन्ध वर्तमान से भी स्थापित किया। उनका यह भी कहना था कि इतिहास का निर्माता स्वयं मनुष्य है। परवर्ती आलोचकों और इतिहासकारों ने विको के मत से असहमति व्यक्त की। ऐसे चिन्तकों की सोच थी कि इतिहास अतीत के माध्यम से शिक्षित करने के साथ-साथ प्रेरणा और नयी दिशा देने का कार्य करता है, अतः इतिहास लिखने के लिए लेखक को उस विशेष परिस्थिति और उसकी संस्कृति, चेतना की जानकारी आवश्यक है। वर्तमान को केन्द्र में रखकर उसकी परिस्थिति एवं परिवेश के आधार पर ऐतिहासिक युग का विवेचन न्यायपरक और तर्कसंगत नहीं होगा।

कांट (1724-1804) ने इतिहासकार के लिए प्राकृतिक नियमों की प्रवृत्ति को समझना अनिवार्य बताया। हीगल ने कांट के विचारसूत्र को आगे बढ़ाया। हीगल की दृष्टि में इतिहास केवल घटनाओं, अन्वेषणों का संकलन नहीं है, अपितु उसके भीतर कार्य-कारण की शृंखला विद्यमान है। हीगल (1770-1830) की मान्यता है कि ऐतिहासिक विकास-प्रक्रिया का मूल लक्ष्य मानव-चेतना का विकास है, जो द्वन्द्वात्मक पद्धति पर आधृत है। डार्विन (1809-1882) विकासवादी सिद्धान्त के पोषक हैं। उनके अनुसार, इतिहास घटना-समूह का संकलन-मात्र न होकर विकास-क्रम का विवेचन है। विभिन्न विचारकों ने कालान्तर में आर्थिक, भौतिक, मनोवैज्ञानिक, सामाजिक-सांस्कृतिक पक्षों को विकास-प्रक्रिया के मूल में मानकर विकासवादी चिन्तन को आगे बढ़ाया।

स्पैंगलर, ट्यानवी तथा टर्नर ने डार्विन के मत के आधार पर ही इतिहास की व्याख्या की, किन्तु अस्तित्ववादियों ने इसे विधेयवादी कहकर ठुकरा दिया है। अस्तित्ववादियों की मान्यता है कि प्रकृति एवं मनुष्य नियमों से मुक्त हैं, ऐसी स्थिति में मानव से सम्बद्ध इतिहास को कैसे नियमबद्ध किया जा सकता है। जैम्स हार्वे और राविनसन के अनुसार, अपने वस्तुगत अर्थ में इतिहास उस सबकी जानकारी है, जो मनुष्य द्वारा फलित, चिन्तित आकांक्षित और अनुभूत है। तथ्यवादी एवं व्यवहारवादी चिन्तकों के अनुसार, इतिहास निश्चित तथ्यों का निकाय है। ई.एच. कार ने इस धारणा पर व्यंग्य करते हुए कहा कि–''व्यवहारवादियों के अनुसार, इतिहास तथ्यों का संकलन करता है, घर ले जाता है, उन्हें पकाता है तथा स्वैच्छिक ढंग से उन्हें परोस देता है।'' वे अपना मत स्पष्ट करते हुए लिखते हैं, ''इतिहास में तथ्यों का इतिहासकार से सर्वथा विलग अस्तित्व नहीं होता, इतिहासकार ही अपने चयन-कर्म द्वारा तथ्यों का प्रतिस्थापन करता है। इतिहास परिवर्तन है, यह परिवर्तनशील है तथा गतिशील है।'' वे आगे कहते हैं–''इतिहास इतिहासकार तथा उसके तथ्यों के मध्य होने वाली अन्योन्य-क्रिया की सतत प्रक्रिया एवं वर्तमान तथा अतीत का एक अविच्छिन्न संवाद है।'' कालिंगवुड के अनुसार, इतिहास धर्मशास्त्र या भूतविज्ञान की तरह एक चिन्तन-पद्धति है। यह एक प्रकार का शोध है, खोज है, अन्वेषण है। रेनियर का मत है कि ''इतिहास मनुष्यों की कहानी के अतिरिक्त और कुछ नहीं।'' गालब्रेथ की दृष्टि में–''इतिहास भूत-काल है, जहाँ तक हम उसे जानते हैं।'' क्रोचे समस्त इतिहास को समसामयिक मानते हुए कहते हैं–''प्रत्येक ऐतिहासिक निर्णय की आधारभूत व्यावहारिक आवश्यकताएँ समस्त इतिहास को सम-सामयिक इतिहास का रूप प्रदान करती हैं।''

भारतीय विद्वान गोविन्दचन्द्र पाण्डेय की मान्यता है कि ''इतिहास एक ऐसा ज्ञानमय अनुशासन है, जिसके माध्यम से किसी देश की सभ्यता और संस्कृति को देखा-परखा व समझा जाता है।'' आचार्य हजारीप्रसाद द्विवेदी इसे अनादिकाल के

प्रवाह में निरन्तर प्रवहमान जीवित मानव-समाज की जीवनगाथा स्वीकार करते हैं। गणपतिचन्द्र गुप्त की दृष्टि में—"अतीत के किसी तत्त्व-तथ्य एवं प्रकृति का वर्णन, विवरण, विश्लेषण, विवेचन, जिसका काल-विशेष या कालक्रम की दृष्टि से वर्णन किया गया हो, इतिहास है।" नामवर सिंह के अनुसार "इतिहास में दृष्टिकोण का कोई स्थान नहीं, घटनाओं की खोज ही इतिहास है।" आचार्य रामचन्द्र शुक्ल के अनुसार, काल के प्रहार से "जो कुछ शेष रह जाता है, वह बहुत दिनों तक ईंट-पत्थर की भाषा में पुरानी कहानी कहता रहता है। संसार का पथिक मनुष्य उसे अपनी कहानी समझकर सुनाता है, क्योंकि उसके भीतर झलकता है—जीवन का नित्य और प्रकृत स्वरूप।" प्रो. राजमणि शर्मा के अनुसार—"कालक्रमानुसार वर्णित मानव—अतीत का वह यथार्थ एवं तटस्थ आख्यान इतिहास है, जो वर्तमान और अतीत को प्रेरित कर दिशा दे।"

5. इतिहास का स्वरूप

उपर्युक्त परिभाषाओं के परिप्रेक्ष्य में यह कहा जा सकता है कि इतिहासकार तथा अतीत के तथ्यों के मध्य अंतःसम्बन्ध की सतत प्रक्रिया ही इतिहास है। यह वर्तमान तथा अतीत के मध्य निरन्तर चलने वाला संवाद है। वस्तुतः वर्तमान युग के आधार पर अतीत को तथा अतीत के आधार पर वर्तमान को समझने में इतिहास से सहायता मिलती है। अतीत से वर्तमान तक की इतिहास-परम्परा एक अविच्छिन्न कारण-कार्य शृंखला में गुंथी रहती है। इसे एक सूत्र में पिरोकर ही तथ्य ऐतिहासिक बनते हैं। और वही तथ्य प्रासंगिक बनता है, जिसकी वर्तमान तथा भविष्य के लिए प्रासंगिकता हो। प्रासंगिकता ही दूसरे शब्दों में संगति है। अर्थात् एक तथ्य से दूसरे तथ्य की संगति बैठे, तो वह इतिहास बनता है। यह इतिहासकार की प्रतिभा पर निर्भर होता है, क्योंकि इतिहास भी एक रचना है और ऐसी रचना में तथ्यों में निहित अर्थों की वास्तविक व्याप्ति तक ही तथ्यों की व्याख्या होनी चाहिए। अपेक्षित अर्थ न निकाल पाना या अनपेक्षित अर्थ निकालना इतिहास के मार्ग की सबसे बड़ी बाधा है। इसलिए इतिहास कालक्रम में नियोजित तथ्यों तथा उनसे संबद्ध विचारधाराओं, अनुभूतियों तथा अभिव्यक्त संदेशों का दस्तावेज है। हीगल का कथन यहाँ सार्थक प्रतीत होता है कि ऐतिहासिक विकास-प्रक्रिया का लक्ष्य मानव-चेतना का विकास है, जिसमें द्वन्द्वात्मक पद्धति—वाद और प्रतिवाद—के द्वन्द्व-से संवाद का विकास होता है—वाद-विवाद-संवादः इतिहास। यही इतिहास है। अर्थात् इतिहास-लेखन की अनिवार्यता है—द्वन्द्वात्मक पद्धति। बीसवीं शताब्दी में मानव से जुड़े विभिन्न पक्षों—आर्थिक, भौतिक, मनोवैज्ञानिक तथा सामाजिक, सांस्कृतिक—के परिप्रेक्ष्य में मानव-विकास की चिन्तन-प्रक्रिया को आगे बढ़ाया गया। इतिहास-लेखन भी इन चिन्तनों से प्रभावित हुआ। डार्विन ने जैविक विकास-प्रक्रिया को स्पष्ट किया तो

मार्क्स और एंजिल ने आर्थिक-विकास प्रक्रिया को स्वरूप दिया। स्पैंगलर, ट्यानवी, टर्नर आदि अनेक इतिहासकारों ने विश्व की सभ्यताओं के इतिहास को विकास की एक प्राकृतिक प्रक्रिया के रूप में प्रस्तुत किया तथा उसका सम्बन्ध सूक्ष्म सांस्कृतिक प्रक्रियाओं से जोड़ा। इन विकासवादी चिन्तकों ने इतिहास की अवधारणा को नया रूप दिया। आज इतिहास तथ्यों या घटनाओं का संकलन या इतिवृत्त ही नहीं रह गया, अपितु वह सूक्ष्म प्रक्रियाओं से परिचालित विकास-क्रम के कारण-कार्य-विवेचन के रूप में सामने आया है। तात्पर्य यह कि स्थिर होते हुए भी इतिहास का स्वरूप स्थिर नहीं है। नये-नये चिन्तन से उसका स्वरूप बदलता रहता है।

6. इतिहास-दर्शन

''जब इतिहासकार एक कदम आगे बढ़कर पूरे इतिहास, उसके विभाग-विशेष अथवा प्रवृत्ति-विशेष की सुव्यवस्थित दार्शनिक व्याख्या प्रस्तुत करने का प्रयास करता है, तब इतिहास-दर्शन का जन्म होता है। इस प्रयास में एक ओर इतिहास-प्रक्रिया के विश्व-प्रक्रिया के चरण विशेष, सातत्य एवं परिणति के रूप में निरूपण अथवा इतिहास की गति-प्रगति में अन्तर्लीन तत्त्वों की खोज एवं व्याख्या अथवा उनकी अव्याख्येयता की मीमांसा और, दूसरी ओर, इतिहास की भावी दिशा और परिणति के सम्बन्ध में व्यवस्थित ऊहापोह का नाम इतिहास-दर्शन है। यह एक प्राचीनतम विधा है'' (साहित्य कोश)। प्रागैतिहासिक सभ्यताओं में भी इसके बीज मिल जाते हैं। प्राचीन भारत जैसे इतिहास-शून्य देश में भी उसकी युगचाक्रिक परिकल्पना के दर्शन होते हैं—सतयुग-त्रेता-द्वापर-कलियुग।

वेद, रामायण, महाभारत, पुराण, उपनिषद तथा बाद के ऐतिहासिक-ग्रन्थ इसके उदाहरण हैं।

इतिहास दर्शन का प्रथम व्यवस्थित रूप हमें सन्त आगस्तीन (354-430 ई.) की प्रसिद्ध विशाल कृति 'द सिवितेत देइ (De-civitate Dei-ईश्वर का नगर) में देखने को मिलता है, किन्तु 'इतिहास दर्शन' शब्द का प्रथम प्रयोग 18वीं शती में वाल्टेयर ने किया। वस्तुतः उन्होंने इस शब्द का प्रयोग इतिहास को वैज्ञानिक एवं आलोचनात्मक स्वरूप देने के लिए किया। आगे चलकर हीगेल ने इसे विश्वेतिहास सम्बन्धी परिकल्पना-युक्त चिन्तन के रूप में ग्रहण किया। उन्नीसवीं शती में

वस्तुनिष्ठवादियों ने इसका प्रयोग इतिहास सम्बन्धी सामान्य नियमों के ज्ञान के अर्थ में किया। बीसवीं शती में प्रमुख रूप से इतिहास-पुष्ट दर्शन के रूप में ग्रहण किया जाता है।

आज इतिहास-दर्शन तीन प्रकार के चिन्तन से समन्वित है–(1) इस दर्शन विशेष का उद्देश्य ऐतिहासिक विकास के कारण तथा लक्ष्य का अध्ययन करना है। (2) इसका सम्बन्ध इतिहास एवं संस्कृति के रचना-विधान के ऐतिहासिक विश्लेषण से है और (3) इसे इतिहासपरक ज्ञान-मीमांसा के रूप में स्वीकृति प्राप्त है। इन तीनों में से कोई एक रूप ही स्वीकार किया जाना चाहिए और उसे इतिहास के तथ्यों द्वारा पुष्ट भी होना चाहिए, अन्यथा इतिहास-चिन्तन, इतिहास-दर्शन न बनकर तत्त्ववादी बन जाता है। जैसे हर विचार दार्शनिक विचार नहीं बन सकता, वैसे ही प्रत्येक परिकल्पना अथवा दृष्टिकोण इतिहास-दर्शन की संज्ञा से अभिषिक्त नहीं हो सकता। धर्मेन्द्र गोयल के अनुसार, ''इतिहास दर्शन का अभिप्राय उस प्रकार की परिकल्पना से है, जो प्रामाणिक इतिहास द्वारा पुष्ट तथा उसकी तथ्यात्मक घटनाओं की नींव पर आधृत हो।'' डॉ. शिवकुमार शर्मा के अनुसार, ''इतिहास-दर्शन ऐतिहासिक तथ्यों पर आधृत इतिहास की दार्शनिक व्याख्या है।'' डॉ. विश्वभरनाथ उपाध्याय इतिहास की सम्भावना पर ही प्रश्नचिह्न खड़ा कर देते हैं। उनके शब्दों में–''इतिहास मनुष्यों के क्रियाकलाप के विवरण या व्याख्या का नाम है, अतएव वह अनिवार्यतः सब मनस्तात्त्विक या सांस्कृतिक प्रश्नों को या उपकरणों को भी समेट लेता है। इस कारण इतिहास-दर्शन और सांस्कृतिक दर्शन एक हो जाते हैं। और समाज-दर्शन तो वह है ही, क्योंकि इतिहास में किसी मानव-समूह या समूहों के उद्भव, विकास, ह्रास और अभ्युदय का आलेख रहता है।'' वस्तुतः इनकी यह धारणा स्पेंगुलर, टायन्वी और कार्ल मार्क्स के चिन्तन से पोषित है। स्पेंगुलर इतिहास और संस्कृति को प्राणी के रूप में देखते हैं, टायन्वी के अनुसार जातियाँ या समाज चुनौती और प्रतिक्रिया की लय में विकसित होते हैं। कार्ल मार्क्स ऐतिहासिक भौतिकवाद के आधार पर इतिहास को समझने की वस्तुगत-पद्धति का अनुसंधान करते हैं।

फिलहाल, इतिहास-दर्शन का एक स्वरूप विकसित होता है, जिसे यहाँ संक्षिप्त रूप में प्रस्तुत कर रहा हूँ–

प्राचीन इतिहास-दर्शन संश्लेषणात्मक तथा ऊहात्मक है। उसमें कल्पना-जाल के वितान द्वारा संस्थान-निर्माण का विशेष प्रयत्न दिखाई देता है। इतिहास के स्वरूप तथा सम्भावनाओं की तथ्यात्मक समीक्षा नहीं है। इसके विपरीत वह विश्लेषणात्मक एवं समीक्षात्मक है। प्राचीन इतिहास-दर्शन के तीन चरण स्पष्ट दिखाई देते हैं–

(1) पौराणिक-धार्मिक, (2) आध्यात्मिक और (3) समाजशास्त्रीय।

आदिम चक्रवाद, जिसका प्रचार-प्रसार मिश्र, काबुल, चीन, भारत तथा ईरान में पाया जाता है तथा यहूदियों और ईसाइयों में प्राप्त रेखावाद के पौराणिक-धार्मिक

चरण के दो रूप हैं—आदिम चक्रवात और हिब्रू रेखावाद। आध्यात्मिक चरण की भी तीन शाखाएँ मिलती हैं—(1) यूनानी इतिहास दर्शन, (2) इतालवी रेखावाद और (3) जर्मन रेखावाद। यूनानी इतिहास-दर्शन में चक्रवाद और रेखावाद, दोनों धाराएँ पायी जाती हैं। यूनानी चक्रवादियों में अफलातून, अरस्तू तथा रेखावादियों में पालिवियस और हीजियाद के नाम प्रसिद्ध हैं। इतालवी रेखावाद के पुरस्कर्ता ग्याम्बात्तिस्ता विची (विको) और गोतफ्रीद हेर्देर हैं। जर्मन रेखावाद के विचारक हैं—काँट व हीगेल। समाजशास्त्रीय इतिहास-दर्शन का पिता है—ट्यूनिस में जन्मा इब्न खल्लदून। सोलहवीं से उन्नीसवीं शताब्दी के बीच वोर्दा, पोशले, मिशलेर आदि ने समाजशास्त्रीय प्रवृत्ति को और-पुष्ट किया। समाजशास्त्रीय इतिहास-दर्शन की दो धाराएँ हैं—व्यक्तिवाद एवं महापुरुषवाद तथा (2) समष्टिवाद। समष्टिवाद में रेखावादी और चक्रीय, दोनों प्रवृत्तियाँ पायी जाती हैं। रेखावाद के चार रूप हैं—(1) अर्थशास्त्रमूलक इतिहास-दर्शन-इसके प्रवर्त्तक हैं—कार्ल मार्क्स। टी. वेल्लेन, आगवर्न ने इस चिन्तनधारा को और-पुष्ट किया। (2) राजशास्त्रीय—यह शक्तिकांक्षा को इतिहास का प्रेरक हेतु मानता है। इसके प्रतिपादक हैं—बर्टेंड रसेल। इनके सिद्धान्त इनकी पुस्तक 'पावर न्यू सोसल एनलिसिस' में संगृहीत हैं। (3) समाजशास्त्रीय—इसके उन्नायक हैं—दुर्खीम, मैक्सवेबर, मैक आइबर, कार्ल मैनहीम, राल्फ लिंटन, पेरेटो, आर.एच. टानी, लुई मम्मफोर्ड आदि। (4) विचारधारामूलक—इसके पोषकों में, अन्य चिन्तकों के साथ, मानवेन्द्रनाथ राय का नाम लिया जा सकता है।

चक्रवाद ने भी, आधुनिक चिन्तन के परिप्रेक्ष्य में, नया रूप धारण किया। इसके दो रूप हैं—सौन्दर्यवाद और सांस्कृतिक चक्रवाद। आज विश्लेषणात्मक इतिहास-दर्शन का इतिहास-दार्शनिकों में काफी सम्मान है। डिल्थे, कांट, ओकसाथ, ब्रेडले, कालीमार आदि इसके पोषक हैं।

हिन्दी साहित्य में इतिहास-दर्शन सम्बन्धी चिन्तन का अभाव है। नलिन विलोचन शर्मा, गणपतिचन्द्र गुप्त एवं सुमन राजे के चिन्तन में इसके कुछ बीज मिलते हैं। गुप्त जी मूल्य को महत्त्व देते हैं। सुमन राजे मानव की मूल चेतना, उसकी संस्कृति, उसकी एकता, उसके चिरंतन-सत्य को इतिहास-दर्शन का अंग स्वीकार करते हैं।

7. साहित्येतिहास-दर्शन

इतिहास-दर्शन और साहित्येतिहास-दर्शन एक नहीं हैं। इतिहास दर्शन जहाँ विभिन्न मानव-समूदायों के इतिहास, उसकी संस्कृति के आधारभूत तथ्यों, उसके विकास-ह्रास, उसके लक्ष्य एवं उसके रचना-विधान को समझने का तथ्य-आधृत ज्ञान-विज्ञान है, वहीं साहित्येतिहास-दर्शन साहित्य के इतिहास के मूल स्रोत, उसकी प्रेरक शक्तियों, उसकी विकास-प्रक्रिया, उसकी गतिशीलता सम्बन्धी सामान्य सिद्धान्तों तथा उसके लेखन से सम्बन्धित दार्शनिक चिन्तन का लेखा-जोखा है। साहित्येतिहास-दर्शन साहित्य

के इतिहास की कारणता एवं क्रम जानने का परिकल्पनात्मक एवं विश्लेषणात्मक ज्ञान है। इसकी सार्थकता विज्ञान-सम्मत ऐतिहासिक विधि द्वारा साहित्येतिहास की दिशा का कार्य-कारण का सम्बन्ध स्थापित करते हुए स्पष्ट करने में है। वस्तुतः साहित्य देश-काल के घात-प्रतिघात से समग्रता में विकसित होता है। इस विकास में भाषा की महत्त्वपूर्ण भूमिका होती है। अस्तु, साहित्येतिहास-दर्शन उसके दोनों रूपों पर विचार करता है। डॉ. शिवकुमार शर्मा के अनुसार इसके दो प्रमुख पक्ष हैं— (1) सैद्धान्तिक तथा (2) व्यावहारिक।

साहित्येतिहास दर्शन सैद्धान्तिक धरातल पर केवल साहित्य-क्षेत्र तक ही सीमित नहीं रहता, यह इतिहास-दर्शन और समाजशास्त्र से जुड़ जाता है। इसीलिए प्रसिद्ध है—'साहित्य समाज का दर्पण है।' वस्तुतः इतिहास-दर्शन और समाजशास्त्र के सिद्धान्तों को आत्मसात कर साहित्येतिहास स्वयं अपना दर्शन/शास्त्र निर्मित करता है। यहाँ यह प्रश्न उठना स्वाभाविक है कि क्या साहित्येतिहास-दर्शन की संदृष्टियों का निर्माण सम्भव है?

व्यावहारिक साहित्येतिहास-दर्शन साहित्येतिहास और उसके लेखन की जीवन्त समस्याओं से सम्बद्ध है। यह चिन्तन साहित्य के इतिहास में सामग्री के चयन, उसे सुव्यवस्थित रूप देने, उसे कालक्रम में प्रस्तुत करते हुए युगों में विभाजित करने, साहित्यिक आन्दोलनों की ऐतिहासिक समीक्षा करने, साहित्यकारों तथा उनकी रचनाओं को उचित स्थान देने जैसी जटिल समस्याओं का पुंज है। यह साहित्येतिहास के रचना-विधान का विश्लेषण करता है तथा लेखन की समस्याओं का समाधान भी प्रस्तुत करता है। यह विश्लेषण ही उसे व्याख्यात्मक बनाता है।

आदिकालीन हिन्दी-साहित्य के प्रमुख ग्रन्थ—रासो—को विदेशी विद्वानों द्वारा अनैतिहासिक और अप्रामाणिक सिद्ध करने पर आचार्य हजारीप्रसाद द्विवेदी की टिप्पणी उनके साहित्येतिहास-दर्शन की संदृष्टि की संकेतक है—"सातवीं-आठवीं शताब्दी में इस देश में ऐतिहासिक व्यक्तियों के नाम पर काव्य लिखने की प्रथा खूब चली। (यह प्रथा आज और लोकप्रिय है)।...भारतीय कवियों ने ऐतिहासिक नाम-भर लिया, शैली उनकी वही पुरानी रही, जिसमें काव्य-निर्माण की ओर अधिक ध्यान था, विवरण-संग्रह की ओर कम; कल्पना-विलास का अधिक मान था, तथ्य-निरूपण का कम; सम्भावनाओं की ओर अधिक रुचि थी, घटना की ओर कम; उल्लसित आनन्द की ओर अधिक झुकाव था, विलसित तथ्यावली की ओर कम। इस प्रकार इतिहास को कल्पना के हाथों परास्त होना पड़ा।...वस्तुतः इस देश में इतिहास को ठीक आधुनिक अर्थ में कभी नहीं लिया गया।" उनका यह भी मत है कि "कुछ में दैवी शक्ति का आरोप करके पौराणिक बना दिया गया। जैसे—राम, बुद्ध, कृष्ण आदि, और कुछ में काल्पनिक रोमांस का आरोपण करके निजंधरी कथाओं का आश्रय बना दिया गया है—जैसे—उदयन, विक्रमादित्य और हाल, जायसी के

रतनसेन, रासो के पृथ्वीराज में तथ्य और कल्पना, फैक्ट और फिक्शन का अद्भुत योग हुआ है।...सब मिलाकर ऐतहासिक काव्य काल्पनिक निजंधरी कथानकों पर आश्रित काव्य से बहुत भिन्न नहीं होते। उनसे आप इतिहास के शोध की सामग्री संग्रह कर सकते हैं, पर इतिहास को नहीं पा सकते, इतिहास—जो जीवंत मनुष्य के विकास की जीवन-कथा होता है।''

आधुनिक हिन्दी-साहित्य में भी इस प्रकार की रचनाओं की बाढ़ आयी। कामायनी, बाणभट्ट की आत्मकथा, संशय की एक रात, प्रवाद पर्व, कनुप्रिया, अंधायुग, अपने-अपने राम आदि। प्रश्न उठता है कि क्या इतिहास-दर्शन के अनुसार उनमें तथ्य की प्रामाणिकता सिद्ध हो सकती है? उत्तर होगा—नहीं। इतिहास दर्शन के अनुसार कालक्रम, अध्याय या प्रवृत्ति-निरूपण ही वैज्ञानिक हो सकता है, किन्तु कथ्य-अनुभूति नहीं।

हिन्दी साहित्य के इतिहास-लेखन की परम्परा में सर्वप्रथम आचार्य रामचन्द्र शुक्ल ने साहित्येतिहास-दर्शन के सन्दर्भ में अपना चिन्तन प्रस्तुत किया। उन्होंने कहा कि ''जबकि प्रत्येक देश का साहित्य वहाँ की जनता की चित्त-वृत्ति का संचित प्रतिबिम्ब होता है, तब यह निश्चित है कि जनता की चित्त-वृत्ति के परिर्वतन के साथ-साथ साहित्य के स्वरूप में भी परिवर्तन होता चला जाता है। आदि से अन्त तक इन्हीं चित्तवृत्तियों की परम्परा को परखते हुए साहित्य-परम्परा के साथ उनका सामंजस्य दिखाना ही साहित्य का इतिहास कहलाता है। जनता की चित्तवृत्ति बहुत-कुछ राजनीतिक, सामाजिक, साम्प्रदायिक तथा धार्मिक परिस्थिति के अनुसार होती है।'' साहित्यिक परम्परा के साथ जनता की चित्तवृत्तियों की परम्परा का सामंजस्य दिखाने का उल्लेख करके आचार्य शुक्ल ने साहित्येतिहास की कारण-कार्यमूलक विश्लेषण-पद्धति की नींव डाली। साथ ही ''जनता की चित्तवृत्तियों के परिवर्तन के साथ ही, साहित्य के स्वरूप-परिवर्तन'' की बात के माध्यम से साहित्य के विकास-क्रम की ओर स्पष्ट संकेत किया। डॉ. विश्वम्भरनाथ उपाध्याय के अनुसार ''सामान्य जनहित या लोकवाद को मानने पर भी शुक्ल जी का इतिहास-दर्शन कमजोर था और वे समाज की संरचना और विकास के विभिन्न प्रत्ययों और अवधारणाओं से शायद परिचित नहीं थे। अन्यथा उनका काल-विभाजन सामाजिक कोटियों में होता, केवल 'शिष्टजनो' की चित्तवृत्तियों के आधार पर बनी कोटियों में नहीं।''

यह सच है कि 'चित्तवृत्तियों' की निर्मिति युगीन चेतना के घात-प्रतिघात से होती है। 'चित्तवृत्ति' निर्मिति में रचनाकार को सम-सामयिक परिवेश, प्रकृति एवं विचारधाराएँ भी प्रभावित करती हैं। वस्तुतः युगीन सन्दर्भ और रचनाकार की मानसिकता का सम्पर्क ही साहित्य-निर्मिति का कारण बनता है और जिस प्रकार युगीन सन्दर्भ ऐतिहासिक परम्परा के विकास-क्रम के परिणाम होते हैं, उसी प्रकार साहित्यकार की मानसिकता भी ऐतिहासिक तथा वैचारिक परम्पराओं से अनुप्राणित होती रहती है। हर

साहित्यिक कृति का ऐतिहासिक सन्दर्भ होता है। साहित्येतिहासकार का दायित्व होता है कि वह रचनाकार और रचना के इतिहास के सन्दर्भ को तटस्थ-भाव से रेखांकित करे। ऐतिहासिक सन्दर्भ-विशेष में रचना के भाव की व्याख्या साहित्येतिहासकार का दायित्व है। 'ऐतिहासिक सन्दर्भ' से मेरा तात्पर्य तिथि और कालक्रम नहीं है, अपितु युगीन चेतना तथा सांस्कृतिक और सामाजिक सन्दर्भ है। नलिन विलोचन शर्मा ('साहित्य का इतिहास दर्शन'), गणपतिचन्द्र गुप्त और सुमन राजे ने हिन्दी में साहित्येतिहास-दर्शन की नींव को मजबूत बनाया है।

अस्तु साहित्येतिहासकार को समाजशास्त्री, राजनीतिविज्ञानी, धर्मशास्त्री, युगीन चेतना का सजग परीक्षक तथा मनोवैज्ञानिक भी होना चाहिए। इतिहास के विकास-क्रम के साथ-साथ उसे साहित्य के विकास-क्रम का भी ज्ञान होना चाहिए। इस सन्दर्भ में डॉ. मैनेजर पाण्डेय का कथन मेरा सहायक बनता है—''साहित्येतिहास साहित्य के विकास-क्रम के अन्तर्गत होने वाले परिवर्तनों की व्याख्या है और हर तरह की व्याख्या के लिए सुसंगत दृष्टकोण की आवश्यकता होती है। एक व्यापक विचार-प्रक्रिया ही इतिहास को शक्ति प्रदान करती है।''

पाश्चात्य विचारकों के एक वर्ग ने साहित्येतिहास को साहित्यालोचन एवं साहित्यशास्त्र से जोड़ दिया, जब कि दोनों भिन्न विधा हैं। साहित्य-सृजन ऐतिहासिक प्रक्रिया का ही एक अंग है जो निरन्तर गतिशील है। साहित्यशास्त्र मूलतः साहित्य के स्थिर रूप को सामने रखकर उसके प्रतिपाद्यों, रूपों और भेदों की व्याख्या करता है। हाँ! साहित्य की इतिहासवादी आलोचना साहित्येतिहास-दर्शन से अवश्य जुड़ती है। वस्तुतः भेद के बावजूद दोनों एक-दूसरे के पूरक हैं, क्योंकि साहित्य के इतिहास की व्याख्या के लिए ऐतिहासिक बोध की ही नहीं, कला के बोध की भी आवश्यकता होती है, क्योंकि साहित्येतिहास-लेखन में कृतियों, साहित्यिक आन्दोलनों, प्रवृत्तियों और युगों के मूल्यांकन के लिए साहित्यशास्त्र ही सहायक बनता है।

कतिपय चिन्तकों की दृष्टि में साहित्येतिहास-लेखन सम्भव ही नहीं। डब्ल्यू.पी. केर के अनुसार, ''साहित्येतिहास अनावश्यक है।'' वे इसका कारण बताते हुए कहते हैं कि साहित्य के विषय सदैव विद्यमान और सार्वकालिक हैं, अस्तु इनका कोई इतिहास नहीं होता। टी.एस. इलियट भी साहित्य को शाश्वत मानते हैं—''होमर से लेकर यूरोप के समस्त साहित्य का यौगपादिक अस्तित्व है तथा वह यौगपादिक-क्रम का निर्माण करता है।'' शापनहावर की दृष्टि में भी, ''कला सदैव अपने लक्ष्य को प्राप्त हुई होती है। इसकी कभी उन्नति नहीं होती, यह पीछे नहीं छोड़ी जा सकती और न इसकी पुनरावृत्ति ही सम्भव होती है।'' निश्चय ही इन मतों में दम है। कतिपय रचनाएँ सार्वकालिक होती हैं, किन्तु उनमें परिवर्तन-प्रकृति, युग-चेतना का शाश्वत नियम है। रचना की घटना और चरित्र में परवर्ती रचनाकार कुछ-न-खोज ही निकालता है। यथा-रामायण और रामचरितमानस के राम अपराजेय और अवतारी हैं, किन्तु

'राम की शक्ति पूजा' (निराला) के राम ऐसे मनुष्य हैं, जो पराजय-बोध से ग्रस्त हैं। अन्याय न्याय पर विजयी होता दिखाई पड़ता है। राम का यह रूप सर्वथा नवीन, नयी युग-चेतना का पर्याय है। सच यह है कि साहित्य स्थिर नहीं, गतिशील होता है, उसमें भी विकसन-प्रक्रिया निरन्तर सक्रिय रहती है। वस्तुस्थिति यह है कि साहित्य का इतिहास वस्तु, शिल्प, चेतना तथा लक्ष्य की दृष्टि से पड़ाव-दर-पड़ाव पार करता हुआ निरन्तर गतिशील रहता है। तभी तो अतीत का साहित्य बार-बार पुनर्मुल्यांकित तथा प्रशंसित होता रहता है। रेनेबेलेक साहित्य को गत्यात्मक मानते हैं। उनकी दृष्टि में साहित्य की गत्यात्मकता पाठकों, आलोचकों तथा साथी-कलाकारों के मस्तिष्क से गुजरती हुई सदैव बदलती रहती है। साहित्य के विकास में सामाजिक और सांस्कृतिक इतिहास महती भूमिका निभाता है। सामाजिक और सांस्कृतिक बदलाव ने आज स्त्री-विमर्श और दलित-विमर्श जैसे विमर्शों को जन्म दिया है। पौराणिक-ऐतिहासिक चरित्र और घटनाएँ आज नये अर्थ में व्याख्यायित हैं। फलस्वरूप साहित्य का वस्तु, शिल्प और उसके शाश्वत मूल्य युगानुरूप परिवर्तित होते रहते हैं। साहित्येतिहास दर्शन ही यह बता पाता है कि कब, कैसे और क्यों होता है? साहित्येतिहास-दर्शन साहित्य की गत्यात्मकता का विज्ञान है। वस्तुनिष्ठता पूर्ण रूप में दर्शन, इतिहास, समाजशास्त्र और साहित्य के क्षेत्र में सम्भव नहीं, इसलिए साहित्येतिहास के सन्दर्भ में वस्तुनिष्ठता का भाव केवल इतना ही है कि साहित्येतिहास-दर्शन तथ्याधृत हो, साहित्येतिहास की व्याख्या प्रामाणिक हो और व्यक्तिगत पूर्वाग्रहों से मुक्त हो, साहित्येतिहास पर विचारधारा का अन्धारोपण न हो तथा उसका ईमानदारी से अध्ययन किया जाए। इस रूप में ही साहित्येतिहास-दर्शन वैज्ञानिक है।

साहित्येतिहास-दर्शन को स्वरूप देने में यूरोपीय विद्वानों और चिन्तकों का अवदान अविस्मरणीय है। साहित्येतिहास दर्शन में जर्मनों ने 'युग चेतना' का अत्यन्त महत्त्वपूर्ण सिद्धान्त प्रतिपादित किया है। इंगलैण्ड के रिचर्ड्स ने मनोवैज्ञानिकता और अर्थवैज्ञानिकता की नींव डाली। विलियम एम्पसन और एफ.आर. लेविस ने इस परम्परा को विकसित किया। लेविस ने शैली के इतिहास एवं साहित्य की आभिजात्य रूढ़ियों का विकासात्मक प्रारूप प्रस्तुत किया। वेटसन ने विधेयवादात्मक प्रर्वाग्रहों से साहित्येतिहास को मुक्त किया। रूसी विद्वान अलेक्जेंडर वेसेलाव्सकी ने साहित्य-रूपों का प्रकृतवादी इतिहास लिखा। कालांतर में 'प्रकृतवाद' के विरोध में 'रूपवाद' खड़ा हुआ। रूपवादियों ने ध्वनि प्रतिरूपों, विभिन्न भाषाओं की छन्द-पद्धतियों, रचना-सिद्धान्तों, काव्य की वाक्-सरणियों आदि के विश्लेषण के लिए विलक्षण-पद्धतियों का प्रवर्तन किया। इन्होंने 'स्वनग्रामिकी' का विकास किया। रूपवादियों के अनुसार, कला-कृति-विशेष में व्यवहृत उपायों की समग्रता है। इनकी दृष्टि में ''साहित्येतिहास साहित्य में प्रतिबिम्बित आचार-व्यवहार और सभ्यता का इतिहास मात्र नहीं है।...साहित्येतिहास साहित्यिक परम्परा और साहित्यिक साधनों

का इतिहास है।...साहित्येतिहास के विकास की प्रक्रिया स्वतः विकासमान होती है और समाज के इतिहास या लेखकों के वैयक्तिक अनुभवों से उसका मात्र वाह्य सम्बन्ध ही रहता है। यह अवधारणा इस मत की पोषक है कि साहित्य के नवीन रूप निष्कृत रूपों के चरम उत्कर्ष होते हैं। कार्ल मार्क्स के सिद्धान्तों के आधार पर मार्क्सवादी दर्शन का भी जन्म हुआ। इसे सेक्युलीन ने नया रूप दिया। उन्होंने साहित्येतिहास की प्रक्रिया को साहित्य और समाज के द्वन्द्वात्मक तनाव के रूप में देखा। जॉन मुकारोबस्की ने प्रतीकात्मक रूपों के समग्र दर्शन के साथ रूपवादी सिद्धान्त को समन्वित करने का प्रयास किया, जो सामाजिक और साहित्यिक विकास को एक द्वन्द्वात्मक तनाव के रूप में देख सके।

और अन्त में मैं यह कहना चाहता हूँ कि मानव-जाति का असली इतिहास तो साहित्यिक इतिहास ही होता है। उसमें उसकी सभ्यता, चिन्तन, संस्कृतिक आचार-व्यवहार, भावनाएँ, बोध के धरातल आदि सब-कुछ होता है। इसलिए इतिहास के नष्ट हो जाने की चिन्ता नहीं। यदि साहित्य बचा है तो उससे मानव-समुदाय-विशेष का असली इतिहास, उसकी उपलब्धिपरक मूल चेतना प्रकाशित हो उठेगी। इतिहास की अपेक्षाएँ साहित्येतिहास से पूरी हो जाती हैं। यही कारण है कि आक्रांता सबसे पहले पराधीन देश का साहित्य नष्ट करते हैं और उसकी भाषा पर हमला बोलते हैं। व्यास, बाल्मीकि, भरत, कालिदास, मम्मट, स्वयंभू, पुष्पदंत्त, चन्दबरदायी, कबीर, सूर, तुलसी, प्रसाद, प्रेमचन्द, निराला, हजारीप्रसाद द्विवेदी, मुक्तिबोध, शेक्सपियर, मार्क्स आदि शासक नहीं, साहित्यकार ही थे, जिनकी रचनाओं में जन-सामान्य की स्वर्णिम अनुकरणीय यथार्थवादी मूल साँस्कृतिक चेतना का इतिहास सतत् प्रवहमान है।

साहित्येतिहास दर्शन की निर्मिति, यात्रा अभी पूरी नहीं हुई है वह गतिमान है। मानव-सभ्यता के साथ-साथ युगीन चेतना के अनुरूप उसका स्वरूप बदलता रहेगा।

8. इतिहास विज्ञान है, कला है अथवा दोनों

आज के मशीनी युग में मनुष्य भी मशीन बनता जा रहा है। वह हर विधा को विज्ञान की आँखों, उसके सिद्धान्तों से परखकर उसकी शुद्धता का पता लगाना चाहता है। इतिहास और साहित्येतिहास के सन्दर्भ में भी वह 'विज्ञान' रूपी कसौटी को प्रयुक्त करता है। इतिहास को कला मानने वाले विद्वानों का मत है कि इतिहास में विवरणों का आलेखन होता है और, इसी अर्थ में, वह एक कला है। उनकी दृष्टि में इतिहास-लेखन व्यक्तिनिष्ठता एवं आत्माभिव्यंजना, कल्पना तथा शैलीगत सौन्दर्य आदि तत्त्वों के बिना सम्भव नहीं। पी.पी. जोशी का मत है कि "19वीं शताब्दी के मध्य के पहले तक इतिहास-लेखन एक कला के रूप में था। वह साहित्य की एक शाखा थी, जिसमें इतिहासकार उत्कृष्ट शैली के सृजनार्थ सजग रहता था।" कलिंगवुड अपनी पुस्तक 'द आइडिया ऑव हिस्ट्री' में भी इतिहास को कला मानते

हैं। उनके तर्क हैं–(1) व्यक्तिनिष्ठता तथा आत्मप्रकाशन कला के प्रमुख गुण हैं। कलाकार स्वानुभूत जीवन-सत्य को अभिव्यंजित करता है। कला के ये गुण इतिहास में भी वर्तमान हैं। (2) इतिहास में कला की भाँति कल्पना का तो पूर्णरूप से समावेश नहीं रहता, किन्तु जहाँ तक सृजन एवं रचनात्मक शक्ति द्वारा उसे जीने-जगाने का सवाल है, वह जरूर कला से सम्बन्धित है। मैकाले की दृष्टि में भी एक सम्पन्न इतिहासकार का अपने विवरण को प्रभावात्मक तथा चित्रात्मक बनाने के लिए, पर्याप्त शक्तिशाली कल्पना से युक्त होना अनिवार्य है। (3) इतिहास लेखन के लिए शैली का होना आवश्यक है। डिल्थे, विंडल वेल्थ, साइमन तथा क्रोचे की दृष्टि में भी इतिहास कल्पना है।

यह सच है कि व्यक्तिनिष्ठता, आत्माभिव्यंजना तथा कल्पना कला के प्रमुख गुण हैं, पर कला में ये आत्मानुभूति पर आधृत होते हैं तथा इतिहास में तथ्यों और घटनाओं पर। इतिहास में 'स्व' गौण होता है। अतः कला के तत्त्वों के समावेश-मात्र से इतिहास को कला मान लेना उचित नहीं। शिवकुमार शर्मा का भी मत है कि "यदि कला का इतिहास से कोई सम्बन्ध है तो उस स्थिति में इतिहासकार उसके परिणामों का सम्प्रेषण करता है।" हरमेन्द्रसिंह बेदी का मानना है कि "कलाकार की शैली भावुक, अलंकृत, लालित्यपरक तथा सौन्दर्यमयी होती है। इसके विपरीत इतिहासकार की शैली तार्किक, स्पष्ट तथा व्याख्यात्मक अधिक होती है।" किन्तु शैली-मात्र ही किसी विधा के विज्ञान या विज्ञानेतर होने का निर्णायक नहीं। आज सौन्दर्य की धारणा भी बदल गयी है।

प्राचीन काल से लेकर मध्यकाल तक कलाकार का स्वरूप धार्मिक, कलात्मक तथा नैतिक रहा, किन्तु अट्ठारहवीं शताब्दी के अन्त से प्रारम्भ वैज्ञानिक सफलताओं ने मनुष्य के इतिहास को भी वैज्ञानिक स्वरूप देते के लिए बाध्य किया। विज्ञान की भाँति इसमें भी तथ्यों की प्रधानता होती है, निष्कर्ष होता है। नामकरण, कालक्रम-विभाजन तथा तथ्यों के निर्धारण के लिए काल-तिथि निश्चित की जाती है।

इतिहास मुख्य रूप से विशिष्ट का तथा विज्ञान सामान्य का अध्ययन करता है। वह विशिष्ट के भीतर सामान्य को रखता है। इतिहास भविष्यवाणी नहीं करता, किन्तु वह मनुष्य को त्रुटियों से बचाकर उसका भविष्य सुधारता है। इतिहास में पूर्व-कल्पना के लिए कोई स्थान नहीं है। इतिहास आत्मनिष्ठ तथा विज्ञान वस्तुनिष्ठ है। इतिहास का सम्बन्ध नैतिकता, धर्म से है तथा उसमें मूल्य-निर्माण का तत्त्व सदैव विद्यमान रहता है। इसके विपरीत विज्ञान मूल्य-निरपेक्ष ज्ञान है। "इतिहास कला तथा विज्ञान, दोनों है। ऐतिहासिक तथ्यों का अनुसंधान वैज्ञानिक रीति से होना चाहिए तथा पाठक के लिए उनका प्रतिपादन कलात्मक प्रकृति को प्राप्त होना चाहिए।"